金融市场与
金融机构

（第二版）

曹凤岐 贾春新◎编著

图书在版编目(CIP)数据

金融市场与金融机构/曹凤岐,贾春新编著. —2 版. —北京:北京大学出版社,2014.9
(光华书系·教材领航)
ISBN 978-7-301-24678-8

Ⅰ. ①金… Ⅱ. ①曹… ②贾… Ⅲ. ①金融市场—高等学校—教材 ②金融机构—高等学校—教材 Ⅳ. ①F830.9 ②F830.3

中国版本图书馆 CIP 数据核字(2014)第 193860 号

书　　　　名:	金融市场与金融机构(第二版)
著作责任者:	曹凤岐　贾春新　编著
责　任　编　辑:	贾米娜
标　准　书　号:	ISBN 978-7-301-24678-8/F·4023
出　版　发　行:	北京大学出版社
地　　　　址:	北京市海淀区成府路 205 号　100871
网　　　　址:	http://www.pup.cn
电　子　信　箱:	em@pup.cn　　QQ:552063295
新　浪　微　博:	@北京大学出版社　@北京大学出版社经管图书
电　　　　话:	邮购部 62752015　发行部 62750672　编辑部 62752926　出版部 62754962
印　　刷　者:	北京宏伟双华印刷有限公司
经　　销　者:	新华书店
	787 毫米×1092 毫米　16 开本　18.75 印张　404 千字
	2002 年 2 月第 1 版
	2014 年 9 月第 2 版　2021 年 12 月第 6 次印刷
印　　　　数:	17001—20000 册
定　　　　价:	39.00 元

未经许可,不得以任何方式复制或抄袭本书之部分或全部内容。
版权所有,侵权必究
举报电话:010-62752024　电子信箱:fd@pup.pku.edu.cn

丛书编委会

顾 问

厉以宁

主 编

蔡洪滨

编 委（以姓氏笔画排列）

王 辉	刘玉珍	刘 学	刘 俏	江明华
李 其	李 琦	吴联生	张一弛	张志学
张 影	陆正飞	陈丽华	陈松蹊	武常岐
周长辉	周黎安	冒大卫	龚六堂	彭泗清
		滕 飞		

丛书序言一

很高兴看到"光华书系"的出版问世,这将成为外界更加全面了解北京大学光华管理学院的一个重要窗口。北京大学光华管理学院从1985年北京大学经济管理系成立,到现在已经有26年了。这26年来,光华文化、光华精神一直体现在学院的方方面面,而这套"光华书系"则是学院各方面工作的集中展示。

多年来,北京大学光华管理学院始终处于中国经济改革研究与企业管理研究的前沿,致力于促进中国乃至全球管理研究的发展,培养与国际接轨的优秀学生和研究人员,帮助国有企业实现管理国际化,帮助民营企业实现管理现代化,同时,为跨国公司管理本地化提供咨询服务,从而做到"创造管理知识,培养商界领袖,推动社会进步"。北京大学光华管理学院的几届领导人都把这看作自己的使命。

作为经济管理学科的研究机构,北京大学光华管理学院的科研实力一直在国内处于领先位置。光华管理学院有一支优秀的教师队伍,这支队伍的学术影响在国内首屈一指,在国际上也发挥着越来越重要的作用,它推动着中国经济管理学科在国际前沿的研究和探索。与此同时,学院一直都在积极努力地将科研力量转变为推动社会进步的动力。从当年股份制的探索、证券市场的设计、《中华人民共和国证券法》的起草,到现在贵州毕节实验区的扶贫开发和生态建设、教育经费在国民收入中的合理比例、自然资源定价体系、国家高新技术开发区的规划,等等,都体现着光华管理学院的教师团队对中国经济改革与发展的贡献。

作为商学教育机构,北京大学光华管理学院鼓励教师深入商业实践,熟悉企业管理,提升案例教学的质量和层次。多年来,学院积累了大量有价值的案例,经过深入研究、精心编写,这些商业案例可以成为商学教育中宝贵的教学资源。学院每年举办大量讲座,讲座嘉宾很多是政界、商界和学界的精英,讲座内容涉及社会发展的方方面面。通过这些讲座,学生们可以最直接地得到名家大师的授业解惑,优化和丰富知识结构。

作为管理精英的汇聚中心,北京大学光华管理学院历届毕业、结业的校友一直是我们最引以为荣的。历届的优秀同学,在各自的岗位上作出贡献,他们是光华管理学院最宝贵的财富。光华管理学院这个平台的最大优势,也正是能够吸引一批又一批优秀的人才的到来。世界一流商学院的发展很重要的一点就是靠它们强大的校友资源,这一点,也是与北京大学光华管理学院的努力目标完全一致的。

今天,"光华书系"的出版正是北京大学光华管理学院全体师生和全体校友共同努力的成果。通过这套丛书,读者不仅能够读到经典教材和前沿学术成果,更可以通过名师、校友、讲座等方面感受光华风采。希望这套丛书能够向社会展示光华文化和精神的全貌,并为中国管理学教育的发展提供宝贵的经验。

丛书序言二

光华管理学院秉承"百年北大"悠久的人文传统、深邃的学术思想和深厚的文化底蕴,在过去的二十多年里,一直践行"创造管理知识,培养商界领袖,推动社会进步"的学院使命,目前已经发展成为国内最为优秀的商学院之一。

北京大学的传统对于光华管理学院,乃至中国商学教育都很重要,学院一直秉承北京大学的传统,真正要办大学气质的商学院。我们将光华教育的特质归纳为四个"I",即 Integrity——诚信和责任;International——商界领袖的国际化视野;Integration——整合学习,理论实践相结合;Innovation——自主创新。

Integrity:北京大学作为中国传统名校,传承百年历史文化,有一个非常鲜明的特点,就是拥有浓厚的人文底蕴、民主科学精神,以及对社会的使命感和责任感。北京大学光华管理学院作为北京大学的商学院,是专门从事管理研究和教育的机构,将持续发扬北京大学的历史传统、人文精神,以及社会责任感和使命感。

International:光华是全国最国际化的商学院,师资是最国际化的,教育体系是最早跟国际接轨的。北京大学光华管理学院的国际化是扎根于中国的国际化。我们一方面在国际先进的管理知识和管理理念方面有着最前沿的成果,另一方面也很好地结合了中国的管理实践和经济发展。光华的师资和国际研究都很好地做到了这两个方面。根据国际权威研究统计机构的统计,北京大学的经济学和商学学科,已进入世界前1%的行列。对此光华起了最主要的作用,这也反映了光华在国际研究方面作出的贡献。

Integration:商学院需要解决好两个整合的问题,一是将理论和实践很好地结合起来,二是学科之间的整合。对于理论和实践的整合,光华正致力于推动管理学理论向商业实践成果的转化。对于学科的整合,光华正在做的不仅是不同学科之间的融合,还在加强不同教育项目之间的配合。我们致力于调动和整合北京大学综合性的师资资源,将管理与历史、哲学、艺术、数学乃至物理等学科相结合,全方面塑造管理者的整体人文和科学素养。各个教育项目之间的互动也经常碰撞出新的思想火花,帮助光华学子们拓宽思想,带来新的视角。

Innovation:中国要成为具备创造力的国家,在世界上建立一个品牌和形象,必须发展自主创新文化。光华管理学院立足于北京大学,在整个中关村科技园大的氛围之下,光华的教学科研的国际合作能够成为自主创新生态环境的一部分。光华管理学院最近刚刚成立了北京大学光华管理学院创新创业中心,以这个中心为平台,致力于整合院内院外、校内校外、国内国外创业方面的资源,进一步推动自主创新。

为进一步超越自我,向着建设世界一流商学院的目标而不懈努力,北京大学光华管理学院特策划"光华书系"系列丛书,以展现光华管理学院在理论研究、教学实践、学术交流等方面的优秀成果。我们更希望通过"光华书系"的出版让更多的读者通过光华理解经济、管理与社会。

"光华书系"作为一个开放的系列,涵盖理论研究、教学实践、学术交流等各个方面:

第一是领航学科的教材。光华管理学院的商学教育,拥有全国首屈一指的师资力量和最优秀的学生生源。在教学相长的过程中,很多经典讲义、教材应运而生。"教材领航"系列丛书要以"出教材精品,育商界英才"为宗旨,发挥优势,突出特色,重点建设涵盖基础学科的主干教材、填补学科空白的前沿教材、反映教学改革成果的新型教材,面向大教育,追求高品位,服务高等教育,传播先进文化。

第二是前沿的学术成果。光华管理学院始终处于中国经济发展与企业管理研究的前沿,"学术琼林"系列丛书以具有国内和国际影响力的管理学、经济学等相关学科的学术研究为支撑,运用国际规范的研究方法深入研究中国的经济和管理问题,体现更高的学术标准,展现学界领袖的优秀成果。

第三是丰富的实战案例。案例研究和教学作为一种不可替代的重要方法,有效解决了知识与实践转换的问题。在中国的相关政策不断改革的大背景下,各种有借鉴意义的素材越来越丰富。根据国外成熟的案例编写经验,开发和使用高水平的本土化案例,是一件意义深远的事。"案例精粹"系列丛书涵盖教学案例、研究案例、商业案例几大模块,体现本土化和原创性、理论主导性和典型性,将一般管理职能与行业、企业的特殊性相结合,既具有一定的理论深度,又具有相当程度的覆盖面和典型性。相信这些案例能够最有效地服务于教学要求、学术研究以及企业管理实践。

第四是卓越的教师风范。"善之本在教,教之本在师。"光华管理学院的优秀教师,秉承诲人不倦、育人为先的教学原则,以他们的学术实践最好地诠释了北京大学追求真理、追求卓越、培养人才、繁荣学术、服务人民、造福社会的办学理念,为北京大学赢得了崇高的学术声誉。"名师风采"系列丛书就是力图全面展现光华优秀教师精深的学术造诣、高尚的学术风范,让更多的人领略他们关爱学生、培养青年、提携后学的优秀品质,让"大师"精神得到继承和发扬。

第五是杰出的校友风采。光华管理学院的每一位校友,都是中国杰出的时代精英。他们凭借在各自工作岗位上的优异表现,为光华管理学院、为北京大学在海内外赢得了广泛赞誉。"校友华章"系列丛书就是深度记录校友在光华管理学院的学习经历以及卓著业绩,全面展现其对学识的孜孜追求、卓越才智以及不懈执着的品质,体现光华管理学院高质量的教学实践这一核心竞争力。

最后是精彩的论坛荟萃。在浮华之风日盛的今日社会,光华管理学院广泛开展的各种学术交流活动和讲座,兼容并蓄,展现思想的精粹、智慧的集锦。对所有"为国求学、努力自爱"的人们来说,其中传出的思想之声都是真正值得认真品味和用心领会的。"论坛撷英"系列丛书就是汇集专家、教授、知名学者、社会名流在光华管理学院的精彩演讲以及学术交流活动,展现其中引人深思的深厚学理以及催人奋进的人生智慧,将严肃的学术品格和通俗的阅读形式相结合,深度展现一流学府的思想之声,奉献最具时代精神的思想盛宴。

目 录

第一章 导论 …………………………………………………… 1
　第一节 为什么要研究金融市场与金融机构 ………… 1
　第二节 金融资产 ……………………………………… 2
　第三节 金融市场 ……………………………………… 6
　第四节 金融机构与金融监管 ………………………… 11

第二章 存款性金融机构 …………………………………… 16
　第一节 存款性金融机构概述 ………………………… 16
　第二节 商业银行的主要业务 ………………………… 19
　第三节 商业银行的发展与结构 ……………………… 28

第三章 非存款性金融机构 ………………………………… 37
　第一节 非存款性金融机构概述 ……………………… 37
　第二节 投资基金 ……………………………………… 42
　第三节 中国的投资基金 ……………………………… 48
　第四节 投资银行 ……………………………………… 53
　第五节 中国的投资银行 ……………………………… 58

第四章 中央银行 …………………………………………… 63
　第一节 中央银行的职能与类型 ……………………… 63
　第二节 中央银行与货币供给 ………………………… 69
　第三节 货币政策的目标与工具 ……………………… 77
　第四节 货币政策的传导机制与中介目标 …………… 85
　第五节 银行监管 ……………………………………… 89
　第六节 2008年金融危机 ……………………………… 98
　第七节 香港金融管理局的货币发行与银行监管 …… 102

第五章 市场组织与结构 …………………………………… 108
　第一节 一级市场 ……………………………………… 108

1

第二节　二级市场 …………………………………………… 116
　　第三节　中国的发行与交易市场 …………………………… 124

第六章　金融市场上的利率 …………………………………………… 134
　　第一节　认识利率 …………………………………………… 134
　　第二节　利率的决定 ………………………………………… 140
　　第三节　利率的风险结构与期限结构 ……………………… 146
　　第四节　中国的利率改革与利率市场化 …………………… 152

第七章　金融市场上的汇率 …………………………………………… 163
　　第一节　汇率与外汇市场 …………………………………… 163
　　第二节　长期中汇率的决定 ………………………………… 165
　　第三节　短期中汇率的决定 ………………………………… 167

第八章　衍生产品市场 ………………………………………………… 171
　　第一节　期货市场 …………………………………………… 171
　　第二节　期权市场 …………………………………………… 177
　　第三节　互换、上限和下限市场 …………………………… 185

第九章　股权市场 ……………………………………………………… 190
　　第一节　普通股股票市场 …………………………………… 190
　　第二节　中国的股权市场 …………………………………… 199
　　第三节　二板市场与做市商制度 …………………………… 206

第十章　货币市场 ……………………………………………………… 215
　　第一节　美国的货币市场 …………………………………… 215
　　第二节　中国的货币市场 …………………………………… 222

第十一章　财政证券市场 ……………………………………………… 227
　　第一节　西方国家的财政证券市场 ………………………… 227
　　第二节　中国的国债市场 …………………………………… 235

第十二章　公司债券市场 ……………………………………………… 242
　　第一节　西方国家的公司债券市场 ………………………… 242
　　第二节　中国的企业债券与公司债券市场 ………………… 248

第十三章　其他债务市场 ……………………………………………… 251
　　第一节　市政证券市场 ……………………………………… 251
　　第二节　抵押贷款市场 ……………………………………… 257
　　第三节　抵押转递证券市场 ………………………………… 262

第十四章 证券的定价 ……………………………………………… 267
    第一节 证券的理论价格 ……………………………………… 267
    第二节 股票的价格决定 ……………………………………… 268
    第三节 债券的价格决定 ……………………………………… 273
    第四节 优先认股权与认股权证的价格决定 ………………… 277

主要参考文献 …………………………………………………… 281

第二版后记 ……………………………………………………… 283

第一章 导 论

在国内高校的金融学专业教学中,一般都会开设"货币银行学""证券投资学"这样的核心课程。那么,"金融市场与金融机构"这门课和"货币银行学""证券投资学"是什么样的关系呢?应该说,"金融市场与金融机构"与另两门课程在一些问题上会有交叉,但这门课又有本身的内涵和所研究的对象。"货币银行学"重点研究宏观金融的调节与控制,研究货币政策,研究中央银行、商业银行的控制,以及国际金融中的关系问题。"货币银行学"实际上是宏观经济学的一部分。"证券投资学"研究投资,比较集中地研究在证券市场中以证券方式进行投资的理论与方法问题。"金融市场与金融机构"在整个面上比"货币银行学"要微观,比"证券投资学"涉猎面广。它研究具体的金融市场和金融机构,研究它们的运作,同时还研究金融工具和投资方法。但它又不局限于证券市场方面,而是研究广义金融市场,不仅研究资本市场,还研究货币市场、外汇市场等。比较而言,"证券投资学"较侧重技术方法,而"金融市场与金融机构"较侧重制度与微观结构层面。

第一节 为什么要研究金融市场与金融机构

为什么要开设这样一门课程呢?至少有以下一些重要原因。

一、是中国金融发展和金融体制改革的需要

中国的金融市场越来越发展,金融市场在经济发展中的作用越来越大,金融工具、金融技术不断创新,要求我们研究一些新问题、新理论和新方法。中国的金融市场在改革开放以前几乎不存在,所谓的融资或者信用就是银行信用,没有其他的融资市场。几十年后的现在,中国的融资市场得到了很大发展,市场的作用也越来越大,尤其是证券市场,在社会资源调配中发挥着很大的作用。这就要求我们对中国金融市场中的新问题进行研究。

二、中国融资体系正在发生根本性变化

西方国家的融资体系是市场融资体系,主要是通过金融市场进行融资。金融市场包括间接融资市场和直接融资市场。而中国过去是计划经济,不通过市场融资。中国发展金融市场实际上是融资制度的转变,即从计划经济的融资制度转变到用市场的方式融资,这是一种最根本的制度创新。既然如此,我们就必须理解金融市场是如何运转的。

三、中国的金融制度和金融工具不断创新

中国的金融改革首先是制度的创新。西方国家在市场经济体系下自然形成了市场金融制度,包括间接融资市场、直接融资市场等,并且还在不断地发展和完善。中国过去是计划经济,不通过市场融资。中国发展金融市场本身就是一种制度创新,金融市场发挥作用要有市场的工具,因此许多金融工具需要创新。用股票融资就要发股票,用债券融资就要发债券,这些工具都已经有所创新。还有其他金融衍生工具的创新,如期货、期权等。随着信息经济的发展、电子技术的应用,网上银行、网上结算、网上证券交易都已得到很大的发展,电子货币将广泛应用,将会有新的金融技术和金融工具创新。应该说,这些创新对我们来说不少是新东西,我们要研究它们在中国是如何运用的。

四、要掌握金融投资的理论与方法

学习管理必须掌握如何在市场经济下融资,如何投资,如何进行财务管理。首先要掌握投资理念。中国人在相当长的时间内缺乏投资理念,因为我们收入少,投资似乎是很遥远的事情。那时,我们也没有个人投资的观念。即使对银行储蓄存款,我们也只称之为"支援国家建设",说利息是国家对支援的奖励(实际上大家都知道利息是投资报酬)。中国很少有"复利"的概念,实际上"复利"才是货币时间价值的体现,"利滚利""利生利"是对的。改革开放以来,中国人最大的进步是投资观念增强了,风险意识增强了。我们首先要掌握投资的理念,然后再研究方法。

第二节 金 融 资 产

一、资产与金融资产

资产(assets)是财富的价值储藏,具有交换价值。资产可以划分为有形资产(tangible assets)和无形资产(intangible assets)。有形资产的价值取决于特定的有形财产,如土地、房屋等。它包括可再生和不可再生资产。前者如机器,后者如土地等。

无形资产代表着对某种未来收益的合法要求权,其价值与所有权的具体形式无关。金融资产(financial assets)是无形资产的一种,它是由货币的贷放而产生的,通常以凭证、收据或者其他法律文件来表示。比如股票、债券本身并不是实际的有形物,再比如股票指数交易合同,是一种衍生金融工具,是一种无形资产。对金融资产而言,它们的价值取决于对未来现金流的要求权。金融资产的所有者称为投资者,承诺向金融资产所有者支付现金流的一方称为发行者。

比如,就财政证券而言,政府是金融资产的发行者,居民家庭、非金融企业、金融机构是投资者。政府承诺在未来一定时期对投资者支付债券利息,到期支付本金。就银行贷

款而言,借入资金者,比如企业,是发行人,银行是投资者。

金融资产与有形资产都能为其所有者带来预期的现金流。金融资产的发行者可以通过发行金融资产而购买有形资产。但金融资产与有形资产不同,它不存在折旧的问题。当然,金融资产的现金流最终来自有形资产。

二、金融资产的估价

估价(valuation)就是确定金融资产的价值。这一过程的基本原理很简单,金融资产的价值应等于其所带来的预期现金流的现值。然而,无论是估计金融资产的现金流还是对现金流进行贴现,都不是容易的事情。

所谓现金流是指投资于一项特定资产而预期每期将获得的现金。比如说到银行储蓄,年息10%,本金是100元,3年存期,按单利计算,每年付息一次,第1年得到10元利息,第2年也得到10元利息,第3年得到10元利息和100元的本金。这就是这项资产的现金流。这种支付可能具有很大的不确定性。比如,财政债券一般不存在违约风险,所以现金流的名义值是确定的。但是考虑到通货膨胀因素,其实际值并不确定。公司债券可能存在违约风险,发行人不能按约定偿还本金和利息。另外,许多债券有早赎或转换条款。发行人可以在到期前提前赎回债券,或者投资者可以在到期前将债券转换成其他金融资产,如普通股股票。另外,某些债务工具不是按照固定利率,而是按照可变利率发行的。普通股的未来支付更不确定。公司的盈利状况好坏,直接影响着股利的支付。而且,投资者的收益不仅取决于股利支付,还取决于资本利得或资本损失,也就是买卖股票的差价,这更具有不确定性。

在估计了金融资产的现金流之后,要对现金流进行贴现。贴现需要选择适当的利率。金融资产的现金流的贴现率应等于无风险利率加上风险升水。

投资者依赖于所拥有的信息集对金融资产进行估值。由于拥有的信息不同,投资者的估值也会不同。投资者往往在自己的估值与市场估值不同时进行交易。当新的信息出现时,投资者也会修改自己的估值,并引起金融资产均衡价格的变化。如果市场是有效的,金融资产的价格应该是已经反映了所有的相关信息。

三、金融资产的性质

金融资产主要具有以下10种性质:

1. 货币性

一些金融资产本身直接具有交易媒介的功能,比如现金、支票存款等。这些金融资产称为货币。另一些金融资产可以很容易地转化为货币,比如国库券、储蓄存款、定期存款等。这类资产称为准货币。一些不是货币的金融工具是可以流通的。比如商业票据就可以流通,可以转让。假定甲向乙购买了100元的商品,但不是用现金支付,而是给乙开出一张期票,3个月以后连本带息付给乙120元,乙再向丙买东西时,可以用甲开的期票进行支付。大的公司自己可以发行商业票据,这些票据具有一定的货币性(moneyness),或者代替货币,或者表现为货币。

2. 可分性

有些金融资产有很强的可分性(divisibility)。比如,银行存款的最小单位是分。有些金融资产的发行单位(denomination)较大。比如,许多债券以1 000元为发行单位,就是说,投资者不能购买面值低于1 000元,如500元的这类债券。大面额定期存单的最小发行单位是100万美元。股票是把大量的资产分为很小的等份,以便流通和转让。总的来说,可分性是投资者所需要的重要属性。股票拆细也可以看作是金融资产可分性的一种表现。股票拆细会提高股票的流动性。

3. 可逆性

这是指投资者在购买金融资产后将其转手换回现金。在这一过程中,存在着交易成本。所以,可逆性(reversibility)又称为返回成本(round-trip cost)。不同金融资产的返回成本不同。对银行存款而言,这一成本很低。对于在二级市场交易的金融资产,在存在做市商制度的情况下,其返回成本包括买卖价差(bid-ask spread)、佣金、税收以及皮鞋成本等。买卖价差是做市商卖出金融资产的价格(the ask price)和买入金融资产的价格(the bid price)的差额。

4. 到期期限

债务工具或者股权工具按计划进行最终支付或是由持有者要求清偿之前的时间间隔称为到期期限(term to maturity),简称为期限。金融工具持有人可在任何时间要求偿付的工具称为活期工具,如支票账户、银行卡账户。期限是金融资产的一项重要特征。短的期限可以是一天,长的期限可能是一百年。例如,隔夜回购就是一天到期的金融工具。相应地,1993年迪士尼公司发行了一种100年到期的债务工具,被华尔街称为米老鼠债券。实际上,任何一种金融资产都有一定的期限,只不过是短期、中期或长期的区别。在这个期限里该资产有权利、有义务、有收益。也有一些金融工具是没有期限的,因而是一种永久性工具。英国发行了一种每年支付固定利息的债券,不偿还本金,称为永久性债券或领事债券。可能有人会问,股票有没有期限?理论上说,股票是没有期限的,但发行公司可能是有期限的,发行公司关闭、破产清算实际上是这只股票的最终期限。对于持股者来说,就有一个持股期限的问题。必须指出的是,有明确期限的金融资产也可能在其标明的期限前结束。这可能有许多原因,比如企业破产或重组,或者有条款授权债务人提前偿付,或者投资人有权要求提前偿付。某些金融资产的期限可以由发行人或投资人予以增加。例如,法国政府曾发行过一种6年期可续国库券,允许投资者在第3年年末将债券转为新的6年期债券。总之,金融工具的期限性很强,在这个期限中规定了金融资产的权利、义务以及其他的一些内容。

5. 流动性

流动性(liquidity)是资产转换成交易媒介的能力。金融资产一般都具有流动性,但作为金融工具本身来说,有流动性强弱的区别。一方面,流动性的强弱取决于金融资产的合约。比如,银行活期存款承诺客户可以随时提取。另外,市场越发达,金融资产的流动性越强。美国国库券的流动性很强,就是因为存在着一个发达的国库券二级市场。一般而言,短期金融工具的流动性较强,长期金融工具的流动性较弱。例如房地产抵押贷款(它的合同视为一种金融资产),期限较长,有的达30年,它的流动性就很弱。但把房地产抵押贷款证券化以后,流动性就会增强。金融资产的流动性与其收益性有很大的关系,流动性强的金融资产收益率就会低些。在金融学实证研究中,往往用换手率和交易成本等指标来衡量流动性。

6. 可转换性

许多金融资产在合约中规定,它们有权利转换为其他金融资产。最典型的是可转换债券,先发债券,一段时间后可以转换成股票,当然投资者也可以选择不进行转换。

7. 币种

金融资产一般会以一种确定的币种(currency)发行,比如美元、英镑、人民币元等。有些金融资产的本金支付和利息支付使用的是不同种的货币。

8. 现金流入和收益的可预测性

金融资产的收益即其预期的现金流。任何金融工具都应该有收益,没有收益的金融工具不会有人购买。一般地说,金融资产的收益都是可预测的,最典型的是固定收益证券,其未来现金流是固定的。有人说,股票的收益不可测,实际上这应该区分不同的情况。首先,优先股股票的收益就是可测的。虽然普通股股票的收益波动性较大,但我们还是可以根据模型进行预测。金融资产的不可预测性或不确定性就是持有这种金融资产的风险。

9. 复合性

一些金融资产可以看作是两个或两个以上金融资产的组合。比如可转换债券,既是一种债券,拥有债券的预期现金流,又同时附有一种转换期权。

10. 税务状况

持有和买卖金融资产必须承担一定的税收。不同的国家、地区,不同的金融资产,会适用不同的税率。

四、金融资产的作用

1. 金融资产具有调配资源的作用

金融工具就是一种商品,本身代表一定的价值。通过对它们的买卖,可以实现资金的转移,进而实现物质资源的转移。比如,在市场上发行股票,发行人会得到一笔现金。发行债券也是一样的。通过金融资产可以最快地转移资金。股票或债券发行人得到资金后,可以购买原材料进行生产,实现了资源的配置。在现代社会中,证券是一种非常重要的金融工具,此外还有与之有关的其他衍生工具。一个工厂直接拍卖,费时费力,机器设备和债务需要评估,要办理各种手续,因此,企业整体拍卖很困难。但如果把企业资产证券化,将其股份化,资本变成股权,在市场上变成股票,卖股票就简单得多了,投资者可以买任意数量的股票,不通过购买机器、设备,就对企业有了收益要求权。

2. 金融资产可以转移或者减少风险

在金融市场上,投资者可以利用金融资产进行有效投资组合来减少和分散风险。如果投资者的全部资金都用于购买股票,风险会很大。但如果这些资金 1/3 是储蓄存款,1/3 购买股票,另外 1/3 购买债券,则总体风险会减少。即使同样是股票投资,由于不同股票之间不是完全相关的,因此分散投资也可以分散非系统性风险。

3. 金融资产可以成为国家进行宏观经济调控的重要工具

货币是重要的金融资产,国家可以通过调节货币供应量来调节宏观经济,也可以通过发行政府短期债券在公开市场进行买卖,以此调节货币供应量,进而调节经济的发展。各个国家都利用多种金融工具来进行宏观经济的调控。

第三节 金 融 市 场

本书讨论的金融市场是市场体制的一个重要组成部分。与产品市场(product market)不同,金融市场是要素市场(factor market)的一种。金融市场是金融资产交换的场所,当然,现代金融市场往往是无形的市场。

一、金融市场的分类

金融市场可以分为交易债务工具的债权市场(debt market)和交易权益工具的权益市场(equity market)或称为股票市场(stock market)。交易债务工具和优先股(preferred stock)的市场统称为固定收入市场(fixed-income market),不包括优先股的股票市场称为普通股市场(common stock market)。如果按期限划分,期限在 1 年和 1 年以下的短期金融市场称为货币市场(money market),期限在 1 年以上的长期金融市场称为资本市场(capital market)。按照金融资产进入市场的时间划分,发行金融资产的市场称为一级市场(primary market),在投资者之间进行交易的市场称为二级市场(secondary market)。①

金融市场还有其他许多种划分方法。比如,按交易方式不同,金融市场可以划分为场内交易市场和场外交易市场。中国现在的场内股权交易市场是指上海证券交易所市场和深圳证券交易所市场。银行间债券市场是中国目前最大的场外交易市场。场外交易市场原来指的是柜台交易(OTC),这是最原始的市场,实际上在证券交易的过程中,最开始发展的是柜台交易,后来人们发现场外交易的成本很高,信息也不充分,才开始组建交易所市场。交易所市场的发展并不能取代场外交易市场。

---

① 当然,公司也可能在二级市场与投资者交易,回购股份。

现代场外交易市场往往是网络化的、自动报价的市场。这和过去那种单一的、一个证券公司一个市场是不一样的，可能是一个地区一个网络或者整个地区一个网络，但它不是以交易所的形式存在的。最典型的是美国的纳斯达克(NASDAQ)市场。NASDAQ 市场传统上并不是交易所市场，但却是非常成功的市场。很多企业，包括微软这样著名的公司，并不是首先在纽约股票交易所(NYSE)上市，而是在 NASDAQ 上市并发展起来，后来才在 NYSE 上市的。在市场发展的过程中，并不是场内交易市场发达了就否定场外交易市场的存在，或者说否定其他层次市场的存在。场外交易市场甚至可能会超过场内交易市场。从现代的交易电子化、网络化、无纸化的整个过程看，场内交易和场外交易市场的界限已经越来越模糊。

按交易对象来划分，金融市场还可分为主板市场和二板市场。从广义上讲，凡属于针对大型成熟公司的股票市场，称之为主板市场。而面向中小公司的市场，都可以称其为二板市场。从狭义上讲，二板市场是针对中小型公司、新兴企业，重点是高新技术企业发行和上市的市场。二板市场有时也叫另类股票市场，这种股票市场实际上没有更多规范的定义，不同的国家情况不太一样。二板市场与场外交易市场也不是同义语。有些国家的二板市场设在交易所内，进行场内交易。我国的二板市场称作创业板，2009 年在深圳证券交易所建立。作为过渡，2004 年我国还在深圳证券交易所建立了中小板市场。二板市场可以为中小企业、民营企业和高科技企业的融资服务。

这里，我们要注意金融中心和金融市场的联系与区别。实际上，"金融中心"是指在金融市场网络中处于中心地位的城市、区域或场所。比如纽约、东京、香港，它们具备完善的通信网络，有众多的金融机构，有发达的金融市场，是资金集散地，具有金融辐射与发散功能。所以，具有发达金融市场的城市或区域就是金融中心。香港金融市场应属于国际金融中心。

二、金融市场的功能

金融市场具有以下功能：

1. 创造与交易金融资产

金融资产在金融市场的一级市场被创造出来，并在二级市场进行交易。

2. 价格发现

金融市场上，大量的买者和卖者聚集在一起，有利于发现价格。

3. 降低搜寻成本与信息成本

金融市场越发达，交易成本越低。

4. 储蓄功能

金融市场为公众提供了储蓄渠道，也促成了储蓄与投资的分离。市场通过创造出金融资产为公众的储蓄提供了众多的形式，实现了资金从盈余者向赤字者的转移，也就是提供了储蓄向投资转化的机制。

5. 财富功能

财富是经济主体持有的所有资产的总和。在当今社会,各种各样的金融资产是财富的重要形式。正因为如此,各家金融机构才纷纷致力于财富管理的竞争。当然,在财富中,中国居民的金融资产占比和西方国家相比还是偏低,一个重要原因是,房地产在中国居民财富中还占有重要比重。财富是由当期储蓄和以往财富共同形成的。财富功能与储蓄功能不同。财富是一个存量指标,而储蓄是一个流量指标。比如,在储蓄不变时,股票的总值会增加或减少。正因为如此,才会存在泡沫经济的问题。

6. 信贷功能

金融市场为资金不足者提供大量的资金支持。政府、企业、居民家庭都在这个市场进行大量的融资活动。信贷功能不同于储蓄功能,因为金融市场的融资总额远大于储蓄和投资额。资金流量表可以为我们提供金融市场上各部门融资额的具体数字。

7. 支付功能

在金融市场上,许多金融资产具有交易媒介功能。金融机构所提供的电子货币逐步取代了中央银行券和支票,成为主要的支付手段。最近,互联网金融的兴起,正在进一步改变着人们的支付习惯。从历史上看,金融市场的发展不断地改变着支付制度的面貌,也使得支付制度的交易成本不断降低。

8. 风险功能

保险公司的保单可以使人们在遭受人身和财产损失时得到补偿。企业、居民家庭可以利用金融市场进行风险管理,防范和化解风险。同时,金融市场具有将有形资产投资的现金流所包含的风险在资金借入者和贷出者之间重新分配的功能。比如,A 企业投资 1 亿元于房地产项目,而房地产项目存在很大的风险。如果 A 企业全部用自己的资金进行投资,就将完全独立承担这种风险。如果 A 企业发行新的股票和债券,那么,股票和债券的购买者都会承担风险。

9. 政策功能

在现代经济中,各国普遍都由中央银行通过调控金融市场的方式影响经济的发展。比如,美联储对贴现率和联邦基金利率的调整一直是经济生活中的重要事件。

三、盈余与赤字

在金融市场上,发行人与投资者许多时候是无法分开的。就是说,一个经济主体可能既持有金融资产,又发行对自己的要求权。按照格利和肖[①]的理论,任何居民、企业和政府单位都要遵循下列恒等式:

$$R - E \equiv \Delta FA - \Delta D$$

R 代表当前收入,E 代表当前支出,ΔFA 代表持有的金融资产的变化,ΔD 代表未付债务与

---

① 〔美〕约翰·G. 格利、爱德华·S. 肖:《金融理论中的货币》,上海三联书店 1988 年版,第 18—22 页。

股权的变化。①

就是说,如果经济主体的当前收入大于支出,形成储蓄,则要么会增加金融资产持有,要么会减少未付债务或权益要求权,要么两种结果同时发生。如果经济主体的当前支出大于收入,形成负储蓄,则要么会减少金融资产持有,要么会增加未付债务或权益要求权,要么两种结果同时发生。比如,某个人在一定时期内收入 100 元、支出 80 元,可能会增加金融资产(如股票 10 元)、减少债务(如消费信贷 10 元)。②

因此,在给定时期内,任何经济单位只能属于下述三种状态中的一种:一是赤字预算单位,$R-E<0$,即 $\Delta D > \Delta FA$。二是盈余预算单位,$R-E>0$,即 $\Delta D < \Delta FA$。三是平衡预算单位,$R-E=0$,即 $\Delta D = \Delta FA$。

企业和政府部门一般属于第一类,是资金的净借入者。居民家庭部门一般属于第二类,是资金的净贷出者。要了解每一部门具体的融资数量,可以查看中央银行的资金流量表。

四、金融交易的发展

金融体系最主要的目的是实现资金从贷出者向借入者的转移。但是,金融市场实现这一目的的方式是不同的,主要分为以下几类:

1. 直接融资

这是金融交易最简单、最直接的方式。此时,资金从贷出者直接流向借入者,而不需经过金融中介。比如,企业直接面向投资者发行股票、债券,居民个人之间相互借贷,立字(IOU)为证,都是直接融资的形式。直接融资的缺点,是要求借贷双方在金融交易的数量上必须一致,而且借款人的 IOU 可能风险很大,期限长而又缺乏流动性。而且,借贷双方在寻找对方时必须付出较高的交易成本。直接融资中的金融要求权称为初级证券。

2. 半直接融资

半直接融资是直接融资的改进形式。所以,许多人把直接融资和半直接融资统称为直接融资。在半直接融资中,借款人和贷款人不是直接进行交易,而是通过经纪人和交易商进行。经纪人负责提供买卖的信息,将买者和卖者撮合在一起。交易商以自己的资金买卖证券,所以承担了证券交易的风险。半直接融资优于直接融资,因为经纪人和交易商减少了借贷双方搜寻对方的成本。交易商可以将较大额度的证券分散卖给众多的投资者,从而避免了借贷双方数量上的一致性要求。特别是,经纪人和交易商建立了证券的二级市场,增加了证券的流动性。当然,投资者持有的仍然是借款人发行的证券,因此,风险仍然要由投资者承担,借贷期限也必须与借款人的要求一致。

---

① 公式没有考虑实物资产。
② 这里进行的是最简化的分析,实际上,这个人可能会增加股票 50 元,增加消费信贷 30 元,就是说,金融资产与负债同时增加,同样满足公式的要求。这涉及金融资产的创造问题。

3. 间接融资

间接融资是以金融机构为媒介,实现资金从贷出者向借入者转移的融资方式。此时,金融中介机构将资金提供给最终借款人,在这一过程中创造出了初级证券,同时金融机构还创造出了对自己的金融要求权,这种新的证券称为次级证券。比如,银行以吸收存款的方式获得资金,再以发放贷款的方式提供资金给企业。由于金融中介机构的违约风险很小,可以吸纳各种期限不同、数量不同的储蓄,又使储蓄者仅付出很小的交易成本,所以能够吸引更多的储蓄。同时,由于金融机构实力雄厚,拥有经验丰富的专家,可以有效地防范金融合约中的逆向选择和道德风险,并减少订立合同与搜寻信息的成本,所以,间接融资可以提高储蓄向投资转化的效率。需要注意的是,间接融资与直接融资相比,同样的融资额,新创造出的金融资产的数量是不同的。间接融资由于同时创造了初级与次级证券,所以创造出的金融资产的数量是直接融资时的两倍。可以看出,金融制度的变迁与金融资产的数量有重要关系。

五、脱媒

从历史上看,从直接融资、半直接融资到间接融资是一个进步。这一过程称为资金的中介化(financial intermediation)。然而,20世纪70年代以来,在西方主要金融市场上,金融的非中介化,或称市场中介化(market intermediation)、脱媒成为一个引人关注的现象。就是说,资金融通由间接融资转而走向直接融资。当然,历史上的直接融资与现代发达的直接融资是不可同日而语的。

在西方,20世纪70年代脱媒的产生,是因为市场利率的上升与金融中介受到的利率管制。垃圾债券、商业票据市场的发展都使得借款人减少了对银行的依赖。随着金融自由化的发展,商业银行等机构的利率管制被取消,脱媒的这一原因不复存在。但是,近年来,又有一些新的原因引发了脱媒现象。比如,资产证券化过程中,一些金融机构主动出售了它们的贷款,一些企业通过证券化而不是银行筹集资金。脱媒的结果,是金融中介机构在金融市场上的地位不断下降。

最近几年,中国金融界的脱媒现象,也引起了人们的极大关注。虽然中国的银行业仍然在迅速增长,但随着股票、债券市场的发展,以及非银行金融机构的成长,特别是信托业的发展,银行融资在社会融资中的占比也在下降。

六、金融市场的全球化

金融市场的全球化(globalization)是指世界金融市场的一体化。全球化是对近年来世界金融市场发展趋势的一种客观描述。为什么会出现全球化的现象?除了经济全球化的带动以外,金融方面主要的原因有三个,第一个是世界范围内的金融自由化浪潮。美国和其他发达国家从20世纪70年代以来,对金融市场的管制不断放松。这样,金融企业能够更加自觉地参与国际竞争。第二个是信息技术的进步。这使得金融企业和其他投资者能够更加迅速地获得信息,有效地处理信息和远距离调动资金。第三个因素是金融市场的机构化(institutionalization)。发达国家的金融市场已经完成了从散户(retail investors)到机构投资者(institutional investors)的过渡。机构投资者由于资金雄厚,为了减少风险,增加收益,更愿意在投资组合中持有外国的金融资产。

在今天,全球金融体系每天24小时运转。当美国夜幕降临的时候,人们可以在东京继续进行金融资产的交易。所以,有人说,太阳从不会在金融市场落下。

全球金融市场可按如下方式分类。

一国的金融市场可以分为内部市场和外部市场。内部(internal)市场也称为本国(national)市场,它又可分为国内(domestic)和外国(foreign)市场。在国内市场交易的是本国发行人发行的证券。在外国市场交易的是外国发行人在本国发行的证券。比如,中国企业在美国发行的证券称为扬基证券,发行这一证券的市场在美国即属于外国证券市场。外部(external)市场交易的是同时在许多国家发行而且不受任何一国法令制约的市场。这一市场也称为国际市场、离岸(offshore)市场或欧洲市场(Euromarket)。

第四节 金融机构与金融监管

一、金融市场的参加者

金融市场是一个舞台,在这个舞台上使用的工具是金融资产。下面我们讨论这个舞台上形形色色的参加者。

1. 政府部门

政府是金融资产的重要发行者。在美国,地方政府也发行大量的市政证券。在中国,传统上只有中央政府发行国债,地方政府不允许发行债券。近年来,地方政府开始由中央政府代发债券。中国的地方政府通过融资平台获得了大量的银行贷款。

2. 国际机构

如世界银行、亚洲开发银行等。它们也是国际金融市场上重要的证券发行者。

3. 居民家庭

家庭部门是金融市场的重要参加者。一方面,家庭部门持有银行存款、股票、债券、基金等;另一方面,家庭部门通过住房抵押贷款、消费信贷等方式获得资金融通。

4. 非金融企业

它们是股票与债券市场的重要发行者。非金融企业可以进一步划分为公司、农场和其他三类。

5. 金融机构

在金融市场上,金融机构主要提供以下服务:一是将最终借款者的债务转换成更容易为投资者所接受的资产,形成自己的负债。二是代理业务,代客户买卖金融资产。三是自营业务,为自己的账户买卖金融资产。四是发行业务,协助发行人创造金融资产,并将这些金融资产销售出去。五是为客户提供投资咨询。六是管理其他市场参与者的投资组合。

二、金融机构

提供各种金融服务的企业称为金融机构(financial institutions)。

1. 金融机构的功能和作用

为什么市场中会有金融机构呢?因为金融机构有下列积极作用:

(1) 提供期限中介。金融是资金盈余者与资金赤字者之间的融通。但是,资金融通双方可能在期限上无法达成一致。比如,储蓄者可能有短期的闲置资金,而企业却需要相对较长时期的资金投入。如果没有金融中介机构(如银行),可能融资行为不会发生。但如果银行介入,就可以吸收短期存款,发放长期贷款。相应地,银行也可以借此降低企业长期贷款的成本。

(2) 分散和降低风险。普通投资者可以通过资产多元化来分散和化解风险。但是,在盈余资金有限的情况下,分散投资必须支付较高的交易成本。而如果购买金融中介机构发行的金融资产,就可以低成本地分散风险。

(3) 降低订立合同和处理信息的成本。由于信息不对称,如果投资者要融出资金,就必须要充分地搜集、整理信息,有效地选择借款人,防止出现逆向选择。在选择了借款人后,又必须签订完备的贷款合约,防止出现道德风险。这种成本是高昂的。投资者甚至会因此而对投资望而却步。金融中介机构由于规模经济的原因,可以有效地降低这类成本。

(4) 提供支付机制。人类的支付制度由于银行的出现与发展而发生着巨大的变化。银行创造了支票存款。银行发行的信用卡极大地改变了我们的生活。

2. 存款性金融机构

金融机构可以划分为存款性机构与非存款性机构两大类。存款性机构是指那些以吸收存款的方式筹集资金的金融中介组织,主要包括:

(1) 商业银行。商业银行是银行体系中的主体,它是以经营存款、放款为主要业务的银行,也是唯一能吸收、创造和收缩存款货币的金融中介组织。因为银行传统上主要靠吸收活期存款这种短期资金来源,并主要从事短期的商业性放款业务,故被称为"商业银行"。

(2) 储蓄机构。美国的储蓄机构有储蓄信贷协会、互助储蓄银行,在英国也有类似的储蓄机构——国民储蓄银行、信托储蓄银行和建房协会。储蓄机构在金融服务业中的重要性仅次于商业银行。它的功能主要是鼓励私人储蓄,并通过抵押贷款方式,提供建房、买房与消费信贷融资。储蓄信贷协会和储蓄互助银行的资产主要是长期的房地产抵押贷款。

(3) 信用合作社。信用合作社是一种合作金融组织。信用社由社员所拥有,社员的存款被作为股份，支付给社员的收益不是利息而是股利。美国的信用合作社由州或联邦批准成立。

3. 非存款性金融机构

非存款性机构是以吸收存款之外的方式筹集资金的金融中介机构。主要包括：

（1）保险公司。保险公司是经营保险业务的金融组织。保险公司既具有经济补偿功能又有投资功能。

（2）养老基金。养老金是指雇主和职工为职工退休以后的生活进行的储蓄而形成的基金。养老基金组织可以利用所筹措的养老基金进行各种投资。保险公司和养老基金是以契约的方式筹集资金的，所以这类机构被称为契约型储蓄机构。

（3）投资基金。这是一种汇集不同投资者的资金，交由专家管理，主要投资于股票、债券等各种有价证券或投资于实业，获得收益后由投资者按出资比例分享的投资组织形式。

（4）投资银行。投资银行在资本市场中越来越成为最重要的中介组织。传统的投资银行与现代的投资银行已经有了很大的区别。传统的投资银行主要进行证券的承销、经纪和自营。现代的投资银行可称为"金融百货公司"，以各种方式专门从事金融活动。

投资基金、投资银行是为直接金融服务的机构，称为投资金融中介机构。

金融市场上还有其他一些金融机构，例如租赁公司、财务公司（金融公司）以及政策性金融机构等，在这里不再赘述。后面的章节中，我们会对几个主要的金融机构做详细介绍。

三、金融机构的资产与负债

1. 金融机构的负债

负债是指必须在一定时间支出的满足债务合同条款的现金。金融机构的负债可分为以下几类。第一类负债现金支付的时间和数量都是确定的。比如，银行存款有固定的到期日和存款额，不考虑提前支取因素，这些债务的支付时间和数量都是预先确知的。第二类负债的现金支出数量确定，但支出时间不确定。比如人寿保单，被保险人死亡时，受益人将获得固定数目的补偿，但被保险人的死亡时间是不确定的。① 第三类负债的现金支付时间是确定的，但数量不确定。比如银行发行的可变利率存单。存单是有固定期限的，但由于利率不固定，所以，银行支付的数量是不确定的。第四类负债的现金支付时间与数量均不确定。例如财产保险公司的家庭财产保单，如果被保险人发生约定的财产损失，将得到赔付。但被保险人可能不发生财产损失，所以不需要赔付。即使被保险人在保险期间发生了财产损失，其发生损失的时间，从而支付的时间也是不确定的。

---

① 想想看，保险公司对长生不老药持什么态度。

2. 金融机构的资产

金融机构的管理者需要确定他们的资产组合。不同的管理者的风险态度不同,其组合也就会有所不同。不同的金融机构资金来源特点不同,对资产组合的流动性考虑就有差异。比如,商业银行的许多负债是中短期的,对流动性的要求就比较高。养老基金的资金来源比较稳定,就可以侧重于长期投资。规模较大的金融机构可以通过资产多元化有效地分散风险。另外,由于各国普遍对金融中介机构的业务活动实行严格监管,所以监管的因素对金融机构的资产组合也会有重要影响。

表1.1描述了美国不同金融机构的资产与负债的主要差异。需要注意的是,目前,金融机构之间的资产负债业务的差异正在逐渐模糊。

表1.1 不同金融机构的资产与负债

中介类型	主要负债 (资金来源)	主要资产 (资金运用)
1. 存款机构		
商业银行	存款	贷款、抵押贷款、政府债券
储贷协会	存款	抵押贷款、政府债券
互助储蓄银行	存款	抵押贷款、政府债券
信用合作社	存款	消费者信贷
2. 契约储蓄机构		
人寿保险公司	保险金	公司债券、抵押贷款
火灾及意外伤害保险公司	保险金	债券、股票、政府债券
个人养老基金和政府退休基金	雇主和雇员缴纳的资金份额	公司股票和债券
3. 投资中介		
共同基金	股份	股票、债券
金融公司	股票、债券、商业票据	消费者和商业信贷
货币市场共同基金	股份	货币市场工具

四、金融市场监管

各个国家的政府都会对金融市场进行监管。政府进行监管的原因是市场失灵。当市场不能保证充分有效的竞争时,政府就必须介入市场。

金融监管形式主要有以下几种:

1. 信息披露监管

在金融市场上存在着信息不对称的问题。发行证券的公司的管理者比投资者拥有更多的公司财务信息。公司的管理者和投资者形成一种委托代理关系。作为代理人的管理者可能会损害委托人的利益。由私人部门生产信息,是解决信息不对称的重要方法。但是,仅仅采用这种方法是不够的。因此,法律要求证券发行者充分地披露信息。各国都设立了专门的监管机构负责法律的执行。

2. 金融活动监管

非对称信息可能会形成内幕人士交易的问题。公司的管理者由于拥有更多的信息，可能利用这些信息在交易中牟利。证券交易所和投资银行的从业人员、政府官员也都可能拥有更多的信息。因此，对与这些人有关的交易活动必须加以限制。金融活动可以分为场内市场的活动与场外市场的活动。2008年的金融危机，就是因为场外市场信用违约互换（CDS）迅速发展，监管部门疏于监管导致的。

3. 金融机构监管

金融机构在现代经济中影响巨大。所以，各个国家都对金融机构的资产、负债业务以及资本金进行限制，以防止金融机构从事过度风险的活动。

4. 对外国参与者的管理

这是对外资在本国金融市场上的活动进行的监管。中国股票市场的A股与B股划分、QFII制度等，都是这种管理的具体表现。

本章重要概念

金融资产，估价，返回成本，金融市场，直接融资，间接融资，脱媒，全球化

复习思考题

1. 在金融市场上，投资者的资本损失属于返回成本吗？
2. 如果你向朋友借款1万元，你所写的借据是初级证券还是次级证券？
3. 如果银行的存贷利差扩大，脱媒现象会更严重还是趋于缓和？
4. 金融机构主要提供哪些服务？
5. 金融市场与金融机构的作用和功能是什么？
6. 中国曾规定处级以上干部不得炒股，你认为这一规定合理吗？

第二章　存款性金融机构

第一节　存款性金融机构概述

一、存款性金融机构的特征

存款性金融机构是以存款为重要资金来源的金融机构。存款性金融机构把存款或者其他融资渠道筹集的资金用于对各种实体的贷款和投资。他们的收入主要来自三方面：贷款、投资和收取费用。

在美国，存款性金融机构主要包括商业银行、储蓄银行、储蓄贷款协会和信贷协会。需要注意的是，能够发放贷款的金融机构不一定是存款性金融机构。比如，美国的抵押银行（mortgage bank）按照法律规定就不可以吸收存款。它们只能在二级批发市场通过房利美（Fannie Mae）、房地美（Freddie Mac）这样的机构获得资金，用于发放抵押贷款。中国的小额贷款公司也不是存款性金融机构。在中国，存款性金融机构主要包括大型商业银行、新兴商业银行（或称股份制商业银行）、城市商业银行、农村商业银行、农村合作银行、城市信用社、农村信用社、村镇银行以及外资银行。在美国，储蓄贷款协会、储蓄银行和信用合作社也被称为节俭机构。它们是存款机构的特殊类型。传统上，美国不允许储蓄机构接受支票存款。它们主要通过吸收家庭储蓄来获取资金。从20世纪80年代初期以来，储蓄机构已被允许提供与支票账户完全等同的可转让存款。由于存款性金融机构在金融系统中占有重要地位，因此它们受到严格的监管。

存款性金融机构经营的目的之一，是赚取资产收入与资金成本的差额，这一差额称为差额收入（spread income）或利差（margin）。利差加上投资收入、中间业务收入，减去营业费用，就是金融机构的利润。在追求利润的过程中，存款性金融机构主要面临以下风险：

1. 违约风险

也称信用风险，指的是银行的借款人或银行所持有证券的发行人对其业务违约的风险。

2. 监管风险

是指监管当局改变法规，使存款性金融机构的收入受到不利影响。如中国由混业经营走向分业经营,整顿信托投资公司,关闭农村合作基金会等。

3. 融资风险

即利率风险,这可以用下面的例子说明。金融机构有期限中介的作用。假定某存款性金融机构吸收了一笔存款 1 亿元,期限 10 年,利率为 5%。不考虑准备金问题,存款机构可以将这 1 亿元用于投资。假定它购买了 1 年期的政府债券,利率为 8%。这样,在 1 年内,该金融机构可以锁定利差 3%。但是,在 1 年之后,如果利率上升,存款性金融机构兑付到期国债后,可以将收回的资金以更高的利率重新投资,赚取更大的利差。相反,如果利率下降,存款性金融机构的利差将会下降,甚至成为负值。如果该金融机构借入短期债务(如吸收 1 年期存款),进行长期投资(如投资于 10 年期债券),那么,如果利率上升,该机构就将支付更高的融资成本,利差下降。如果利率下降,该金融机构将支付较低的融资成本,利差上升。

4. 操作风险

是指由于内部程序、人员、系统的不完善或失误,或外部事件造成直接或间接损失的风险。对中国的存款性金融机构来说,由于完善的制度远没有建立起来,操作风险尤其严重。

二、储蓄贷款协会

美国的储蓄贷款协会是有相当历史的组织。创建的主要原因是为购买住房提供资金,依靠融资购买的住房是贷款的抵押品。储蓄贷款协会最早叫做美国建筑和贷款协会,在 19 世纪 30 年代就出现了。20 世纪 30 年代联邦政府建立住宅管理局为房屋抵押提供担保,使得储蓄贷款协会在第二次世界大战以后发展很快。储蓄贷款协会最初建立的目的是"邻居帮助邻居"。发展到现在,它既可以是合作制,也可以是公司制,说明它不一定是协会,存款人和贷款人也不一定有管理和控制的权利。为了提高储蓄贷款协会的融资能力,美国立法规定可以将合作制的储蓄贷款协会转变为股份制公司的形式。与银行一样,储蓄贷款协会可以依照联邦和州法律设立。也和银行一样,储蓄贷款协会要受联邦设立的存款准备金要求的限制。

1989 年成立的储蓄监管办公室(Office of Thrift Supervision,OTS),是联邦一级储蓄贷款协会的主要监管者。在 OTS 成立之前,联邦一级的主要监管者是联邦住宅贷款银行(Federal Home Loan Bank Board,FHLBB)。FHLBB 后来被撤销了。为储蓄贷款协会提供保险的以前是联邦储蓄贷款保险公司(Federal Savings and Loan Insurance Corporation,FSLIC),现在是联邦存款保险公司(Federal Deposit Insurance Corporation,FDIC)下面的储蓄协会保险基金(Savings Association Insurance Fund,SAIF)。

1. 储蓄贷款协会的资产

传统上储蓄贷款协会被允许投资的资产只有抵押贷款、抵押证券和政府证券,虽然大多数抵押贷款用于购买住房,但是储蓄贷款协会也进行建筑贷款。

储蓄贷款协会因为经营性(流动性)和管理性目的也投资于短期资产。所有参加联邦存款保险的储蓄贷款协会必须满足最低的流动性要求。这些要求由储蓄监管办公室做出规定,可接受的资产包括现金、短期政府债券和公司债券、商业银行存款、其他货币市场资产和联邦基金。在联邦基金市场上,储蓄贷款协会将其超额准备金贷给其他短缺资金的存款机构。

2. 储蓄贷款协会的融资

1981年以前,储蓄贷款协会的大部分负债由存折储蓄账户和定期存款单组成,这些存款可提供的利率是固定的。20世纪80年代以后,储蓄贷款协会被允许开立一种与活期存款极为类似并支付利息的账户,称为可转让支付命令账户(negotiable order of withdrawal accounts,NOW)。同时,储蓄贷款协会也被允许提供货币市场存款账户(money market deposit account,MMDA)。MMDA是一种储蓄存款账户,类似于货币市场基金。它是为了应对Q条例才被创造出来的。这种账户专门投资政府与公司债务,并基于当前货币市场利率向存款人支付利息。储蓄贷款协会在货币市场上的融资更加活跃,可以在联邦基金市场上借款并可到联储的贴现窗口借款。

3. 储蓄贷款协会的管理

联邦储蓄贷款协会是根据1933年《住房所有者贷款法案》的条款设立的。历史上曾受到存款账户最高利率限制、地理限制、业务限制、资本充足率等要求的管制。另外,对非存款资金和流动性要求也有限制。

4. 储蓄贷款协会的危机

储蓄贷款协会的危机主要是短借长贷造成支付危机。金融创新增大了它的生存空间,情况有所好转。储蓄贷款协会的危机,导致了几百家储蓄机构被清算或被其他机构兼并,花费了纳税人和储蓄贷款协会几十亿的资金。1986—1995年,参加联邦保险的储蓄贷款协会由3 234家下降到1 645家。现在,储蓄机构的规模比以前小得多。现存的储蓄贷款协会在20世纪80年代末90年代初的低利率环境和保守的投资行为的条件下重建了其资本金,并且大部分又开始营业了。

三、互助储蓄银行

在美国,储蓄银行的历史可以追溯到1816年,是比储蓄贷款协会历史更为悠久但又类似于储蓄贷款协会的机构,它们可以是合伙制(称共同储蓄银行)或股份制。大部分储蓄银行都是合伙形式。美国只有东部16个州有储蓄银行。1978年国会允许成立联邦储蓄银行。

储蓄银行是规模较大的机构。储蓄银行和储蓄贷款协会的资产结构类似,主要资产是住房抵押贷款。储蓄银行的投资组合中还包括公司债、国债和政府机构债券、市政债券、普通股和消费贷款等。储蓄银行的资金主要来源于存款。如果说早期的储蓄贷款协会是成员之间为了购买住房而集中储蓄,发放住房贷款,那么,早期的储蓄银行的建立是一种慈善冲动,因为是富有的人提供初始资本。

20世纪80年代的节俭类机构危机同样打击了储蓄银行。在80年代的最初3年,该行业损失33亿美金。

欧洲也有与美国的储蓄银行类似的机构,比如法国就有储蓄银行。

四、信用合作社

在美国,信用合作社是最小的存款机构,可以由州或联邦批准设立。根据管理联邦信用合作社的法律,联邦信用合作社的成员必须属于某一行业或者协会,或确定范围的街区、社区和农业区。它们是合作性质或互助性质的。信用合作社具有双重目标,为成员的储蓄和借款需要提供服务。它最大的特点是"合作信用",即吸收成员的存款为成员服务。除了提供消费贷款和住房抵押贷款,信用社也进行证券投资。

信用合作社的存款称为股份。在联邦注册的信用社由国家信用社股份保险基金(NCUSIF)保险。在州政府注策的信用社可以自愿加入NCUSIF,也可以由州保险机构保险。联邦信用社的监管机构是国家信用社管理局(NUCA)。NUCA管理的中央流动机构(CLF),是信用社的最后贷款人。

第二节 商业银行的主要业务

从传统上讲,商业银行是以吸收存款、发放贷款、办理转账结算为主要业务的金融机构。需要注意的是,我们这里的分析并不仅仅适用于商业银行。虽然许多金融机构并无银行之名,但它们经营的业务与银行并没有太大的区别。比如,在美国,特别是在20世纪80年代以后,随着法律在业务范围、存款准备金等方面规定的调整,储蓄贷款协会、信用合作社等机构与银行已没有太大的区别。中国的信用社从事的也是与银行一样的存贷款业务。所有这些机构可以统称为存款货币银行,或称为存款性机构。因为商业银行是最主要的存款机构,所以我们仍然主要研究商业银行。当然,这种分析一般也适用于其他的存款机构。商业银行所从事的业务包括负债业务、资产业务和中间业务。①

一、商业银行的基本业务

银行通过出售一种具有一定流动性、风险和回报特点的资产,再购买另一种具有一定流动性、风险和回报特点的资产,并获得利润的过程称为资产转换。比如,银行通过吸收储蓄存款发放工商贷款,就是将储蓄存款这种投资者的资产转换成了工商贷款。在这一过程中,两种资产的利息差,再扣除银行经营中产生的其他成本,就形成了银行的利润。

假定A银行收到一笔新的支票存款100元,比如一笔现金存入,银行的资产负债表

---

① 按照服务对象的不同,银行业务也可以分为个人业务、公司业务和国际业务。

将发生如下变化。

A 银行的资产负债表

资产		负债	
准备金	+100 元	支票存款	+100 元

如果法定存款准备率为 10%，为了不致亏损，A 银行就会将其中的 90 元用于发放贷款。银行的资产负债表将变为：

A 银行的资产负债表

资产		负债	
准备金	+10 元	支票存款	+100 元
贷款	+90 元		

由于贷款利息高于存款利息，银行将获得利润。如果支票存款的利率为 5%，支票账户的服务成本为 3 元，贷款利率为 10%，那么，银行的利润就是 1 元。

二、商业银行的负债业务

商业银行的负债业务(liabilities)是指商业银行获得资金来源的业务。只有在通过支付一定的成本获得资金后，银行才能运用资金，获得利润。下面我们看一下银行的钱都是从哪里来的。

1. 存款

(1) 支票存款(checkable deposits)。支票存款又称活期存款，是银行发行的一种债务凭证。持有者在持有这项金融资产后，有权向第三方签发支票，用于购买商品劳务和支付债务。支票存款是见票即付的。就是说，一旦见到支票，银行必须立即按照支票的要求进行资金划转或现金的提取。在中国，支票存款的拥有者主要是工商企业，居民家庭不能拥有这种资产。但是个人的银行卡存款账户可以直接用于消费，其流动性和支票存款是一样的。直到 2003 年 9 月，中国才把个人结算账户和活期储蓄区别开来。支票存款的持有者可以获得一个比较低的利息收入。在美国，居民家庭同样可以拥有支票存款。1933 年大危机之后，美国的银行立法禁止银行对活期存款支付利息。在 20 世纪 80 年代后，这一禁令才告解除。对于银行的客户来说，支票存款的优点是流动性强，可以从银行获得转账结算服务。缺点是利率水平比较低。对于银行来说，支票存款利息水平低，又会在银行账面上形成一个比较稳定的余额，因而是稳定的低利息的资金来源。其缺点是，虽然利息水平比较低，但是银行必须为此支付大量的服务费用。比如，建立办公大厦以吸引客户、处理支票、建立 ATM，等等。

(2) 定期存款(time deposits)和储蓄存款(savings accounts)。定期存款和储蓄存款都是不能签发支票的。客户只有在支取现金后，才能用现金进行交易，定期存款的提前支取还要承担一定的利息损失。所以,这两种存款的流动性低于支票存款,相应地,利率也就比较高些。当然,随着金融创新的发展,储蓄存款和定期存款的支付能力逐渐增强。在美国,储蓄存款一般是没有期限的,储户可以经常存取现金。在中国,储蓄存款也分为活期与定期两种。定期储蓄是中国居民家庭和非营利组织存入的定期存款,而定期存款的概念则专门指企业的定期存款。所以,美国的定期存款概念对应的是中国的定期存款和定期储蓄两者的总和。按照中国人民银行的统计,2013年8月末,中国居民个人在金融机构的储蓄存款总额为438 546.18亿元。需要注意的是,中国的储蓄存款名义上都不是企业存入的,但实际上,一些储蓄存款却是由企业以个人名义存入的,即由实际上的对公存款转化而来。这一现象被称为公款私存。这些存款的目的是逃避财务监督和赚取利息收入并中饱私囊。此外,1999年11月开始征收利息所得税后,由于对公存款不征收利息税,为了逃避税收,许多储蓄存款又以企业的名义存入,成为对公存款,形成了私款公存的现象。在美国,一些定期存单是可以转让的。1961年,花旗银行创立了大额可转让存单市场。中国目前尚未建立这种市场。

(3)货币市场存款账户(MMDA)。这种存款没有到期日,投资者有有限的开出支票的权利,类似于货币市场共同基金。

2. 借款

除了吸收存款外,银行还会通过借款方式筹集资金。在美国,主要从货币市场筹集资金,而不是依赖存款作为资金来源的银行,称为货币中心银行。借款的来源主要有以下几个方面:

(1)中央银行借款。中央银行是商业银行的最后贷款人。商业银行出现流动性问题时,可以从中央银行申请借款。这种借款按方式不同又可以分为再贴现和再贷款。再贴现是商业银行将各种合格证券卖给中央银行。再贷款则可能是信用放款,也可能是有抵押的放款。在美国等发达国家,中央银行借款主要是采用再贴现方式。而且,中央银行一般会规定担保品的合格标准。中央银行对这种放款收取的利率称为贴现率。这种利率一般较低,所以中央银行不会允许商业银行为了挣得利差而借款。当然,由于中央银行是一个重要的监管者,商业银行往往也会尽量回避使用贴现窗口。

(2)同业拆借。银行也可以从其他金融机构借入资金,这称为同业拆借。由于银行的准备金必须符合法定准备要求,而准备金又会因为结算以及存款的变化而不断变化,因此就会导致银行出现临时性的资金盈余或不足。同业拆借市场为银行同业之间的资金融通提供了可能。银行既不需要为了法定准备要求而保存过多的超额准备,又可以把临时性超额准备拆放出去挣得利息。同业拆借一般是短期的资金融通。在中国,同业拆借的最长期限是4个月。在美国,同业拆借市场又称为联邦基金市场。因为商业银行在联邦储备银行的准备金又称为联邦基金。同业拆借利率由于是市场利率,因此波动性也更强。

(3)证券回购协议。这等于是银行向其他机构的借款。在美国,商业银行是证券回购协议的重要资金融入者。

（4）国际金融市场借款。比如，在美国，借入欧洲美元也是银行的一项重要资金来源。但在中国，这项内容还受到一定的限制。

（5）结算过程中的资金占用。银行为客户提供结算服务时，从汇款汇出到收款人收款，会有一个时间间隔。在这一过程中，资金既不属于付款人，也不属于收款人，从而成为银行的资金来源。这项来源一般都是短期资金。但是，在中国，银行有时会通过"压票"的方式，人为延长结算时间，从而达到无偿长期占用结算资金的目的。企业在结算时，就需要过长的时间才能收到货款，甚至可能"一等就是一年多"。当然，作为博弈的一方，企业的应对策略可能是尽可能地使用现金结算，形成现金体外循环，即现金在银行体系之外的循环。

（6）发行金融债券。在中国，由金融机构发行的债券称为金融债券。这也是银行筹集资金的一种方式。在美国，2008年金融危机之前，商业银行大量发行短期融资券，使得银行资金来源大量依赖于短期融资，银行体系因而变得更加脆弱。

3. 银行的自有资本

这一项是银行的净值，等于资产总额与负债总额之差。如果银行是股份制形式，那么银行资本则来源于股权出售与留存收益。我们将在第四章对银行资本进行更多的讨论。

银行资本中重要的一项是贷款损失准备金（loan loss reserves）。它是由银行根据预计的资产损失从收入中提前提取的。这样做，可以使银行尽早处理坏账，比较积极主动。而且，从收入中提取也可以减少税款缴纳。中国的商业银行长期以来一直存在呆账准备金计提不足、对呆账贷款挂账处理、不及时核销等问题。2001年，中国财政部发布了《金融企业呆账准备金计提及呆账核销管理办法》，予以规范。对呆账准备金的计提也要根据资产的风险进行。在税收减免上，中国当时的规定是贷款余额1%差额计提的准备金可以享受税收减免待遇。超过1%就要纳税。所以，银行一般不会超过1%计提。后来，出于银行上市的考虑，国有商业银行才纷纷加大了贷款损失准备金的提取力度。

三、商业银行的资产业务

资产业务是指银行运用负债业务所筹集的资金获取收益的业务，即银行的资金运用。负债业务一般需要银行支付一定的利息成本。所以，银行必须通过资产业务获得更高的利息收益，才能实现利润。

1. 现金类资产

现金类资产（cash items）主要包括以下几项内容：

（1）准备金（reserves）。商业银行必须持有一定的准备金，以满足支付的需要。准备金包括库存现金和在中央银行存款两部分。由于在中央银行的存款是准备金的主要部分，因此准备金主要不是由银行自己保留（中央银行制度建立前是这样），而是由中央银行统一保留的。法律往往规定,银行必须保有一个最低的准备金比率,称为法定存款准备率(required reserve ratio)。就是说,库存现金和在中央银行的存款是商业银行的合法准备。合法准备占存款的法定最低比率就是法定存款准备率。合法准备中符合法定存款准备率要求的部分称为法定存款准备金,超过法定存款准备金的部分称为超额准备金(excess reserves),超额准备金与存款的比率就是超额准备率。法定存款准备率与超额准备率之和即为准备率。如果银行持有100元的存款,在中央银行存款10元,库存现金为2元,法定存款准备率为10%,那么,该行的合法准备金就是12元,法定存款准备金就是10元,超额准备金是2元,超额准备率是2%,准备率为12%。当然,法定准备率往往因存款种类的不同而不同。银行的准备金一般是不付利息的。这是政府征收的一种铸币税,也称为准备税。银行之所以要持有一定的超额准备金,是因为超额准备金的流动性强。在中国,准备金一直是支付利息的,美国在2008年以后也开始支付利息。

(2) 应收现金。在结算过程中,如果收款方在银行开户,而资金尚未收到,这项资金就成为该商业银行的资产。由于应收账款一般很快就能收到,所以称为现金类资产。

(3) 同业存款。这是银行存放在其他银行的存款。银行之所以在其他银行存款,是为了获得结算以及交易的便利。现金类资产的收入较低,甚至为零,但是流动性最强。

2. 贷款

贷款是商业银行最基本的资产业务。银行发放的贷款流动性比较差,因为贷款一般不能提前收回,也难以转让。而且,银行贷款要承担客户的违约风险。由于这两个原因,银行贷款的利率比较高。

银行贷款可以按不同的方式进行分类。按有无抵押划分,贷款可以分为抵押贷款和信用贷款。贷款的抵押品可以是各种不动产,也可以是有价证券。无论如何,抵押品必须是可以出售的,其价值必须大于贷款的数额。这是因为,抵押品价值会发生波动。如果贷款违约,银行就可以持有这些抵押品。我国法律规定,银行必须在1年内处理掉收进的不动产、股票等抵押品。信用放款则仅仅是根据借款者的信誉而发放的,如果借款者违约,银行虽然对借款者的资产有求偿权,但排位在抵押担保之后。由于违约风险大,信用放款的利率明显要高一些。

改革初期,中国发放的贷款基本上都是信用放款,相应地,呆账比例比较高。后来,信用放款不再是主要形式。担保贷款、以不动产抵押和金融资产质押的贷款不断增加。比如,房地产贷款、股票质押放款等。

按照贷款对象划分,贷款又可以分为工商贷款、农业贷款、消费者贷款、不动产贷款、同业放款等。同业放款就是银行间的同业拆出。按照还款方式的不同,贷款又可以分为一次偿还和分期偿还两种。分期偿还贷款主要用于消费者贷款和不动产贷款。

在我国的计划体制时期,国有企业的固定资产投资由计委和财政负担。对于企业的流动资金需要,政府部门会负责核定一个定额,称为流动资金定额。定额内的资金由财政拨付,属于长期占用资金。当企业出现临时性、短期性的资金需要时,才会由银行提供超定额流动资金贷款。所以，银行的规模、作用很小。由财政、银行共同负责国有企业流动资金的制度称为分口管理。改革以来，随着财政状况的日渐紧张，财政逐渐无力承担国有企业流动资金定额拨款的任务。同时，随着利益格局的调整，银行的资金来源逐渐增加。为适应这种状况，从1983年7月1日起国有企业的流动资金统一由银行管理，财政不再拨付任何资金。随后的政策实施中，统一管理变成了统包，企业的流动资金等于是由银行供给，而且短贷长占，使企业对银行有了依赖感。后来，国有企业资产负债率竟高达2/3，成为国有企业改革中的一个重要问题。而在计划体制时期，中国企业的资产负债率可以说是最低的。

在计划体制时期，中国的银行只发放短期贷款。1979年后，银行开始发放中短期设备贷款。在当时，反对的意见很盛。反对的理由是，银行吸收的主要是短期资金，因而完全不能发放长期贷款。现在，已经不会有人持有这种观点了。

3. 证券投资

商业银行通过购买并持有证券，也可以获得利息收入。证券的种类包括国债、机构证券、公司证券、市政证券、抵押贷款证券等。在同业拆借市场拆出资金、证券回购协议的逆回购，也可以归为这一类。在中国，法律禁止银行持有股票。1996年的《商业银行法》规定，商业银行可以买卖政府债券、金融债券，但没有把买卖企业债券列入可以经营的业务目录中。2005年，商业银行投资于公司债券市场"解禁"。在其他国家，出于防范风险的考虑，对银行持有证券往往也有一定的限制。这种限制一般包括种类限制和数量限制两种。前者如只允许持有大公司的股票，后者如限制垃圾债券在全部资产中的比重等。

银行持有债券除了可以增加收益外，也可以增加流动性。在美国，国库券等流动性强的金融工具，一般被称为商业银行的二线准备金。它们可以在支付不足时迅速转化为现金。相应地，合法准备被称为一线准备金。

4. 其他资产

比如银行的房地产、设备等。在中国，法律禁止银行持有非自用不动产。

四、商业银行的中间业务

中间业务(intermediary business)是那些影响商业银行的利润，但并不反映在银行的资产负债表上的业务。与中间业务相对应，商业银行的资产负债业务可以合称为信用业务。中间业务也称为表外业务(off balance sheet activities)。不过，表外业务有两种含义。广义上讲，表外业务就是中间业务。狭义上说，中间业务中那些为适应20世纪60—70年代后金融市场的变化，大量使用的有风险的、不列入资产负债表的业务，才称为表外业务。这些业务在一定条件下会转化为表内业务。

在历史上，商业银行的雏形——古代的货币兑换业者和银钱业者，最早主要是从事代保管、汇兑等业务的，因而银行的中间业务要早于信用业务。虽然商业银行很早就开发出了许多的中间业务，但是只有在20世纪70年代以后，中间业务才获得了比较大的发展。许多的中间业务是从传统的金融工具基础上发展起来的,比如,在商业票据的基础上发展出了备用信用证业务。有一些中间业务是金融创新的结果。中间业务原来被称为辅助业务,现在已经成为商业银行的重要业务。在目前西方的许多大银行中,中间业务收入一般能占到其收入总额的一半以上。通过大量开展中间业务,银行已经成了金融百货商店,能满足客户许多方面的要求。

20 世纪 70 年代后美国银行中间业务大发展的原因,与金融创新的原因基本一致。而且,由于金融创新的许多内容都是中间业务创新,许多人甚至认为金融创新就是中间业务创新。在中国,银行所从事的中间业务还比较少,中间业务收入在银行总收入中的比重还不高。但是,银行已经普遍注重中间业务的发展,中间业务的占比正在不断提高。

目前,商业银行的中间业务主要包括以下一些内容:

1. 转账结算

结算是对商品、劳务交换所产生的债权债务进行清偿。它分为现金结算和非现金结算两种。目前,世界上 90% 以上的交易是通过转账进行结算的。转账结算所使用的工具主要包括汇票、本票、支票、银行卡等。

2. 承兑业务

这里主要指票据承兑,也就是商业信用中开出的票据,到一定时期可以由银行兑付。比如,甲方开给乙方一张 3 月期票据,到了 3 个月如果甲方没有兑现,乙方可以直接找到甲方的开户银行要求兑付。

3. 信用证业务

信用证业务始于 19 世纪。在国际贸易中,风险较大,贸易的双方往往缺乏了解,互不信任。由于国际贸易不可能做到一手交钱一手交货,这就客观地需要银行提供信用支持。

信用证是银行的一种付款承诺,是银行根据买方的要求,向卖方开出的在一定期限内,凭符合条件的单据,即期或在一个可以确定的将来日期,支付一定金额的书面承诺。信用证首先是一种信用保证,然后还有一定的融资作用。

4. 银行保函

银行保函是银行应委托人的要求,作为担保人向受益人开出的书面保证文件。如果委托人违约,银行就有义务保证履约。在经济交往中,如果有一方不履约,另一方就要蒙受损失。为了降低这种风险,需要有一个第三者作为担保。银行因为资金雄厚,信誉比较好,就常常做这种业务。就是说,通过出卖自己的信誉挣得利润。银行保函的种类很多。这种保函可以对经济交往中任何一方所承担的付款、还款和赔偿责任进行保证。如在进出口业务中的付款保函、质量保函,工程项目中的投标保函、履约保函、预付金保函、维修保函等。

与银行保函类似的是备用信用证。备用信用证(standby letter of credit)是银行为客户开立的保证书。客户对受益人有某种偿付义务。银行开证就是承诺如果客户没有履约,开证行将按条款代偿。备用信用证一般用于支持商业票据的发行、保证工程建设的质量和进度、合并与收购等。备用信用证在美国和日本比较流行,因为法律禁止银行提供担保,作为变通的方式,银行创造了备用信用证。

5. 代理业务

这类业务指的是银行代替其他机构和个人从事一定的经济活动。如银行代替客户买卖证券和外汇,代理收付款,代保管财物等。

6. 经济信息咨询业务

咨询就是询问。在古代,咨询主要用于政治与军事过程中。现代咨询业起源于19世纪90年代的英国。经济信息咨询特指咨询方帮助委托方处理经济问题。银行的经济信息咨询,是指银行为客户提供经济金融信息或建议。这是银行进行的一种信息和智力的服务。为什么会产生银行咨询业务?从需求方面看,许多企业出于竞争的需要,会尽可能地垄断和封锁经济情报;而另一些企业在经济交往中,会需要银行打破这种信息的封锁。而且,许多企业和个人需要银行帮助其进行经营决策。从供给方面看,银行又确实有提供信息咨询的能力。银行有遍及全国的信息系统,银行经营中会产生大量的信息。在银行经营中,由于银行与客户有广泛的业务往来,因此有条件掌握各种信息,而且银行还有许多专门的人才。

7. 租赁业务

主要有使用租赁和金融租赁两种。使用租赁是指租用人在使用期间支付租金,期满后将租用物品归还银行,这实际上是银行实物贷款的形式。金融租赁的租金包括租赁物品的价值和利息,期满后物品归租赁人所有,实际上是以分期付款的形式来购买物品。

中国的商业银行以前不能涉足租赁行业。2007年9月19日,中国银监会批准中国工商银行筹建金融租赁公司。该公司由工商银行独资设立,注册资本20亿元人民币。银行系租赁公司开始发展起来。

8. 贷款承诺

贷款承诺(loan commitments)是银行对客户的许诺。就是说,客户有权在未来一定时期内,根据一定的条件(期限、利率、金额)随时从银行获得贷款。这种协议可以是正式的,也可以是非正式的。一些协议对银行与客户双方都不具有法律约束力。

对客户来说,贷款承诺使他们获得了将来融入资金的承诺,这既是一种资金的保证,也是对客户未来融资能力的证明。对银行来说,不管最终是否发放贷款,银行都可以根据承诺的金额,向客户收取承诺费。贷款承诺实际上是一种保险契约。而且,目前,西方国家商业银行的大部分贷款都是在贷款承诺安排下发放的。这样,银行与客户之间建立了一种长期联系,有利于信息收集。

贷款承诺按照内容的不同,可以分为下述形式:

(1)信贷额度。这是银行与客户签订的一种协议,证明银行可以在额度范围内满足客户贷款的要求。在该协议中,银行会规定信贷便利的发放时间与条件。实际执行中,银行一般会满足客户的贷款要求,但是银行没有贷款的义务。信贷额度是一种可撤销的贷款承诺。当然,这种信贷额度与我们在计划体制下实行规模控制时的信贷额度有明显的区别。

(2) 循环贷款承诺。与前者不同,这是银行与客户之间签订的一种正式协议。根据这种协议,银行有义务按照约定的条件,如最高贷款额、期限、利率等,为客户提供贷款。这种协议的期限一般较长,客户可以随用随还,还了再用。银行为了这种协议要向客户收取承诺费。

(3) 票据发行便利。票据发行便利(note issuance facilities,NIFs)是银行与客户之间中期(3—7年)的循环融资保证。在该期限内,银行保证客户可以以不高于预定利率的水平发行短期可流通的本票,筹集所需资金。如果客户的票据未能在市场上全部售出,银行将购入未售出的部分,或者以贷款的方式融通资金。在这种业务中,如果客户本身也是银行,那么,客户所发行的债券就是大额可转让存单。如果客户不是银行,那么所发行的就是欧洲票据。

票据发行便利使借款人得到了直接从货币市场上以低成本筹集资金的保证,并且能够获得往来银行以短期利率提供长期贷款的承诺。银行则不但能够收取手续费,而且还维持了与客户的良好关系。在这项业务中,银行实际上是充当了包销商的角色。票据发行便利既可以由单个银行从事,也可以由一组银行和非银行金融机构进行,后者称为投标小组。投标小组可以承销巨大金额的票据。

9. 贷款销售

贷款销售(loan sale)是指银行通过直接出售或者是证券化的方式把贷款转让给第三方。在银行的贷款售出后,银行会继续提供与贷款有关的一些服务,例如为贷款购买者收取本息,监督借款人的财务状况等。因此,银行也能得到一定的服务费用。

传统上,商业银行发起贷款之后,就会在资产负债表中持有这笔贷款。这称为商业银行的发起-持有模式。后来,银行越来越倾向于发起贷款后,以资产证券化的形式将其卖掉。这称为发起-销售模式。这样,商业银行的经营模式就发生了重大变化。

10. 衍生产品服务

银行会积极参与外汇远期、利率互换、CDS等衍生产品服务。在这一过程中,银行可以直接作为交易的对手,也可以为交易双方提供中介服务。如果银行作为中介,可以挣得服务的费用。如果银行同时为双方的合约提供担保,就要承担一定的风险。

11. 信托服务

银行也可以通过发行理财产品的方式提供信托理财服务。

五、电子化银行业务

近年来,随着电子计算机的存储能力不断扩大,计算速度不断加快,网络范围不断延伸,软件功能不断加强,商业银行的电子银行业务越来越发达。电子化业务的内容有自动柜员机、电子票据交换业务、智能银行卡、网上银行等。

第三节 商业银行的发展与结构

一、西方国家商业银行的产生与发展

商业银行的产生经过了一个历史的过程。

在古代,虽然没有商业银行,但是商业银行的前身——古代的货币兑换业者和银钱业者却是早已有之的。这些商人的产生适应了金属货币流通的需要。在金属货币流通条件下,如果是称量货币流通,就需要对货币的重量和成色进行鉴别,而后者需要专门的知识。如果是铸币流通,那么,在国际交往中,必然产生铸币兑换的大量需求。在当时的欧洲,外国从地理上看并不遥远。在国内贸易中,由于持有金属货币到外地交易具有一定的风险,所以汇兑的需要就产生了。同样的原因,代保管货币也是必要的。所有这些需要就产生了以提供这些服务为生的货币兑换业者和银钱业者。在中世纪的意大利,由于贸易的繁荣,这一行业也得到了充分的发展。

由于保管货币需要承担一定的风险、支付一定的成本,所以当时的货币保管是收费的。在代保管货币时,这些专业商人们逐渐发现,虽然货币会不断地存取,但是总会有一个稳定的余额。于是,他们开始偷偷地把这部分货币贷放出去,赚取利息。这样,基本的银行业务就全部产生了。

1580 年成立的威尼斯银行是第一家以银行命名的金融机构。但是,这种早期的银行还不是现代意义上的银行,因为这些银行主要发放高利贷,贷款对象则是政府与挥霍无度的贵族。随着资本主义工商业的发展,对支持工商业发展的银行的需求逐渐增强。1694 年英格兰银行的成立标志着现代银行的产生。现代银行主要发放利息较低的工商业贷款。

现代银行的产生有两条途径。一条是通过新组建股份制银行的方式,就像英格兰银行那样。另一条是由旧的高利贷性质的银行转变为现代银行。

二、中国商业银行的产生与发展

中国虽然很早就有金融活动的存在,但是直至 1845 年,第一家新式银行——丽如银行——才告成立。这是一家英资银行。1897 年成立的商办的中国通商银行是第一家中资银行。

1949 年新中国成立后,中国通过对国民党政权的官僚资本银行的没收,对民族资本银行的改造,对原有的解放区银行的合并,以及新建农村信用合作社的方式,建立了银行体系。随后,除农村信用社外,所有银行又被合并。1956—1978 年,中国基本上只有一家银行——中国人民银行,称为"大一统"的金融体制。其特点,一是全国只有一家银行,按照行政区划设置,禁止其他金融机构的活动与商业信用。其他银行虽有分设的时候,但都

是很快就被合并起来。二是中国人民银行既负责金融管理,又办理具体的金融业务。三是中国人民银行负责对企业的开户、结算、现金出纳进行监督。四是中国人民银行内部实行严格的计划管理。这种金融体制是与当时的计划体制相适应的。

  1978年后,这种局面得到改变。1979年,中国人民银行的国外业务部独立出来,组成了中国银行,同时也称为外汇管理局。一套人马,两块牌子。1982年外汇管理局又并入中国人民银行,中国银行成为专业的外汇外贸银行。1979年,中国人民银行中还分设出中国农业银行,专营农村金融业务,办理农村信贷,管理农村信用合作社。同时设立了中国人民建设银行,它是专营固定资产投资的长期性的金融机构。以前,中国人民建设银行是半财政性质的,1985年以前属于财政部。这四大银行建立之始,都明确为国务院直属局级的经济实体,业务范围按照城市、农村、外汇、固定资产投资进行分工,所以称为专业银行。四大银行的分支机构都按照行政区划设置。

  改革呼唤着中国的商业银行体制。中国的商业银行的形成也有两条途径。一条是由国有的专业银行转化而来,另一条是新组建而形成的商业银行。随着改革的发展,专业银行实行商业化改革,纷纷突破了原有的业务范围,中国人民建设银行还更名为中国建设银行。1986年交通银行的建立,开了组建新的股份制银行的先河。至今中国共建立了中信实业银行、广东发展银行、深圳发展银行等十几家股份制银行。其中,海南发展银行因出现支付危机已经倒闭。新组建的股份制银行在业务经营上与四大银行没有太大的区别。从产权结构看,虽然这些银行是股份制的,但是其股东主要是国有企业,只有中国民生银行是以民营资本为主要股本的。另外,由城市信用社合并组成的城市商业银行也发展了起来。

  2005年起,国有商业银行纷纷上市,国有银行与股份制银行之间的产权差异已经缩小。股份制银行本身也在改革。例如,深圳发展银行在2003年实现了大股东的转变。城市商业银行上市、外资入股城市商业银行的事例不断出现。在农村地区,最近几年又在组建农村商业银行和合作银行。

  国有银行上市,是中国商业银行发展史上的重大事件。传统上,经营不善、坏账率高是中国国有商业银行的突出问题。为了解决国有商业银行的这些问题,我们曾经进行了一系列的尝试。比如,在20世纪90年代中期,国有商业银行的政策性业务被剥离出来。为了提高国有商业银行的资本充足率,中国于1997年定向发行2 700亿元人民币的特别国债,补充四大国有商业银行的资本金。1999年成立的资产管理公司进一步剥离了国有商业银行的坏账。2003年,向中国建设银行和中国银行注资450亿美元,等等。在采取这些救助政策的同时,对国有商业银行治理机制的改革也开始进行。比如,国务院派驻的监事会进驻了四大国有商业银行,以健全国有商业银行的监督机制。四大国有商业银行建立了总行一级法人的授权管理体制,加强了对分支机构的授权和监控管理,健全和完善了内部控制体系。同时,各国有商业银行都在积极探索建立激励机制和责任机制。当然,这些改革,是在不触及产权结构的基础上,通过引进西方先进的管理经验,如资产负债管理、风险管理等，企图以此提高中国国有商业银行的运营效率。关于银行股份化改革的问题，曾经讨论过许多年。但由于改革的结果难以预期，使决策者顾虑重重。2000年5月，中国证监会与中国人民银行的高级官员均表示，可以考虑银行特别是国有银行的上市问题。由此，引发了许多这方面的探讨。2000年被认为是银行上市年。但实际上，只有一家股份制银行——中国民生银行实现了上市。另外，中国工商银行斥资收购了香港友联银行，实现了借壳上市。直到2005年，中国建设银行、中国银行和中国工商银行才陆续完成所有制改造并上市，成为国家控股的股份制银行。中国农业银行到2010年也实现了上市。如果说在2003年以前，政策救助和银行管理体制的改革是国有银行改革的主线，那么，2003年后，产权改革已经成为国有银行改革的基本方略。

中国的中小商业银行一般是指五家大型商业银行（包括中国工商银行、中国农业银行、中国银行、中国建设银行、交通银行）以外的全国性和区域性商业银行、城市商业银行、城市信用社与农村信用社。到2011年年底，股份制商业银行有13家，即中信银行、中国光大银行、华夏银行、广东发展银行、平安银行、深圳发展银行、招商银行、上海浦东发展银行、兴业银行、中国民生银行、恒丰银行、浙商银行、渤海银行。另有144家城市商业银行，212家农村商业银行，190家农村合作银行，2 265家农村信用社。中小商业银行占全部商业银行资产总额的比例不断上升。当然，与国有商业银行相比，中小银行的实力仍然较弱。

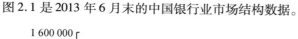是2013年6月末的中国银行业市场结构数据。

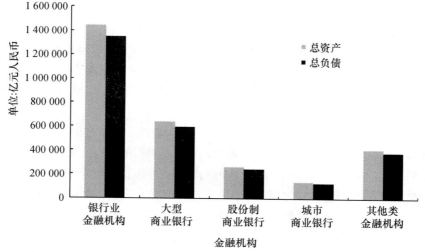

图2.1　2013年6月末银行业数据

一般而言，中小企业天生是中小银行的服务对象。国外的一些研究发现，银行的规模与对中小企业的贷款往往是负相关的，大银行与其他大银行或小银行的合并会减少对中小企业的贷款。在金融市场上，中小企业选择银行与地理条件有密切的关系。中小企业与中小银行联系密切,所以,中小银行能够相对有效地避免逆向选择与道德风险。有两种理论解释中小银行对中小企业的信息优势。一种是长期互动学说,认为通过长期合作关系,中小金融机构对中小企业的了解能逐渐增加。另一种是共同监督假说,认为即使中小银行不能直接了解中小企业的状况,中小企业为了共同利益,也会互相监督。20世纪末,中国的国有商业银行普遍感到机构越多,交易成本越高,信息传递越容易失真。不仅机构的低效率令人担忧,高科技的发展与人员众多之间也存在着严重的矛盾,因而网点并非越多越好。另外,在东南亚金融危机后,政府出于防范风险的考虑也要求国有银行退出县级区域。这样,国有银行纷纷将省分行和省会城市分行合并,精简业务量,撤销亏损的基层行。1998年起的几年中,除中国农业银行外,工、中、建三大国有商业银行曾向大中城市收缩。这样,中小城镇和中小企业的融资需求就为中小银行提供了一定的空间。

中国的城市商业银行是由城市信用社合并组建而成的。城市信用社最初成立于1984年。在20世纪90年代中期前,对信用社的监管较松。当时,全国有3 000多家城市信用社,其中2 000家左右是在县或县级市。而按照当时的规定,城市信用社本来只能设在地市级以上的城市。90年代中期以后,中央银行对城市信用社的监管加强,逐渐对各地的城市商业银行进行了改组。目前,城市商业银行取得了较大发展,不少城市商业银行成为上市公司,并跨区域设立了大量的分支机构。截至2011年年底,城市商业银行总资产9.98万亿元,是2003年年末的6.8倍,在银行业金融机构中占比达8.8%。

邮政储蓄是邮政机构开办的以个人为储蓄对象的业务组织,在世界上已有数百年的历史。中国的邮政储蓄是在1986年恢复设立的,最初属于代办性质。邮政储蓄存款要全额交存当地的人民银行分支机构。最初,中国人民银行一般每月按存款日平均余额的2.2‰计算手续费,并定期拨付对储户的利息支出。1990年后,改为业务由邮电部门自办,存款转存中国人民银行,后者向邮政储蓄部门支付转存款利息和保值贴补,不再支付手续费。当然,邮政储蓄机构可以享受到转存款与储蓄存款之间的利息差。1996年5月1日,邮政储蓄业务与邮政汇兑业务分开。到2003年8月1日,邮政储蓄存款余额达8 290亿元,在金融机构中仅次于四大银行,居第五位。2003年8月之前,邮政储蓄转存款利率为4.131%,不仅明显高于银行的储蓄存款利率,而且还高于中央银行的再贷款利率。当时,中国存在关于转存款利率是否合理的争论。一方面,从邮政储蓄部门看,它们缺乏运用资金的有效渠道,转存款利率毕竟低于一般的银行贷款利率。另一方面,许多人认为,邮政储蓄的转存款所获得的利息收入是没有风险的,而银行发放贷款存在很高的风险,因此转存款利率明显偏高。实际上,对邮政部门来说,在许多业务亏损的情况下,邮政储蓄的巨额盈利非常重要。关于将邮政储蓄机构改组为邮政储蓄银行的讨论很多,应该说,只有商业化运作,才是既公平又有效率的。考虑到巨额的转存款利息负担,中国人民银行2003年8月1日起将新转存款利率由4.131%降为1.89%,并要求邮政储蓄部门将8 290亿元"老存款"在5年内转出。

2006年6月，中国银监会批准筹建中国邮政储蓄银行。2006年12月31日，经国务院同意，中国银监会正式批准由中国邮政集团公司以全资方式，出资组建中国邮政储蓄银行有限责任公司。截至2006年年底，全国邮政储蓄存款余额达到1.6万亿元，存款规模列全国第五位。在邮政储蓄投保的客户接近2 500万户，占整个银行保险市场的1/5。2007年3月20日，中国邮政储蓄银行有限责任公司正式成立。2011年，中国邮政储蓄银行有限责任公司整体改制为中国邮政储蓄银行股份有限公司。

主要由于体制的原因，中国的商业银行积累了大量的不良资产。应该如何处理这些资产，也是目前中国金融界的一个热点问题。过去的办法，也是最常用的办法，是资产损失集中核销。我们曾对工业采取"冲销贷款"的办法。对农业贷款采取的"豁免"办法，也是一种冲销银行贷款的方法。后来，我们对国有企业改组中的部分资金进行了"挂账处理"，还有一种办法叫"延期"，或者由国家用呆账准备金予以冲销。这种办法存在的问题在于：我们实际上是在用老百姓的存款冲销债务，银行的不良资产问题不能从根本上得到解决。

1999年，中国成立了四家资产管理公司，处理不良资产。资产管理公司处理不良资产的方法，除了拍卖和资产证券化以外，一个重要的途径是"债转股"。债转股这种方法，实际上是在企业欠了银行的贷款无法偿还的情况下，由债权人——银行将债权卖给资产管理公司，使资产管理公司成为暂时的债权人，再由暂时的债权人变成企业的所有人——将债权转化成股权。

债转股最主要的作用是减轻了企业的债务负担。因为企业的资金来源无非是两个部分：一部分是自有资本，一部分是借入资本。借入资本过大过多就会压得企业喘不过气来——不用说还本，利息都付不起。债转股可以解决这个问题。

中国的第一次债转股是中国信达资产公司进行的"北京水泥厂债权转股权案例"。北京水泥厂建厂初期，资金严重不足。该厂1992年到1994年建设期间借入银行5.09亿元贷款，一直未偿还，到1998年年底本息总计达到9.68亿元，并且以每年1.2亿元的速度增加。由于债务负担过重，北京水泥厂陷入经营困境。北京水泥厂日产水泥2 000吨，符合债转股的条件，包括有能力、有潜力、有未来收益、经营困难主要是由债务负担造成的等。债转股的过程分了几步：

第一步，债权转股权，企业改制，成立以北京建材集团和信达资产管理公司为股东的有限责任公司。建材集团公司是北京水泥厂的母公司。

第二步，北京建材集团上市融资。

第三步，以三年为期由北京建材集团回购股份，信达公司得到现金，从有限责任公司中脱离出来。这样，北京水泥厂的负债率由原来的80.1%下降为32.4%。

截至2006年年底，四家资产管理公司累计处置政策性不良资产12 102.82亿元，累计回收现金2 110亿元。比国家核定目标超收286亿元。除了通过资产管理公司处理不良资产以外，中国的国有银行后来也纷纷加大了贷款损失准备金的提取力度。政府也通过中央汇金投资有限公司向银行注资。所有这些方法,使得银行的不良贷款率不断下降。表2.1是中国商业银行近年来的不良贷款数据。

表2.1　中国商业银行不良贷款情况表　　　　　单位:亿元

	2004年余额	2004年占比(%)	2006年余额	2006年占比(%)	2008年余额	2008年占比(%)	2010年余额	2010年占比(%)
不良贷款	17 176	13.21	12 549.2	7.09	5 681.8	2.45	4 293.0	1.14
其中:次级类贷款	3 075	2.36	2 674.6	1.51	2 664.3	1.15	1 591.6	0.42
可疑类贷款	8 899	6.84	5 189.3	2.93	2 446.9	1.06	2 042.7	0.54
损失类贷款	5 202	4.00	4 685.3	2.65	570.6	0.25	658.7	0.18
不良贷款分机构								
国有商业银行	15 751	15.62	10 534.9	9.22	4 208.2	2.81	3 081.0	1.31
股份制商业银行	1 425	5.01	1 168.1	2.81	736.6	1.51	565.1	0.70
城市商业银行			654.7	4.78	484.5	2.33	325.6	0.91
农村商业银行			153.6	5.90	191.5	3.94	272.7	1.95
外资银行			37.9	0.78	61.0	0.83	48.6	0.53

三、商业银行的结构

大多数国家的银行实行总分行制。就是说,在首都或大城市设立总行,在各地区设立级别不同的分支机构。比如,在中国,国有商业银行都是在北京设立总行,按照行政区划在各省设立一级分行,在各地市设立二级分行,在各县设立支行。总分行制的优点是,由于在各地都可以设立分支机构,银行的规模可能较大,因而具有规模效益。而且,由于利润来自许多地区,东方不亮西方亮,可以分散风险。总分行制也会有一定的缺点。比如,由于银行较大,可能易于出现垄断行为,银行内部可能会周转不灵、难以监管,利润也会受到外地经济状况的影响等。

与总分行制相对应的制度是单一银行制。这是银行没有分支机构的组织制度。这种制度主要与美国有关。美国的银行并非绝对没有分支机构,只不过法律对银行设立分支机构进行了许多限制。美国的银行分为两大类,一类是在联邦注册的,称为国民银行。另一类是在州政府注册的,称为州银行。美国的许多州都对银行设立分支机构有严格的限制。1927年的《联邦麦克马登法案》(*Mcfadden Act*)也限制跨州设立分支机构,并要求国民银行服从所在州的规定。

法律限制银行设立分支机构的原因,从理论上讲,是企图鼓励竞争。但是,这一政策并不能起到鼓励竞争的效果。虽然从全国看,银行数目很多,但从单个地区来看,由于其他银行难以设立分支机构,因而结果反而缺乏竞争,形成区域性垄断,为低效率的银行提供了生存的保护伞。从政治角度分析,这种法律规定是一种历史的遗产。美国建国以后,主张集权的联邦主义者(以汉密尔顿为代表)和强调州权的反联邦主义者(以杰弗逊为代表)进行了长期的交锋。后者希望建立一个农业社会,担心银行会成为金融集权的工具,把资金从农村转移到城市。另外,在19世纪,许多农户都向银行贷款,当农户因灾害等原因不能偿还贷款时,银行就取消他们对抵押品的赎回权。于是,人们普遍对银行有一种反感情绪。这种反感情绪一直遗留下来,并反映在了有关银行的立法上。

限制银行设立分支机构的规定和对利润的追逐直接造成了美国的持股公司(bank holding companies)现象。美国大银行基本上都属于持股公司所有。持股公司名义上是银行的母公司,实际上往往是由银行组织建立的。由于持股公司可以持有多家银行的股权,这就突破了银行不能设立分支机构的限制。此外,持股公司还能从事与银行相关的一些活动,如投资咨询、租赁等。法律对于持股公司的业务范围也进行了规定,这种规定也在不断变化。

限制银行设立分支机构的规定还导致了电子银行设施(electric banking facilities)的发展。像ATM这类设施,与一般意义上的有人员、有建筑物的分支机构不同,但又确实能为客户提供一定的银行服务。这样的设施可以为许多银行共同使用,所以不能视为某一家银行的分支机构。这些设施获得了极大的发展。

20世纪70年代初开始,美国各个州逐步放松了对银行设立分支机构的限制。

四、银行合并现象

20世纪80年代以来,美国法律对银行设立分支机构的限制不断放松。同时,另一个重要的现象是,银行的合并更经常地出现。这两者共同作用的结果,是美国银行的数量不断减少。最近几十年,世界范围内的大银行合并事件更是层出不穷。1996年,日本东京银行与三菱银行合并。1997年,瑞士银行与瑞士联合银行合并。1998年,美国的花旗银行与旅行者集团合并。1999年,日本兴业银行、日本第一劝业银行和日本富士通银行合并。那么,银行为什么进行合并呢?主要有以下几个方面的原因。

1. 规模经济

由于目前银行业务国际化的趋势不断加强,银行的跨国经营有很大发展,金融领域的竞争已经在全球白热化。为了使自己在激烈竞争中立于不败之地,最好的方法就是扩大自己的业务规模和范围。银行合并后,规模变大,可能会有降低成本的作用。如果两家银行共同经营,则许多支出是重复进行的,如信息搜寻、数据处理设备等。而这些业务如果由同一家银行经营,则当然可以减少成本。不过,并不是银行越大,平均成本就越低,因为还存在着规模不经济的问题。最大的银行往往不是最盈利的银行,规模较小的银行利润率也可能很高。此外,规模扩大后,可以提高客户的信任度,存款者同时挤提存款的可能性也会变小。

2. 资产多元化与分散风险

不同地区或不同业务领域的银行合并后,可以起到资产多元化、优势互补与风险分散的作用。许多人认为这是银行合并的重要原因。因为,银行的股东可以通过分散投资的方式分散风险。

3. 高层经营者的利益

银行合并往往有利于高级经理人员。因为合并可以使银行事业变得更大,增加成就感。在美国,管理者的薪金水平往往与银行的资产数量密切相关。

4. 垄断价格

如果在同一地区经营的银行合并,可以增强其垄断地位,操纵垄断价格——存款与贷款利率。

银行合并的发展使银行的规模越来越大,数量越来越少。与此同时,银行业务不断国际化。银行业务国际化是指一些国家特别是西方工业国家的商业银行广泛开展国际银行业务,在其他国家建立分支机构,以及开放本国银行业务市场的过程。当前,商业银行业务国际化有以下特点:① 一些国家国外银行数目剧增。② 一些国家商业银行跨国经营机构越来越多。③ 一些国家的外国银行资产占所在国银行总资产的比重不断上升。④ 国际融资由银行贷款向证券发行方向转化。⑤ 商业银行已经成为国际债券的重要发行者与持有者。

五、金融创新

近几十年来,国外在金融方面有很多创新,金融发展速度令人惊异,金融创新可以说是日新月异。金融业发生了巨大的变化,在金融领域发生了一场"金融业革命"。金融创新是一个包括金融业多方面的创新的总概括。金融创新包括金融机构与金融市场方面的创新,如各种市场共同基金,就是金融机构方面的典型创新,在金融市场上出现的金融期货市场就是在市场结构上的一种创新。金融创新还包括在金融工具、服务、融资方式、管理技术以及支付制度等方面的创新。在所有这些创新中,金融工具的创新非常重要。金融工具的创新不外乎两大类:一是创造全新的金融工具,二是在传统的金融工具上改进而成新的金融工具。

金融工具创新对商业银行乃至整个金融市场产生了深刻的影响,表现在以下一些方面:

(1) 金融工具更加多样化,这可以不断地满足人们日益提高的对金融资产的不同需要,大大促进金融业与金融市场的蓬勃发展。

(2) 金融工具的创新使实行专业化制度的一些金融机构的业务进一步交叉,传统的金融业务分工界限已经缩小,甚至有些模糊。例如,美国商业银行与储蓄银行以及商业银行与投资银行之间的分工界限都已经缩小。

(3) 金融工具创新促进了金融其他方面的创新。正是在金融工具不断创新的条件下才出现了新的金融机构与组织,如各种各样非常活跃的市场共同基金组织以及金融期货市场。反过来,这些新的金融机构与市场的建立又推动了金融工具的进一步创新。

（4）金融工具的不断创新将推动金融制度的进一步放宽。历史已经证明，正是在金融工具创新与金融业务不断综合化的情况下，西方国家的金融监管当局在既成事实面前不得不放宽某些金融管制。美国在1980年以后逐步取消了对存款利率上限的规定并允许某些金融业务可以适当交叉，就是一个明显的例证。因而，某些金融工具的创新实际上推动了西方国家金融自由化的进程。

当然，金融创新是一把双刃剑。2008年的金融危机，就是金融创新过度、金融监管不力所形成的结果。

本章重要概念

利率风险，支票存款，定期存款，储蓄存款，准备金，中间业务，表外业务，贷款承诺，总分行制，债转股

复习思考题

1. 银行的资金来源主要有哪几个方面？
2. 如果某银行共有储蓄存款1亿元，定期存款1.5亿元，活期存款2.5亿元，在中央银行存款0.49亿元，库存现金100万元，法定存款准备率为6%，那么，该行的超额准备金和超额准备率各是多少？
3. 二线准备金是银行的负债还是资产？
4. 对于商业银行开展票据发行便利业务，投资银行会持什么态度？
5. 简述中国银行体制的产生与发展过程。
6. 试比较总分行制与单一银行制的利弊。
7. 你认为银行的股东和管理者谁更愿意与其他银行合并？

第三章　非存款性金融机构

第一节　非存款性金融机构概述

一、非存款性金融机构的性质及种类

如本书导论所述,金融机构可以划分为存款性机构和非存款性机构。中国以前对金融机构的分类,更一般的方法不是按存款和非存款划分,而是将其划分为银行和非银行金融机构。存款性金融机构也包括非银行的金融机构,如信用合作社等。非存款性金融机构是指主要不以吸收存款为资金来源,而从事投资和其他金融服务的金融机构。非存款性金融机构并不是绝对不吸收存款,但存款不是其主要负债业务。

非存款性金融机构主要有两个大的种类:

1. 契约性机构

这类机构主要是保险公司和养老保险机构等。它们根据合同来收取一定的费用或资金,用于金融服务和投资。

2. 投资中介机构

这类机构主要以收取佣金和手续费为收入来源,也通过投资的方式获得收入,包括投资银行(证券公司)、财务公司、投资公司、信托公司、租赁公司、金融公司等。

二、保险公司

由于未来是不确定的,我们可能会遇到各种意外情况,对我们的人身安全和财产造成威胁。风险转移是管理风险的重要方法。风险转移有三种方法:套期保值(风险规避)、保险和分散投资。保险公司提供了通过保险转移风险的机会。通过缴纳保险费的方式购买保险,则可以使我们在意外情况发生时得到补偿。保险是把不确定的风险转化为确定性的支出。相应地,保险公司为了获得保费而愿意承担风险。

保险公司也是一种金融机构。因为它通过出售保险单的方式筹集资金,然后再投资于股票、债券、银行存款等金融资产。这也是将一种资产转换成另一种资产的活动,只不过与银行开展业务的方式不同。保险公司的资产转换为普通公司和居民家庭提供了风险转移的方式,也为自己提供了挣得利润的机会。保险单是一种契约。由于信息不对称,

也存在着逆向选择与道德风险问题。从逆向选择方面看,那些最愿意购买保险的人往往是那些有可能从保险得到大量资金赔偿的人。从道德风险看,在投保后,人们往往不会采取积极措施去防范保险事件的发生。这样,为了防范风险而投保后,被保险者反而会承担更大的风险。逆向选择和道德风险都可能使保险公司支付过量的赔偿金。为了解决这些问题,保险管理是重要的。保险管理的重要任务就是尽量抑制逆向选择与道德风险。

为了防范逆向选择带来的损失,保险公司主要有以下方法。一是筛选。保险公司会尽可能地收集信息,评判投保者的风险状况,并选择风险低的人签订保单。比如,对于投保人寿保险的人,保险公司会尽力调查其健康状况,了解其吸烟、饮酒等嗜好,以选择风险较低的投保者。二是根据风险确定保险费。不同投保者的风险是不同的。如果保险公司按照平均的概率收取相同的保险费,那么风险比较高的投保者会欣然接受,而风险较低的投保者会认为保费偏高而拒绝保险。由于剩下的保户风险偏高,而保险费率是按平均的风险概率计算的,保险公司就会蒙受损失。

为了防止道德风险造成的损失,保险公司主要采取以下措施。一是限制性条款。在保险契约中会规定一些对投保人进行限制的条款。这样,投保人如果从事过高风险的活动,保险公司就无须承担补偿责任。比如,人寿保险一般对被保险人的自杀免于赔偿,健康保险通常对被保险人在购买保单之前的疾病不予赔偿。二是注销保险。如果保险公司声明,在投保人从事过高的风险活动后,公司将注销保险,也可以防范道德风险。比如,在汽车保险中,如果驾驶人频繁超速,就注销保险,也可以防范道德风险。三是免赔额与联合保险。这是说,在保险契约中应该规定,如果损失发生了,保险公司并不会负责承担全部损失,而是只负责其中的一部分,另一部分要由投保人自己承担。这可以从利益角度促使投保人减少道德风险。其中,免赔额是从损失额中扣除一个固定数额。比如,如果减除金额是 2 000 元,当损失是 1 万元时,投保人必须自己支付 2 000 元,保险公司只支付剩余的 8 000 元。当损失肯定会超过减除金额时,这种方法就会失灵。联合保险是规定双方各自承担损失的比例。比如规定投保人自己支付 20%。那么,无论损失为多少,保险公司都只支付 80%。四是限制保险金额。保险金额越大,投保人可能就越愿意冒风险。比如,如果一栋房子价值 100 万元,你却能以 200 万元保险金额投保,那么你甚至可能会希望房子倒塌,根本不会注意降低它的风险。

保险公司的收入包括保费收入和投资收入,支出包括对保单的理赔支出和保险公司的运营费用。两者的差额就是保险公司的利润。

保险公司可以分为人寿保险公司和财产与灾害保险公司两种类型。美国目前有 2 000 家人寿保险公司。由于人口的死亡率是稳定且可以预测的,所以,保险公司的未来支付是稳定且可预测的。因此,人寿保险公司对资产的流动性要求并不太强烈,可以投资于一些低流动性的资产。

财产与灾害保险公司在美国有 3 000 多家。20 世纪 70 年代利率上升,保险公司可以获得可观的投资收益。到 80 年代,利率的下降等因素使保险公司竞争激烈。

在美国,保险业的监管不是由联邦政府负责,而是由各个州政府负责。美国保险监督官协会(National Association of Insurance Commissioners,NAIC)是保险公司自己的协会,负责开发法律或规则。各州在制定自己的规则时,往往以此为蓝本。信用评级公司和投资银行的分析师都会对保险公司进行评级。会计师和审计师也会关注保险公司的财务稳定性。

按照1933年的《格拉斯-斯蒂格尔法案》,美国实行分业经营。保险业必须与商业银行和投资银行分离开来。1999年的《金融现代化服务法案》,使美国重新回到混业经营。于是,保险公司可以收购其他保险公司和其他金融机构。

保险公司往往由三个公司组成。一个是实际上的保险公司,负责创造保单并理赔。二是投资公司,用保费建立一个投资组合。三是销售公司,是公司的销售力量。有些销售代理人附属于特定的保险公司,有些代理人则为许多公司的保险产品销售服务。代理销售保险,是商业银行的中间业务之一。

随着保险业的发展,保险公司的专业化分工越来越强。保险公司的投资和销售都可能会外包,甚至保险产品设计都可能外包。保险公司可以通过再保险将风险向再保险公司转移。

中国的保险业处在一个迅速发展的过程中。到2013年2月,中国保险业的总资产已达到74 050.9亿元。图3.1描述了中国保险业总资产的增长过程。

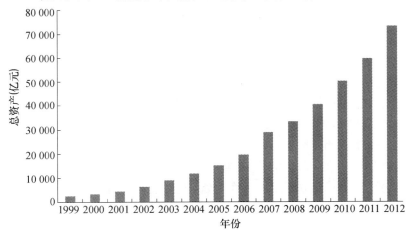

图3.1 中国保险业总资产

中国保险机构的资金运用是一个逐步放开的过程。最初,银行存款是保险公司唯一的投资渠道。所以银行利率的调整对保险公司意义重大。1999年年底,保险资金才获准通过投资基金进入证券市场。目前保险公司资金运用的渠道主要是:存入银行,购买国债及金融债,购买证券投资基金、购买股票等。

三、养老保险机构

一般来讲,养老保险是商业保险和社会保障相结合的体制,更多的是社会保障的一部分,但在市场经济下如果不进行商业化运作就会枯竭。

1. 养老保险机构的设置

这方面,各国的情况不太一样。有的是由国家设置,如在新加坡,养老保险机构就是一个国家机构。美国有联邦政府设置的,也有州政府设置的。现行的养老保险资金来源主要是雇员自己交、雇主为雇员交、国家再出一部分。根据退休计划,从 60 岁开始发放。当然,各国的情况不同。北欧国家的社会保障体系非常健全,退休以后有充分的收入保障,它们声称自己是"社会主义国家"。很多商业化的保险公司也带有社会保障性质,比如有一种年金保险,就包括在社会福利计划中。

2. 养老保险基金的投资

在其发展过程中,养老保险公司已经成了非常重要的投资机构,任何国家都是如此。如果完全靠缴纳的资金,无法维持退休的支付,养老基金必须进行投资,挣得投资利润,才能维持和发展。

四、金融公司(财务公司)

中国的财务公司是 1987 年开始出现的。它是企业集团内部为各个成员企业单位之间融通资金服务的。财务公司也从事了不少属于商业银行的业务。许多财务公司是企业集团对外融资的工具,或者作为资产多元化的一种方式。有人主张财务公司不要面向单一的企业集团,而应该面向某一个特定的行业。

在美国,金融公司的资金来源主要包括发行商业票据、获得商业银行贷款、(有条件的)吸收存款、发行债券和资本金;资金运用包括发放消费者贷款、工商贷款与租赁、不动产贷款。工商贷款和租赁往往有存货或应收款的支持。金融公司金融过程的特点是大额借入、小额借出,与商业银行往往是小额借入、大额借出恰恰相反。比起商业银行,金融公司历来只受到较少的限制,所以在竞争中处于优势地位。金融公司可以分为以下三类:

1. 销售金融公司

销售金融公司(sales finance companies)为消费者在特定的销售者那里购货进行融资。这种金融公司使得消费者可以在购货地得到便捷的信贷服务。比如,通用汽车承兑公司为消费者购买通用公司的汽车提供消费信贷。在汽车类销售金融公司出现之前,汽车交易商主要从银行那里获得资金支持。当时,银行认为汽车是奢侈品,不愿意支持汽车分期付款。于是,汽车制造商不得不自己开办销售金融公司,发放汽车贷款。附属于制造业的销售金融公司的优点在于,它可以把制造与零售活动和融资活动分离开来。对于贷出资金者来说,投资于一个单独的销售金融公司,比投资于一个有着更复杂债务关系的制造商要好得多。此外,与商业银行不同,金融公司没有法定准备要求。

2. 消费者金融公司

消费者金融公司(consumer finance companies)是指为消费者提供贷款,为消费者购买家具、装修住房、偿付债务融通资金。这类公司有些是独立的,有些是附属于银行的,贷款规模一般小于销售金融公司。

3. 工商金融公司

工商金融公司(commercial finance companies)是直接向工商企业提供融资服务的金融公司。融资方式可能是贷款,也可能是代理收款、设备租赁等。

金融公司面临的风险主要包括流动性风险、利率风险和信用风险。金融公司的资产流动性较差,但它们的资产负债结构并不要求太强的流动性。因为存款不是其资金来源的主要部分,所以出现客户挤提存款的可能性不大。因此,金融公司的流动性风险要低于其他金融机构。从利率风险看,金融公司的资产负债都是中短期的,对利率不是特别敏感。从信用风险看,由于金融公司的资产大部分是各种贷款,因此信用风险较为严重。金融公司的贷款损失率一般比商业银行要高一些,相应地,利率也要高一些。

五、政策性银行

政策性银行一般是由政府投资创办的金融机构,要按照政府的意图与计划从事信贷活动。政策性银行与财政不同,它发放的贷款是必须偿还的,银行经营要坚持保本微利的原则。

中国自1979年后,各专业银行陆续分设,它们作为国家银行,在进行商业性业务的同时,都承担了大量的政策性业务。比如,对国有企业发放安定团结贷款等。为了实现专业银行的商业化经营,割断政策性业务与基础货币的联系,1994年,中国设立了三家政策性银行,专门从事政策性金融业务,根据国家的经济政策,对特定行业、企业发放低息贷款。其中,国家开发银行注册资本金为500亿元,负责承接中国建设银行原来的政策性业务,筹集和引导社会资金用于国家重点建设项目和基础产业。中国进出口银行的注册资本金为38亿元,负责承担中国银行原来的政策性业务,为进出口提供政策性金融支持。中国农业发展银行的注册资本金为200亿元,负责中国农业银行原来的政策性业务,为农业基建、重点工程、农副产品流通提供政策性金融服务。政策性银行的资金来源主要有三方面:一是财政拨付,二是中央银行再贷款,三是发行金融债券筹集资金。以前,由于财政资金紧张,对政策性银行的拨款不能完全到位。所以,再贷款和金融债券是主要来源。以再贷款为主要资金来源,也是不正常的,因为再贷款本是中央银行货币政策调节的工具,不是支持政策性业务的工具。从西方国家的情况看,政策性银行一般不会向中央银行申请贷款。

在西方国家,一般也都有政策性金融机构,如农业银行、进出口银行等。在美国,政府为促进居民住宅业的发展建立了三个机构,即联邦全国抵押贷款协会、政府国民抵押贷款协会和联邦住宅贷款抵押公司。其功能都是为住宅市场提供资金。为了支持高等教育的发展而设立了学生贷款营销学会。中国目前还缺乏支持购房者与学生的政策性金融机构。

此外，美国的政府机构还为信贷活动提供担保。比如，联邦住宅管理局、退伍军人管理局等为住宅贷款提供担保。教育部为学生贷款提供担保等。

在本章后面的内容中，我们将详细讨论一下投资基金与投资银行这两类重要的非存款性机构。

第二节 投资基金

投资基金最初产生于英国，但目前最发达的是美国。投资基金在美国称为投资公司，它是这样一种金融机构，即把许多投资者的不同的投资份额汇集起来，交由专业的投资经理进行操作，所得收益按投资者出资比例分享。投资基金本质上是一种金融信托。投资者持有的每一单位基金，都代表着基金所有的投资组合中的一个相应比例的份额。

不同国家和地区对投资基金有不同的称谓。美国称为"共同基金"（mutual fund），或"投资公司"（investment companies），英国和中国香港称为"单位信托基金"（unit trust）、"互助基金"（中国香港的互助基金就是共同基金），日本和中国台湾称为"证券投资信托基金"。中国大陆通常称之为投资基金。

从目前看，投资基金是越来越重要的投资工具。投资于基金，可以通过多样化的证券组合降低风险。单个投资者的资金有限，很难有效地分散化解风险。由于规模经济的作用，投资基金可以降低投资者购买证券的交易费用，也可以降低聘请财务顾问的费用。

一、投资基金的形式

投资基金有不同的形式。按照投资者是否能够向基金自由申购和赎回的特性，投资基金可以分为开放式基金和封闭式基金两种形式。我们分别就这两种形式进行分析。

1. 开放式基金

开放式基金（open-end funds），也译为开放型基金。世界上第一个开放式基金 1924 年在美国诞生。在美国，开放式基金也称共同基金。这种基金只发行股票筹集资金。在基金发起设立后，可以随时向公众卖出基金股份，并承诺投资者可以随时将基金售回给公司。所以，开放式基金的规模取决于投资者的需求状况。如果基金公司发现基金规模太大，难以操作，可以将基金封闭，不再接受新的申购。同时，为投资者开立新的基金，以免失去客户。

开放式基金的价格与基金净资产密切相关。基金净资产（net asset value，NAV）是指基金投资组合的市值减去基金负债后，再除以基金发行在外的总份额数。假设某基金发行了 1 亿股股票，证券组合市值为 2.5 亿元，负债为 0.5 亿元，那么，该基金的每股资产净值就是 2 元。

开放式基金既然可以随时申购和赎回,其价格也就包括两种:申购价格和赎回价格。开放式基金是由基金公司或经纪人负责销售的。基金股份的申购价格为基金的每股净资产值加上买入佣金,即手续费。基金持有的证券价格发生变化,基金的价格就会变化。

当然,有些基金是不收手续费的。按照是否收取手续费,开放式基金可以分为收费基金(load funds)和不收费基金(no-load funds)。不收费基金的申购价格即为基金净资产。基金在通过代理人进行销售,即批发销售时,需要付给代理人销售费用,这就形成了收费基金。如果基金不通过代理人,而是直接销售,就形成不收费基金。不收费基金的销售方式是消极的。在美国,收费基金对小额投资者最高收取8.5%的高额手续费,对50万美元以上的大户则可能只收取1%的手续费。投资于不收费基金未必是有利的,因为收费基金的业绩可能好于不收费基金。

基金即使对投资者买入不收费,也可能对投资者赎回收取手续费。这类基金称为后端收费基金(back-end load funds)。

基金的申购与赎回价格确定中的NAV,还有一个时间的问题。有的基金采用的是历史定价方式,即根据基金经理接到申请之前的最近一个定价日的NAV确定的价格。这样,投资者在申购赎回时对价格是确知的。有的基金采用的是预约定价方式,即根据基金经理接到申请之后的最近一个定价日的NAV确定的价格。投资者在申购赎回时并不确切知道价格。

共同基金不能发行债券和优先股,因为开放的特点使得债券和优先股的权利无法得到保障。但共同基金确实可能遇到流动性不足的问题。美国的做法是允许银行向基金贷款,但有额度限制。

目前,美国有超过8 800万个家庭持有开放式基金。

2. 封闭式基金

由于同样存在销售费用,封闭式基金(closed-end funds)设立时的规模要小于初始投资者支付的资金。封闭式基金的发行费用一般占初始投资者实际支付资金的7.5%左右。美国的封闭式基金不仅通过发行股票,还可能通过发行优先股、债券(包括可转换债券)、认股权证等方式筹集资金。封闭式基金的发行数额是固定的,这种基金并不给投资者赎回基金的权利。基金的流动性体现在二级市场的交易上,投资者可以在二级市场上买卖封闭式基金,但基金公司本身不参加交易。所以,无论是封闭式基金还是开放式基金,基金都有较强的流动性。封闭式基金的买卖不需要支付手续费,但必须支付经纪人佣金。

在二级市场上,封闭式基金的价格由供求决定。所以,价格可能会高于或低于NAV。价格低于NAV,称为折价交易。封闭式基金的折价交易现象,是金融学中一个重要的研究领域。折价交易的原因,可能与投资者情绪有关。事实上,金融学的实证研究往往以封闭式基金的折价率衡量投资者情绪。另一个可能的原因是NAV没有经过税收调整。另外,开放式基金往往支付大量的广告宣传费用,因为基金招来的客户越多,管理费用越高。

但封闭式基金的规模是固定的,所以基金设立后,一般不需要大量做广告宣传,因为这只有成本却没有收益。这与封闭式基金的折价交易可能有一定的关系。基金的业绩也是一个重要的方面。长期业绩良好的基金可能会溢价交易,长期业绩不良的基金可能会折价交易。有一些投资基金持有的资产组合风险较高,比如有些基金投资于私募证券,这些证券又难以估价,因而会导致基金的折价交易。封闭式基金由于额度固定,需要依赖于融资。基金的杠杆率和风险也是决定折价率的重要因素。因为存在折价交易的问题,封闭式基金的流动性比开放基金差。封闭式基金一般是溢价发行,溢价部分也就是发行成本,是由最初的购买者承担的。

开放式基金并非处处优于封闭式基金。比如,为了应付客户赎回,开放式基金必须保存更多的现金资产,因而成本较高,封闭式基金则不存在这样的问题。封闭式基金在二级市场买卖,手续费较低。总体来看,在美国,开放式基金远比封闭式基金更受投资者欢迎。但是,20世纪80年代末到90年代初,封闭式基金有了较快的发展,这一方面是因为封闭式基金重视国际投资组合,如新成立的新兴市场权益基金、新兴市场收入基金等,另一方面是因为出现了固定期限的封闭式基金。

3. 单位信托

在美国,单位信托(unit trust)只发行固定数目的份额,称为单位凭证(unit certificates),这一点和封闭式基金相同。但它们是由发行公司负责投资者的申购和赎回,这一点又和开放式基金一样。单位信托一般投资于债券,但债券组合的交易并不活跃,基金往往持有债券直至到期日。所以,单位信托被称为没有管理的基金。另外,单位信托有固定的到期日,其投资者一般会知道基金投资组合所包含的确定的证券。单位信托也有销售费,其管理费用较低。单位信托主要流行于欧洲,美国较少。

按照投资方向的不同,投资基金还可以分为证券投资基金、创业投资基金和产业投资基金。证券投资基金主要投资于证券市场。创业投资基金在西方又叫风险资本,主要投资于高新技术企业。在中国,产业投资基金是指主要投资于实业的基金。创业投资基金可以称为产业投资基金的特殊形式。

二、基金的结构和收支

基金的组织结构包括董事会、财务顾问、基金发售组织、基金的资金保管公司、过户代理人和独立会计师等。基金公司的股东即基金持有者。但多数基金没有一年一度的股东大会。基金之所以建成公司型的,主要是为了让董事会执行一部分证券交易委员会(Securities and Exchange Commission,SEC)的监管职能。基金的董事会由关联董事和独立董事组成。独立董事要占大部分。独立董事的权限很大,负责保护投资者。法律将许多权力赋予独立董事。比如,独立董事必须在非独立董事不参加的情况下确定基金的独立会计师、投保情况等。董事会可能下设一些专门的委员会从事具体工作。投资基金没有自己的雇员,而是由外部机构管理。财务顾问一般由专业的基金管理公司担任,也可以由经纪公司、保险公司、投资管理机构、银行担任。一些基金管理公司之所以雇用外部顾问，是因为基金管理公司可能缺乏基金投资领域的专门知识，也可能是为了扩大基金管理资产的规模。财务顾问负责根据基金的投资目标管理基金资产，下达投资指令。财务顾问要收取管理费(management fee)，即投资咨询费，一般为基金平均资产的 0.5%—1.5%。基金发售组织负责基金的承销。基金销售可以通过公司直销，也可以通过银行、券商等机构销售。20 世纪 90 年代以来，一些新的销售方式出现了。在基金直销领域，出现了基金超市，它们销售不同基金公司的基金。基金可能被打包销售。一些财务顾问为投资者选择基金提供咨询服务并收取费用。除了认购时可能存在的销售费用外，基金的日常营运还存在营销、股东维护等费用。1980 年，美国证交会通过了 12b-1 条款，规定基金可以收取日平均净资产值的一个固定比例，用于基金营销等方面的支出。这一比例不超过 1%。不收费基金最高只能收取 0.25%，而且只能全部用来促销，不能用来为老客户服务。

基金的保管公司一般由银行与信托公司担任，负责保管基金资产进而保护基金投资者的利益。具体包括基金的清算、资产保管，以及监督管理人的操作，提供迅捷的信息服务等。在全球一体化的市场上，基金托管业在交易清算的效率、质量上存在激烈的竞争。基金管理公司还设立专门的过户代理机构，或另外委托过户代理人(transfer agent)负责处理基金的申购与赎回，记录股东账户，计算红利并授权保管人支付红利，向股东邮寄资料等。独立会计师负责审核基金的财务报表。除管理费、托管费外，基金还有 12b-1 费用等。所有这些费用合计为年度基金营运支出。投资者投资于基金需要承担的费用为年度营运支出和基金收费的总和。

市场上有专门的基金评估公司，用科学的评估体系评价基金表现。投资基金的收益包括股利、债券利息、资本利得、存款利息等。基金投资者的收益来自基金的收入分配和资本增值。

在美国，只要基金符合一定的条件，比如把来自债券利息和股票红利的净投资收入的至少 90% 分配给基金股东(不包括实现的资本增值或损失)，就不需要对其收入交税。这主要是为了防止双重征税。但投资者来自基金的收入必须缴税。基金的资本增值必须每年分配，一般是在年末。基金股东要为此缴税。如果有基金投资者赎回，基金就要卖出资产，实现资本利得，其他基金投资者也要为此缴税。由于基金是按照股权登记日发放一年的股息和资本增值等，因此即使是新购买基金的股东，也要为基金的分配而交税。就是说，基金投资者缺乏对税收的控制。封闭式基金之所以折价，就与这种税收特征有关。交易所交易基金的产生也与此有关。投资者来自基金的债券利息之类一般所得要缴纳所得税。此外，买卖基金的所得也要缴纳资本利得税。

三、基金的投资策略

基金发行者必须向投资者说明基金投资的目标以及投资策略。不同的基金有不同的投资策略。成长型基金注重投资于有增值潜力的股票，相应的风险较大。当然，成长型基金追求的是发现被错误定价的股票。收入型基金注重当前收入,往往投资于高红利的股票和高利息的债券。股票基金专门投资于股权,债券基金专门投资于债券。同样是股票基金,有的投资于业绩稳定上升的大公司股票,有的则只投资于目前业绩不佳但有增长潜力的公司股票。同样是债券基金,也有国债基金、公司债券基金、可转换债券基金、市政债券基金等,都有不同的投资领域。平衡型基金则既投资于股权也投资于债权。投资基金最早只专注于股权,在20世纪60年代末,由于股市的不景气,为了招徕投资者,债券基金才兴旺起来。1972年开始出现货币市场共同基金,以对抗存款性金融机构的利率管制。货币市场基金一般给投资者有限的开出支票的权利,流动性较强,是银行存款的有力替代品。这种基金的净值一般是设计成每股1美元。2008年9月,受累于雷曼兄弟的轰然倒塌,美国历史最悠久的货币基金主要储备基金(The Reserve Primary Fund)全部减计其所持有的雷曼发行的7.85亿美元债券资产,这使得该基金净值下降到1美元以下,成为14年来第一只跌破1美元面值的货币市场基金。这一事件触发了其他主要货币市场基金的撤资潮。短短一个月之内,美国市场上货币市场基金的撤资规模高达4 880亿美元。此外,全球基金近年来取得了更大的发展。这些基金一天24小时在全球进行交易,组合中含有大量的国外资产。

根据1998年夏普对一些基金业绩的分析,基金投资收益的97%取决于投资风格,3%取决于对个股的选择。总体来看,积极管理的股票基金经常跑不赢大市。比如,1994—1996年,91%的股票基金的收益率比不上标准普尔(Standard & Poor's,S&P)指数的增长幅度。所以,指数基金(indexed funds)迅速发展起来。指数基金最早于1971年出现在美国。这种基金根据某种证券的价格指数建立投资组合,投资目标是获得与所跟踪的指数相同的投资收益。基金管理人往往是选定特定的投资指数,再根据指数的成分证券的构成比例购买相同比例的证券,并长期持有。指数基金建立在有效资本市场理论上,认为积极的管理政策不能超过整体的市场表现。因此,原有的采取积极主动投资策略的基金称为主动型基金。指数基金采取被动的投资策略,被称为被动型基金。指数基金倾向于长期持有证券,由于管理费、交易成本(佣金、税收、买卖价差等)较低,所以收费较低。而且,从某种意义上讲,也正因为交易成本低,才使得基金往往有较佳的表现。另外,如果基金寻求积极的管理,为寻找投资机会,在组合中会持有相当数量的现金。而指数基金的资产组合中现金较少,这也可以节约大量的成本。

建立一只新的指数基金时,指数的选择非常重要。因为如果指数包括市场上所有的上市公司,则基金必须支付过高的交易成本。比如,新的公司上市后,基金必须立刻调整持有证券的比例。所以,指数基金必须选择既有代表性,成分证券又不会太多的指数。在美国,许多基金选择S&P 500进行跟踪。

在美国,许多指数基金在跟踪指数时采取完全复制法,即完全按指数中的比例持有证券。但多数基金并不追求绝对的准确。因为稍微偏离一下指数可能会节约相当数量的交易成本。所以,指数基金往往根据研究剔除一些证券,建立一个规模较小的证券组合。事实上,绝对准确是很难的。比如,开放式基金要持有一定的现金资产,股票会有股息再投资、回购、配股等各种变化。

许多基金管理公司为投资者提供不同投资目标的基金组合,组合中的基金佣金和费用标准相同,投资者可以在组合中自由地进行基金转换。

四、交易所交易基金

开放式基金的交易存在明显缺点。其一,基金的申购和赎回都要依赖于基金净资产,而净资产的确定依赖于基金持有资产的收盘价。这样,基金每天只能有一个价格,而没有不同交易时点的变化。其二,如果投资者赎回基金,基金由于卖出资产,实现资本利得,则在美国必须缴纳资本利得税。封闭式基金与此不同,基金可以在交易时间内连续交易。不过,封闭式基金的交易价格可能与基金净资产不同,形成折价或溢价交易。因此,如果能综合两种基金的优点,创造出新的金融工具,应该能得到投资者的欢迎。于是,市场上出现了交易所交易基金(exchange traded funds,ETF)。ETF 一般是指数基金。但是,与传统的指数基金不同,投资者可以像买卖股票一样在交易所里买卖 ETF。

ETF 的标的资产组合的净值是可以随时计算出的。与封闭式基金不同,ETF 份额和 ETF 组合之间是可以套利的。这样,套利使得 ETF 份额和 ETF 组合的资产净值非常接近。当然,只有大额投资者,又称为拥有许可权的投资者(authorized participants,AP),才可以和 ETF 的发行人直接交易。这些投资者在赎回 ETF 时,获得的是 ETF 基金组合中的一揽子证券,而不是现金。他们向发行人购买 ETF,也需要首先购买一揽子证券,而不是简单支付现金。购买和赎回的数量也必须大。而且,由于赎回的是股票,基金是不需要缴纳资本增值税的。

与共同基金一样,ETF 也是由发起公司发起设立的。第一只 ETF 是 1993 年出现的,以 S&P 500 指数作为标的组合,称为 SPDRs。发起公司需要向指数提供商支付一定的费用。主动型基金由于每个季度最多公布一次投资组合,因此难以成为交易所交易基金。

五、投资基金的监管

美国对基金的监管很严。美国 1933 年的《证券法》、1934 年的《证券交易法》、1940 年的《投资公司法》和《投资顾问法》都覆盖投资基金。基金的免税优惠就是由 1940 年的《投资公司法》规定的。1940 年的《投资公司法》规定,投资公司都在联邦一级监管。SEC 是具体执行的部门,对于投资基金的信息披露、利润分配、投资目标、收费标准等许多方面进行监管。8.5% 的收费上限就是 SEC 规定的。按照规定,基金的招募说明书必须使用浅显易懂的语言,不许使用晦涩的法律语言。对基金要经常进行检查。新闻媒体刊登的内容往往会促成 SEC 的临时检查。

第三节 中国的投资基金

中国1992年开始出现投资基金,到1997年年底共有七十余家。这些基金很不规范,称为老基金。1998年,中国开始建立规范的新基金。到2011年9月,中国有67家基金管理公司、58家商业银行、94家证券公司、1家证券投资咨询机构销售基金。按照万德数据2014年4月21日统计,中国的投资基金共有1 661只,总资产净值为33 583.14亿元。表3.1是各类基金数据。图3.2描述了基金业的发展历程。

表3.1 中国基金业数据

基金类型	数量合计(只)	占比(%)	份额合计(亿份)	占比(%)	资产净值合计(亿元)	占比(%)
股票型基金	651	39.19	11 881.51	33.83	10 385.542 1	30.92
普通股票型基金	399	24.02	7 895.75	22.48	7 425.112 6	22.11
被动指数型基金	214	12.88	3 354.54	9.55	2 516.387 0	7.49
增强指数型基金	38	2.29	631.23	1.80	444.042 4	1.32
混合型基金	328	19.75	6 438.32	18.33	6 026.470 1	17.94
偏股混合型基金	159	9.57	4 043.29	11.51	3 752.121 3	11.17
平衡混合型基金	23	1.38	1 039.52	2.96	870.574 8	2.59
偏债混合型基金	77	4.64	703.24	2.00	774.595 9	2.31
灵活配置型基金	69	4.15	652.27	1.86	629.178 0	1.87
债券型基金	425	25.59	3 177.65	9.05	3 300.316 9	9.83
中长期纯债型基金	153	9.21	1 417.19	4.04	1 487.847 1	4.43
短期纯债型基金	9	0.54	57.72	0.16	55.156 3	0.16
混合债券型一级基金	117	7.04	975.91	2.78	999.752 1	2.98
混合债券型二级基金	127	7.65	667.52	1.90	683.985 5	2.04
被动指数型债券基金	15	0.90	52.95	0.15	67.172 1	0.20
增强指数型债券基金	4	0.24	6.36	0.02	6.403 8	0.02
货币市场型基金	166	9.99	12 837.19	36.55	13 254.758 1	39.47
另类投资基金	6	0.36	23.68	0.07	37.954 9	0.11
股票多空	2	0.12	21.56	0.06	33.803 4	0.10
宏观策略	4	0.24	2.13	0.01	4.151 5	0.01
QDII基金	85	5.12	762.74	2.17	578.101 0	1.72
国际(QDII)股票型基金	64	3.85	691.29	1.97	528.884 4	1.57
国际(QDII)混合型基金	2	0.12	5.74	0.02	7.076 4	0.02
国际(QDII)债券型基金	7	0.42	27.62	0.08	14.933 1	0.04
国际(QDII)另类投资基金	12	0.72	38.10	0.11	27.207 1	0.08
全部基金	1 661	100.00	35 121.09	100.00	33 583.143 1	100.00

资料来源:万德数据库,2014年4月21日。

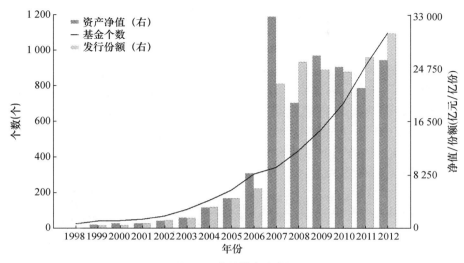

图 3.2　中国基金业发展

下面,我们讨论几个中国投资基金业的具体问题。

一、投资基金的折价交易

投资基金的折价或溢价都是由市场的供求决定的。在新基金成立之前,老基金在股市低迷时曾出现过折价的问题。1999 年 5 月 4 日首次出现了新基金折价交易的情况。总体来看,中国的新基金在最初是被作为股票炒作的,加上基金有新股配售等优惠政策,价位较高。之后,2000 年 5 月,中国取消了新基金在新股配售中的优惠政策,基金的价格慢慢向内在价值复归。这些年来,几十家基金经常出现全部折价交易的现象。

为什么中国的基金交易中存在着严重的折价现象呢？可能有以下一些原因：

(1) 中国的证券市场不规范,投机气氛很浓,投资者热衷于短线操作。而且,由于基金的流通盘较大,难以炒作,投资者往往不愿意投资。特别当大盘指数上升时,投资者可能更愿意购买股票,而不愿意购买基金,这样基金净值上升的幅度会大于基金市场价格上升的幅度,形成折价交易。当大盘指数下降时,投资者可能更偏好基金而不是股票,因为基金下跌的空间有限,因而基金价格与净资产值的差距会缩小,即折价幅度缩小。

(2) 投资基金规模不断扩大,各家基金的市场定位趋同,投资组合雷同,不像西方有多种不同的基金种类,使得市场供给相对偏多。加上基金运作不规范,也影响了投资者对基金管理人的信任乃至对基金的需求。

(3) 我国的投资基金往往重仓持有许多股票,成为市场上的庄家,这就形成了流动性风险。因为基金如果抛售这些证券,必然会付出大量的市场执行成本。因而基金的净资产中含有一定的泡沫。

二、货币市场共同基金问题

货币市场共同基金在中国最初很难发展,因为货币市场工具明显不足。最初,中国的货币市场主要表现为同业拆借市场和债券回购市场。其他货币市场子市场明显发育不足。随着货币市场的不断发展,货币市场基金呼之欲出。2003 年年底,中国开始发行准货币市场基金。当时,政府规定货币市场基金只能投资于债券、回购与央行票据三类品种。到 2013 年 3 月 21 日,市场上共有 119 只货币市场基金。与美国相比,由于货币市场发达程度较低,中国的货币市场基金的平均剩余期限明显要长。表 3.2 是某货币市场基金投资组合的剩余期限分布比例。

表 3.2 某货币市场基金投资组合的剩余期限

剩余期限	各期限资产占基金资产净值的比例(%)
180—397 天	6.24
90—180 天	2.88
60—90 天	40.87
30—60 天	11.72
30—60 天(其中:剩余存续期超过 397 天的浮动利率债)	1.13
30 天以内	38.87

与美国的情况类似,货币市场基金的发展必然对商业银行产生重大影响。中国的商业银行不能开立货币市场存款账户,但银行纷纷推出类似货币市场基金的信托产品。有关打破分业经营限制,由商业银行设立基金公司的呼声也逐步高涨。2005 年,商业银行终于获准组建基金公司。

2005 年 5 月起,由于 IPO 长期停止,非金融企业开始在银行间债券市场大量发行短期融资券,这又进一步促进了货币市场基金的发展。

2013 年以来,货币市场基金的一个重大变化,是余额宝绑定下的天弘增利宝货币市场基金的崛起。由于余额宝的销售平台和高额回报,这只 2013 年 5 月 29 日才成立的货币市场基金,到 2014 年 4 月 21 日已经发展到了 5 412.75 亿元的总规模,占当日货币市场基金总规模 13 254.76 亿元的 40.84%,一只基金占中国基金业总规模 33 583.14 亿元的 16.12%。当然,天弘增利宝货币市场基金主要投资于银行协议存款,引起银行存款搬家,提高了银行的融资成本,也在社会上引起了较大争议。

三、开放式基金

由封闭式基金发展到开放式基金是一个趋势。在中国台湾,20 世纪 80 年代开始发展投资基金,当时主要是封闭式的。但到 1997 年,中国台湾开放式基金的规模则已经超过了 80%。中国大陆从 2001 年起积极发展开放式基金,并迅速使其成为基金业的主流。

中国大陆开放式基金的销售,也分为直销和代销两种类型。传统上,从事基金销售的机构较少。根据2013年2月17日修订的《证券投资基金销售管理办法》,除基金管理人直销外,商业银行(含在华外资法人银行)、证券公司、期货公司、保险机构、证券投资咨询机构、独立基金销售机构以及中国证监会认定的其他机构,都可以向中国证监会派出机构进行注册,取得基金销售资格。而且,新规定取消了只有基金销售机构总部方可与基金管理人签订销售协议的限制,支持符合条件的基金销售机构分支机构与基金管理人签订销售协议并办理基金的销售业务。

根据2009年的《开放式证券投资基金销售费用管理规定》,基金销售费用包括基金的申购费(认购费)和赎回费。申购费(认购费)都不得超过申购(认购)金额的5%。赎回费也不得超过基金赎回金额的5%,货币市场基金及中国证监会规定的其他品种除外。基金产品同时设置前端收费模式和后端收费模式的,其前端收费的最高档申购(认购)费率应低于对应的后端最高档申购(认购)费率。对于持有期低于3年的投资人,基金管理人不得免收其后端申购(认购)费用。对于不收取申购费(认购费)、赎回费的货币市场基金以及其他经中国证监会核准的基金产品,基金管理人可以依照相关规定从基金财产中持续计提一定比例的销售服务费。这类似于美国的12-b1费用。

从执行情况来看,在销售费用的收取上,存在一定的问题。比如,全行业对同一类产品的收费模式和收费水平几乎都一样,缺乏基金销售的差异化竞争。投资人短期内频繁申购赎回基金,影响基金运作。所以,中国证监会在2013年试图调整关于基金销售费用的管理规定。拟议中的修改包括:将申购(认购)费和赎回费的最高限都降为3%,在目前允许货币市场基金和部分债券基金收取销售服务费的基础上,进一步放宽收费基金种类,允许各类基金采用此种收费方式;同时,不论采用何种收费方式,单次总申(认)购费与销售服务费合计不得超过3%,提高惩罚性赎回费,鼓励长期投资;等等。

四、契约型基金

在美国,投资基金多为公司型的。在中国,目前的投资基金都是契约型的。契约型基金是根据信托契约组织起来的,主要流行于英国、日本、韩国等国家和中国台湾,它由委托人、信托人和受益人三方共同组成。委托人(depositor)即基金的管理人,受托人(trustee)在中国由商业银行担任,负责信托财产的保管。受益人(beneficiary)即基金的持有者。可见,其管理方式与公司型基金非常类似。

契约型基金与公司型基金的差别主要有:

(1) 法人资格不同。公司型基金具有法人资格,而契约型基金没有法人资格。相应地,在信托财产的运用上,公司型基金的依据是公司章程,契约型基金的依据是信托契约。

(2) 发行的融资工具不同。公司型基金可以发行股票、债券、认股权证等,契约型基金只能发行受益凭证。

(3) 投资者的地位不同。公司型基金的投资者是股东,享有公司法赋予的权利。契约型基金的投资者仅仅是基金的受益人。当然,公司型基金与普通公司有较大的差异。

公司型基金只从事证券投资,而一般的公司业务类型则可能很多。公司型基金的管理由管理人负责,作为股东的投资者参与管理的权利也是有限的。

五、指数基金和 ETF

中国 1999 年开始引进指数基金,建立了普丰、兴和及景福等基金。兴和跟踪上证 A 股综合指数,普丰跟踪深证 A 股综合指数。指数基金在中国目前还很难有太大的发展。这是因为,中国的证券市场还不是充分有效的;另外,按照现行规定,基金必须有 20% 的资产投资于国债。这些也限制了指数基金的发展。从投资者角度看,他们往往会有主动投资基金会超越指数基金的错觉,因而更相信那些历史业绩优异的股票基金,反映在基金市场实践中,指数基金更容易被普通投资者赎回。从发行者角度看,指数基金的管理费费率低,只有普通基金的三分之一到一半左右,在同等发行规模的情况下,基金公司当然会优先选择发行股票型或者混合型基金。

中国在 2004 年 11 月推出首只上证 50 指数 ETF。此后,ETF 不断发展。同在 2004 年,《上海证券交易所交易型开放式指数基金业务实施细则》发布。2012 年 3 月 23 日,该细则修订后重新发布。按照这些规定,基金管理人应当从具有基金销售业务资格的交易所会员中选择代办证券公司,办理基金份额的申购与赎回业务。基金管理人可以采用网上和网下两种方式发售基金份额。基金份额的申购、赎回,按基金合同规定的最小申购、赎回单位或其整数倍进行申报。比如,首只上证 50 指数 ETF 的最小申购单位是 100 万。基金份额申购、赎回可以用组合证券,也可以用现金或以基金合同约定的对价进行。深证证券交易所也有对应的交易细则,与上海证券交易所的规定差别不大。一个差别是,上海证券交易所的规定强调了"T+0"交易方式,当日买入的股票可以立即用于申购 ETF,当日申购的份额当日可以卖出,当日买入的基金份额也可以立即赎回。但在深圳证券交易所,当日申购的跨市场 ETF 基金份额,在交收前不可以卖出或赎回;当日买入的基金份额,同日不可以卖出或赎回。

为了规范交易型开放式指数基金的流动性服务业务,提高市场流动性,上海证券交易所还制定了《上海证券交易所交易型开放式指数基金流动性服务业务指引》。所谓流动性服务,是指符合条件的证券公司为上市基金提供持续双边报价服务。这是一种做市商服务。

六、机构投资者的发展

1998 年新基金开始发展时,我们提倡的是超常规地发展机构投资者。之所以这样做,是希望通过培育机构投资者来稳定证券市场,通过机构投资者的监督作用来解决公司治理问题。在后来的基金业发展过程中,曾经出现过许多不规范的问题。通过基金稳定市场的目的不能轻易实现。2000 年 10 月,《财经》杂志发表文章《基金黑幕》披露了基金在市场上对倒对敲加剧市场波动的现象。这反映了基金业的价格操纵问题。2008 年 6 月,市场传言某基金因为在没有知会同行的情况下调整持仓,引发基金集体围攻。这也显示基金业内部可能仍然有一些行规存在。基金业的内幕交易一直也是大家关注的一个问题。中国证监会已经多次查处基金业的"老鼠仓"问题。通过发展基金改善上市公司公司治理的初衷也难以轻易实现。实际上，作为外部大额持有者，基金确实比一般的散户拥有更多的信息与更强的监督能力。但是，拥有这些优势，并不意味着基金一定会选择监督上市公司。因为除了发言（voice）之外，利用这些优势，基金还可以选择投机。中国基金业难以监督上市公司，还有一个重要原因：中国的上市公司一股独大现象严重，基金难以进行有效的监督。例如，2003年10月，某上市银行临时股东大会通过发行百亿可转债方案后，流通股股东基金金泰等46家基金和社保基金106组合及世纪证券发表联合声明，呼吁全社会都来关注并谴责该银行的这一行为，同时呼吁该银行的流通股股东团结起来。但48家机构持有的股权仍明显低于大股东。

七、基金法的修订

2003年10月，《中华人民共和国证券投资基金法》发布，2004年正式实施。该法规主要对公募基金进行规范，但对采用非公开方式募集设立的基金缺乏具体规定。2012年12月28日，修订后的《中华人民共和国证券投资基金法》颁布。新法首次将"非公开募集资金设立证券投资基金"纳入了法律的监管范围，规范了基金管理公司的内部治理机制，明确了对基金管理人违法违规行为的惩罚措施，强化了对基金持有人的保护。新法在市场准入、投资范围、业务运作等方面放松了对公募基金业的管制，弱化了行政审批，比如，取消了基金管理人设立分支机构核准、5%以下股东变更核准以及变更公司章程条款审批等项目，将基金募集申请由须做出实质性判断的"核准制"，改为仅需做合规性审查的"注册制"；为合伙制基金管理人、保险资产管理公司等金融机构及符合条件的私募基金管理人从事公募业务，商业银行之外的其他金融机构从事基金托管业务，留足法律空间。在松绑的同时，新法同时在许多方面加强了监管，比如，将基金管理人的股东及其实际控制人纳入监管范围，要求基金管理人和基金托管人计提风险准备金，等等。

第四节 投 资 银 行

投资银行（investment banking firms）在一级和二级市场上都起着重要的作用。在一级市场上，投资银行为融资者服务。在二级市场上，投资银行充当证券买卖的经纪人和交易商。

一、投资银行的主要业务

投资银行通过股本、长期债务，以及商业票据、回购协议等短期借款进行了大量融资。出于资金需求的考虑，许多投资银行由合伙制变成了上市公司。投资银行挣得的收入包括佣金、费用收入、利差收入和资金管理活动的收入等。

1. 发行业务

投资银行帮助发行人创造金融资产并将其发行出去。对发行人而言,投资银行可以帮助其降低发行成本。在承销中,投资银行挣得买入与卖出证券的价格差,称为毛利差(gross spread)或承销折扣(underwriting discount)。由于承销存在很大的风险,所以投资银行往往组织承销团进行承销。为了让更多的机构协助从事承销,投资银行还会组织销售集团(selling group)销售证券。由于风险不同,一般而言,IPO 的承销折扣要大于增发,而股权的承销折扣要大于债券。在美国,IPO 的承销折扣约为 4.5%—7.5%,很多交易恰恰为 7%,SEO 一般为 3%—6%,债券则为 0.5% 左右。

2. 证券交易

投资银行一般都会从事自营业务(proprietary trading),包括股权交易、固定收益交易、衍生品交易等。投资银行在证券二级市场上充当做市商的角色。做市活动的收入包括证券的买卖价差与持有证券的资本利得。

为了防止资本损失,以及在市场上获得更多的收入,交易商采取的策略主要有无风险套利(riskless arbitrage)、风险套利(risk arbitrage)和投机(speculation)。本章主要介绍无风险套利和投机。

假定投资者可以购买三种证券:A、B、C。1 年后,三种证券都会出现两种结果:

单位:元

证券	当前价格	1 年后第一种情况下的支付	1 年后第二种情况下的支付
A	70	50	100
B	60	30	120
C	80	38	112

如果以 A、B 两种证券组成一个证券组合,并分别以 x、y 表示组合中 A、B 证券的数量,即单位数,证券组合的最终价值也会只有两种情况,情况 1 下为 $50x+30y$,情况 2 下为 $100x+120y$,要使包括 A、B 的证券组合与持有证券 C 在 1 年后的结果相同,则需使:

$$50x + 30y = 38$$
$$100x + 120y = 112$$

求解可得 $x=0.4$,$y=0.6$。

因此,如果投资者持有 0.4 单位的证券 A,花费 28 元,另加 0.6 单位的证券 B,花费 36 元,共支出 64 元,就可以得到与 C 一样的 1 年后价值。但 1 单位 C 的价值为 80 元。因此,遵循低买高卖的原则,如果投资者按上述比例购入 A、B,卖空 C,就可以进行无风险套利,锁定利润 16 元。

投机是指交易商利用投资银行的资金,通过预期价格变动和价格差别进行的交易。由于高杠杆率的作用,如果预期正确,投资银行可以获得丰厚的利润。当然,如果预期错误,投资银行的损失也很可观。

投资银行的自营业务蕴含着风险。1763 年创立的巴林银行(Barings Bank),是英国最著名的金融机构之一,就是因为在 1995 年,其新加坡机构交易员尼克·里森(Nick Leeson)从事过度风险的交易,损失超过 6 亿美金,而轰然倒地。2008 年,贝尔斯登就是因为大量融资并投资于抵押贷款证券,在蒙受损失后流动性出现问题,而被收购。随后的雷曼兄弟也是一样。

除了自营,投资银行也往往通过为客户执行交易挣得佣金收入。为招徕客户,投资银行还提供研究等服务。

3. 证券私募

投资银行在私募市场上为发行人和潜在投资者设计新的证券并为之定价,再努力将证券销售出去。在证券私募(private placement of securities)过程中,投资银行往往会担任顾问的角色。

4. 资产证券化

投资银行在为资产证券化(securitization of assets)提供服务的过程中挣得收入。如果投资银行仅仅是承销新创造的证券,它将挣得承销的毛利差。如果投资银行同时也购买了基础资产,它将获得出售证券和基础资产两者之间的价差。

传统上,抵押贷款的发起人会持有贷款。后来,随着金融业的发展,越来越多的抵押贷款被通过证券化的方式卖掉。这样,发起人可以专注于发起与服务,而不是融资。如果不是通过证券化的方式,单笔抵押贷款的销售是困难的。这些证券化产品根据风险被分成不同的部分,经评级公司评级后,销售给机构投资者。投资银行自己也会持有大量的抵押贷款证券。

除了抵押贷款,汽车贷款、信息卡贷款等其他债务也大量被证券化了。2007 年后,由于作为基础资产的抵押贷款等出现违约,购买证券的机构投资者包括投资银行自己都蒙受了很大损失。

5. 收购与兼并

投资银行是收购与兼并(mergers and aquisitions,简称购并)活动的重要参加者。在购并活动中,投资银行主要从事的业务有:寻找购并对象;为购并双方提供有关购并价格等方面的咨询,或者帮助目标公司(target companies)实施针对恶意收购的反购并战略;为收购公司(acquiring companies)进行融资。

投资银行善于评估公司重组对公司价值的影响。如果投资银行认为两家公司合并以后的价值大于两家公司各自的价值之和,就会建议公司合并。在这种情况下,一家公司以更高的价格收购另一家公司可能仍然是值得的。同样,如果投资银行认为公司的分拆能够提高市场价值,就会提出相应的建议。

投资银行为收购公司提供资金支持时,有不同的方法。一是向收购方提供过桥贷款,二是为收购方承销股票或债券,三是直接持有目标公司的股权。

在购并活动中,投资银行一般按卖价的一定比例收费,比例确定的方法不同。有的收费是采用固定比例,有的采用 5-4-3-2-1 莱曼公式(Lehman formula),卖价越高,百分比越低。还可能是采用固定比例,在卖价过高时另外付费。

在为杠杆收购(LBO)服务时,投资银行的收费更多些。因为杠杆收购的融资更多,需要过桥贷款,也需要更精密的策划。

6. 商人银行业务

商人银行业务(merchant banking)是指投资银行运用自有资金对公司进行股权或债权投资。投资银行进行股权投资,是希望获得资本利得。债权投资主要是指为客户提供过桥贷款,这种贷款的风险较高。广义的商人银行即指投资银行。

7. 衍生工具业务

在期货、期权、互换、上限、下限等衍生工具的交易中,投资银行因为代客买卖而收取佣金。在场外交易的衍生工具(derivative instruments)中,投资银行往往自己充当交易的一方。一般情况下,投资银行是既做买方,也做卖方。买卖价差构成了投资银行的收入。当然,投资银行也会利用衍生工具为自身的交易对冲风险。

8. 资金管理

投资银行往往设立分支机构从事委托资产的管理(money management),并收取管理费。资金管理业务不仅针对机构投资者,也针对个人投资者。有些投资银行会担任共同基金管理人。

投资银行的收入来源于其各种业务。不同的投资银行,不同的时期,其收入的构成不同。当然,不同业务的收入可能是相关的。在市场低迷时,IPO、SEO 的数量都会下降;由于卖空的数量毕竟有限,自营业务与经纪业务的收入都会下降;由于市场环境的不确定性,并购活动也会减少,来自并购活动的咨询费收入也会下降。

投资银行在开展业务时,面临来自其他金融机构的严重竞争。比如,商业银行可以开展经纪业务,从事市政债券、商业票据承销和并购咨询等投行业务。混业经营使得这种竞争更加严重。

二、投资银行业的监管

在美国,SEC 是监管投资银行的政府部门。证券交易所和全美证券交易商协会(NASD)负责自律监管。美联储负责对证券融资的监管。为了保护投资者的利益,美国还成立了证券投资者保护公司(SIPC),为投资者存放在证券公司的现金和证券提供保险。

在 20 世纪六七十年代以来的金融创新中,投资银行纷纷寻找法律的漏洞,介入其他金融业务。1999 年的《金融服务现代化法案》,使得投资银行可以通过组建金融控股公司合法地混业经营。2000 年 10 月,SEC 出台了公平披露规则(Regulation Fair Disclosure,RFD),要求公司必须向所有市场参与者同时披露重要信息,部分目的是防止公司向投资银行分析师泄露信息。

三、投资银行业的风险

1. 市场风险

如前所述,投资银行的许多业务收入与市场状况密切相关。当股市向好时,投资银行的自营、经纪和并购等业务都会增加收入;反之,股市低迷时,投资银行的许多收入都会下降。

2. 利率风险

利率的波动会影响投资银行持有的股票特别是债券的价格。利率的波动,也会引起投资者资产选择的变化,从而影响投资银行经纪业务的收入。

3. 信用风险

投资银行的过桥贷款等业务存在较强的信用风险。

4. 流动性风险

当投资银行大量依赖短期商业票据融资时,这一风险尤为严重。

四、投资银行业的结构

前述是投资银行所从事的主要业务。但是,一家投资银行往往并不是在所有投资银行业务上都有优势。即使同是发行业务,投资银行可能也只是为某一类证券发行服务,对其他证券的发行可能很少涉足。根据投资银行的业务量,可以对其进行排名。比如,单就承销业务而言,我们可以根据承销的数量和金额进行排名。但由于承销往往是由承销团进行的,因此,如何对牵头承销商和其他承销商进行统计是个问题。当然,市场份额越大,盈利不一定就越多。所以,市场份额的大小并不一定意味着投资银行声誉的好坏。

投资银行一般可以分为以下几类:

1. 大额认购公司

大额认购公司(bulge bracket firms)是在规模、声誉、客户基础等方面最好的投资银行。包括第一波士顿、高盛、美林、摩根士丹利和雷曼兄弟等。这些年来,特别是在2008年的金融风暴中,这些投资银行受到了严重打击,不得不破产或重组。

2. 主要认购公司

主要认购公司(major bracket firms)的地位仅次于前者,但也提供全面的投资银行服务。

3. 次级认购公司

次级认购公司(submajor bracket firms)为特殊的投资者群体和小公司服务。

4. 专营公司

专营公司(boutiques)专营某一项主要的投资银行业务。如区域公司主要是为本地区的地方政府和公司服务。研究公司专门提供研究服务。商人银行进行并购与融资业务。有些公司专门负责高科技企业的证券发行等。

第五节 中国的投资银行

1986年,沈阳市信托投资公司试办有价证券转让业务,成为第一家经营证券业务的金融机构。1987年9月,深圳特区证券公司成立,是中国第一家证券公司。根据证券业协会的统计,截至2012年12月31日,中国共有114家证券公司,总资产为1.72万亿元,净资产为6 943.46亿元,净资本为4 970.99亿元,客户交易结算资金余额为6 002.71亿元,托管证券市值为13.76万亿元,受托管理资金本金总额为1.89万亿元。

一、中国证券经营机构的组成

目前,中国证券经营机构的主体是券商,即证券公司。根据《证券法》的规定,券商分为综合类券商和经纪类券商。后者只能做经纪业务,前者则可以做各种投资银行业务。除了国内券商从事证券业务以外,还有中外合资的投资银行。指定业务许可机构,包括国债一级自营商和企业集团财务公司,可以承担一定的证券业务。前者可以承销国债,后者可以承销集团内的企业债券。2002年以前,信托投资公司是兼营证券业务的机构。2002年后,中国实行了信证分业。按照分业经营的原则,这些机构不再从事证券业务。

2004年起,中国对券商进行了全行业整顿。许多券商被关闭或者重组。同时,分类监管的政策开始实施。到2007年8月底,证券业协会共受理了38家公司的创新试点类证券公司评审申请,召开了16次从事相关创新活动证券公司评审会议,评审产生了29家创新类证券公司;受理了51家公司的规范类证券公司评审申请,召开了14次规范类证券公司评审会议,评审产生了31家规范类证券公司。截止到2007年8月28日,创新试点类、规范类证券公司的评审工作已圆满结束,证券公司将按照新的分类监管办法转入常规监管。

二、中国证券经营机构的业务现状

在经营活动中,中国券商的业务品种与结构单一、雷同,竞争手段缺乏特色,缺乏创新。在市场品种上,券商的业务主要集中于A股和基金,有关其他金融工具的业务要少得多。在业务结构上,证券发行、自营和经纪业务是中国券商的三项主要业务。资产管理后来得到了一定的发展,但同时也出现了很多问题,成为2004年券商行业整顿的重要原因。其他如并购重组、财务顾问等业务则相形见绌。而且,各家券商的业务内容差别不大,不同的券商明显缺乏自己的特点。中国如果要建立合理的行业竞争结构,应该形成不同层次、有不同经营特色的投资银行。

在承销业务领域,券商的行业集中度较高。大券商往往多次担任主承销商,而中小券商很难参与。

根据中国证券业协会对 102 家证券公司 2007 年度股票、基金、债券和权证交易总金额的排名,102 家证券公司 2007 年两市交易总金额为 98.65 万亿元。排名前 30 位的证券公司的市场份额占比达 72%;前 10 家证券公司占据了近 43.5% 的市场份额,与 2006 年基本相同,显示出 2007 年证券公司经纪业务的集中度依然较高。其中,前 5 家证券公司分别为银河证券、国泰君安、海通证券、国信证券和申银万国。

2007 年度证券公司股票及债券承销金额排名显示,70 家证券公司的承销金额总计 9 993.41 亿元,前 5 家公司的市场份额总计 48.16%,相比 2006 年前 5 家公司高达 77.5% 的市场占有率下降 37.9%。排名前 5 位的证券公司分别为中金公司、中信证券、银河证券、中银国际和国泰君安。2007 年 55 家证券公司共主承销 407 个项目,其中,中信证券的主承销数排名第一,为 33 个;国信证券 30 个,排名第二;中金公司和广发证券分别主承销 25 个,并列排名第三;平安证券和银河证券则分别为 23 个和 20 个。

2010 年数据显示,中金所承担的 IPO 承销业务"含金量"最高。其参与 13 家企业的 IPO,测算承销金额达 682.44 亿元,是第二名中银国际的两倍多。中金承销业务遍布境内外资本市场,且主要集中在上交所主板及港交所主板。几起融资超百亿元的巨型 IPO 让其收获丰厚,在中国重工、光大银行、太平洋保险、农业银行等企业的 IPO 中,其皆以主承销商身份出现,尤其是农业银行的 IPO,中金成为唯一的"A + H"双料承销商。承销业务排名第一的平安证券,其承销业务则表现出与中金截然不同的特色。在其承销的 43 家企业中,仅有农业银行及宁波港两家企业登陆上交所,而平安证券在其中扮演的也都是副主承销商角色。

主承销金额排名方面,中信证券、国信证券和广发证券分别以 159.23 亿元、122.25 亿元和 81.34 亿元名列前三;从主承销企业数量排名来看,国信证券、中信证券和国泰君安名列前三,所承销企业数量分别为 23、18 和 18 家。从具体排名来看,中信证券仍然占据榜首位置,国信证券由上届榜单的第三名上升至第二名,广发证券位列第三。在承销数量方面,缩水幅度相对较小,排名前十的投行机构共有主承销案例 150 起,相比 2011 年上榜机构主承销数量(167 起)仅减少 10%。榜单前三名分别为国信证券、中信证券和国泰君安,上届榜单榜首的平安证券则跌至第四位。

2012 年 IPO 主承销金额在 100 亿元以上的券商只有中信证券和国信证券两家,分别以 159.23 亿元和 122.25 亿元遥遥领先。而在 2011 年,IPO 主承销金额在 100 亿元以上的券商有中信证券、平安证券、国信证券、中金公司、安信证券、中信建投、招商证券 7 家,其中排名前三位的中信证券、平安证券和国信证券主承销金额都在 200 亿元以上。

表 3.3 和 3.4 是 2012 年券商承销金额排名和承销家数排名。

在经纪业务的发展上,各家券商在竞争与服务方面都缺少特点。唯一的差异可能在于,大券商注重提高在全国的市场占有率,而中小券商主要在本地发展。从全行业看,不像承销业务,经纪业务是在众多券商间高度分散的。

表 3.3 2012 年券商承销金额排名

排名	机构名称	主承销金额（亿元）	主承销家数（家）	2011 年排名
1	中信证券	159.23	18	1
2	国信证券	122.25	23	3
3	广发证券	81.34	12	—
4	平安证券	72.48	17	2
5	中银国际	62.21	11	—
6	海通证券	51.90	15	10
7	华泰联合证券	51.49	14	9
8	招商证券	44.48	13	6
9	中金公司	43.60	8	4
10	东吴证券	35.59	9	—

表 3.4 2012 年券商承销家数排名

排名	机构名称	主承销家数	主承销金额（亿元）
1	国信证券	28	226
2	中信证券	26	400
3	广发证券	16	178
4	平安证券	16	93
5	国泰君安	12	216
6	中信建投	12	171
7	国金证券	12	87
8	华泰联合	11	71
9	民生证券	11	56
10	招商证券	10	111

资产管理业务方面，2011 年年底，中国券商全行业资产管理规模只有 2 800 多亿元，规模较小，品种类型单一。2012 年，监管部门把资产管理业务作为创新业务的重要方面。10 月 18 日，证监会修订了《证券公司客户资产管理业务管理办法》及其实施细则。同时，证券业协会出台了《证券公司客户资产管理业务规范》，将集合资产管理业务和定向资产管理由审批制改为备案制。随后，资产管理业务开始迅速发展。到 2012 年年底，证券公司客户资产管理总规模达到 1.89 万亿元，较 2011 年增长 569.96%。

券商的业务构成会相应地反映在其收入上。中国券商的收入中占第一位的是经纪人佣金。所以，中国券商至今仍然有"靠天吃饭"的特点。根据中国证券业协会对证券公司 2012 年度经营数据的统计，证券公司未经审计财务报表显示，114 家证券公司全年实现营业收入 1 294.71 亿元，各主营业务收入分别为代理买卖证券业务净收入 504.07 亿元、证券承销与保荐业务净收入 177.44 亿元、财务顾问业务净收入 35.51 亿元、投资咨询业务净收入 11.46 亿元、受托客户资产管理业务净收入 26.76 亿元、证券投资收益（含公允价值变动）290.17 亿元、融资融券业务利息净收入 52.60 亿元，全年实现净利润 329.30 亿元,99家公司实现盈利,占证券公司总数的86.84%。

三、中国券商的融资问题

券商在业务活动中,会产生大量的资金需求。目前,中国券商的融资渠道主要有:银行同业拆借与国债回购、股票质押贷款等。由于融资狭窄,券商不得不采取各种变相、非规范的融资渠道,实际生活中经常出现的方式有:挪用客户保证金、变相吸收个人和公司的存款、绕过中央银行变相和私下违规发行金融债券、以各种违规方式利用银行信贷资金等。

美国主要的投资银行都经历了一个由合伙制向公司制的转变。资金需求是一个重要的原因。在美国最先上市的大投资银行是美林证券(1971年)。摩根士丹利于1986年上市。最后一家合伙制的大型投资银行高盛也终于在1999年上市。除了股权融资外,美国投资银行的融资方式还包括中期票据、回购、商业票据、债券、卖空证券、储蓄、循环贷款承诺等。投资银行的资产负债率都很高。高杠杆使得投资银行投资的风险大大增加。2008年的金融危机中,投资银行纷纷倒地,一个重要原因就是高杠杆。

从其他国家的情况来看,德国、瑞士等国实行全能银行制,商业银行与投资银行合一,融资基本上不成问题。在日本、韩国、中国台湾等地,投资银行一般是从专门设立的证券金融公司融资。

中国券商也应该建立多样的融资渠道。在股权方面,国内投资银行的资本最初主要来自银行。实行分业经营后,银行淡出,财政和企业资金进入券商。2000年左右,许多券商纷纷增资扩股。同时,许多上市公司纷纷参股券商,如国泰、海通、湘财等。一方面,上市公司股票发行募集的资金缺乏好的投资项目;另一方面,说明券商的利润率较高。2002年后,券商从暴利时代进入微利时代,有时甚至是全行业亏损。入股券商不再那么火爆。2008年的金融危机,固然说明不受约束的券商融资蕴含着巨大风险,但券商的正常融资需求还是应该得到支持。

综上所述,中国的证券经营机构虽然取得了很大发展,但无论是在业务构成还是融资环境上,都与发达国家券商有着较大差距。一方面,政府应该积极培育证券机构经营的外部环境;另一方面,证券机构也必须积极拓展业务领域,向真正的投资银行靠拢。

本章重要概念

投资基金,开放式基金,基金净资产,封闭式基金,指数基金,折价交易,契约型基金,公司型基金,投资银行

复习思考题

1. 试比较开放式基金和封闭式基金的利弊。

2. 契约型基金与公司型基金有什么区别?
3. 投资银行的业务主要有哪些?
4. 商人银行业务与商业银行业务是一回事吗?
5. 中国目前主要有哪些证券经营机构?
6. 你认为应该允许中国的券商发行金融债券吗?

第四章 中央银行

第一节 中央银行的职能与类型

一、中央银行的产生

我们已经讨论过商业银行的产生与发展。世界上是先有商业银行,后有中央银行。商业银行产生以后,各家银行都会发行银行券。随着金融制度的进一步发展,会有少数大银行逐步垄断货币发行权,对其他银行提供清算服务和各种资金支持,这样的银行又逐渐演变为中央银行。当然,许多国家,特别是发展中国家的中央银行往往不是由商业银行改组形成,而是由政府专门建立的。美国的中央银行也是这种情况。最早的中央银行一般被认为是英格兰银行,成立于1694年。不过,英格兰银行最初只是一家股份制的私人银行,直到1844年才垄断了货币发行权,逐步成为现代意义上的中央银行。

二、中央银行的职能

那么,为什么少数银行会从商业银行中分离出来,在政府的支持下成为中央银行?中央银行又是干什么的?我们有必要讨论中央银行的职能。

1. 中央银行是发行银行

在中央银行产生之前,由于许多家商业银行都发行银行券,货币流通比较混乱。货币发行不统一,不利于货币流通的稳定。这是因为,银行越小,往往越容易发生支付危机。当一家商业银行倒闭时,它所发行的银行券就会变得一钱不值。此外,由于每一家商业银行的信誉都是有限的,因此也限制了银行券的广泛流通。由中央银行垄断货币发行权,就可以解决这样的问题,为经济发展提供一个稳定的货币环境。有中央政府的信誉,中央银行的银行券就可以被广泛接受,而中央银行是不会倒闭的。

在中央银行垄断货币发行权以后,银行券不仅成为中央银行的一项重要资金来源,还成为中央政府征收铸币税的一个重要途径。由于货币发行是中央银行对公众的负债,而这种负债是不支付任何利息的,因此政府当局实际上是向公众征收了一种"税收"。

在现代金融制度下,纸币(银行券)的发行,只是货币总量中的一个有限的部分。所以,中央银行作为发行银行的作用已经弱化。但是,各个国家都赋予了中央银行调节货币总量的责任。所以,发行银行的职能,在现代集中表现在中央银行制定与执行货币政策上。

2. 中央银行是银行的银行

商业银行是负责为客户办理存贷款与转账结算等业务的机构。与此相对应,作为中央银行的客户,商业银行需要在中央银行进行存款,获得贷款,并通过中央银行为其办理转账结算。这具体表现在以下几个方面:

(1) 中央银行集中商业银行的存款准备。为了应付客户提取现金的需要、保障银行的清偿力,商业银行必须持有一定的准备金。为了加强对商业银行的管理,许多国家的中央银行都强制集中商业银行的准备金。就是说,商业银行的准备金主要保存在中央银行。当然,随着中央银行职能的不断增强,商业银行的准备金已经不仅仅具有保证清偿力的目的,它还有一个重要的作用,就是调节货币供应量。

(2) 作为商业银行的最后贷款人。在银行业的发展过程中,许许多多的银行倒闭了。银行倒闭会对社会形成很大的冲击,所以人们不愿意看到这种现象。而许多时候,这些银行的倒闭又是完全可以避免的。由于实行部分准备制,任何一家银行都无法应付客户的挤提存款。如果在存款者的信心不足时,商业银行能够获得一定的资金支持,提高其支付能力,稳定存款者的信心,那么其完全可以不倒闭。那么,谁能承担资金支持的责任呢?银行当然可能得到同业的支持。因为当一家银行出现支付困难后,其他银行往往出于对连锁反应的担心,而提供资金援助。但是,这种支持方式不是稳定可靠的制度安排。所以,各个国家的政府便都选择建立一家中央银行,承担商业银行最后贷款人的角色,即在商业银行无法通过其他途径获得流动性时,可以从中央银行贷款。在中央银行产生伊始,金融市场还很不发达,商业银行并没有现代金融市场上这么多的融资渠道(回忆商业银行的负债业务)。所以,那时,中央银行的贷款对商业银行的意义比现在要重要得多。就是说,中央银行的出现,极大地减少了商业银行倒闭的数量。中央银行贷款不仅是对面临支付危机的商业银行的有力支持,对那些不存在支付困难的商业银行,由于有最后的保障,在开展资产业务时,它们就可以较少地考虑流动性问题。中央银行向商业银行提供的资金支持包括再贷款和再贴现两个方面。中央银行的贴现率是重要的货币市场基准利率。

(3) 票据结算中心。企业和居民家庭主要是通过在商业银行开立支票存款账户进行转账结算的。各家商业银行一般都在中央银行开立存款账户。如果 A 银行的客户将其支票存款支付给 B 银行的客户,从而产生了两家银行之间的资金清算关系,中央银行只需要将 A 银行在中央银行的存款账户上的资金划转到 B 银行的户头上即可。这可以看作是中央银行的一种中间业务。

3. 中央银行是政府的银行

商业银行一般属于私人部门,中央银行则代表国家,表现在以下几个方面:

(1) 代理国库。在现代社会,政府的各级财政部门都会在中央银行开立存款账户,财政支出则委托中央银行无偿办理。

（2）代理财政债券的发行。财政债券的发行一般都是由中央银行负责解决。

（3）为政府提供资金支持。中央银行一般都会为政府提供资金支持。一方面，财政由于先支后收的原因，往往需要向中央银行借款。当然，如果中央银行负有弥补财政赤字的义务，就很容易引起通货膨胀。在以前的中国，财政有权向中央银行进行透支。为了割断财政赤字与基础货币的关系，《中央银行法》明文规定财政不得向中央银行透支。政府如果出现财政赤字，只能以发行国债的方式解决。中央银行一般会持有大量的国债，这也是对政府提供资金支持的一种方式。但是，各国的法律一般都禁止中央银行在一级市场买入国债。比如，2003年修订的《中华人民共和国中国人民银行法》第二十九条明确规定："中国人民银行不得对政府财政透支，不得直接认购、包销国债和其他政府债券。"这是因为，在一级市场买入国债与财政透支其实没有多大差异。中央银行一般在二级市场上买卖国债特别是国库券。这一行为还有一个非常重要的功能，就是调节货币供应量。这种买卖活动称为公开市场业务。

（4）保存、管理、经营黄金和外汇储备。中央银行负有保证国际收支平衡和稳定调节汇率的责任，必须持有一定量的外汇和黄金储备。外汇储备水平的确定、储备的结构调整，都要由中央银行决策。

（5）金融监管。中央银行是重要的金融监管部门。在中国，中央银行最初是唯一的金融监管机构。现在，随着监管工作的细化，中央银行主要负责信托、债券市场的监管。证券特别是股票的管理主要由中国证券监督管理委员会负责，保险业的监管由中国保险监督管理委员会负责，银行业的监管由中国银行业监督管理委员会负责。

从中央银行的职能可以看出，中央银行与商业银行明显不同。中央银行不以盈利为目标，其活动要以社会公众利益为目的。中央银行不能经营普通的商业银行业务，它主要是同政府与金融机构发生业务关系。

三、中国中央银行的产生与发展

中国在1949年到1983年之间，没有中央银行制度。当时的中国人民银行既负责金融监管，又办理存贷款业务。1983年9月，中国政府决定建立中央银行制度，将当时的人民银行一分为二。中央银行职能由中国人民银行专门行使，商业银行业务要由新成立的中国工商银行负责。1995年3月18日，全国人民代表大会通过《中华人民共和国中国人民银行法》。2003年，中国人民银行对银行、金融资产管理公司、信托投资公司及其他存款类金融机构的监管职能被分离出来，经过和中共中央金融工作委员会的相关职能整合之后，新成立了中国银行业监督管理委员会。适应这种情况，同年12月27日，十届全国人民代表大会常务委员会第六次会议审议通过了《中华人民共和国中国人民银行法（修正案）》。在新的情况下，人民银行的职能被表述为"在国务院领导下，制定和执行货币政策、维护金融稳定、提供金融服务"。

最初,中央银行按照行政区划设立分支机构。这种方式的缺点是,中央银行的金融管理容易受到地方政府的干预。1998 年,按照中央金融工作会议的部署,中国人民银行改革了管理体制,撤销省级分行,设立跨省区分行,在天津、沈阳、上海、南京、济南、武汉、广州、成都、西安设立了 9 家分行。为了完善中央银行决策与操作体系、更好地发挥中央银行的宏观调控职能、推进上海国际金融中心建设,2005 年 8 月 10 日,中国人民银行设立了上海总部。上海总部主要承担部分中央银行业务的具体操作职责,同时履行一定的管理职能。

四、中央银行的资产负债表

不同国家的中央银行,其资产负债表会有很大差别。其主要内容如表 4.1 所示。

表 4.1 中央银行资产负债表

资　产	负　债
1. 对存款货币银行债权	1. 流通中货币
2. 对中央政府债权	2. 金融机构存款
3. 金银、外汇占款	3. 政府及公共机构存款
4. 其他资产	4. 资本项目

从表中可以看出中央银行主要有哪些资产和负债。

1. 中央银行的负债

(1) 流通中货币。这是中央银行所发行的不兑现的银行券,也就是现金。现金是社会公众所持有的金融资产,同时也就是中央银行对社会公众的负债。现代社会的货币发行一般是由中央银行垄断的。

(2) 金融机构存款。金融机构需要向中央银行存入准备金,包括法定存款准备金和超额准备金。

(3) 政府及公共机构存款。中央银行有代理财政金库的职能。所以,政府部门在中央银行拥有存款账户。

(4) 资本项目。这是中央银行的自有资本。中央银行的资本金来源,主要包括以下几方面:一是中央政府出资。中央银行是政府所有的。因而,在大多数国家,这是中央银行资本金的唯一来源。中国的情况就是如此。二是地方政府或者国有的机构,如国有企业、一些公共部门等出资。三是私人部门出资。这是指由私人银行或者其他私人公司出资。比如,在美国,联邦储备银行就是由私人部门出资的公用事业的股份机构,股东是本联邦储备区的成员商业银行。这些成员银行作为股东,与一般股份公司的股东明显不同,它们既缺乏对联邦储备银行收益的要求权(股息支付有上限),也难以对联邦储备银行的决策施加影响。当然,成员银行可以通过对联邦储备银行董事的选举、对银行的审计、对咨询委员会的影响等途径表达自己的意志。

2. 中央银行的资产

中央银行的资产主要包括以下内容：

（1）对存款货币银行债权。这是中央银行对存款机构的债权，包括贴现和放款等。

（2）对中央政府债权。这包括中央银行持有的政府债券和财政借款。传统上，中央银行持有的债券主要是国库券。中央银行很少参与私人公司债券的买卖。这是因为，其一，国库券市场流动性最强，有一个发达的二级市场，中央银行在这一市场上买卖，不会影响市场的公正。其二，中央银行作为政府的银行，当然可以持有政府债券，给政府以信用支持。但是，中央银行如果持有私人公司债券，就会形成对私人公司的信用支持。这既是不公正的，又容易产生腐败。

（3）金银、外汇占款。这是中央银行作为政府的银行持有的黄金外汇储备。

（4）其他资产。包括应收现金、自有资产等。

五、中央银行的类型

不同国家的金融制度不同，中央银行制度的特征也不同。大致可以分为以下几类：

1. 单一型中央银行制度

这是指一个国家的政府单独建立中央银行机构。这种单一型制度不是从是否有分支机构的角度来说的，而是从是否设立专门的中央银行机构考虑的。单一型制度又可以分为以下几个亚种：

（1）一元式中央银行。这是指一个国家设立专门的中央银行，一般是在首都设立总行，采取总分行制，在各地设立不同级别的分支机构。中国等大部分国家就是采用这种制度。

（2）二元式中央银行。这是指政府在中央和地方分别设立相对独立的中央银行机构。地方银行接受中央级机构的领导，但不属于后者的分支机构，因而存在比较大的独立性。德国曾经实行过这种制度。

（3）多元式中央银行。这是指一个国家内设立许多平行的中央银行机构。这种制度专指美国而言。美国历史上由于对中央集权有抵触情绪，所以中央银行曾两度设立，又两度关闭。虽然银行的倒闭使得中央银行制度在 1913 年最终建立起来，但出于对中央集权和华尔街金融势力的担心，美国的中央银行体制带有强烈的制约和平衡特点。美国将全国划分为 12 个联邦储备区[①]，每个区内设立一家联邦储备银行。各家银行采用总分行制，全国共设有 25 家分行。在联邦一级设立联邦储备体系理事会（The Board of Governors of the Federal Reserve System）、联邦公开市场委员会（Federal Open Market Committee, FOMC）以及联邦咨询委员会（Federal Advisory Council）。联邦储备体系理事会由 7 名成员组成，负责在法律授权范围内制定法定存款准备率，审查并最终决定贴现率，确定信用交易的保证金比率，监管银行等。联邦公开市场委员会负责公开市场操作。委员会一般

---

① 在建立这一制度时，有人主张单一中央银行模式，有人主张每个州建立一家联邦储备银行，以照顾金融状况的地区性差异，12 家是折中的结果。

6个星期举行一次会议。各项货币政策实际上主要是在这样的会议上确定的。会议上有3种重要文件:绿皮书、蓝皮书、米皮书。绿皮书是后2年国民经济预测。蓝皮书是货币目标。米皮书是各联邦储备区的资料。只有米皮书才会公开。各家联邦储备银行都由9名董事组成董事会,其中6名由会员银行推荐,包括3名来自银行界的董事和3名来自企业界的董事。另外3名董事由联邦储备体系理事会任命。9名董事共同任命联邦储备银行行长。这是为了保障中央银行能充分反映各界的意愿。联邦储备体系理事会的理事由美国总统提名,经参议院批准以后任命。理事的任期长达14年,这样可以防止总统控制联邦储备体系。理事会设主席1名,任期4年。联邦公开市场委员会的成员由理事会7人、纽约联邦储备银行行长以及另外4家联邦储备银行行长组成。纽约联邦储备银行是最大的联邦储备银行,负责公开市场业务。

虽然联邦储备制度表面上是高度分权的,但是,1933年后,由于联邦储备体系理事会拥有了公开市场业务和调整法定准备率的手段,理事会的权力在不断扩大。目前,由于联邦储备银行行长的人选往往是由理事会提出的,行长的薪金由理事会决定①,银行的预算要由理事会审议,联邦储备银行的董事又是由行长提名的,所以,美国的多元制度实际上已经演变为一种一元制度。在联邦储备体系理事会里,主席有制定理事会和联邦公开市场委员会会议日程的权利,他是体系的发言人,也负责与国会和总统商谈,加之以自己的个性发挥影响,所以往往拥有很大的权力。

在美国,在联邦政府注册的银行——国民银行,必须是联邦储备体系的成员银行。在各州注册的银行则可以自主决定是否加入。1980年以前,只有会员银行才必须在联邦储备银行存款。1980年规定,到1987年后,非会员银行也必须在联邦储备银行存款。非会员银行也可以到联邦储备银行贷款,享受支票清算的便利。这样,会员银行和非会员银行的差别就很小了。

2. 复合型中央银行制度

这是指一个国家没有专门的中央银行,而是由一家大商业银行同时行使中央银行的职能。中国以前实行的就是这种体制。这种制度很不规范,不能适应现代经济制度的要求,基本上已经寿终正寝。

3. 跨国型中央银行制度

这是指参加某一货币联盟的国家共同组成的中央银行制度。一些国家由于地域关系,可能会建立这样的中央银行制度。比如西非、中非地区。欧洲中央银行(European Central Bank,ECB)成立于1999年1月1日,是这一类型的最新发展和代表。

4. 准中央银行制度

这是指政府设立某种类似中央银行的机构,或者授权某些商业银行行使部分中央银行的职能。比如中国香港就没有中央银行,只有金融管理局,货币发行则由几家商业银行负责。

---

① 当然,行长的薪金远高于理事的,因为后者的薪金是由法律规定的。

六、中央银行的独立性

不同国家中央银行的独立性差别很大。有些国家的中央银行归财政部领导,中央银行的董事会举行会议,财政部会派人参加。财政部往往有权否决中央银行董事会的决议。另一些国家的中央银行名义上受财政部领导,但实际上中央银行的独立性比较强。日本和英国就是这种情况。美国、德国、瑞典等国家的中央银行直接向国会负责,与任何行政机构不存在隶属关系。这样的中央银行独立性最强。美国中央银行的独立性,还与其收益有密切关系。联邦储备体系持有的证券和贷款能够为其带来巨额利润。当然,美国国会是立法机构,有关联邦储备体系的立法就是由国会负责的。所以,国会还是能对其施加影响的。中国中央银行只接受国务院的领导,与财政部是平行的。中央银行实行行长负责制。中央银行还设立货币政策委员会,专门负责货币政策决策。

关于中央银行应该具有多大独立性的问题,历来存在着不同的观点。主张中央银行应该具有更大独立性的,一般认为独立性可以减少其承受的政治压力,而政治压力往往会导致通货膨胀。不受政府干预的中央银行,可能会更多地考虑到长期稳定的宏观经济目标。在西方,如果中央银行货币政策成为政府政策的附庸,在总统任期行将结束时,中央银行迫于压力就会执行扩张性的货币政策。而在选举结束后,扩张性货币政策的结果——高通货膨胀与高利率就会凸显出来。中央银行不得不转而采取紧缩性的货币政策,这样就出现了政治产业周期(political business cycle)。而且,政府如果能够控制中央银行,很容易就会使中央银行成为弥补财政赤字的工具,诱发通货膨胀。另外,一些人认为,政治家不是经济专家,不具有决定货币政策的能力。独立的中央银行制定政策时,也可以顶住公众的压力,从而实施符合公众长远利益的政策。比如,如果紧缩是必要的,则不管失业者如何反对,紧缩政策都必须坚持。当然,政治家也并非一概反对中央银行独立,因为如果政府政策不得人心,政治家就可以将责任推给独立的中央银行。

反对中央银行独立性的观点,则基于这样一些认识:把中央银行的货币政策决策权交给少数几个精英人物,与民主原则相冲突。因为没有理由认定这几个人的决策一定是正确的。中央银行确实会犯错误。中央银行的独立性过大,可能会使它更多地追求自身的利益。而且,财政政策与货币政策的配合可能也难以进行。

在中国,一直有人主张中国人民银行应该直接向人大负责,不接受国务院的领导。虽然财政透支一度是很严重的问题,但现在看来,这种担忧已不必存在。不过,关于政治周期的问题,在中国确实也是存在的。

第二节 中央银行与货币供给

这一节我们要讨论的问题是,流通中为什么会有这么多的货币?这些货币是怎么供给到经济中去的?为什么货币的数量会不断变化?因为货币对经济是非常重要的,而中央银行又是货币供给的调控者,所以,理解这些问题,对于我们研究加强中央银行对货币的有效控制有重要作用。

一、派生存款创造

商业银行具有一个重要的职能,就是派生存款创造。银行的这种职能有赖于两个前提:其一,是银行实行部分准备制;其二,是经济中的非现金结算制度。如果实行百分之百的准备制,或者企业之间实行现金结算,商业银行都将失去派生存款创造的能力。

1. 派生存款的创造过程

为了理解银行的存款是如何创造出来的,我们举例说明。为了便于分析问题,我们首先做出两个假定,一是商业银行没有超额准备金,二是银行的贷款会全部转化为存款。稍后,我们会放松这种假定。

如果一家商业银行 A 收到一笔新的支票存款 100 元。这时,A 银行的资产负债表会发生变化。在负债方,是支票存款增加了 100 元,在资产方,是准备金增加了 100 元。

A 银行的资产负债表

资产		负债	
准备金	+100	支票存款	+100

如果法定存款准备率为 10%,那么,A 银行的法定存款准备金增加 10 元,超额准备金增加 90 元。商业银行是专门吸收存款发放贷款的金融机构。如果 A 银行的资产负债表保持这种状态,由于支票存款必须支付利息,而准备金一般是没有利息的,银行就会遭受损失。所以,A 银行会选择将这笔超额准备金用于发放贷款。按照我们前面的假定,银行不会持有任何超额准备金。A 银行会向客户发放 90 元的贷款。其资产负债表变为:

A 银行的资产负债表

资产		负债	
准备金	+10	支票存款	+100
贷款	+90		

这里,我们看不出银行有什么货币创造功能。但是,目前我们所分析的只是一个单一的银行。如果我们把分析的视野扩展到整个银行体系,结果就会有所不同。必须注意的是,商业银行的货币创造是就整个银行体系而言的。

假定 A 银行的贷款客户 X 公司从银行贷款 90 元后,将资金存入 B 银行。[①] 于是,B 银行的资产负债表也将发生如下变化:

B 银行的资产负债表

资产		负债	
准备金	+90	支票存款	+90

在这里,我们假定 A 银行的贷款全部转化为在 B 银行的存款。B 银行会发现,它现在持有 81 元的超额准备金。B 银行同样不愿意持有任何超额准备金,于是,B 银行会将 81 元超额准备金全部用于发放贷款。假定银行的贷款客户 Y 会将这笔资金取走,于是,B 银行的资产负债表会发生如下变化:

B 银行的资产负债表

资产		负债	
准备金	+9	支票存款	+90
贷款	+81		

如果贷款客户 Y 将资金存入 C 银行。C 银行的资产负债表又会发生怎样的变化?

C 银行的资产负债表

资产		负债	
准备金	+81	支票存款	+81

C 银行又会将超额准备金用于贷款。同样的扩张过程会不断重复下去。在整个扩张过程中,银行体系最初只是准备金和存款增加了 100 元。但是,经过随后的一系列过程,银行体系的存款总额变为:

$$100 + 90 + 81 + \cdots = 1\,000(元)$$

银行贷款共创造了 900 元的新增银行存款。这种贷款创造新的银行存款的过程,称为派生存款过程。最初的存款(100 元)称为原始存款。新创造出来的存款称为派生存款。由于存款是货币的重要组成部分,因此,派生存款过程就是货币创造过程。

那么,当整个银行体系的准备发生一定的变化后,支票存款会发生多大的变化呢?如果以 R 代表准备金总额,以 D 代表支票存款总额,以 r_d 代表法定存款准备率,则有:

$$R = r_d D$$

$$\frac{\Delta D}{\Delta R} = \frac{1}{r_d}$$

[①] 更可能的情况是,X 公司将资金支付给另一家公司,这家公司在 B 银行开户,所以形成在 B 银行的存款。

就是说,银行准备金的增加将导致存款的多倍扩张。这一倍数称为简单存款乘数,它等于法定存款准备率的倒数。

在我们的例子中,$\Delta R = 100$ 元,$r_d = 10\%$,简单存款乘数为 10 倍,存款共增加 $\Delta D = 10 \times 100 = 1\,000$(元)。

2. 派生存款的紧缩过程

如果整个商业银行体系的准备金下降,那么,随之而来的就是存款的一个多倍紧缩过程。

假定 A 银行的支票存款减少了 100 元,同时准备金也会下降 100 元。这时,A 银行的资产负债表会发生如下变化:

A 银行的资产负债表

资产		负债	
准备金	−100	支票存款	−100

由于支票存款减少了 100 元,准备金只可以减少 10 元,A 银行就会发现,它现在面临准备金不足的局面。为了获得这 90 元的准备金,A 银行必须出售证券或者减少贷款。需要注意的是,整个银行体系是不能通过拆借的方式解决准备金不足问题的。这样,A 银行的法定准备金要求得到了满足。但是贷款的偿还和证券的购买可能是与 B 银行的支票存款下降相伴随的。比如说,A 银行的贷款客户,通过减少在 B 银行支票存款的方式,归还 A 银行的贷款。于是,B 银行的存款和准备金都会下降 90 元。B 银行也将面临准备金不足的局面。为了补足准备金,B 银行也会选择收回贷款和出售证券的方式,这就会引起 C 银行的准备金和支票存款的进一步下降。这一过程会一直持续下去,整个银行体系的支票存款共将减少:

$$100 + 90 + 81 + \cdots = 1\,000(\text{元})$$

3. 模型的缺陷

前面的分析所建立的模型存在一定的缺陷。这是因为,在分析中,我们做出了一些假定。一个假定是,商业银行不会持有任何超额准备金。如果 A 银行在准备金增加以后,愿意持有 90 元的超额准备金,而不是发放贷款,那么,存款创造过程就会终止。如果银行选择持有一部分超额准备金,而将另一部分用于发放贷款,那么,虽然贷款创造过程会继续下去,但新创造的存款量会明显减少。另一个假定是,贷款会全部转化为支票存款。这也是不符合实际情况的,因为贷款可能会转化为现金或定期存款。如果银行发放贷款后,借款人提取现金,那么,存款创造也会终止。如果借款人选择持有定期存款,那么,如果我们只讨论 M1 层次的货币创造的话,那么,支票存款的货币创造过程也会停止。

4. 中国银行的货币创造

中国在 1984 年以前,没有中央银行制度。但从整个银行体系来看,贷款增加,相应的存款也会增加。如果存款从银行体系漏出,就会形成现金发行。所以当时有一个公式,是

贷款 = 存款 + 现金发行。

1984 年后,中国建立了中央银行制度,存款准备金制度开始出现。但是,银行发放贷款并不主要受准备金制度制约,而是受规模制约。就是说,如果没有批准的贷款指标,即使有超额准备金,银行也无权发放新的贷款。因而,存款准备金制度的作用很小。

1998 年 1 月 1 日起,中国名义上取消了贷款的规模控制。当然,从那以后,中国的中央银行对商业银行的贷款仍然有较强的控制。

5. 存贷款关系

存款和贷款,是谁决定谁,是一个重要的问题。对于整个银行体系来说,两者的关系是贷款决定存款,因为贷款能够创造出新的存款。但是,对于单个银行来讲,还是先有存款后有贷款。单个银行是不能创造存款的,必须首先吸收存款,然后才能发放贷款。所以,各家银行都会非常重视吸收存款。

二、完整的货币供给模型

在前面的讨论中,我们推导出了一个简单的货币供给模型。但是,正如上一节指出的,这一模型存在一定的缺陷。为了使模型能够准确地解释货币创造的实际过程,我们必须建立一个更加复杂的模型。在建立模型之前,我们有必要引入基础货币的概念。

1. 基础货币

基础货币(monetary base),也叫做高能量货币,或高功率货币,它是流通中的现金和银行体系的准备金的总和。如果以 B 表示基础货币,以 C 表示银行体系之外的现金,以 R 表示银行的准备金,则有:

$$B = C + R$$

在前一节中,我们讨论的是银行体系的准备发生变化后,存款货币创造的情况。那么,银行体系的准备金为什么会发生变化呢?准备金全部是中央银行的负债。当中央银行向商业银行发放贷款,或者中央银行在公开市场购买证券时,商业银行的准备金就会增加。所以,商业银行准备金的变动与中央银行有密切的关系。但是,中央银行的活动往往只能直接影响基础货币,对准备金的影响并不明确。因此,我们的模型将讨论基础货币而不是准备金与货币供应量的关系。

2. 货币乘数

理论研究的目的在于应用。既然中央银行对基础货币的影响更直接,我们就把基础货币与货币供应量联系起来。

$$Ms = m \cdot B$$

式中,Ms 为货币供应量,本书中我们主要讨论 M1 层次的货币供应量。m 为货币乘数,表示基础货币变动后,货币供应量将发生多少倍的变动。我们知道,货币供应量的变化是由准备金的变化导致的。而准备金是基础货币的主要部分。所以,基础货币的变化,也会引起货币供应量的一个倍数放大过程。那么,货币乘数是由哪些因素决定的?

由于商业银行的准备金包括法定存款准备金(以 RR 表示)和超额准备金(以 ER 表示)两个部分,所以有:

$$B = RR + ER + C$$

令 $t' = TD/D$,即定期存款占活期存款的比率,其中,TD 表示定期存款,D 表示活期存款。令 $e' = ER/D$,即超额准备金占活期存款的比率。令 $c' = C/D$,即通货-活期存款比率,或称现金漏损率。以 r_d 表示活期存款的法定存款准备率,r_t 表示定期存款的法定存款准备率,则有:

$$B = r_d \cdot D + r_t \cdot t' \cdot D + e'D + c'D$$

$$D = \frac{B}{r_d + r_t \cdot t' + e' + c'}$$

另一方面,货币供应量 Ms(M1)可以分成两个部分:

$$Ms = D + C = D + c'D = (1 + c')D$$

所以,我们可以得出货币供应量与基础货币的关系为:

$$Ms = mB = \frac{1 + c'}{r_d + r_t \cdot t' + e' + c'}B$$

公式表明,如果基础货币增加 1 元,货币供应量将增加 m 元。只有在定期存款的法定存款准备率、定期存款占活期存款的比率、超额准备金占活期存款的比率、通货-活期存款比率等指标全部为 0 时,货币乘数才等于简单存款乘数。如果基础货币的变化只引起现金的增加,或者超额准备金的增加,或者成为定期存款的准备金,就不会引起货币创造过程。

三、决定货币供给的四方面因素分析

在商业银行的货币创造过程中,共有四个方面的参加者:中央银行、存款者、借款者和商业银行。货币供给的数量最终由这四方面的因素共同决定。

1. 中央银行

基础货币是中央银行的负债,所以,中央银行资产负债表的各项内容如果发生变化,就可能会引起基础货币的变化。而法定存款准备率又主要是由中央银行控制的。所以,中央银行可以主动调节货币供应量。在调节货币供应量时,中央银行有三个手段可以使用:公开市场业务、贴现政策和调整法定存款准备率。它们是中央银行货币政策的主要工具。在第三节,我们将详细讨论这些工具。这里,我们看一下中央银行是怎样通过这三个工具影响货币供应量的。

(1) 公开市场业务

公开市场业务是指中央银行为了影响基础货币和商业银行的准备金,在公开市场上买卖债券(主要是政府债券)。这种买卖可以通过直接买卖和证券回购协议的方式进行。

假定中央银行从 A 银行买入债券 100 万元。这时,中央银行的资产负债表会发生如下变化:

中央银行的资产负债表

资产		负债	
债券	+100	准备金	+100

同时，A 银行的资产负债表也将发生如下变化：

A 银行的资产负债表

资产		负债
债券	−100	
准备金	+100	

于是，流通中的基础货币和准备金都增加了 100 万元。中央银行可以通过增加现金发行的方式购买国债，也可以通过创造商业银行在中央银行存款的方式进行支付。如果出现现金漏出，商业银行的准备金就会下降。

如果中央银行不是从商业银行直接购买国债，而是从非银行部门购入国债 100 万元，那么，中央银行资产负债表将发生同样的变化。假定非银行部门选择持有现金，其资产负债表的变化为：

非银行部门的资产负债表

资产		负债
债券	−100	
现金	+100	

如果非银行部门在出售债券后，选择以 A 银行存款的方式持有货币，其资产负债表的变化为：

非银行部门的资产负债表

资产		负债
债券	−100	
银行存款	+100	

同时，A 银行的资产负债表的变化为：

A 银行的资产负债表

资产		负债	
准备金	+100	存款	+100

这里我们描述了中央银行在公开市场买入债券时，增加基础货币的过程。中央银行

如果卖出债券,就会相应减少基础货币,在此不再赘述。

(2) 贴现政策

贴现政策是指中央银行通过变动贴现率来影响贴现放款的数量和基础货币。如果贴现率上升,商业银行从中央银行融资的成本就会上升,贴现放款数量就会下降。如果贴现率下降,商业银行从中央银行融资的成本就会下降,贴现放款数量就会上升。

假定 A 银行从中央银行获得贴现放款 100 元,那么,A 银行的资产负债表的变化为:

A 银行的资产负债表

资产		负债	
准备金	+100	贴现放款	+100

同时,中央银行的资产负债表的变化为:

中央银行的资产负债表

资产		负债	
贴现放款	+100	准备金	+100

(3) 调整法定存款准备率

从货币乘数的公式可以看出,中央银行如果调高法定存款准备率,货币乘数就会下降;相反,中央银行如果调低法定存款准备率,货币乘数就会上升。

从前面的分析可以看出,在货币创造过程中,中央银行可以影响基础货币和法定存款准备率。应该说,中央银行可以在一定范围内控制法定存款准备率,但并不能完全控制基础货币,因为商业银行的贴现放款是由商业银行自己而不是中央银行决定的。所以,在基础货币中,中央银行能够控制的只是基础货币减去贴现放款的部分,即非借入货币基础(nonborrowed monetary base)。

2. 存款者与货币供给

在货币创造公式中,由存款者决定的是通货-活期存款比率 c' 和定期存款占活期存款的比率 t'。存款者虽然不能影响基础货币,但他们可以影响基础货币在通货和准备金之间的分割,以及确定资产组合中定期存款与活期存款的相对比率,所以也能影响货币供应量。存款者在确定这两个比率时,主要受以下因素的影响:

(1) 财富。存款者的财富越多,其持有现金的比率往往越低。一般而言,低收入者倾向于使用现金,高收入者倾向于使用支票。所以,现金可以看作是一种必需品。

(2) 资产的预期报酬率。

(3) 风险。在出现金融危机时,人们会明显增加对现金的持有。

(4) 流动性与交易成本。

(5) 非法经济活动。

前面几项内容,是用资产需求理论进行的分析。地下经济越发达,通货-活期存款比率越高。因为毒品交易、高利贷、赌博等地下交易更倾向于使用现金而不是支票。逃税与现金的使用也有一定的关系。税率越高,在交易中人们就越愿意接受现金。

3. 借款者与货币供给

从商业银行借款的客户,在货币创造过程中,能够影响超额准备金占活期存款的比率 e'。因为只有客户的借款需求上升,商业银行才能降低超额准备金占活期存款的比率,发放更多的贷款。如果借款需求旺盛,商业银行资金不足,就会向中央银行融资。所以,借款者也可以影响商业银行向中央银行的借款,进而影响基础货币。

4. 商业银行与货币供给

商业银行是货币创造的主体。在货币创造公式中,商业银行可以影响的因素有:

(1) 超额准备金占活期存款的比率 e'。商业银行会根据市场状况决定最佳的超额准备金数量。在进行这种决策时,商业银行主要会考虑以下因素:一是市场利率。市场利率越高,商业银行持有超额准备金的机会成本越高,所以超额准备金占活期存款的比率会越低。两者呈负相关关系。二是准备金利率。如果中央银行对商业银行的存款支付更多的利息,商业银行的准备金收入增加,超额准备金占活期存款的比率就会上升。两者呈正相关关系。三是预期存款流出及其不确定性。如果商业银行预期未来时期存款流出数量上升,或者存款流出的不确定性增强,为了保证支付,就会持有更多的准备金。两者呈正相关关系。

(2) 向中央银行借款。向中央银行的借款是基础货币的重要来源。商业银行在决定向中央银行的借款时,会考虑以下因素:一是市场利率。如果市场利率上升,发放贷款更加有利可图,商业银行就会增加向中央银行的借款。二是贴现率。如果贴现率上升,向中央银行借款的成本上升,商业银行就会减少这种借款。

第三节　货币政策的目标与工具

制定和执行货币政策是中央银行的重要任务。货币政策(monetary policy)是中央银行为了实现一定的经济目标所采取的用来影响货币和其他金融环境的方针及措施的总和。

一、货币政策的主要目标

货币政策的目标(goals),在各国会有所不同。一般而言,货币政策的目标主要包括以下内容:

1. 充分就业

为什么中央银行应该追求充分就业(full employment)呢?因为失业是不受欢迎的。一方面,失业意味着资源没有得到充分的配置,使国民产出偏低,这会进一步引起税收收入偏低和财政支出下降,影响公共产品的提供。另一方面,失业是失业者的不幸,而不幸的人很可能变成新的不幸的制造者,影响社会的稳定。当然,充分就业并不意味着失业率应该为零。一定的失业率是无法避免的。比如,为了寻找更好的工作而放弃目前的工作,在寻找过程中,虽然处于失业状态,但这种失业是有益的。所以,中央银行应该追求的是使失业率符合自然失业率的水平。自然失业率是指在不刺激通货膨胀的情况下,可以维持的最低失业率。

2. 物价稳定

通货膨胀与通货紧缩都是需要防止的。物价的不稳定意味着经济中的不确定性,这会妨碍经济主体的正常决策,导致投资减少,妨碍价格机制的资源配置效率。而且,通货膨胀会引起财富的再分配,这会引起不同利益集团的矛盾冲突。

3. 经济增长

经济增长(economic growth)是生活水平的提高。经济增长需要投资的增长。所以,中央银行必须努力促进投资的增加。比如,保持低的利率环境就是其内容之一。

4. 外汇市场稳定

经济的发展需要一个稳定的汇率环境。汇率不稳定,贸易就难以进行。如果一国币值高估,就会影响该国产品的竞争力。如果币值低估,进口商品的成本过高,可能会引起通货膨胀。

中央银行的货币政策目标之间,有些是相一致的。比如,经济增长和充分就业就是一致的。但有些目标之间明显存在着矛盾,使中央银行难以兼顾。比如,充分就业与物价稳定之间,可能存在菲利普斯曲线。相应地,经济增长与物价稳定之间,可能也有矛盾。经济增长与外汇市场稳定之间也有矛盾。如果经济增长加快,收入增加会导致进口上升而出口减少,形成贸易逆差。如果资本大量外流,中央银行就需要提高利率,但这可能使经济增长率下降。从物价稳定与外汇市场稳定的关系看,如果一国有大量的资本流入,中央银行就应该降低利率,这可能会引发通货膨胀。

1984年后,中国的货币政策目标被理论界主流表述为稳定货币,发展经济。但理论界一直存在着较大的争议。主要观点有三种:一是主张双重目标,因为当时中国的失业问题并不严重,对外贸易在国民经济中占比较低。二是主张单一目标,认为中央银行不能同时追求两个目标。三是主张多重目标,这是伴随中国的失业问题开始显现、对外依存度逐渐提高而出现的观点。1995年,《中央银行法》颁布,将中国的货币政策目标表述为"保持货币币值的稳定,并以此促进经济的增长"。

二、货币政策的工具

中央银行承担着实现货币政策目标的重任。为了实现这些目标,中央银行必须借助于它所拥有的政策工具(tools)。这些工具主要包括以下内容:

(一) 一般性政策工具

这些工具会对整个经济产生普遍的影响,而不是针对个别部门或企业的,主要有三个。

1. 调整法定存款准备率

中央银行在法律许可的范围内,可以通过调整法定存款准备率(reserve requirements)来改变货币乘数和货币供应量。准备率的变动会引起货币乘数的变动。提高法定存款准备率将引起货币供给的紧缩,降低法定存款准备率会引起货币供给的扩张。最初,建立集中存款准备制度,只是为了维持银行的清偿力。在1929—1933年大危机之后,对法定存款准备率的调整成为中央银行的重要政策手段。在不同的国家,关于准备金制度的规定往往不同。有的国家根据存款流动性的不同规定不同的准备率水平,甚至对于同一种存款,还要根据金额的不同规定不同的准备率。有的国家则对不同的存款实行统一的准备率标准。

作为货币政策的工具,调整法定存款准备率的优点是,它是一项强有力的工具,会立即产生效力,而且对所有的银行一视同仁。其缺点有两个:一是效果太猛烈。法定存款准备率1个百分点的变动就会对货币供应量乃至整个经济产生巨大的影响。因而,这一政策工具被称为一剂"猛药"。启用这一工具的时机和效果都不易把握。二是容易影响银行的经营。法定存款准备率的提高可能会立刻引起银行的流动性问题,甚至可能将其超额准备一扫而光。所以,虽然法定存款准备率过于细微的调整,比如变动0.0001,效果并不猛烈,但是,这样做会极大地提高银行的管理成本。如果中央银行经常使用这一工具,商业银行会面临很大的不确定性,难以进行流动性管理。由于存在这些缺陷,这一工具很少被采用。

对于这一政策工具,人们存在着不同的观点。许多人主张彻底取消法定存款准备率的规定。其理由是认为准备金存款一般是不付利息的[①],类似于一种税收,征收这种准备税使银行相对于其他金融机构在竞争中处于不利的地位。而且,出于防范风险的考虑,商业银行本身会确定一个适合自己的准备率水平。另外,由于债务市场的发展,银行资产的流动性已大大增强。但是,保持法定存款准备要求可能是有利于货币供给控制的,因为货币乘数可能因此而更稳定。从世界范围的货币政策实践看,适应金融自由化的发展,目前许多国家都在不断降低甚至取消法定存款准备要求。美国1992年对定期存款的法定准备要求已经取消。加拿大、瑞士、澳大利亚等国家已经完全取消了存款准备金要求。

与前一种观点恰恰相反,有人主张实行100%的法定存款准备率。这种观点以弗里德曼为代表。在弗里德曼看来,如果实行100%的法定存款准备率,中央银行就可以严格控制货币供应量,因为这时,货币供应量就是基础货币本身。但是,在这种政策下,商业银行就会丧失发放贷款的能力,也就不再称其为银行了。同时,贷款活动成为其他金融机构

---

① 2008年金融危机后,美联储于2008年10月也开始对准备金存款支付利息。

的专利,这些机构不能吸收存款,但可以创新出类似于支票存款的金融工具。这些金融工具的流动性很强,却没有准备金制度的限制,因而,中央银行对货币的控制能力可能反而会被削弱。

中国在1984年建立了存款准备金制度。当时规定的存款准备率水平是,企业存款20%,储蓄存款40%,农村存款25%。这种准备率水平相对西方国家明显偏高。准备率高的原因,主要是保障中央银行有比较强的调控能力。1985年,中国将各种存款的法定准备率统一下调为10%。1987年,为了集中资金,又统一上调为12%,1988年经济过热,准备率进一步被统一上调至13%。到1998年,人们检讨中国的存款准备制度,认为这一制度存在严重的问题,必须改革。问题首先表现在准备率偏高上。需要注意的是,当时中国的准备金制度与西方有一个重大差别。中国的存款准备金不能用于支付与清算。为了进行支付清算,商业银行必须另外在中央银行建立备付金账户(一般存款账户),1989年规定的水平为5%—7%,1995年区分不同银行又进行了新的规定。所以,在1998年年初时,中国的实际法定存款准备率达到20%左右。这相应产生了一个现象:中国的商业银行一方面在中央银行有大量存款,另一方面又大量地从中央银行进行借款。1997年年末,商业银行再贷款占基础货币的比率达到了47%。出现这种现象,是因为我们希望中央银行拥有大量的资金,因而能有更强的调控能力。但事实证明,资金实力并不等于调控能力。因为中央银行的再贷款存量虽然很大,但往往被商业银行长期占用,中央银行难以调整。1998年3月,中国对存款准备制度进行改革,将存款准备金账户与备付金账户合并,并将合并后的法定存款准备率统一下调为8%。由于同时减少了再贷款,这种下调不能看作是扩张性的货币政策。

1999年11月,中国将法定存款准备率进一步下调至6%。2003年以后,中国更加频繁地调整法定存款准备率。究其原因,主要是外汇管制导致了基础货币大量投放,在贴现政策和公开市场业务效力不足的情况下,市场上流动性充裕,必须经常采用调整准备率的政策。

图4.1是中国人民银行历年法定存款准备率调整情况。

就准备金利息看,中国一直对商业银行在中央银行的存款支付利息,而且利率较高。这主要是因为,中国的商业银行一直承担着大量的政策性业务。准备金利息可以看作是对政策性业务的补贴。到2012年年末,中国的法定准备金利率为1.62%。超额准备金利率为0.72%。

2. 贴现政策

中央银行通过调整贴现率,就可以影响基础货币与利率水平。中央银行还可以通过制定合格票据标准的方法,来影响商业银行的贴现放款。中央银行向商业银行发放贴现贷款的设施称为贴现窗口(discount window)。在美国,贴现政策(discount policy)是最早的政策工具。

产生中央银行的一个重要原因,就是商业银行需要一个最后贷款人(lender of last resort)。所以,贴现放款除了可以用于调整货币供应量外,还可以防止出现银行恐慌。当

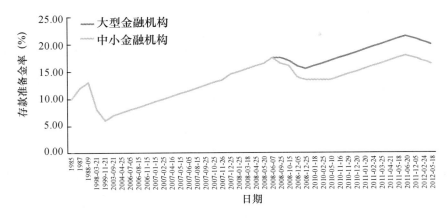

图 4.1　历年法定存款准备率调整情况

商业银行面临支付困难时,中央银行可以向其直接提供准备金。由于银行恐慌会导致货币供应量的急剧下降,所以最后贷款人作用对货币供给也有重要的影响。在美国,中央银行曾经多次有效地防止了银行恐慌的出现。但在 1929—1933 年大危机中,由于没有对问题银行实施有效的救助,货币供给急剧下降,从而引发了经济的急剧下降。

在现代社会,许多国家都建立了存款保险制度。有了存款保险制度,中央银行的最后贷款人作用是否就不重要了呢? 应该说,答案是否定的。存款保险制度是不可能应付大面积的银行倒闭的。所以,当存款者对个别银行失去信心时,存款保险制度可以有效防止挤兑的出现。如果存款者对整个银行体系丧失了信心,挤兑仍会不可避免地出现。因此,银行体系的稳定仍然依赖于中央银行的贷款支持。事实上,由于银行体系是金融制度的重要组成部分,银行的资金支持对非银行金融机构有重要的作用,所以中央银行的最后贷款人作用,对防止金融恐慌还是非常重要的。

中央银行的最后贷款人作用也存在逆向选择与道德风险的问题。从逆向选择看,由于可以指望得到中央银行的救助,所以愿意冒风险的人会选择经营银行。从道德风险看,既然有中央银行作为坚强后盾,商业银行可能会从事风险更高的活动。所以,中央银行对商业银行的救助也存在一定的成本。

传统上,中央银行的贴现窗口只会对商业银行提供流动性支持。2008 年 3 月,美联储开发了一个新的贷款工具,即一级自营商信贷工具(primary dealer credit facility,PDCF),使得投资银行以其持有的证券为担保品获得美联储贷款成为可能。

贴现政策的另一个作用是告示效应(announcement effect)。中央银行调高贴现率时,就是在传递中央银行实行紧缩货币政策的信息。公众因而会预期未来利率将上升,经济增长将放慢,并据此调整自己的经济决策。由于贴现率是货币市场上的重要基准利率,因此贴现率的变动往往会立刻引起市场短期利率的同步变动。

作为一种货币政策工具,贴现政策也有缺点。其一,中央银行在实行贴现政策时只能调整贴现率,而不能直接决定贴现放款额,后者归根结底是由商业银行决定的。所以,即使中央银行提高贴现率,贴现放款也未必会按照中央银行所希望的程度减少。其二,信息传递过程中可能会出现失真的问题。比如,当市场利率上升后,如果中央银行不调整贴现率,贴现放款会增加,货币供应量就会扩大。如果中央银行选择调高贴现率,虽然这种调高是适应市场利率变动的被动行为,但可能会被公众误认为其正在实行紧缩性的货币政策。有鉴于此,一些经济学家,如弗里德曼,就主张彻底关闭中央银行的贴现窗口。弗里德曼是货币主义者,认为经济波动的根源是货币供给的波动。所以,为了保持货币供给的稳定,防止出现非意向性的波动,就必须取消贴现窗口。弗里德曼的另一个理由是认为存款保险制度建立后,中央银行的最后贷款人地位已经弱化。虽然后一个理由并不充分,但前一个理由确实有一定的道理。

关于贴现政策,还有的经济学家主张应该让贴现率与某种有代表性的市场利率挂钩,并在该利率水平上加一个固定的基点数。这样,中央银行仍然可以担任最后贷款人,贴现放款乃至货币供给也不会出现大的波动,但是,贴现政策事实上已经不存在了,因为中央银行失去了对贴现放款施加影响的权利,贴现率也失去了告示效应的作用。

中国于1984年建立中央银行制度后,中央银行对商业银行的资金支持更多地表现为再贷款。中国中央银行对商业银行的再贷款数量较大。相应地,再贷款被视作最主要的一般性货币政策工具。1993年以前,中国的再贷款主要是由中国人民银行各分行发行的。1993年后,为了防止地方政府的干预,加强各分行的金融监管职能,中央银行将再贷款的权力集中到总行。1993年,再贷款占中央银行资产的65%,1996年降低到30%。1994年外汇体制改革后,主要以再贷款政策进行基础货币的对冲操作。最近这些年,由于各商业银行资金充足,中央银行给予商业银行的再贷款数量不多。但是,中央银行的再贷款总量增长很快。一方面,政策性银行获得了较多的再贷款;另一方面,为了解决其他金融机构,如券商、信用社的不良资产问题,中央银行发放了大量的再贷款。

2012年年末,中国人民银行的金融机构再贴现利率为2.25%,再贷款利率20天以内为3.25%,3个月以内为3.55%。

3. 公开市场业务

在西方,目前公开市场业务(open market operations)是中央银行最主要的政策工具。这一政策工具是美联储20世纪20年代早期在偶然的情况下发现的。最初,中央银行买卖证券的目的,仅仅在于挣得收入。在买卖证券时,中央银行偶然发现这种买卖同时有影响基础货币与货币供应量的作用,中央银行购买证券会增加基础货币与货币供应量,中央银行出售证券会减少基础货币与货币供应量。

从中央银行的资产负债表可以看出,基础货币是中央银行的负债。如果中央银行资产负债表上的其他内容发生变化,很可能会影响到基础货币发生变化。因此,基础货币可能会出现中央银行非意愿的变化。如果出现这种情况,中央银行也应该进行相应的公开市场操作,以抵消基础货币的这种变化。所以公开市场业务可以分为两类:一类是动态的(dynamic)公开市场业务,目的在于使基础货币与货币供应量发生意愿的变化;另一类是防卫性的(defensive)公开市场业务,目的在于抵消基础货币的非意愿变化。中国在1994年就曾出现这样的情况。当时,中国的外汇储备大量增加,导致基础货币大量投放。由于当时中央银行没有公开市场业务的政策工具,基础货币的非意愿波动没有被抵消,因而出现了比较严重的通货膨胀。公开市场业务既可以采取直接买卖证券的方式,也可以采取证券回购协议的方式。

公开市场业务作为货币政策工具之一,具有以下优点:其一,在实行公开市场操作时,中央银行处于主动地位。就是说,中央银行可以通过公开市场业务直接控制非借入基础货币的变动。比较之下,贴现政策中,中央银行就不能对贴现放款数量进行直接的控制。其二,在开展公开市场操作时,中央银行可以进行微调。就是说,如果只需要货币供应量较小的变动,中央银行也可以很容易通过公开操作做到。这一点上,它明显优于存款准备金率的调整。其三,及时迅速,易于进行反向操作。中央银行可以经常性、连续性地进行公开市场操作。由于公开市场操作是经常在进行的,因此当中央银行发现以往实行的扩张性货币政策存在问题,需要转而采取紧缩性货币政策时,可以立即将公开市场购买改为公开市场出售。比较其他工具,公开市场操作有许多优点。但是,公开市场操作的开展有一个前提,就是必须有比较发达的金融市场。

中国在1996年4月开始进行公开市场操作的尝试。不久陷于停顿。1998年,中国恢复了公开市场操作,证券买卖对象主要是商业银行,买卖的工具主要是国库券、政策性金融债券和中央银行融资券。1988年共操作36次,投放基础货币701亿元。1999年共操作52次,投放基础货币1 920亿元,占当年基础货币增加额的52%。所以,从1999年起,中央银行的公开市场业务已经成为基础货币投放的主要渠道。

中国目前实行结售汇制。为了维持人民币币值的稳定,中央银行投放了大量的基础货币。为了对冲这些基础货币,中央银行不得不发行大量的央行票据。目前,央行票据的发行是公开市场业务的重要形式。

中国的公开市场业务也采取一级交易商制度。表4.2是中国人民银行公开市场业务操作室发布的2012年公开市场业务一级交易商名单。

表4.2　2012年度公开市场业务一级交易商名单

中国工商银行股份有限公司	中国建设银行股份有限公司
中国农业银行股份有限公司	中国银行股份有限公司
国家开发银行	交通银行股份有限公司
中国邮政储蓄银行有限责任公司	招商银行股份有限公司
上海浦东发展银行股份有限公司	中信银行股份有限公司
兴业银行股份有限公司	中国民生银行股份有限公司
中国光大银行股份有限公司	广发银行股份有限公司
深圳发展银行股份有限公司	恒丰银行股份有限公司

续表

北京银行股份有限公司	上海银行股份有限公司
江苏银行股份有限公司	南京银行股份有限公司
杭州银行股份有限公司	厦门银行股份有限公司
徽商银行股份有限公司	福建海峡银行股份有限公司
河北银行股份有限公司	长沙银行股份有限公司
天津银行股份有限公司	齐商银行股份有限公司
汉口银行股份有限公司	哈尔滨银行股份有限公司
广州银行股份有限公司	贵阳银行股份有限公司
大连银行股份有限公司	洛阳银行股份有限公司
齐鲁银行股份有限公司	西安银行股份有限公司
富滇银行股份有限公司	上海农村商业银行股份有限公司
北京农村商业银行股份有限公司	汇丰银行(中国)有限公司
渣打银行(中国)有限公司	中信证券股份有限公司
国泰君安证券股份有限公司	中银国际证券有限责任公司
中国国际金融有限公司	长江证券股份有限公司
泰康人寿保险股份有限公司	第一创业证券有限责任公司
花旗银行(中国)有限公司	

(二) 选择性货币政策工具

前面的三大政策都是对整个货币金融领域进行调节的。下面讨论的几种工具专门用于调整某一特定的金融信贷领域。

1. 不动产信用控制

这是对不动产市场贷款的控制。比如,中国对商业银行发放住宅贷款的管制就是一个逐渐放松的过程。最初,只有少数试点城市才可以发放住宅贷款。后来,虽然商业银行已广泛涉足于房地产等宽领域,但房地产贷款的最低首付比例等指标仍然由中央银行控制。目前,首付比率的调整由银监会负责。

2. 消费者信用控制

这是对不动产以外的各种耐用消费品的融资进行控制。具体的方式可以采取规定分期付款的最高期限、额度、最低首付比例等。

3. 证券市场信用控制

这是对有关证券交易的贷款进行控制,以防止过度投机。美国的联邦储备体系理事会一直负责制定调整证券交易的保证金比率。在中国,银行资金进入股市的程度,一直是股市波动的重要原因。

(三) 直接信用控制

这是指以行政命令或其他方式直接干预金融活动。在美国,对商业银行存款的利率管制就是一种直接信用控制。中国在 1998 年 1 月 1 日前,一直以信贷规模控制作为最主要的货币政策手段。至今,直接管制并不断调整银行存贷款利率仍然是中国货币政策操作的重要工具。

(四)道义劝导

这是指中央银行以发出通告、指示或面谈的方式劝告商业银行遵守政府政策。虽然称为道义劝导(moral suasion),但这种工具确实与道义无关。道义劝导既可以用于总量调节,也可以用于结构调节。政策的效力以中央银行的权威为前提。比如,在1997年,美国的长期资本管理公司(LTCM)出现问题后,美国联邦储备银行就发动数十家大型金融机构提供资金予以救助。在商业银行普遍存在惜贷现象时,中国人民银行也曾经发出通告,劝告商业银行增加贷款。

第四节 货币政策的传导机制与中介目标

中央银行的货币政策有多重目标,它必须运用各种政策工具去努力追求这些目标。各种货币政策工具作用于货币政策目标的途径,就是货币政策的传导机制。对于货币政策的传导机制,不同的学派有不同的理论。

一、凯恩斯主义的货币政策传导机制

凯恩斯主义的货币政策传导机制可以用下式表示:

$$M \to r \to I \to E \to Y$$

就是说,如果经济衰退,需要刺激经济增长,中央银行运用货币政策工具可以促使货币供应量增加。按照流动偏好的利率理论,货币量的增加会降低利率水平。由于投资取决于利率和资本边际效率的比较,利率的下降会刺激投资增加,总支出因而增加,最终导致产出的增加。相应地,如果经济过热,需要采取紧缩政策,中央银行运用货币政策工具可以导致货币供应量的下降,提高利率水平,减少投资需求,总支出因而减少,最终导致产出的下降。

早期的凯恩斯主义者认为货币需求的利率弹性很大,所以,货币供给的下降就只能引起利率很小的变化。他们同时认为企业家普遍存在悲观的心理,所以,利率的下降就不会对投资支出产生多大影响。因此,他们认为货币政策的作用有限。极端的人甚至认为货币政策不起作用。

在凯恩斯之后,凯恩斯学派的经济学家发展了货币政策的传导机制理论。比如,货币供给的变化也会增加消费支出,存在一个财富效应;托宾Q理论;贷款的可得性理论等。

二、货币学派的货币政策传导机制

在利率理论的分析中,我们已经看到,弗里德曼认为货币供给的增加并不一定会引起利率的下降。所以,货币主义者并不承认凯恩斯主义的货币政策传导机制。在弗里德

曼看来,货币供给的变化会影响名义收入的变化。但这种影响的具体过程,我们是难以了解的。所以,一些人称弗里德曼的传导机制为黑箱理论。弗里德曼后来的研究对货币供给影响总支出的过程也进行了分析。

三、货币政策的中介目标

中央银行被赋予了调节宏观经济的重要任务。为了实现规定的目标,中央银行必须运用手中的政策工具。在进行货币政策操作时,中央银行实际上并不清楚地知道,它的政策工具将对最终目标产生多大影响。例如,为了使经济增长8%,中央银行需要采用扩张性的货币政策,在公开市场买入债券。但中央银行只能推测买入债券的数量应该是多少。既然政策不可能是准确无误的,中央银行就必须根据形势的变化,不断调整政策的力度。中央银行执行货币政策时,从启动政策手段,到实现最终目标,需要经过很长的时间。前面关于货币政策传导机制的分析,已经说明了这一点。因此,如果中央银行启动货币政策手段后,必须一直等到很长时间——比如1年——以后,才能发现经济并未实现希望的增长,比如只增长了4%,于是再大量增加公开市场购买的数量,但这未免太迟了。① 也许,中央银行会失去改正错误的机会。所以,中央银行必须选择一个中介目标(intermediate targets),使得它能够比较及时地判断自己的政策是否妥当,并借此调整政策的力度,以便在货币政策出轨时能够使其重回正轨。比如,中央银行可以选择货币供应量作为中介目标。如果中央银行认为要使经济增长8%,必须使货币供应量增长10%,那么,中央银行就可以通过观测货币供应量的增长率,来随时调整公开市场业务的力度。如果中央银行发现在公开市场买入债券后,货币供应量只增长了5%,就需要大幅度增加购买的数量。中央银行需要依靠中介指标,来观察货币政策的作用效果。而且,中央银行实际上只能直接影响到中介目标,对最终目标的影响只能通过中介目标去实现。

那么,中央银行应该选择哪一个具体的经济变量作为中介目标呢?这种选择应该遵循以下的标准。

1. 相关性

货币政策中介目标与最终目标之间应该有密切的相关性。这样,中央银行如果能够影响到中介目标,就可以继而影响到最终目标。中央银行中介目标的选择必须有极强的目的性,否则就会误入歧途。

2. 可计量性

中介目标是为中央银行判断政策是否适当服务的。所以,中介目标要有可计量性(measurability),必须有明确的定义,有准确迅速的统计指标。

---

① 有学者认为中央银行完全可以根据最终目标调整货币政策。

3. 可控性

如果一个经济变量被选择作为中介目标,中央银行必须能够有效地控制它。发现问题是为了解决问题。中央银行需要中介目标,目的是在货币政策出轨后通过调整政策使其重回正轨。如果中央银行不能控制中介目标,就不能使其重新进入轨道。

4. 抗干扰性

中介目标如果易于受到其他各种因素的干扰,中央银行既难以控制它,也难以从变量的变化中判断货币政策的效果,这就容易出现误诊。

利率和货币供应量是最经常采用的货币政策中介目标。前者称为价格指标,后者称为数量指标。我们可以分析一下为什么它们能够成为中介目标,以及哪一个更适合作为中介目标。

从相关性看,货币供给的变化对名义收入的变化会有重要的影响。利率会影响投资与消费支出,所以也会对名义收入产生重要影响。至于哪一个有更好的相关性,不同的经济学流派会有不同的观点。凯恩斯主义者认为货币的作用有限,所以比较强调利率;而货币主义者则认为只有货币才是重要的,所以比较强调货币供应量。

从可计量性看,利率和货币供应量都有迅速及时的统计数据,可以向中央银行发出政策信号。比较而言,利率的数据比货币供应量的数据能够更及时地获得,因为金融工具的价格和收益率数据往往随时都可以得到,而各层次的货币供应量总要过一段时间才能统计出来。而且,货币供应量的统计数据需要进行修正,而利率则不需要。这么看,好像利率是比货币供应量更好的中介目标。但是,我们需要区分名义利率和实际利率。名义利率等于实际利率加上预期的通货膨胀率。虽然名义利率的统计指标比较容易获得,但由于预期通货膨胀很难计量,所以实际利率的计量存在一定的困难,而实际利率才是借贷行为的真实成本。因此,在可计量性上,我们很难判断利率与货币供应量孰优孰劣。

从可控性看,中央银行可以对货币供应量施加影响,但中央银行不能完全控制货币供应量。中央银行可以制定贴现率,可以通过公开市场业务影响债券的价格和收益率,所以利率也有比较强的可控性。贴现率是由中央银行直接制定的,似乎意味着对利率有更强的可控性。但是,同样由于预期的原因,中央银行不能制定实际贴现率。而且,按照前面的分析,中央银行调整货币供给对利率的影响有许多方面,利率的最终结果是不确定的。所以,在可控性上,我们也无法判断孰优孰劣。

从抗干扰性看,比较而言,利率的抗干扰性比较差,因为利率的波动是顺周期的。在经济周期的上升时期,利率也会上升。在经济周期的下降时期,利率也会下降。所以,当经济繁荣时,中央银行应该调节利率使之上升,以防止经济过热。而同时,利率本身就有上升的倾向。所以,中央银行不知道利率的上升是否是货币政策使然,也不知道利率上升是否已经达到了预期的目的。货币供应量的波动也是顺周期的。在经济繁荣时,投资活跃,借款需求增加,银行纷纷扩大贷款,减少超额储备,使货币供应量上升。而同时,货币政策应该逆经济风向行事,通过政策操作减少货币供应量。这时,中央银行比较容易观测货币政策的作用效果。

判断利率与货币供应量哪一个是更好的中介目标并不容易。那么,中央银行能否同时采用两个中介目标呢?答案是否定的。因为中央银行不可能同时追求两个目标。即使确定了中介目标,由于中央银行实际上对中介目标难以直接迅速控制,所以往往还要确定一些操作目标①(operating targets)。在货币政策的传导过程中,这些目标距离政策手段比中介目标更近。相应地,中介目标距离最终目标比操作目标近。经常采用的操作目标是超额准备、基础货币、自由准备金、同业拆借利率等。自由准备金(free reserves)是指超额准备金减去贴现放款。

从实际操作来看,在美国,第二次世界大战后,中央银行一直以利率为中介目标。在1941—1951年间,美联储甚至采取钉住利率的政策,目的是为财政发行债券服务。弗里德曼认为,中央银行不能控制利率,却一定要去控制利率,它能够控制货币供应量,却偏偏不去控制,结果最终什么都不能控制。由于通货膨胀日渐显著,20世纪70年代,美国同时追求利率与货币供应量指标,但实际的操作目标是联邦基金利率。80年代,货币政策的中介目标逐渐过渡为货币供应量,但执行的效果并不理想。对此,弗里德曼认为是中央银行执行的问题。80年代后期,由于货币供应量与最终目标的关系越来越不明朗,美国以及其他西方国家又纷纷转而以利率为中介目标。1990年后,美国主要以联邦基金利率(federal funds rate)为货币政策目标。在1992—1994年,联邦基金利率被钉住在3%。1994年2月后,在每次FOMC会议后的下午2:15左右,都要公布一个联邦基金利率目标,目的是增加透明度。所以,FOMC会议颇受媒体关注。

四、货币政策的时滞

从中央银行发现经济中需要启动货币政策进行调节,到货币政策的最终目标得以实现,必须经过一个比较长的时间过程。就是说,货币政策不是立竿见影的。这段时间称为货币政策的时滞(time lag)。时滞又可以分为两部分。一是内部时滞,是指从经济形势发生变化到货币当局采取行动的时间。内部时滞又包括认知时滞和行动时滞两部分。认知时滞是从形势发生变化需要采取行动到中央银行意识到需要采取行动的时间。存在认知时滞的原因,可能在于统计上存在一定的滞后,也可能在于中央银行的认识能力不足。行动时滞是指从中央银行认识到需要采取行动到实际采取行动的时间。行动时滞的长短取决于中央银行的工作效率、政策手段以及法律因素等。对于公开市场业务手段来说,行动时滞很短,因为中央银行可以迅速启用这一手段。其他政策手段则不易迅速采用。比较一下财政政策与货币政策,可以看到,货币政策的行动时滞较短,财政政策由于涉及法律程序,比如减税要经过议会批准,时滞较长。二是外部时滞,是指从中央银行采取行动到对最终目标产生结果的时间。财政政策由于能直接改变总支出,所以外部时滞

---

① 操作目标、中介目标、最终目标有时不易划分。

较短。货币政策的外部时滞相对较长。

货币政策的时滞,对货币政策的效果有很大影响。时滞越长,越不稳定,货币政策的效果越差。

第五节　银 行 监 管

在金融市场上,由于信息不对称,会产生逆向选择与道德风险问题。为了防止这些问题造成的损失,政府必须对金融市场进行严格的监管。金融监管的目的,是保障金融体系运行安全有效,保护金融资产所有者的利益。本节主要讨论对银行的监管(banking regulation)。在中国,对银行的监管以前主要由中国人民银行负责,2003年后改由新成立的中国银监会负责。在有些国家,负责银行监管的还有其他部门。比如,在日本、加拿大、美国,财政部还设立专门的部门监管银行。在德国,政府还直接设立专门的银行监管部门,即联邦银行监督局。美国的银行监管比较复杂,财政部、中央银行、州政府、联邦存款保险公司都有一定的权力,共同组成了一个复杂的分权体制。国民银行在通货监理署(Comptroller of Currency)注册成立,要接受它的监管。州银行在本州注册,接受本州的监管。联邦存款保险公司对参加保险的银行进行监管。由于国民银行必须是美联储的成员,而美联储的成员又必须参加联邦存款保险,因此,国民银行要由这三家机构共同监管。通货监理署负责对国民银行的定期评估。对作为美联储成员的州银行的定期评估由美联储进行。对非美联储成员的州银行的定期评估由联邦存款保险公司进行。两类银行之间可以互相转换。

对银行的监管主要包括以下几方面的内容:

一、注册和检查

按照1995年的《商业银行法》,能否成立银行,在中国取决于中国人民银行的批准。2003年,银监会成立后,修订了《商业银行法》,"设立商业银行,应当经国务院银行业监督管理机构审查批准"。这种资格审查,一方面有法定的标准,比如,设立全国性商业银行的注册资本最低限额为10亿元人民币。设立城市商业银行的注册资本最低限额为1亿元人民币,设立农村商业银行的注册资本最低限额为5000万元人民币。注册资本应当是实缴资本。银行还必须有合格的人员、营业场所等。另一方面,监管部门也通过严格限制新银行的设立来防范风险。在监管能力有限的情况下,这是一种必要措施。商业银行分支机构的设立,以及银行的分立与合并,都要得到监管部门的批准。商业银行经注册成立后,要向监管部门定期报送资产负债表、损益表等财务报告和资料,监管部门有权随时对商业银行进行检查。

二、对银行持有资产的限制

银行与存款者之间也是一种委托-代理关系。由于信息不对称,就存在道德风险与逆向选择问题。政府进行监管是解决这一问题的方法之一。比如,限制银行持有风险高的股票资产,就可以减少道德风险。在美国,银行不可以用存款和借入资金购买普通股。限制银行对单个借款人的贷款数量,就可以通过资产多元化来降低风险。中国的法律禁止银行进行股权投资。商业银行对同一借款人的贷款与银行资本余额的比例不得超过10%(美国的规定是15%)。就是说,如果某银行有100亿元资本金,那么,同一借款人最多只能从该银行借款10亿元。

三、银行资本要求

银行资本要求(bank capital requirements)对于保护存款者和其他债权人的利益、维护市场信心都很重要。资本数量越大,银行的抗风险能力、承担坏账损失的能力就越强。而且,资本数量越大,银行经营中出现的损失由自己承担的数量就越多,银行就越不愿意冒风险,即道德风险越小。资本的绝对数量固然重要,但是相对数量更重要。中国 1995 年的《商业银行法》就规定,银行的资本充足率不得低于 8%。这种规定与《巴塞尔协议》的规定是一致的。

为了适应国际金融市场一体化的发展、统一规范各国银行的运作,1987 年 12 月 10 日,在国际清算银行①(BIS)的组织协调下,12 个主要国家的中央银行行长在瑞士巴塞尔开会,并在 1988 年 6 月签署了《巴塞尔协议》。协议规定经营国际业务的银行要将资本标准统一为 8%。②

根据《巴塞尔协议》的规定,银行资本分为核心资本(也叫一级资本)和附属资本(也叫二级资本)。

附属资本的总额不得超过核心资本总额的 100%,次级长期债务不得超过核心资本的 50%。

资本充足率并非资本与资产的简单比值。由于不同资产的风险是不同的,即使两家银行的资本与资产的比值相同,银行的抗风险能力可能也会存在很大的差异,所以,《巴塞尔协议》规定,银行的资产和表外业务要按照风险大小分为四个等级。具体的资产风险权数规定如下。

风险权数为 0% 的资产:

(1) 现金。

(2) 以本国货币定值并以此通货对中央政府和中央银行融通资金的债权。

(3) 对经济合作与发展组织国家的中央政府和中央银行的其他债权。

(4) 用现金或用经济合作与发展组织国家中央政府债权作担保,或由这些国家的中央政府提供担保的债权。

---

① 国际清算银行成立于 1930 年,目的是促进国家间的国际货币合作。
② 如果不统一银行的资本充足率要求,就会产生无序竞争。因为资本充足率低的银行会有竞争优势。

风险权数为20%的资产：

(1) 对多边发展银行(国际复兴开发银行、泛美开发银行、亚洲开发银行、非洲开发银行、欧洲投资银行)的债权，以及由这类银行提供担保，或以这类银行发行的债券作抵押品的债权。

(2) 对经济合作与发展组织国家内的注册银行的债权及由这些国家内注册银行担保的贷款。

(3) 对经济合作与发展组织国家以外注册的银行余期在1年内的债权和由经济合作与发展组织国家以外法人银行提供担保，所余期限在1年之内的贷款。

(4) 对非本国的经济合作与发展组织国家的公共部门机构(不包括中央政府)的债权，以及由这些机构提供担保的贷款。

(5) 托收中的现金款项。

风险权数为50%的资产：

完全以居住用途的房产作抵押的贷款，这些房产为借款人所使用，或由他们出租。

风险权数为100%的资产：

(1) 对私人机构的债权。

(2) 对经济合作与发展组织国家以外的法人银行余期在1年以上的债权。

(3) 经济合作与发展组织以外的国家的中央政府的债权(以本国货币定值和以此通货融通的除外)。

(4) 对公共部门所属的商业公司的债权。

(5) 厂房和设备及其他固定资产。

(6) 不动产和其他投资。

(7) 其他银行发行的资本工具。

(8) 其他所有的资产。

所有的资产和表外业务在按照风险权重加总后，即为风险资产总额。按照《巴塞尔协议》的规定，银行的总资本与风险资产总额的比重不得低于8%。银行的核心资本(股权资本)与风险资产总额的比重不得低于4%。按风险权重确定风险资产总额，可以有效地防止银行的道德风险。

许多国家的商业银行都按照《巴塞尔协议》的精神对各种资产建立了信用风险权重，权重大小取决于和每种资产相关的信用风险。比如，美国商业银行就把信用风险分成四类：0%,20%,50%,100%。

表4.3列出了美国对不同风险资产的划分。

表4.3 美国对不同风险资产的划分

风险权重	包含的资产
0%	美国国债
	由国民抵押协会发行的抵押证券

续表

风险权重	包含的资产
20%	市政一般责任债券
	由联邦住房贷款抵押公司或全国抵押协会发行的抵押证券
50%	市政收益债券
	住房抵押贷款和商业抵押贷款
100%	LDC 贷款
	公司债
	市政 IDA 债券

假设一家美国银行的资产账面价值如下:

资产	账面价值(百万美元)
美国国债	100
市政普通债务债券	100
住房抵押	500
商业贷款	300
总账面价值	1 000

那么,这家银行的风险权重资产需计算如下:

资产	账面价值(百万美元)	风险权重(%)	乘积(百万美元)
美国国债	100	0	0
市政普通债务	100	20	20
住房抵押	500	50	250
商业贷款	300	100	300
风险资产			570

所以,这家银行的风险权重资产为 5.7 亿美元。

核心资本的最低要求是风险资产的 4%,总资本(核心资本加补充资本)的最低要求是风险资本的 8%,根据上面的例子,这家银行的风险权重资产为 5.7 亿美元,核心资本的最低要求为 0.228 亿美元,总资本的最低要求为 0.456 亿美元。

2004 年 6 月,《巴塞尔协议Ⅱ》签订。与 1988 年《巴塞尔协议》相比,《巴塞尔协议Ⅱ》的内容更加广泛、更加复杂,它摒弃了一刀切的资本监管方式,提出了计算资本充足率的几种不同方法供银行选择。《巴塞尔协议Ⅱ》在以下三个方面有重大创新:

一是进一步扩展、完善了最低资本充足率的内容与要求,并就资本充足率计算中的各种风险测算进行了较为深入的探讨。对于信用风险,一是对原有的方法加以改进,比如逾期的贷款将给予 150% 的权重;二是提出了由易到难的标准法和内部评级法(Internal Rating-Based Approach,IRB)。对于市场风险,提出了标准法和内部模型法(Internal Model

Approach,IM)。对于操作风险,提出了基本指标法、标准法和内部测量法(Internal Measurement Approach,IMA)。

二是转变监管部门监督检查的方式与重点,监管当局的监督检查既要监督银行的资本金与其风险数量相匹配,也要监督银行的资本金与其风险管理水平相匹配,以鼓励银行开发和采用更好的风险管理技术来监测、管理它们的风险,对银行的全面风险进行行业监管,等等。

三是对银行的公开信息披露提出了一整套强制规定要求和建议,对银行全面风险进行社会监管。在信息更加透明的情况下,银行将进行更为谨慎的管理。

以上这些构成了新协议的三大支柱(three pillars)。

2010年12月16日,巴塞尔委员会发布了《巴塞尔协议Ⅲ》,并要求各成员经济体两年内完成相应监管法规的制定和修订工作,2013年1月1日开始实施新监管标准,2019年1月1日前全面达标。《巴塞尔协议Ⅲ》确立了微观审慎和宏观审慎相结合的金融监管新模式,大幅度提高了商业银行资本监管要求,建立了全球一致的流动性监管量化标准。

协议规定,全球各商业银行五年内必须将一级资本充足率的下限从过去的4%上调至6%,过渡期限为2013年升至4.5%,2014年为5.5%,2015年达6%。同时,协议将普通股最低要求从2%提升至4.5%,过渡期限为2013年升至3.5%,2014年升至4%,2015年升至4.5%。截至2019年1月1日,全球各商业银行必须将资本留存缓冲(capital conservation buffer),或称留存超额资本,提高到2.5%。这是指监管部门要求银行持有的高于最低资本要求的超额资本,用于吸收严重经济和金融衰退给银行体系带来的损失。银行必须用普通股来满足留存超额资本要求。协议还提出逆周期超额资本要求(countercyclical capital buffer),水平为0—2.5%,只有当出现系统性贷款高速增长的情况时,商业银行才需计提逆周期超额资本,大多数时期逆周期超额资本为0。资本缓冲和逆周期超额资本的要求是防范系统性风险,进行宏观审慎监管的重要工具。协议维持过去资本充足率8%不变,但是对资本充足率加资本缓冲要求在2019年以前从现在的8%逐步升至10.5%。最低普通股比例加资本留存缓冲比例在2019年以前由过去的4.5%逐步升至7%。协议还对核心资本提出了新的限制性定义,只包括普通股和永久优先股。

按国际惯例,传统上我国商业银行的资本也分为核心资本、附属资本。核心资本即商业银行的所有者权益,包括实收资本、资本公积、盈余公积和未分配利润;附属资本主要指贷款呆账准备、次级信用债券等。要求资本充足率(资本占总资产的比例)不得低于8%。历史上,中国的国有银行普遍有资本金不足的问题。1998年,中国政府发行了2700亿元的特种国债,面向四大国有商业银行定向发行,发行所筹集的资金有其特定用途,即专门用于充实国有银行的资本金。从这里可以看出,宏观金融资产理论有重要的研究价值。

2004年2月27日,中国银监会制定了《商业银行资本充足率管理办法》,规定了资本充足率的计算细则,并规定商业银行资本充足率的最后达标期限为2007年1月1日。

为了贯彻《巴塞尔协议Ⅱ》,2007年2月,中国银监会制定了《中国银行业实施新资本协议指导意见》。2011年5月,为了贯彻实施《巴塞尔协议Ⅲ》,中国银监会发布了《中国银行业实施新监管标准指导意见》,其中关于资本充足率监管内容的调整,被称为2011年资本监管新政,内容包括:一是明确三个最低资本充足率要求,即核心一级资本充足率、一级资本充足率和资本充足率分别不低于5%、6%和8%。二是引入逆周期资本监管框架,包括2.5%的留存超额资本(后称为储备资本)和0—2.5%的逆周期超额资本。三是增加系统重要性银行的附加资本要求,暂定为1%。新标准实施后,正常条件下系统重要性银行和非系统重要性银行的资本充足率分别不低于11.5%和10.5%;若出现系统性的信贷过快增长,商业银行需计提逆周期超额资本。

国内新资本充足率监管标准与结构安排和《巴塞尔协议Ⅲ》总体上一致,差异包括两个方面:一是国内核心一级资本充足率最低标准为5%,比《巴塞尔协议Ⅲ》的规定高0.5个百分点。主要原因是,我国长期重视资本质量监管,目前国内各类银行核心一级资本充足率都显著高于《巴塞尔协议Ⅲ》规定的4.5%最低标准,将核心一级资本充足率最低要求设定为5%不会对国内银行产生负面影响。二是国内系统重要性银行附加资本要求定为1%,而巴塞尔委员会和金融稳定理事会尚未就系统重要性银行附加资本要求达成共识。

《巴塞尔协议Ⅲ》要求2013年年初开始执行新的资本监管标准,2018年年底达标;而国内新监管标准自2012年年初开始实施,2016年年底达标,实施时间提前1年,最后达标时间提前2年。设定不同于《巴塞尔协议Ⅲ》过渡期安排主要出于三方面的考虑:一是《巴塞尔协议Ⅲ》给予较长的过渡期,主要是由于绝大多数欧美银行面临较大的资本缺口,需较长时间调整经营行为,同时欧美经济增长前景尚不明朗,尽快实施严格的资本监管标准可能拖累经济复苏的进程。二是国内银行资本充足率较高,2010年年底银行业平均资本充足率和核心资本充足率分别达到12.2%和10.1%,绝大多数银行已经达到新监管标准,具备较快实施新监管标准的条件;同时实施严格的资本约束有助于抑制商业银行长期存在的信贷高速扩张的潜在信用风险,这与"十二五"规划纲要提出的转变经济发展方式、提升发展质量的总体要求也是一致的。三是虽然2018年年底是全球银行业的最后达标时限,但市场压力将推动国际化大银行尽快达标,尽快实施新资本充足率监管标准有助于提升国内大型银行的评级和市场信誉,为国内大型银行实施国际化战略创造有利的监管环境。

《巴塞尔协议Ⅲ》对商业银行杠杆率的监管标准为3%。2011年6月,中国的《商业银行杠杆率管理办法》出台,将杠杆率最低监管标准确定为4%,比《巴塞尔协议Ⅲ》的3%高了1个百分点。系统重要性银行和非系统重要性银行需要在2013年年末和2016年年末前达到标准,早于《巴塞尔协议Ⅲ》提出的2018年起将杠杆率纳入第一支柱强制执行的时间要求。《巴塞尔协议Ⅲ》之所以将杠杆率监管标准确定为3%,并给予较长的过渡期,主要是迁就欧美大型银行杠杆率普遍偏低的事实,是妥协的结果,按此标准难以对银行体系的杠杆率累积形成有效约束。从中国银行体系的实践来看,大多数银行业金融机构杠杆率已经达到4%,只有少数资产高速扩张的银行业金融机构未达标,并且差距也较小。为推动商业银行转变高速扩张的发展模式,强化自我约束,提升发展质量,将杠杆率监管标准设定为4%不仅是必要的,也是可行的。若将杠杆率监管标准定得过低,对银行高速扩张的行为不能形成有效约束。[①]

2012年出台的《商业银行资本管理办法(试行)》,在2013年1月1日实施。该办法规定,商业银行的核心一级资本包括:

(1) 实收资本或普通股。
(2) 资本公积。
(3) 盈余公积。
(4) 一般风险准备。
(5) 未分配利润。
(6) 少数股东资本可计入部分。

其他一级资本包括:

(1) 其他一级资本工具及其溢价。
(2) 少数股东资本可计入部分。

二级资本包括:

(1) 二级资本工具及其溢价。
(2) 超额贷款损失准备。
(3) 少数股东资本可计入部分。

办法还对资本扣除项,以及各种风险加权资产的计量、评估程序、监督检查、信息披露等内容做出了详细规定。办法有17个附件。比如,附件1是资本工具合格标准,分别对核心一级资本、一级资本和二级资本进行了规定。

四、存款保险

为什么必须建立存款保险(deposit insurance)制度？一方面,在存款时,由于信息不对称,投资者会有风险的疑虑。存款保险制度可以有效地打消这种疑虑。另一方面,如果出现银行恐慌,每一个理性人都会挤提存款,这种个人理性必然导致集体无理性,因为银行实行的是部分准备制,如果存款者纷纷挤提存款,那么任何银行都是无力应付的,唯有倒闭一途。存款保险制度也可以有效地解决这一问题。事实上,这一制度正是美国在1929—1933年危机中银行大量倒闭后,于1934年建立起来的。

当银行面临倒闭的危险时,存款保险公司当然可以按契约偿付存款,并从银行清理中获得一些收入。但是,更经常采用的办法则是救助。比如,保险公司可以直接向有问题

[①] 以上内容根据银监会就《中国银行业实施新监管标准指导意见》答记者问(人民网,2011年5月3日)整理。

银行注资，或者寻找其他银行接管问题银行。

存款保险制度也不可避免地会带来逆向选择和道德风险问题。先看道德风险。有了存款保险，作为代理人的存款者就不会有动力去监督银行。银行就可能会冒更大的风险。再看逆向选择。由于储户没有动机监督银行，那些愿意冒风险的人可能就会选择去经营银行，结果，存款保险公司就会发现自己成为风险更大的存款者的保险人。解决道德风险问题的一个方法，是调动大储户监督银行的积极性。在美国，对每一储户理赔的最高金额是10万美元。2008年10月，这一限额被提高到25万美元。之所以制定这一最高限，就是为了让大储户有监督银行行为的动机。出于对大储户用脚投票、提取存款的恐惧，银行就会少冒风险。当然，储户作为债权人的监督能力是有限的。为了解决逆向选择的问题，美国在1991年开始实行差额保险金制度，风险高的银行需要缴纳更多的保险金。

由于大银行的倒闭会给经济带来更大的冲击，所以，在美国，存款保险公司对大银行的救助更加卖力。这就出现了太大而不能倒(too big to fail)的问题。比如，对问题大银行的储户中超过最高限额的存款也提供担保，甚至对银行的存款之外的其他债务也提供担保。这样做的缺点：一是使大储户缺乏监督银行的动力；二是妨碍公平，因为这既是对储户的不公平对待，也是对银行的不公平对待。

从世界各国来看，存款保险制度的组织形式主要有以下几种：一是由官方建立，如美国、英国、加拿大等国；二是由官方与银行界共同建立，如日本；三是在官方支持下，由银行同业共同建立，如德国。参加存款保险制度是自愿行为还是强制执行，取决于不同国家的法律规定。至于存款保险金的缴纳、对每位储户的承保额、在额度内的赔偿标准等，不同国家也都有不同的规定。

中国目前尚未建立存款保险制度。这是因为，中国的银行主要是国家银行，政府一直承担着维持金融稳定的义务，公众又普遍认为政府存在这种义务，在关键时刻不会袖手旁观，所以银行目前仍是以政府信用为担保的。比如，海南发展银行出现支付危机时，政府的做法是安排工商银行接管，特别是负责接收所有储户的储蓄存款。但是，中国存款保险制度的缺乏，说明政府对银行的父爱主义依然存在，银行也就不可能表现出充分的活力。特别地，中小银行很难发展起来。有鉴于此，中国政府近年来一直在研究建立存款保险制度。

五、对银行业务活动范围的管理——分业经营与混业经营

经济中存在着许多种金融业务。按照大类可以划分为直接金融业务与间接金融业务。直接金融业务又称为证券业务，包括证券的发行承销、经纪业务、自营买卖、并购重组等。间接金融业务又可以分为银行、保险、信托业务等。所有这些业务，是应该由不同的机构来进行，还是可以由同一机构进行，这在不同的国家有不同的法律规定。有些国家，如德国、荷兰、瑞士等，实行的是全能银行制度。就是说，银行可以进行所有的金融业务，不仅包括传统的存贷款与结算等银行业务，还可以从事证券、信托、保险等业务，银行还可

以持有工商企业的大量股权。这种金融制度也称为混业经营。而另一些国家,如中国、以前的美国、日本等,则实行分业经营制度,或者称为职能分工型制度。不同的金融业务由不同的金融机构进行。

实行混业经营的优点是:① 由于银行提供的是全方位的金融服务,因此有利于银行吸引客户。② 混业经营有利于银行掌握更多的有关客户的信息。银行不仅可以了解客户的存贷款状况,还可以了解客户的证券投资、信托资金信息,减少逆向选择与道德风险。而且,由于证券与银行等业务可以利用同样的信息,因此有利于减少成本。③ 有利于增加竞争。所有的机构都从事各种金融业务,可以使银行与证券等业务都有更充分的竞争,从而有利于客户。

分业经营的优点则是有利于防范金融风险。在美国,分业经营是在20世纪30年代大危机后才开始出现的。在这以前,银行服务与其他金融服务,特别是证券服务,也往往是由同样的机构提供的。大危机之中,人们认为银行资金大量流入股市是危机最重要的原因,所以才形成了1933年的《格拉斯-斯蒂格尔法案》(*The Glass-Steagall Act*)强制实行分业经营。许多著名的商业银行都被迫放弃了它们的投资银行业务。同时,那些投资银行都放弃了商业银行业务。而 J. P. 摩根则与众不同地放弃了投资银行业务,改组成为一家商业银行。从事投资银行业务的一些职员则离开了公司,重新组建成立了摩根士丹利。

主张实行分业经营的理由,还在于认为混业经营有可能侵犯客户的利益。如果银行同时提供多种服务,它就可能在承销的证券不能顺利出售时,以银行资金或其信托资金买下,从而使客户承担风险。当然,也有人认为,如果银行同时提供多种服务,它反而可能为存款人和借款人提出更好的投资、融资建议。为了给存款客户造成银行经营稳健的印象,银行可能会尽力承销更安全的证券,这反而有利于降低证券发行风险。

在20世纪60—70年代出现金融创新后,在美国这样的实行分业经营的国家,不同金融机构之间的分野逐渐模糊,分业经营的局面逐渐被打破。创新出来的新业务,使得商业银行又重新从事了许多投资银行业务,如票据发行便利等。而投资银行也在向商业银行业务领域渗透,它们通过附属机构吸收存贷款,许多的货币市场共同基金就是由投资银行设立的。与创新相伴的是法律限制的放松,这也促成了分业经营的瓦解。法律的放开不仅是考虑到金融创新。银行业地位的下降,银行资产在金融资产中的占比下降,使得放开银行对经济的影响也会随之下降。同时,在面对其他国家银行的竞争时,由于商业银行的经营范围受到限制,经营规模难以扩展,传统业务利润又不断下降,美国银行明显处于不利地位,所以,混业经营成为无法回避的选择。1989年,联邦储备银行允许银行持股公司承销公司债券。到1992年后,联邦储备银行又允许商业银行包销股票。这样,银行逐渐可以从事公司债券的承销、证券经纪、投资咨询服务、管理共同基金等业务。而且,不仅金融业务的分业经营受到挑战,一些非金融机构也正在逐渐进入金融业务领域。比如,一些汽车公司开展了消费信贷业务,一些大的百货商店从事了证券、货币市场共同基金、房地产信贷、出售保险等金融业务。1999年10月22日,美国国会通过《金融服务现代法案》,

正式废除了《格拉斯-斯蒂格勒法案》，标志着美国分业经营时代的结束。

日本在 1985 年开始启动金融自由化，1997—1998 年的一系列金融改革，使得银行、证券和保险等业务的交叉得到法律的认可。

中国的证券、信托、保险业务机构都是在 1979 年改革以后开始出现或恢复设立的。当时实际上实行的也是混业经营。银行不仅建立信托投资公司，从事证券业务，有的银行，如深圳发展银行还设立了专门的证券部。财政、保险也涉足证券业务。最初，证券的管理是由财政负责的，后来，银行与证券和保险的监管统一由人民银行负责。1992 年后，金融秩序出现混乱，大量银行资金通过银行主办的信托机构流入证券与房地产市场。所以，1993 年 7 月起，为了整顿金融市场，政府关闭了省以下银行主办的信托机构，并强制国家银行总行主办的信托机构与银行脱钩。2002 年又实行了信托业务与证券业务的分业经营。1995 年的《商业银行法》明确规定中国实行分业经营制度，并不允许商业银行持有股权。《商业银行法》与随后的《证券法》《保险法》等共同组成了中国关于分业经营的法律体系。

在实行分业经营的同时，许多人一直主张中国也应实行混业经营制度，认为在世界潮流正在从分业经营走向混业经营时，中国却从混业经营走向分业经营，这种做法是不可思议的。事实上，我们从来也没有实行过彻底的分业经营。对金融机构的交叉持股和类似金融控股公司形式的混业经营一直没有明确的法律条款加以限制。中信集团、光大集团也一直都是拥有银行、证券、保险、信托等多家子公司的母公司，与美国的持股公司颇为相似。商业银行只要获得允许，就可以持有股权。所以，商业银行后来逐渐持有了投资基金、保险公司的股权。不同金融机构之间的业务交叉合作越来越普遍。

第六节　2008 年金融危机

2008 年，一场广泛而深远的金融危机席卷全球，进而引发了全球范围内的经济衰退。对于这次影响深远的金融危机，我们有必要做一番描述与分析。

本次金融危机，起源于次级抵押贷款市场（subprime mortgage markets）。所谓次级贷款（subprime loans），是相对于标准贷款（prime-grade loans）而言的，是指对低信用等级的借款人发放的贷款。FICO 分数（FICO score）是衡量借款人信用等级的指标。次级贷款，一般界定为 FICO 分数在 660 分以下的借款人的贷款。次级贷款比较集中在汽车、抵押贷款等领域。这种贷款也被称为故事贷款（story loans），因为银行必须倾听申请人的故事并进行判断。

传统上，金融机构是不发放次级抵押贷款的。但是，从 20 世纪 80 年代初开始，金融机构逐渐介入这一市场。这一市场的首要特点是高风险。它的违约率至少是正常贷款的 7 倍。到 2008 年 1 月，美国次级抵押贷款的违约率为 21%，5 月份进一步达到 25%。这种贷款的申请成本也明显高于标准贷款。当然，次级抵押贷款市场的发展也有它积极的一面,因为穷人可以借此拥有住房,并拥有创造财富(因为房价上涨)的机会。

到2007年3月,美国市场上的次级抵押贷款已经发展到1.3万亿美金。那么,为什么这一市场会迅速发展起来呢? 一个原因是法律限制的不断放松。在美国,商业银行传统上受到较多的管制。Q条例是管制的一项重要内容。但是,1986年,Q条例被彻底废止。次级贷款的利率较高。利率限制的取消当然有利于这一市场的发展。另外,美国对房贷支出的纳税扣减政策,也极大地促进了次级贷款市场的发展。

美国长期的低利率环境也是次级贷款市场发展的重要原因。因为低利率有利于贷款的发放。2008年金融危机之前,美国长期低利率的原因,一是大量外资,特别是来自亚洲的外资的流入;二是美联储的低利率政策。前者是在东南亚金融危机后,亚洲国家资金为应对本国货币贬值而采取的手段。后者是美联储担心网络泡沫破裂后出现通货紧缩而采取的政策。

房地产贷款证券化的发展,也是次级贷款大发展的重要原因。近年来,美国的银行制度正在经历重大的变化。以往的银行在发起贷款后会一直在自己的资产负债表中持有这笔贷款,而新的银行模式是发起贷款以后通过证券化把它卖掉。到2008年年中,在美国10.6万亿美元住宅抵押贷款中,6.6万亿美元被证券化,只有3.4万亿美元由传统存款机构持有。新的证券创造进一步促进了外资的流入。

当然,被证券化的资产不仅仅是次级抵押贷款,还包括各种其他资产。在资产证券化过程中,银行确实也采取了各种降低风险的措施。为了降低风险,银行通常会创造出被称作CDOs(collateralized debt obligations)的结构产品。这时,银行首先要把抵押贷款或者其他贷款、公司债、信用卡应收款之类的资产组成分散化的资产组合,然后把这些组合切割为不同的层次(tranches)(不同的层次风险不同),并将其卖给不同风险偏好的投资者。最安全的部分称为最保险层次(super senior tranche),利率较低,是获得现金流后首先需要支付的部分,往往获得AAA级的评级。事实上,不同层次就是为评级的需要而确定的。相应地,最低一级的部分称为"权益层"(equity tranche)或者"有毒资产"(toxic waste),只有在其他部分全部被支付后才能获得支付。这一部分往往由发行银行持有,以保证对贷款的有效监督。

这些部分的购买者,以及普通债券的购买者,都可以通过购买CDS保护自己,这是对这些部分或债券进行保险的合约。购买者在定期支付固定费率后,在信用违约事件发生后可以获得有条件的支付。到2007年年底,全世界的CDS名义值约为45万亿—62万亿美元。如果有人购买了抵押债券的AAA级部分,同时拥有CDS,那么,由于CDS的对手违约的概率很小,风险并不高。

多数投资者会偏爱短期金融资产,因为它们容易变现。在传统的银行经营模式下,商业银行通过短期的存款来为长期的贷款融资。现在,银行进一步通过影子(shadow)银行系统,即建立结构投资机构(structured investment vehicles,SIV)的形式,在表外实现期限的不匹配。这些新建立的SIV通过销售短期资产支持的商业票据(ABCP)以及期限很短的中期票据(note)融入资金,投资于长期资产,如资产支持的证券。此时,存在较高的流动性风险。主办银行会提供 SIV 信用线(credit line),即循环贷款承诺,进行支持。这被称为最后担保(backstop)。这样,虽然 SIV 是在银行表外运作的,但是银行仍然承担着流动性风险。商业银行建立 SIV,可以进行监管与评级的套利。比如在资本充足率监管中,主办银行为了声誉考虑而为 SIV 提供的信用线,按照《巴塞尔协议I》,是不必用来计算资本充足率的。所以银行愿意以 SIV 的方式把资产从表内移到表外。按照《巴塞尔协议II》,资本充足率计算要根据资产的评级进行,但银行可以因为 SIV 的资产组合与风险分散而提高评级。

不仅商业银行的资金来源越来越依赖于短期融资工具,在投资银行界,也产生了严重的期限不匹配问题,投资银行也越来越依赖于短期融资,如回购,特别是隔夜回购。于是,无论是商业银行还是投资银行,都必须不断地借新还旧。

结构金融产品使得风险由愿意承担的人承担,抵押贷款和公司融资的利率都得以降低。同时,金融机构现在可以购买一些它们以前不能购买的产品。因为低信用等级的产品现在有了更高信用等级的层次。

评级公司之所以为次贷结构产品给出过高的评级,一个原因是,它们的模型是根据历史数据来的,而历史上抵押贷款的违约率是很低的。而且历史上房价的下跌都是区域现象。在第二次世界大战以后,美国没有出现过全国范围的房价下跌。而且由于结构产品的评级费较高,评级公司会为客户考虑,为此类产品提供更正面的评级。银行会与评级公司合作,把该层次的风险恰好定在 AAA 级的边缘上。

由于银行在发起贷款后,就会将其卖掉,风险将由其他人承担,自己只承担几个月的管道风险,于是,银行在发放贷款时就不够认真了。由于相信房价会不断上涨,贷款的审查也被认为是没有必要的。提供给没有收入、没有工作和资产的人的 NINJA 贷款也大量出现了。

2007 年 2 月以后,次级抵押贷款的违约率开始上升。问题之所以会暴露出来,一个重要原因是,2006 年后美国住宅价格增速减缓。在之前持续的房地产价格上涨时期,一切的矛盾都被掩盖了。2006 年,美国 22% 的住房购买目的是投资,14% 是度假住宅。当投机者离开时,房价则不再上涨,甚至反而下跌。同时,许多次级抵押贷款,是有两年的初始利率优惠的。当 2004 年到 2005 年间发放的次级抵押贷款结束了初始利率优惠期的时候,借款人的月供大幅度上升,从而违约几率大为提高。2004 年 6 月以后,美联储改变了利率政策,多次提高利率,也是重要原因。

2007 年 5 月后,评级公司开始重新评估一些层次的评级。2007 年 7 月后,ABCP 的融资难以为继,一些主办银行无力提供承诺的信贷线。其后,其他的货币市场工具,如回购、联邦基金等银行与投资银行依赖的融资工具,成交额大量下降,利率与国库券利率的利差也不断走高。许多对冲基金亏损严重。各国中央银行联手救助,为市场注入流动性,并降低利率。此时,美国的商业银行与投资银行纷纷减记,许多主权财富基金也投资于美国银行业股权,形势似乎在变好。但是,到 2007 年 11 月,人们发现,原先的抵押贷款市场的损失在 2 000 亿美金的估计明显不足。问题进一步严重。货币市场利率进一步攀升,美联储也在进一步降息。同时,美联储允许商业银行匿名从它那里融资。

2008 年 3 月,贝尔斯登的问题开始显现出来。由于持有大量的两房债券,以及相关债权,贝尔斯登蒙受了严重损失。美联储对投资银行的救助加剧了人们对投资银行特别是贝尔斯登的不信任感。贝尔斯登的流动性出现严重问题。在美联储的斡旋与资金支持下,J. P. 摩根大通以 2 美元的价格(后来涨到 10 美元)收购了 1 年前股价 150 美元的贝尔斯登。同时,美联储首次将贴现窗口以新创造的 PDCF(primary dealer credit facility)的方式向投资银行开放。

随后,随着次贷违约率的上升,房立美和房地美的机构债券的问题进一步严重化。由于 PDCF 的支持,雷曼兄弟没有发行股权。公司不愿意单独发行新股,因为这会产生信号效应。由于美联储不愿意为救助活动进行担保,没有机构愿意收购雷曼,于是雷曼不得不在 2008 年 9 月宣布破产。同时,美国银行以 500 亿美元的价格收购了美林。随后,AIG 由于介入 CDS 等衍生品,到 2008 年 9 月股价下跌了 90% 以上。雷曼的破产,其冲击是巨大的,因为雷曼的对手遍及全球。大量的货币市场基金蒙受损失。CDS 价格暴涨。虽然抵押贷款损失很大,但股票市值从 2007 年 10 到 2008 年 10 月下降了 8 万亿美元,数额更大。

遍及美国社会的高杠杆现象,是本次金融危机产生的一个重要原因。美国的居民家庭,借钱消费的情况非常普遍。次级抵押贷款就是其典型表现。所以,媒体上有美国老太太导致金融危机的说法。为了挣得更多的利润,美国的投资银行大量融资。美国五大投资银行 2007 年融资 4.1 万亿美元,占美国名义 GDP 的 30%。这样,投资银行的收入越来越依赖于交易收入,投资银行的业务模式越来越像对冲基金。大量融资确实给投资银行带来了可观的收入。2006 年,华尔街的奖金总额达到了 239 亿美元。由此,也为金融危机埋下了祸根。

产品适当性问题,也是此次金融危机产生的原因之一。产品适当性是指金融产品的购买方,即投资者所购买的金融产品风险(收益)与该投资者的风险承受能力相匹配的状态。为了保护投资者,监管机构会要求金融机构为投资者提供风险充分披露的金融产品,并进行产品适当性管理。理论上,金融产品的信息非对称性问题可以通过产品适当性管理得以解决。但在现实中,由于疏于监管,这方面出现了严重的问题。在中国香港,零售银行竟然把与雷曼相关的结构产品卖给了许多老年人,导致了一场雷曼迷你债券风波。

金融危机爆发后,各国政府采取了各种措施,恢复金融秩序,促进经济增长。2008 年 10 月 3 日,美国政府签署《不良资产救助计划》(Troubled Asset Relief Program,TARP),用 7 000 亿美元购买问题金融机构的优先股权。目的是稳定银行体系,鼓励银行借贷,创造流动性。2010 年,美国通过《金融监管改革法案》(Dodd-Frank Wall Street Reform and Consumer Protection Act)。这是美国 20 世纪 30 年代大萧条以来,金融监管制度最大的变革。

法案的目的在于,通过增进金融体系的责任性与透明度来提高金融稳定性,终结"太大而不能倒"的现象,终结救助来保护美国纳税人,保护消费者不受金融服务活动的欺诈,等等。法案对系统性风险给予了足够的重视,重塑了美国的监管机构,新设立了金融稳定监督委员会(Financial Stability Oversight Council)、金融研究办公室(the Office of Financial Research)以及消费者金融保护局(Bureau of Consumer Financial Protection)。对现有监管机构也进行了全力的调整和强化,包括 FDIC、SEC、监理署(Comptroller)、美联储、证券投资者保护公司(the Securities Investor Protection Corporation,SIPC),等等。节俭机构署(the Office of Thrift Supervision)被彻底取消,权力被分散到其他银行监管机构。许多非银行金融机构和它们的附属机构被置于美联储的监管之下。法案对金融机构的自营活动进行了严格的限制。衍生产品的交易被置于严格的监管之下。

第七节 香港金融管理局的货币发行与银行监管

香港是中国的特别行政区。香港金融管理局是香港的货币政策主管机关,它的职能包括四个方面:维持港元汇率稳定,促进香港银行体系的安全稳健;管理香港的官方储备,发展香港金融市场基础设施,使货币畅顺流通。香港金融管理局是在 1993 年 4 月 1 日由外汇基金管理局与银行业监理处合并成立的。准确地说,香港是由立法会授权财政司司长负责委任一位金融管理专员,金融管理局只是金融管理专员的办公室,金融管理专员相应成为金融管理局的总裁。所以,在香港的法律文件和其他有关文件中,提到的一般是金融管理专员,而不是金融管理局。这种制度有些类似于中国内地在省以下设立的行政专区专员制度。

金融管理局的主要职能由《外汇基金条例》和《银行业条例》规定,并向财政司司长负责。除了金融管理专员的法定权利外,财政司司长还可以把它的部分权力转授给金融管理专员。如果财政司司长选择自行行使以往转授的权力,或者凌驾于金融管理专员之上,必须要公开披露有关原因。香港另外设有外汇基金咨询委员会,负责对金融管理局的各项工作进行指导监察。金融管理局的上司财政司司长也会听取外汇基金咨询委员会的意见。事实上,财政司司长就是外汇基金咨询委员会的主席。外汇基金咨询委员会下设五个专业委员会。比如,金融管理局的薪酬福利条件及人力资源政策就由其中的管治委员会负责向财政司司长提出建议,等等。根据《银行业条例》,香港还设有两个咨询委员会:银行业务咨询委员会和接受存款公司咨询委员会,向金融管理局提供咨询意见。

一、香港金融管理局的货币发行管理

香港的纸币发行是由香港金融管理局授权三家商业银行在香港发行银行纸币,而货币的调控则集中表现为联系汇率制度。香港金融管理局的首要货币政策目标,是在联系

汇率制度的架构内,通过稳健的外汇基金管理、货币操作及其他适当的措施,维持汇率稳定。香港在1983年开始实施联系汇率制度,这是一种货币发行局制度。根据货币发行局制度的规定,基础货币的流量和存量都必须得到外汇储备的十足支持。换言之,基础货币的任何变动都必须与外汇储备的相应变动一致。三家发钞银行分别为香港上海汇丰银行有限公司、渣打银行(香港)有限公司和中国银行(香港)有限公司。作为发行纸币的条件,这三家银行发行银行纸币时必须按照联系汇率制度指定的汇率,即1美元兑7.80港元,向政府外汇基金交出美元;赎回已发行银行纸币时也必须以相同汇率从外汇基金取回相应美元。由于香港采取的是这种特殊的货币发行方式,因此香港没有法定存款准备率的要求。其他货币政策工具也很有限。基准利率主要是钉住联邦基金利率。

香港的外汇基金根据1935年的《货币条例》(后改名为《外汇基金条例》)设立。自成立以来,基金一直持有支持香港纸币发行的储备。外汇基金的作用在1976年扩大,硬币发行基金(作为对政府发行硬币的支持)的资产和政府一般收入账目的大部分外币资产均转拨到外汇基金。1978年12月31日,硬币发行基金与外汇基金合并。政府在1976年开始将其财政储备转拨到外汇基金。推出这项安排,是为了避免财政储备要承担来自外币资产投资的汇兑风险,以及集中政府金融资产的管理。香港金融管理局的收入就来自外汇基金投资。

二、香港的银行监管制度

1990年2月后,香港开始实行存款机构三级制,分别为持牌银行(licensed banks)、有限制牌照银行(restricted license banks)及接受存款公司(deposit taking companies),全部统称为认可机构(authorized institutions)。在香港,只有持牌银行才可以合法地经营各种银行业务。有限制牌照银行主要从事商人银行及资本市场活动等业务,但可以接受50万以上港元的任何期限的存款。接受存款公司大部分由银行拥有或与银行有联系,主要从事私人消费信贷及证券等多种专门业务。这些公司只可接受10万港元以上、最初存款期最少为3个月的存款。香港是国际银行中心,全球100家最大型的银行中,有68家在香港设立了分支机构。在2008年2月底,香港有197家认可机构,总计开设了1387家本地分行。这些认可机构中,有181家由来自29个国家的机构拥有。此外,香港还有71家外资银行的代表处。表4.4是香港2009年2月认可机构的构成情况。表4.5是2008年年末香港银行体系数据。

表4.4 香港认可存款机构的构成情况

	持牌银行	有限制牌照银行	接受存款公司	合计
在香港注册	23	14	27	64
在境外注册	121	12	0	133

资料来源:香港金融管理局网站。

表 4.5　2008 年年末香港银行体系数据　　　　　单位:百万港币

贷款及垫款总额	3 284 292	存款总额	6 059 731
在香港贷款和垫款	2 710 455	港币存款	3 034 045
在境外贷款和垫款	573 837	外币存款	3 025 685
住宅按揭贷款	587 631	资产总额	10 729 491
住宅按揭贷款拖欠比率(%)	0.05		

资料来源:香港金融管理局网站。

与内地不同,香港的货币政策和银行监管职能没有分开,统一由中央银行执行。[①] 香港银行业监管的法律基础是《银行业条例》。该条例第7(1)条规定,金融管理专员的主要职能是"促进银行业体系的整体稳定与有效运作"。金融管理局致力于为香港建立符合国际标准的银行监管制度,特别是巴塞尔委员会建议的标准。金融管理局的目标是要建立审慎的监管制度,既有助于促进银行体系的整体稳定和有效运作,同时也提供足够的灵活性,让认可机构自由做出商业决定。金融管理局密切关注银行经营方法、市场环境以及国际监管标准的最新发展,与银行共同研究是否需要修订《银行业条例》。《2005 年银行业(修订)条例》为在香港推行《巴塞尔协议Ⅱ》提供了所需的法律架构。香港的银行监管较为灵活,注重与被监管单位的互动(杨海珍、李依婷、石勇,2006)。这一点值得我们学习。

香港的认可机构必须遵守《银行业条例》的各项规定,比如:保持充足的流动资金,资本金充足;向金融管理局提交有关指定财务资料的定期申报表;遵守有关向任何客户、董事或雇员贷款的限制;就任命董事、高层管理人员等向金融管理局申请审批。这些内容与内地的银行监管并无实质差别。与内地不同的是,香港的外资银行分支机构较多。这就使得很多监管措施无法应用。由于以分行形式经营的境外银行不必在香港持有资本,有关资本比率的规定和大额贷款的资本限制并不适用于这些银行。这样,境外的监管缺位容易传递到境内。

香港银行业监管由政府监管、行业自律、银行内部风险管理的三级监管体系构成(杨海珍、段莎莎,2008)。香港的银行业协会是进行自律约束的行业组织。内地目前对于银行还有较多的管制和干预。比较而言,香港的存贷款利率、各项服务收费全面开放,自由竞争(王道新,2005)。在银行体系自由竞争的情况下,银行监管又能有效运作,香港的金融监管确实有很多值得内地学习的地方。

三、金融监管体系中的香港金融管理局

香港是实行混业经营、分业监管的地区。金融管理局与证券及期货事务监察委员会

[①] 根据 Barth et al.(2005)的调查,在全球的 152 个国家和地区中,有 126 个国家和地区只有一个银行监管机构,其中一半多一点是中央银行负责。

(证监会)、保险业监理处等共同组成了香港的金融监管机构体系。不同监管机构之间，必然存在一个分工合作的问题。如何防止重复监管、监管套利和监管缺位，是一个非常重要的问题。为了综合协调不同监管机构之间的监管行为，香港专门设立了金融监管机构议会和金融市场稳定委员会。前者由财政司司长担任主席，负责讨论跨界监管问题，防止重复监管和监管缺位。后者由财经事务及库务局局长担任主席，负责监督检查整个金融体系的运作。此外，香港金融管理局与其他监管机构之间的协调合作还依靠不同金融监管机构之间签订备忘录的方法。为了加强与证券市场有关的监管，金融管理局与证监会签署《谅解备忘录》，并进行过修订。《谅解备忘录》就双方在认可机构与证券有关的业务上的角色及责任做出了详细的阐述，并对实际监管工作中的许多细节给出了详细的说明。金融管理局与证监会根据《谅解备忘录》定期开会，讨论共同关注的问题。一方举办的监管工作培训活动也欢迎对方的员工参加。在具体操作上，香港的银行从事证券业务，首先由金融管理局监管。银行的证券业务牌照也由金融管理局发放。但是，银行从事证券业务的个人的牌照是由证监会发放的。在监管的职责上，金融管理局对银行的监管是奉行审慎监管(prudential regulation)原则，而证监会对证券机构和业务的监管是奉行操守监管(conduct regulation)，有明显不同。

对于存款机构从事与保险有关的业务，金融管理局与保险业监理处也必须进行合作。双方也签订了《谅解备忘录》，以加强双方合作和信息交流。香港设有强制性公积金计划管理局，负责监管强制性公积金(强积金)业务。与强制性公积金有关的中介活动会涉及银行、保险、证券等金融机构。金融管理局、保险业监理处、证监会和强制性公积金计划管理局共同签署了《有关监管强制性公积金中介人的谅解备忘录》，以保证监管行为的一致性。

与内地不同，香港是设有存款保险制度的。根据 Barth et al. (2005) 的调查，全世界调查的 156 个国家和地区中，共有 77 个国家和地区有存款保险制度。根据《存款保障计划条例》，香港设立了香港存款保障委员会(简称"存保会")。其存款保险限额为每名存款人 10 万港元。与金融管理局和其他监管机构的合作不同，金融管理局和存保会所监管的对象都是商业银行。按照《存款保障计划条例》的规定，存保会必须通过金融管理局履行职能。金融管理局及存保会签订的《谅解备忘录》，也对双方合作的细节进行了详细的说明。

2007 年 7 月，香港根据《财务汇报局条例》成立了财务汇报局，有 11 名员工，负责调查上市公司在审计及财务汇报方面的问题，检查上市公司财务报告是否违反了相关的会计规定。如果上市公司是存款机构或者其关联公司，财务汇报局必须通知金融管理局，并就有关问题咨询金融管理局。金融管理局与财务汇报局也已经签订了《谅解备忘录》。

香港金融管理局总裁是协助财政司司长工作的。财政司司长负责制定关于公共财政、金融体系以及香港作为国际金融中心的宏观政策目标。而制定具体政策并透过监管机构落实这些目标，则由另一个政府机构——香港的财经事务及库务局负责。所以财经事务及库务局有协调各监管机构的职责。比较而言,财经事务及库务局和证监会的联系更为紧密,对金融管理局的影响则比较有限。

此外,作为国际化程度很高的金融中心,香港的金融市场与国际金融市场息息相关。为加强监管信息的交流及合作,金融管理局与许多境外金融监管机构签订了《谅解备忘录》或进行了其他正式的合作安排,并定期举行正式会议。在对境外银行在香港设立的分支机构进行监管时,金融管理局会与其总部所在国进行沟通。当境外总部出现问题时,金融管理局会对其香港分支机构的资金调出进行限制。

内地的金融监管机构设置与香港比较类似。内地没有存款保险制度,但建立这一制度是迟早的事。由于香港是混业经营,内地是分业经营,香港对金融机构的限制远较内地为少,香港的金融监管机构之间协调配合的难度应该远较内地为高。但是,香港的重复监管、监管缺位和监管套利问题都不明显。虽然还会有漫长的过程,但是内地的分业经营体制必将向混业经营转化。内地金融市场的对外开放度也必然越来越深。如何有效协调不同监管机构之间的监管行为,将会成为一个越来越突出的问题。这方面,香港的经验有两点值得我们借鉴:一是正式规则的确立。香港不同监管机构之间签订的《谅解备忘录》,是非常详细的法律文件。这就使得不同监管机构之间的权力与责任有了明确的划分。中国的监管机构之间,目前尚缺乏这种详细的法律条文,所以不能有效解决重复监管、监管缺位和监管套利问题。二是非正式规则的建立。香港的不同监管机构之间,有一个行之有效的协调会制度。对于法律不够明确的地方,以及实际执行中的具体问题,不同的监管部门能够认真协商,并迅速解决问题。几乎没有不同监管部门之间互相推诿的问题和监管领地意识。这一点也值得我们学习。

本章重要概念

中央银行,货币政策,最终目标,中介目标,操作目标,银行监管,《巴塞尔协议》,核心资本,附属资本,资本充足率,风险资产,存款保险,分业经营,混业经营

复习思考题

1. 中央银行的主要职能是什么?
2. 中央银行的资产负债表主要有哪些内容?
3. 你认为应该加强中央银行的独立性吗?
4. 中央银行是如何实现其最终目标的?
5. 如果中央银行从中国工商银行买入国债10亿元,中央银行和中国工商银行的资产负债表各自会发生什么变化?
6. 是否银行的资本金数量越多,抗风险能力就越强?

7. 建立存款保险制度后,存在逆向选择和道德风险问题吗?
8. 为什么存款保险往往有最高限额?
9. 你认为美国从分业经营走向混业经营的原因是什么?
10. 为什么中国会频繁调整法定存款准备率?
11. 为什么监管者对大银行倒闭比对小银行倒闭更关心?
12. 《巴塞尔协议Ⅱ》的三大支柱是什么?你认为这三大支柱是合理的吗?
13. 如何理解高杠杆在 2008 年金融危机中的作用?
14. 如果一家美国银行的资产账面价值如下表所示:

资产	账面价值(百万美元)
准备金	100
美国国债	200
市政一般责任债券	160
市政收益债券	150
住房抵押贷款	250
公司信用债券	140
总账面价值	1 000

试计算这家商业银行的风险资产、最低总资本与最低核心资本各是多少。

第五章　市场组织与结构

按照证券进入市场的时间,金融市场可以划分为一级市场和二级市场。一级市场(primary market)又称发行市场(Issuance market),是证券发行者和投资者进行交易的市场。二级市场(secondary market)又称交易市场,是投资者之间买卖已发行证券的场所。

第一节　一级市场

一级市场可细分为初次发行(unseasoned)市场和再发(seasoned)市场,IPO 是指股票第一次面向公众出售(initial public offerings),SEO 是指已上市公司股票的再次增加发行。

一、公募方式

1. 证券发行的注册

美国一级市场的管理者是 SEC,管理的依据是 1933 年的《证券法》。在公募条件下,一种证券要得到发行,其程序是首先由发行人提交注册说明书(registration statement)。说明书将包括证券有关的信息,如发行人业务的性质、证券风险,等等。为保护投资者利益,法律对发行人的信息披露行为有严格的规定。对于发行信息负有责任的不仅是发行人。为发行人财务报表提供登记(certify)的公共会计师(public accountant)和证券发行的承销人都有一定的责任。如果注册过程中出现隐瞒信息或误导消费者,损害投资者的利益,有关责任人将受到严厉的处罚。

证交会的公司融资部负责审查注册说明书。需要注意的是,证交会只负责信息披露是否完善,而对证券的其他方面,如证券定价是否合理、是否值得投资等,并不发表意见。

如果 SEC 宣布说明书是有效的,证券就可以开始募集了。在宣布之前的等待过程称为等待期(waiting period)。一般为 20 天。在此期间,承销商可以发行初步募股说明书。这一说明书中不包括价格条款,也根本不是为销售而进行的。在说明书的第一页必须用红字写明这一点,所以初步募股说明书又被称为红鲱鱼(red herring)。只有最后的募股说明书上才会标明价格,并随后进行实际的销售活动。在美国,按照有关条款,20 天的期限通常能够自动延长,申请人多数情况下 4—6 周后才会接到意见书。之后,企业需要递交修正报道,可能需要修正几次,所以 20 天的期限一般是不够的。除 SEC 外,公司在发行股票前还要得到 NASD 的批准。NASD 主要关心的是承销费用是否合理,防止投资银行向企业收费过高。2007年,NASD和证券交易所的自律组织合并成立了金融业监管局(Financial Industry Regulation Authority,FINRA),NASD的名称不复存在。

2. 415规则

在1982年以前,每次发行证券都要经过上述程序,这对需要连续发行证券的发行人极为不利。因为当发行人根据当时的金融形势决定发行证券后,并不能立刻进行实际的发行。而等到发行最终实施时,金融市场可能已发生很大变化。比如,利率已经上升,从而加大发行成本。

1982年,SEC通过了415规则:允许发行人在未来两年内一次或多次发行一定数量的某种证券。这一规则又称上架注册规则(shelf registration rule)。一般而言,采用415规则发行的证券应该是投资级的。由于是提前注册,这类发行的信息披露就存在过时的问题。同时,潜在的发行也会对市场形成无形的压力。

3. 持续报告要求

公开发行证券的公司为报告公司,必须持续向SEC和市场提供财务报告。信息披露的目的在于保护投资,但对发行公司而言则是一种成本。由于美国的信息披露要求比较严格,许多外国公司难以达到其标准。

4. 投资银行的承销

证券发行需要投资银行的承销。投资银行的声誉对发行成功与否起着重要的作用。在发行人选择投资银行时,许多公司往往在长期内只与一家投资银行打交道。投资银行被公司选择往往不是因为给出的价格更好,而是因为声誉更好,与公司的关系更密切。在起始(origination)阶段,投资银行为发行人提供的服务包括发行条件的确定、协助注册登记等。在具体发行条件的确定上,投资银行要为发行人提供咨询,因为投资银行对资本市场更为熟悉。投资银行会为公司设计出适合发行的证券或证券组合。对于证券的发行数量,公司会从投资的角度考虑,形成意愿的发行规模。但投资银行会从市场承受力的角度,为公司提出自己的建议。在发行时间选择上,投资银行具有更好的择时能力(timing)。在发行价格上,虽然价格最终取决于发行者,但当双方意见分歧时,最后被说服的往往是发行人。

投资银行一般组成承销团承销证券,这样可以分散风险。承销团可能只有几家投资银行参加,但大的承销活动可能会集合几十家投资银行。承销团会有一家或几家主承销商,负责管理这个交易。在股票正式发行前,企业和承销团要开始"路演"(road show),即在一些大城市与潜在的投资者和分析师举行一系列会议。此时,发行人和承销团要向投资者介绍公司情况,回答问题。路演有利于发行价格、数量和时机的确定。除了招股说明书、路演之外,任何促销活动都是不允许的。

根据投资银行所起的作用,公开发行可以分为包销、代销和备用包销。包销(firm commitment)是由投资银行承担证券发行的全部风险。多数情况下,包销时发行人获得的收入是公开售价与一个特定比率的差价,有时还会支付一些股份给投资银行。投资银行随后会按发售价格销售股票。当然还要承担发行失败的风险。发售价格越低,风险越小。美国的股票发行多数采取包销方式。

代销(best efforts selling)是由投资银行代理发行证券。此时,发行风险由发行人承担,投资银行的目的是挣得代理费用。之所以选择代销,是因为投资银行认为发行风险太大,或者发行人相信券商的能力,想节约发行费用。一般而言,小规模的发行倾向于使用代销方式。多数代销的做法是全部或无效(all or none),即在期满未达到规定的最低出售量时,发行活动将被取消。也有的采用最低/最高(min/max)条款,即规定一个最高发行额度、一个最低发行额度。前者是发行的最高目标,如果只达到最低额度,发行也算成功。

备用包销(standby underwriting)是指投资银行按照备用协议负责接受被拒绝购买的证券。一般发生在优先权出售的时候。发行公司为此要向投资银行支付备用费用。

一旦证券通过 SEC 的注册,承销团的协议签署完毕,证券的具体发行就可以开始了。一些经纪公司会介入这种发行,挣得一定的佣金。这些公司和承销团一起组成销售集团。因此,投资银行挣得的总价差将在所有这些成员之间进行分配。在证券发行阶段,甚至发行以后,投资银行会一直为公司提供咨询服务。

在证券发行过程中,如果公司和投资银行发现需求疲弱,公司可能会选择中止(withdraw)。有研究发现,股票发行中止的公司,与那些发行成功的公司相比,其公司规模和承销商的声誉没有明显差别。

如果公司发行的是股票,在股票上市后,如果首日上市即跌破发行价,就说明承销商定价失误。而且,股票在二级市场的走势也会令人担忧。所以,承销商往往要在二级市场尽力维护股票价格。从投资者的角度讲,由于存在赢者诅咒,没有信息的投资者可能选择不介入股票发行市场。而公司可能希望更多的散户介入,以提高投资者基础,公司的管理者可能希望股权结构更加分散。这样,投资银行在二级市场维护股价,吸引没有信息的投资者介入,可能是原因之一。此时,投资银行主要采取的方法有四种。一种方法是由承销团卖空(syndicate short)。就是说,牵头承销商预计分配给承销团成员的股份数可能大于实际分配的股份数。比如 A 投资银行预计分得 200 万股,并已经全部售出,但最终却只分得了 180 万股,形成卖空,它就必须在二级市场买入不足的 20 万股。在预期股票的需求较弱时,投资银行就会采取这种方法。另一种方法是绿鞋技术(green shoe technique)。由发行人给予承销商超额配售的权利,一般不超过发行数(正股数)的 15%。最早采用这种方式的为绿鞋公司。如果二级市场股价偏低,承销商就从二级市场买入股票。如果二级市场股价正常,承销商则请求发行人追加股票发行,也可以综合利用两种方法。与承销团卖空相比,这种方法多了一种期权安排。第三种方法是二级市场购入。投资银行直接入市购买股票,稳定股价。这种方法在市场上非常少见。第四种方法是对一上市就抛出股票的投资者进行处罚,包括拒绝他们的下次参与,以及处罚把股票卖给他们的承销团成员。如果不能最终稳定股价,承销团再决定是否放弃。投资银行并没有稳定股价的义务。

大型的投资银行有很好的声誉,其声誉就有利于在二级市场维护估价。较小的投资银行则没有这种优势。因此,一般而言,大型投资银行倾向于采用包销方式介入股票发行,小的投资银行倾向于采用代销方式。

在发行过程中,发行公司需要付出浮动成本(flotation costs),包括支付给投资银行的承销折扣,以及注册、审计、法律服务、印刷等费用。债券发行的浮动成本远低于股票发行。

二、私募方式

1. 私募与公募的差异

并不是所有的证券发行都必须向证交会注册,证券的私募(private placement)就不需要注册。在美国,按照证券法,除非符合豁免条件,包括小规模发行(100万美元以下)豁免、州内发行豁免,否则,面向公众的发行都必须注册。美国的SEC在1982年的D条例,规定免于注册的证券必须销售给有经验的投资者,如有能力评估风险、净资产达到100万美元等。在中国,界定是否私募的一般标准是投资者是否达到200人。这个市场一度非常混乱。

私募虽然省去了注册的环节,但也失去了运用公开发行人的一些促销手段的权利。私募也必须向投资者披露信息。只不过,证交会并不审查这些信息。由于是在私下进行,人们往往是在私募行为结束后才知道证券发行的消息。私募发行的成本较低,相应地,流动性也比较差。由于私募只针对少数投资者,因此其发行价格一般较低。投资银行往往是私募证券的设计者,并为私募提供咨询甚至承销服务。

2. 144A规则

以私募方式发行的证券,流动性较差,不能公开上市流通。而且,在1990年以前,这种证券在发行后的两年之内是禁止买卖的,从而使其流动性几乎为零。1990年4月后,证交会的144A规则取消了这种限制。持有1亿美元以上证券的大机构可以不经注册而自由交易其证券。新规则的施行,提高了私募证券的流动性,吸引了许多大机构投资者购买私募证券。这不仅使得美国公司的发行人从中受惠,而且由于私募的信息披露要求较低,也吸引了更多的外国发行者在美发行债券。144A规则出台后,私募市场分为两个部分,即144A规则发行和非144A规则发行。

三、发行价格的确定

股票的定价需要认真的研究。因为如果定价偏高,则承销者和发行者会冒发行失败的风险。定价偏低,虽然承销风险下降,但发行公司就会减少筹资额。在公募方式中价格的确定有时和投资银行的选择是同时进行的,可能由投资银行竞价投标。但多数情况下,公司会与特定的投资银行保持固定联系。投资银行在其帮助公司制定的初步募股书中,并不指明股票的价格,实际价格将在最后的募股书中公布,而且价格决不受SEC的干预。

在IPO市场,发行抑价是一个重要的现象。抑价指的是新股发行上市后,二级市场的首日交易价格常常会大于一级市场的发行价格。二级市场一般被认为是一个价格发现功能更强的市场,所以如果出现一、二级市场的价格差异,人们就把板子打在一级市场上,认为二级市场是有效的,一级市场的发行价格存在抑价。一般的衡量方法是用新股上市第一天的收盘价减去发行价格再除以发行价格,结果称为初始回报或首日收益(initial return)。由于从新股发行到上市之间只有很短的间隔时间,因此如果市场是有效的,就不应该有显著的抑价存在。虽然大家普遍用收盘价而不是开盘价来计算抑价水平,但这两者之间应该没有明显的差异。用收盘价可以与习惯上计算股市二级市场收益率的方法一致。在中国,IPO 抑价的程度一般较高。美国的 IPO 抑价程度一般较低,但 2000 年网络泡沫时期,抑价程度也很严重。理论界有很多的理论解释这种收益的原因,多数的理论都是从信息不对称的角度进行的。比较有名的基于信息不对称的理论有以下几个:

(1) 发行人拥有比投资者更多的信息。这种解释认为,由于股票的风险和收益受制于公司的经营情况,因此真正了解 IPO 股票价值的是发行人而不是投资者。为了向投资者传递关于股票质量的信息,高质量的公司可以将 IPO 的价格定低,这种定价虽然会使发行公司在 IPO 时蒙受一定的损失,但将来公司按照较高的二级市场价格增发新股时,可以筹得更多的资金。而低质量的公司由于很可能无法通过未来的二级市场增发收回 IPO 低定价所付出的成本,因此很难模仿高质量公司的这种做法。这样,IPO 的抑价就成为发行公司向投资者传递公司质量信息的一个信号。就是说,公司实际上是在奉行一个多期发行战略,IPO 的定价和发行比率都是同时被确定的。低质量的公司面临着巨大的模仿成本,市场会迫使它们露出真面目。但是,如果公司的目的是向投资者传递公司质量信息,那么公司为什么要采取这种代价高昂的方法,而不是采取其他的方法——如花钱刊登广告,或者给慈善事业捐款? 相关理论模型并不能对此进行解释。

(2) 投资银行(承销商)比发行人拥有更多的信息。这一解释认为作为发行市场的承销商的投资银行比普通企业的发行人拥有更多的关于股票价格的信息。由于监督投资银行是需要成本的,因此为了调动投资银行的发行积极性,发行人有必要容忍一定的抑价。这一解释最早由学者在 1982 年提出。然而,20 世纪后半叶,存在着一个投资银行自己纷纷上市的浪潮,许多投资银行由合伙制转变成了上市公司。有学者研究了投资银行自身的 IPO 问题,发现同样存在 IPO 的抑价现象。难道投资银行给自己发行还存在信息不对称问题吗? 对此,有学者的解释是:投资银行可能有意压低自己的发行价格,造成 IPO 抑价是必要发行成本的假象。但这种解释似乎比较牵强,因为这样做的收益是由整个投资银行界获得的。如果真正存在这样的共谋,很难相信它有很好的约束力。另外,抑价本身对投资银行也是不利的,因为投资银行发行挣得的毛利差与发行定价直接相关。投资银行的这种损失,有可能从增加的佣金中获得补偿。抑价以后,投资银行会把更多的股票分配给自己的关系客户,后者会选择这家投资银行作为经纪人并可能支付更高的佣金。

(3) 投资者之间拥有的信息不对称。IPO 的投资者包括不同的机构投资者和散户,因为搜寻信息是有成本的,所以大量的投资者由于不愿意支付成本而只拥有较少的信息。因此,投资者可以分为有信息的投资者和无信息的投资者。有信息的投资者了解 IPO 股票的实际价值,他们只申购定价低(于股票价值)的 IPO 股票,从而得到较高的投资回报。无信息的投资者不了解 IPO 股票的实际价值,他们只能对所有 IPO 的股票进行申购。这样,IPO 定价高的股票只有无信息的投资者申购,申购者少,无信息的投资者容易获得其所申购的数量。对于 IPO 定价低的股票,两类投资者都进行申购,申购者多,无信息的投资者难以获得其所申购的数量。这样,无信息的投资者较多地得到定价高的 IPO 股票,较少地得到定价低的 IPO 股票,从而他们投资 IPO 股票的回报率偏低。为了吸引无信息的投资者,保证他们能够得到合理的回报,使 IPO 的市场能够维持下去,IPO 就要普遍抑价发行。

(4) 机构投资者比投资银行拥有更多信息。在西方国家,新股发行多采用询价(book building)方法,较少采用拍卖法。如果不考虑以前的尝试,中国是从 2005 年才开始正式采用询价方法的。按照询价方法,投资银行首先给出一个初始价格区间(initial range),再通过路演①收集潜在投资者的需求信息,最后确定发行价格。这一过程表明,投资银行虽然是专业的发行市场参与者,但并不拥有充分的需求者信息。作为拥有信息的投资者,如果他们将真实信息告知投资银行,投资银行据此确定的发行价格将对他们不利。比如,投资者如果愿意以 10 元的价格购买新股,他们告知投资银行的需求价格很可能是 8 元。为了引诱投资者提供信息,投资银行就会以较低的价格发行新股,然后在分配新股时给这些提供信息的投资者以更多的配给。由于只有部分机构投资者被认为是有信息的,因此这种解释同时也假定了投资者之间信息是不对称的。2000 年以来,关于承销商询价资料的信息越来越多,这类研究获得了广泛的实证数据支持。

(5) 发行公司决策者与其他股东之间信息不对称。与前四种信息不对称解释不同的是,这种观点是从委托-代理关系中的利益冲突的角度进行分析的。对于承销商的选择主要是由发行公司的管理层和创业投资公司(如果有的话)的一般合伙人做出的,而发行前就存在的其他股东(包括创业投资公司的有限合伙人和其他股东)则影响有限,这就存在利益冲突问题了。虽然 IPO 抑价发行会使这些作为发行公司股东的决策者的利益也受到损失,但是,由于自 20 世纪 90 年代开始,投资银行开始为这些决策者开立私人账户,并为他们分配高抑价的其他公司的 IPO 股票,因此这些决策者就会为了换取私人账户的利益而选择那些经常严重抑价发行的投资银行。这种腐败行为很可能是 20 世纪末 IPO 高抑价的重要原因。

除上述从信息不对称角度解释 IPO 抑价以外,学者们还从其他角度对 IPO 的抑价进行了解释。Loughran 和 Ritter 用前景理论(prospect theory)解释了发行人为什么会接受如此高的发行抑价。他们认为,发行人关注的是财富的变化,而不是财富的绝对水平。发行

---

① 路演的另一个功能是推介。

前的股权持有者会把抑价的损失和由 IPO 导致的持有股权的财富增加加总起来,最终结果是财富的净增长。这是一个关于 IPO 的讨价还价模型。还有理论认为,发行人有意将价格定低,目的是降低诉讼的可能性。如果新股价格较高,上市后一段时间价格下滑,很容易跌到发行价格以下。如果新股价格定得较低,后市价格就不容易跌到发行价格以下。按照美国 1933 年《证券法》第 11 条的规定,一级市场投资者获得的损失补偿为卖出价格或诉讼时的市场价格(如果还没有卖出)减去发行价格,二级市场投资者获得的损失补偿取决于买入价格和发行价格中较低的那个。所以,把发行价格定得较低,投资者要发起诉讼,获得的赔偿数量可能就较少。于是,诉讼的可能性降低,抑价成为诉讼的一种保险方法。虽然投资银行和发行人事先会通过尽职调查尽可能地丰富招股说明书,但把所有事件都预测到是不可能的。所以,发行人要通过抑价来降低诉讼的风险。

总起来看,上述关于 IPO 抑价的种种解释通常在某一方面都具有一定的解释力,但也只有部分的解释力。几乎没有学者认为自己提出的理论是导致 IPO 抑价的唯一原因。由此也表明,导致 IPO 抑价的原因很可能是多方面的,我们还无法找到一个普遍适用的理论解释。

就已发行证券的新发售而言,新股权的发行往往会同时引起二级市场股价的下跌。一个可能的原因是,公司管理层往往会选择股票价格偏高时发行股票,投资者对股票的评估因而会发生变化。

四、新的证券承销方式

传统的证券承销方式是由投资银行组成承销团承销。后来,市场上逐渐出现了一些新的承销方式。

1. 大额承销

大额承销(bought deal)是债券承销的一种新方法,1981 年出现于欧洲债券市场,1985 年进入美国市场。与传统的预先组织承销团承销方式不同,大额承销是由投资银行与潜在发行人在很短的时间内迅速完成交易,然后再把这些证券分销给其他的投资银行和自己的客户,特别是那些机构投资者。在 415 规则下,大额承销使得从发行人决定发行证券到实际发行证券的时间间隔大大缩短,相应地要求证券承销的及时性。就是说,投资银行必须迅速决定是否购买,没有时间去组建承销集团。当然,大额承销对投资银行的资金实力提出了更多的要求。

组建承销团的目的是分散风险。大额承销使整个投资银行的风险加大。于是,开展这种承销业务的投资银行需要利用衍生产品来降低风险。

2. 拍卖法

目前,在发行人选择投资银行以及确定具体的承销数量和价格时,拍卖法(auction process)是一个重要的方式。就是说,不是由投资银行自己组成承销团,而是由发行人自己选择投资银行的组成。拍卖法本身可以有不同的形式。一种形式是由全部承销人报出各自所愿承担的收益率水平。愿意承担的收益率最低(使发行人的利息支付最少)或价格最高的承销者则可以购买全部证券。但许多情况下,证券并不能只由一个承销者购买,所以拍卖法也可以采取这样的形式,就是由许多承销者共同报价,同时让这些潜在承销者报出愿意购买的数量,以竞争方式确定数量和价格。

(1) 数量的确定。一般情况下,单个投资者愿意购买的数量比发行数量少得多,这样出价最好(报出收益率最低)的承销者可以首先成交,然后是出价次优的投资者。如此递延下去,直到全部债券数量出清。这种拍卖方法的一个问题是,最后一个投资者的出价虽能被满足,但报出的数量不一定能满足。因为剩下的证券数量(供给量)往往并不等于需求量。如果有几个投标者并列报出最低(收益率最高)的出价,则这几个投标者将共同获得证券的剩余额。每一个投标者获得的数量取决于其标购数量的大小。

举例说明,假定某证券发行报价情况如下:

投资人	收益率报价	数量
1	5.0%	100
2	5.2%	200
3	5.4%	100
4	5.6%	300
5	5.6%	100
6	5.8%	100

如果证券发行数量为500,则第1、2、3个投资人的愿望全部满足。第4、5个投标者共同获得剩下的100,即第4个投资者标者获得75,第5个获得25。

(2) 价格的确定。这种形式的拍卖法的价格决定有两种方法。

A. 单一价格拍卖(single-price auction),此时,所有中标者统一支付最高的收益率。在上例中,5.6%就是唯一的价格。

B. 多重价格拍卖(multiple-price auction),中标人各自支付自己的投标价格,这在一定程度上对发行人有利,对投标人不利。当然,对于最后一个中标者而言,两种方法是无差异的。

拍卖法提供了一种可能,就是由发行人和投资者直接完成交易,而无须通过投资银行。当然,这往往需要电子计算机的运用。资联证券(capital link securities)就是通过电脑进行拍卖,向机构投资者发行证券的。

拍卖法主要用于债权的发行,但股权发行有时也用拍卖法。例如,谷歌的IPO就是通过拍卖法进行的。

此外,以优先权发行(preemptive rights offering)的方式发行普通股,也是普通股发行的方式之一。我们将在第十四章讨论这一发行方式。

五、境外发行的原因

证券发行既可以在境内进行,也可以在境外进行,为什么许多公司会选择遥远的境

外发行证券呢?有这样几个原因:

1. 境内市场不发达

特别是在发展中国家和地区,由于在境内市场难以筹集足够的资金,不得不求助于境外市场。

2. 降低筹资成本

在一个统一完善的市场上,资本应该有统一的价格——利率。就世界资本市场看,这一市场并不是完全一体化的,也不是完全分割的,而是适度分割,或称适度一体化的。一方面,不同国家和地区的市场对投资者行为会有一定的限制;另一方面,境外投资又确实是大量投资者现实的选择。这样,公司在不同的市场上进行筹资,由于法律、税收等原因,可能会面临不同的利率水平。当然,随着世界资本市场的发展,这种差别,以及由于这种差别而形成的降低筹资成本的机会,将越来越少。

3. 改变公司的资金来源结构

境外筹资,可以减少公司对国内资金来源的依赖,就股权而言,这将意味着公司的产权结构发生变化。

4. 减少汇率风险

当公司的资金将在国外使用时,由于汇率会不断波动,公司将面临汇率风险。在境外以外币筹资,则可以有效地规避汇率风险。

第二节 二级市场

一、二级市场

1. 二级市场的作用

二级市场的功能与作用我们在导论部分已经讨论过。这里简单回顾一下其主要内容。

(1) 提供流动性。二级市场是交易已发行金融资产的场所。在二级市场上,投资者之间实现证券和资金的交易,证券的发行者并不直接介入交易。但是,这并不意味着二级市场与发行人的利益无关。这一市场的存在,首先有利于发行人在一级市场的活动。因为二级市场所提供的流动性,使证券变得更有吸引力。当然,这种流动性也同样有利于投资者。

(2) 价格发现。由于存在大量的买者和大量的卖者,二级市场上的价格往往趋向于均衡价格。二级市场的价格,代表着市场对发行人资金运用行为的评价,使得发行者借此可以了解再次进入一级市场的成本。

(3) 降低成本。对于投资者而言,发达的二级市场为其提供了统一的价格和充分竞争的市场,降低了其搜寻成本和交易成本。

2. 连续型和叫卖型市场

二级市场的结构可分为连续型(continuous)和叫卖型(call)市场。连续型市场的价格确定是随着买方和卖方的下单(submit orders)而连续进行的。下单者的买卖价格和数量决定了该时刻证券的价格。这样,证券的价格波动可能与总的供求状况无关。

在叫卖型市场上,证券的价格不是瞬时变化的,而是取决于集中撮合的次数。每次撮合时,集中起来的买卖委托按照同一价格同时得到执行,拍卖可以口头形式进行,也可通过书面形式。叫卖型市场制度可能会降低证券价格的波动性。

如果证券市场同时具有上述两种特征,则称为混合型市场。

金融资产的二级市场被认为非常接近经济学中所描述的完满市场。在这一市场上,市场的参加者很多,买卖的证券主要是标准化的金融工具,买者或卖者均不能单独影响价格。但是,这一市场上存在着交易成本和政府的管制,由此形成的成本称为摩擦成本(frictions)。它包括佣金、清算费用、税收、信息费用以及法律所规定的各种限制。

在二级市场上进行交易的投资者必须依赖于经纪公司的服务。经纪公司所从事的业务有很大的不同。有些公司,如美林属于提供全部服务(full service)的经纪人。而另一些公司,则称为贴现经纪人。这类经纪公司只负责交易,因而成本较低,相应地也只收取较少的佣金。许多贴现经纪人是商业银行的子公司。在历史上,商业银行被限制从事全面经纪服务,只能从事代理交易的活动。此外,区域(regional)经纪商的业务一般集中于某一地区,这往往与证券发行者或买卖者集中于某地区有关。

经纪商所获得的佣金取决于客户的交易量,在为客户提供投资咨询的过程中,经纪人和客户的利益是有矛盾的,因为交易量越大,佣金越多,而交易本身却不一定会提高客户的收益率。这就有了经纪人侵犯客户利益的可能。

二、二级市场委托单的类别

证券交易的处理是经纪人的责任,投资者所要做的,只是下达委托人指令,这种指令按其执行特点或者说投资者对价格的要求可分为以下几种:

1. 市价委托单

这种委托要求经纪人立刻为投资者买卖指定数量的证券。经纪人必须保证为投资者获得最好的市场价格,即最高的卖价,或最低的买价。市价委托单(market orders)是肯定可以执行的,但是其执行价格却是不确定的,由于价格的波动,投资者很可能会接受一个不利的价格。

表面上看,在市价委托时,投资者的需求与价格无关。但实际上,投资者之所以不要求价格,是因为他认为价格不会与市价有太大差距。

2. 限价委托单

这种委托单要求经纪人在限定的价格内进行交易,就买进限价委托单(buy limit order)而言,只有当市场价小于等于限价时,委托单才可以执行。相应地,卖出限价委托单要求执行价必须大于等于限价。限价委托单可以避免股价发生不利变动的风险。比如,如果投资者在股价为10元时下达一份买入市价委托单,如果股价上升至11元,它将不得不按这一不利价格成交。但是如果他下达一份9.5元的限价委托单,则可以避免这种危险。不过限价委托单也有缺点,那就是不能保证执行,因为市场价格可能一直达不到限价水平。在上例中,市价可能一直高于9.5元。

3. 停止委托单

停止委托单(stop orders)也称止损委托单(stop loss orders)。在有些情况下,投资者可能不会经常关注证券价格的变动。为了保证投资者不会因证券价格的突然变动而受损失,他可以下达停止委托单。买进停止委托单,将给出一个止损价格,这一价格大于当前市价。一旦证券价格涨至止损价格,委托单则开始生效,变为市价委托单。所以这种委托单又称为有条件的市价委托单。投资者之所以要以比市价高的价格买入,是认为价格超过某阻力点后会迅速上升,因而要在市价超出正常水平时入市。卖出停止委托单的止损价格将低于市场价格,这种委托具有锁定利润的作用。

举例来说,如果投资者以10元的价格购买的证券已上涨到15元,为了防止证券价格的不断下跌可能造成的损失,他可以下达一份止损价格为14元(14<15)的停止委托单。一旦证券价格跌至14元,则该命令立刻成为市价委托单。这样可以(在一定程度上)保证其获得4元(14-10)的利润。

停止委托单与市价委托单具有同样的特点,一旦止损价格达到,命令可以保证执行,但是,其价格却具有不确定性。在上例中,其最终成交价可能已是13元,而市价的走势则可能是继续下跌。

比较限价委托和停止委托,可以看出,一般而言,在买入委托中,停止委托的指定价格高于市价,限价委托的限价低于市价。而在卖出委托中,停止委托的指定价格低于市价,限价委托的限价高于市价。

4. 限价停止委托单

这一委托单包括两个指定价格:止损价格和限价。如果证券的市场价格达到止损价格,这种委托单自动变为限价委托单。所以它又被称为有条件的限价委托单。在上例中,如果投资者下达的是这种委托单,止损价格仍为14元,但限价为13.5元,则当证券价格低于13.5元时,交易将不会执行,该委托自动废止。限价停止委托单(stop limit orders)实际是限价委托单和停止委托单的混合物。它的特点是可以保证执行价格被限制在一定的范围内,但却不能保证委托单的执行。

5. 指定价格委托单

这种委托单的目的不是止损,而是寻找盈利机会或者不放过机会。与停止委托单一样,只有在市价到达指定价格时,指定价格委托单才成为市价委托单。但与停止委托单不同,买进指定价格委托单(touched orders)的指定价格低于市价,而卖出委托单的指定价格高于市价。与限价委托不同的是,指定价格委托的成交价格是不确定的。

三、委托单的时间限制

投资者的委托单上必须有确定的时间限制。因为在不同时间执行的委托将意味着不同的价格。当日委托(day orders)是指委托必须在交易日的当天执行。如果到交易日结束时委托并未执行,则自动作废。定时委托(time specific orders)是指只在交易的某个特定时间段(如开市、闭市)执行的命令。开放式委托单(open orders),也叫撤销前有效委托单(good-till-canceled),或 GTC,在成交或被取消前一直有效,但需要投资者的定期确认(confirm)。执行或取消委托单(fill-or-kill orders),或称 FOK,要么立刻被执行,要么立刻作废。

四、委托单的数量

在买卖普通股时,投资者可以以整数、零数或整零混合的方式交易。整数(round lot)指 100 股或其倍数。零数(odd lot)则指不足 100 股。而买卖 350 股则是整零混合的交易。大宗交易(block trade),则是指大额的交易。

五、保证金交易

当投资者认定证券价格将会上涨时,他不仅可以利用自有资金买入股票,还可以借入资金买入证券,并将该证券用作抵押。后者称为保证金购买(buying on margin)。为此,投资者需要开立一个保证金账户。投资者要签订一个担保协议(hypothecation agreement),保证以证券作为抵押品。以这种账户购买的证券,一般并不以投资者的姓名持有,而是以"街名"(street name)的形式持有。就是说,证券发行者以经纪公司为证券所有者,并将财务报告、股息等付给经纪公司,后者再将之转给投资者。经纪人向客户所提供的贷款,在美国一般来自其以该证券进行抵押所获得的银行贷款,其利率称为通知放款利率(call money rate)。因而,投资者所支付的利率将等于通知放款利率加上手续费。

以保证金购买的投资者可以利用财务杠杆。如果证券价格确实上涨,与仅仅使用自有资金购买相比,他可以获得更多的盈利。不过,保证金购买同时意味着投资者将承担更高的风险。如果证券价格不升反降,投资者也将承担更大的损失。

举例来说,如果投资者 A 预期股票价格将上涨 10 元,股票现价为 40 元,则投资者如用自有资金购入 1 000 股,则其预期回报率将为:

$$(10 \times 1\,000)/(40 \times 1\,000) = 25\%$$

如果投资者借入资金 20 000 元,再购买 500 股,贷款利率为 10%,则其回报率将为:

$$(10 \times 1\,000 + 500 \times 10 - 10\% \times 20\,000)/40\,000 = 32.5\%$$

但是,如果股价不升反降,比如下跌 10 元,则以自有资金购买的投资者将损失:

$$(-10 \times 1\,000)/(40 \times 1\,000) = -25\%$$

而以保证金购买的投资者将损失：

$$(-10 \times 1\,000 - 500 \times 10 - 10\% \times 20\,000)/40\,000 = -42.5\%$$

鉴于保证金购买带来的高风险，法律一般会对经纪人给投资者的贷款给予一定的限制，这包括：

1. 初始保证金要求

初始保证金要求(initial margin requirement)是指投资者支付的现金占证券市价的最小比例。美国1934年的《证券交易法》T、U和G条例规定，这一比例由联邦储备委员会负责制定。然而证券交易所往往制定一个更高的比例标准。经纪公司制定的标准往往更高。许多时候，联邦储备委员会的标准是50%。就是说，如果投资者拟购买100股市价10元的股票，他必须至少支付500元现金。另外，债券和股票的初始保证金是不同的。

2. 实际保证金

初始保证金代表着投资者支付了一定数额的现金。但是，由于证券价格是不断变化的，证券市值中属于顾客的部分则会不断变化，因为损失和利得都只能由投资者承担。在上例中，如果股票价格变为每股6元，则证券市价变为600元，其中属于客户的部分则变为100元(假定他支付了500元)。投资者的权益(资产的市值－贷款)占资产的市值的比例称为实际保证金(actual margin)。经纪人会每天计算实际保证金，这称为每日盯市(marked to the market)。在上例中，实际保证金为16.7%（=100/600）。这意味着，投资者以保证金购买的100股总值600元的股票正在充当500元贷款的抵押品。如果股价进一步下跌，投资者溜之大吉的话，经纪人将冒以自己的资金偿还银行贷款的危险。

3. 维持保证金要求

为了防范上述风险，投资者还必须遵守维持保证金要求(maintenance margin requirement)，它是实际保证金的最低比例。如果实际保证金小于维持保险金，称为保证金不足，经纪人将发出要投资者追加保证金的通知(margin call)。具体方式可以是：在保证金账户中存入现金或证券；或者，偿还部分贷款；或者，出售部分证券。如果投资者没有应答，经纪人会强行出售其证券。

当然，如果股价不跌反升，实际保证金将大于初始保证金。这称为保证金盈余。投资者可以将盈余提现。如果股票价格确实下降，实际保证金小于初始保证金，但仍大于维持保证金。此时保证金账户将限制投资者进一步减少保证金的行为。

六、卖空

1. 卖空的操作

如果投资者预期证券的价格将会下降，他就可以先以高价卖出证券，将来再以低价买进，从而实现盈利。没有证券的投资者之所以能实现卖出行为，依赖于存在着卖空(selling short)的制度安排。就是说，他可以借入证券并卖出，在将来再买入证券并归还给原持有者。需要注意的是，这里借贷的是证券而不是货币。经纪人负责提供用于借贷的证券。可能经纪人自己有证券存货,可能经纪人能从其他经纪人或机构投资者处借得证券,经纪人还可能动用在他那里开设保证金账户的投资者所持有的证券。如果一次贷放时间长度不够(贷出者可能会决定出售),经纪人会在不同时间多次借入同一证券。在这种贷放过程中,证券借入者和最终贷出者之间往往并不知道对方是谁。

举例来说,如果 W 公司的股票市值为 50 元,投资者 A 认定这一价格偏高,不久将会下跌,他可能就会通知其经纪人 X,为其卖空 1 000 股 W 公司的股票。X 将设法获得(如向 B 借入)1 000 股 W 公司的股票,卖出(假定买者为 C)并获得 5 万元后,存入 A 的账户,但不允许 A 提取。

1 个月后,W 公司的股票可能会跌至 40 元,A 将通知 X 买进 1 000 股该公司股票。这些股票将归还给 B。此时 B 借出的股票已得到归还。A 已轧清与 X 的卖空头寸(covered short position)。其盈利为 1 万元(5 万 – 4 万)。当然,他还要支付佣金等费用。不过,如果股票价格不跌反升,如升至 60 元,则 A 至少将损失 1 万元(因为交易成本的存在)。

证券的出借会涉及一系列的权利问题。如果在卖空过程中,发生股息的支付,则为保证贷出证券者 B 仍获得股息支付(B 可能并不知道股票已被借出),经纪人 X 将要求 A 向 B 支付这笔股息。这样,B 将获得股息。C 作为合法股东,也可以获得公司直接支付的股息。A 虽然支付了现金,但由于股票价格将因除息而下跌,A 的股票债务也将会减少,所以 A 也无任何损失。

在卖空过程中,如果股东需要投票,X 也可以通过转借的方式为 B 找到投票权(并不是所有的股东都会去投票的)。

一种证券的卖空交易数量占近期总交易量平均值的比率称为卖空比率。

2. 卖空的作用与管理

金融市场的价格可能会严重偏离金融资产的内在价值。特别是在连续型市场上,价格是由该时刻的买单和卖单决定的,容易脱离股票总的供求状况。如果没有卖空机制,则不持有证券的空头一方难以介入现实市场。卖空机制使得金融资产的价格能够更充分地反映市场参与者的判断,提高价格发现功能。当然,由于卖空受到制度限制,当交易者观点不同时,悲观者可能不会选择卖空。于是,股票价格还是会只反映最乐观投资者的判断。所以,当金融资产价格偏离价值时,卖空机制只可以在一定程度上校正泡沫现象。

另外,当证券价格下跌时,卖空机制可能会加剧价格的下跌,甚至引起崩盘。

为防止卖空引起股市的恐慌,交易所一般会对卖空者的卖空价格进行限制,要求该价格必须:① 高于前一个交易的价格,称为升幅交易(uptick trade);② 可以等于前一个交易的价格,但后者必须高于再前一次交易的价格,称为零涨幅交易(zero plus uptick)。只要满足两个条件之一,就可以进行交易。举例来说,如果投资者想以 30 元的价格卖空,则前一个交易的价格必须低于 30 元,如果前一次的交易恰为 30 元,则再前一次的交易价格必须低于 30 元。2007 年,美国取消了这样的规定。

3. 卖空行为的保证金要求

与保证金购买一样，卖空行为也必须符合保证金要求。在卖空行为中，卖空者在归还证券前不能动用其卖空收入。但由于证券价格的波动性，经纪人同样面临借出的证券无法归还的危险。比如，投资者卖空 1 000 股股票，每股 10 元，其账户上将有 1 万元的现金。但如果股票价值不跌反升，如升至每股 12 元，而投资者又不予补充现金，此时如果卖空者溜之大吉，则经纪人就将损失 2 000 元。因而，投资者必须付给经纪人一定的现金量，以满足初始保证金要求。如果这一要求为 50%，则他必须向经纪人另外交付 5 000 元现金，存入自己的保证金账户。

由于证券价格的变化，卖空行为中的实际保证金也会不断变化。与保证金购买不同，这时的实际保证金由（资产的市值 − 贷款）/贷款算得。投资者资产的市值（出售证券所得资金 + 现金）− 贷款，仍是投资者的权益。当然，出售证券所得与借贷行为有关。证券的市值则表现为贷款，因为借贷的是证券，贷款也是不断变化的。所以，实际保证金仍然是投资者的权益占证券的比例。如果实际保证金小于维持保证金，投资者也将收到追加通知。

在上例中，如果股票价格上涨到 12 元，则实际保证金为（10 000 + 5 000 − 12 000）/12 000 = 25%。如果维持保证金为 30%，则投资者必须追加保证金。

在实际运作中，投资者往往在同一保证金账户中既做卖空又做保证金购买，而且可能会同时做多笔业务。此时，经纪人一般会把该账户中的所有业务加总起来，统一计算实际保证金和维持保证金。

七、证券交易所的会员及其作用

证券交易所的会员来自各家券商。相应地，这些券商也被称为会员公司。一家券商要想成为新的会员，必须向现有会员支付一定的费用购买席位（seat）。这些会员可以分为四类：

1. 佣金经纪人

佣金经纪人（commission brokers）负责为投资者办理代理买卖证券的业务，并借此收取一定的佣金。

2. 场内经纪人

当佣金经纪人在交易指令蜂拥而入难以及时处理的时候，场内经纪人（floor brokers）将为其分担一部分工作量，并相应地分享一部分佣金。

佣金经纪人和场内经纪人有时合称场内经纪人。由于现实的市场并不是完善的市场，投资者不可能完全依靠自己完成交易，他必须购买经纪人的服务。这种服务费用就是一种交易成本。

3. 场内自营商

他们是为自己买卖证券的会员。在自营活动中，场内自营商（floor traders）的目的当

然是赚取价差。但是,这种追逐利润的活动对证券市场确有积极的作用:

第一,稳定价格。证券的价格并非取决于潜在的供求力量,而是取决于即时的供求关系。特别在连续型市场上,很容易出现短时间的供求失衡,推动价格大起大落。比如,当一笔资金突然进入市场,形成大量买盘时,由于信息不对称,市场上并没有足够的抛盘,这就会造成股价上涨。而这种上涨完全是由制度原因造成的,类似于一种垄断价格。此时,如果有自营商为自己的账户卖出证券,成为交易的对方(take the other side),就可以重新恢复证券供求的平衡,并保持价格的稳定。此时,交易商可以看作是交易的即时性(immediacy,即迅速完成交易的能力)的提供者。

第二,提供更好的价格信息。证券市场的作用之一,即提供准确的价格信息。自营商的存在使这一作用得到加强。作为市场的重要参加者,自营商比普通投资者拥有更多的市场指令信息,其买卖活动也就是传递这些信息的过程。

4. 专营商

NYSE 有 443 个专营商。这种经纪人有两种业务活动。一是负责不能立即执行的限价交易委托、止损和限价止损交易委托,把这些指令存入自己的专营商(specialist)簿中保存,待将来执行时分享一部分佣金。专营商簿以前是纸制的,只有专营商自己可以看到,现在则是电子化的、对交易大厅开放的。此时,专营商实际上是经纪人的经纪人。二是作为自营商专门负责维持一只或几只股票的供求平衡。当这种股票供求失衡时,专营商要用自己的账户进行买卖。在 NYSE,专营商会给出其负责的股票的买卖报价,并承担按报价买卖一定股票的义务。如果专营商给出的买价为 16.5 元,卖价为 17 元,那么,没有投资者会卖出更低的价格。由于可以以 17 元的价格从专营商那里买入股票,也不会有投资者愿意以更高的价格买入。所以,股票的最终成交价格将介于 16.5 元和 17 元之间。当然,在这两个价格之间,主要是投资者之间在进行交易。可见,专营商既具有经纪人的作用,又具有自营商的作用。

八、市场效率

有效的资本市场包括两方面的含义。

1. 运行效率

它衡量的是资本市场上投资者支付的交易成本的大小。交易成本包括显性交易成本和隐性交易成本两种。

(1) 显性交易成本。包括两种:一是佣金和交易商的买卖价差(bid ask spread)。西方国家大都经过了由固定佣金制向协议佣金制转变的过程。美国固定佣金制的取消是在 1975 年,英国和日本是在 1986 年。一般而言,固定佣金往往规定得偏高。当然,佣金中可能包含了"软美元"的内容,就是说,经纪人可能会向投资者免费提供研究报告等服务。在买卖价差方面,同样呈现不断缩小的趋势。1997 年之前,美国股票最小买卖价差是 1/8 美元,当年 6 月改为 1/16 美元。到 2001 年 8 月,所有股票按十进制交易,这使得买卖价差明显缩小。二是手续费。是指为保管投资者的证券和过户等所收取的费用等。

（2）隐性成本。证券买卖委托执行与否一般会使证券价格发生一定的变化，这种变化就是证券的执行成本。执行成本是一种隐性成本。具体来讲，证券交易由于改变了市场的供求状况，从而使证券价格改变，投资者往往无法获得上一个交易的价格。交易必然存在的时间延隔使得投资者也不能获得上一个交易的价格。专营商和自营商可能会迫使投资者接受更为不利的价格。之所以说可能，是因为对那些信息驱动的交易，即投资者自认为拥有比其他人更多的信息，从而能判断某种证券价格偏离价值时所进行的交易，专营商和自营商往往通过调整价格的方式使自己获利或防止损失。此时，专营商和自营商担心投资者拥有自己不知道的消息，会使自己遭受损失。而对那些流动性驱动的交易，即投资者仅仅因为流动性发生变化，调整资产结构的交易，比如投资者收入增加导致流动性增加等，专营商们一般不会加大投资者的这种成本。当然，执行成本本身是难以计量的，因为它比较的是执行与否的证券价差，而这两种价格只有一种是可观察的。如果已经执行，那么，不执行就成为虚拟语气了。

2. 定价效率

它是指资本市场上证券价格反映所有相关信息的能力。有效率的市场上，相关信息能够迅速反映在证券价值上，证券价值等于投资价值。从而，投资者不可能利用被错误定价的证券获利。与有效率市场相对的是非理性市场。这种市场上证券价格与其投资价值无关。此时人们无法形成对证券收益率的理性预期。

依照市场所能反映的相关信息的不同，有效率市场又可分为三种，即弱有效(weak efficiency)，指证券价格反映了以往的价格信息。此时，价格表现为随机游走(random walk)，技术分析无价值可言。股市的弱有效已被普遍接受。半强有效(semi-strong efficiency)反映了所有的公开信息，即包括所有历史信息和与股票有关的公开信息。此时，利用可获得的公开信息于股票投资的超额利润无益。强有效(strong efficiency)反映了所有公开及内幕信息。一般而言，内幕交易往往存在创造利润的机会，所以，强有效似乎并未得到普遍认同。

第三节 中国的发行与交易市场

一、证券发行的审批与核准

股票市场建立后，中国一直采取行政方式对股票发行特别是IPO，进行严格的管理。就是说，在中国的证券发行，必须得到证券主管部门的批准。之所以要进行管制，原因在于，中国的股票市场远远不完善，投资者行为也不规范，因而市场一直是一个圈钱的场所，几乎所有的企业都想进入这一市场。所以，作为金融管制大背景下的一个环节，必须对股票发行进行管制。

对证券的发行人和发行数量进行控制,中国最初一直采取的是"额度管理"的办法。额度管理最初的方式是,由证券主管部门(最初为证券委,后为证监会)和计委制定一个宏观的股票发行总规模,然后分配到各省、自治区、直辖市、计划单列市以及各部委,再由这些地区或部门选择具体企业发行上市。企业的申请则需经过两级审批,即省级部门的审批和证券主管部门的审批。按规定,证券主管部门也应在20天内出具复审意见书。在证券主管部门同意后,申请人还要向交易所提出上市申请,获准后才能发行股票。实际执行中,交易所的审核往往流于形式。这种审批制度的结果,一是使得上市公司普遍偏小。因为各地方政府在获得固定额度后,为了使更多的企业发行上市,会把额度分给尽可能多的企业。相应地,大企业则很难上市。二是许多企业的股本往往先缩后增。由于法规规定社会公众股不得低于拟发行股本总额的25%,这样,一家企业要想成为上市公司,其总股本至多只能是其所获得发行额度的4倍。因而,虽然特大企业难以上市,但如果企业稍大一些,则必须尽量缩股。比如,尽力压低对国有资产的评估价值等。而待企业上市后,又可以通过送配使总股本扩大。这样,法令的规定几乎形同虚设。

为解决这些问题,1995年10月,中国证监会开始要求在新股发行额度内增加上市家数控制。1996年12月,证监会又发出通知,将中国的新股发行改为"总量控制,限报家数"的方法。就是说,虽然发行仍有总的规模控制,但各地方政府不再得到发行额度,而只得到发行家数,这样可以促进大型企业的发行上市。这种做法的目的之一,也是要为国有大中型企业筹集资金。1997年实际采用新的做法后,各地上市公司家数受到控制,地方政府与上市公司为了多筹集资金,尽量扩大公司股本规模,市场上大盘股的数量逐渐增多。

在审批制下,股票的发行数量由政府决定,其供给曲线是垂直的,而股票价格取决于供求曲线的交点。所以,当需求曲线移动时,为保持价格基本稳定,政府不得不随时调整供给曲线。比如,在股市处于牛市状态时,新股发行可能成倍增长。而在股市正处于熊市时,新股发行数量往往锐减甚至暂停发行。因而,新股发行往往是缺乏计划的。实际情况正是如此。1993年,中国的股票发行额度是50亿股。1994年,发行额度原定为55亿股,但由于当年一级市场低迷,这55亿股的额度是到1996年用完的。为打压股市,1996年12月公布的发行额度是100亿股,到1997年5月,额度又被增加到150亿股。

在股票发行潜在供给过剩的情况下,由证券主管部门进行选择,很难避免腐败行为的发生。解决这一问题的根本出路,在于消除潜在供给过剩的根源。而后者又取决于证券市场的不断规范,比如,理性的投资者行为和完善的信息披露制度将使得市场不再垂青不合格的企业,严格的标准进一步使得许多企业无须考虑发行申请,等等。

2000年起,中国着手建立证券承销商信誉考评制度,以逐步改为由承销机构负责证券发行人的筛选,股票发行开始向核准制过渡。从2001年3月份起,证监会取消了股票上市的额度和指标。在核准制下,股票不再由行政部门负责推荐,股票发行审核委员会独立负责审核,看其是否符合《公司法》和《证券法》等规定的条件。核准制与美国的注册制不同。实行注册制时,股票发行申请人只要充分地披露了信息,如果在规定时间内(20天)未被监管部门拒绝,就可以直接发行股票。这有利于提高发行效率,降低发行成本。这时,监管部门不对企业进行实质性的检查,而是只审查资料的完备性。核准制则是一种实质管理,企业不仅需要公开资料,还要符合法律、法规规定的一系列条件,如三年盈利记录之类。大陆法系的国家主要采用核准制,英美法系的国家主要实行注册制。

在开始实行核准制后,我们同时实行了对券商的通道制。拥有主承销业务资格的券商,按照其规模实力大小不同,获得数量不同的推荐企业发行上市的通道。券商每推荐一家企业发行上市,就要占用一个通道。只有当这家企业被核准发行上市,空出通道后,券商才能推荐另一家企业发行上市。推出通道制的目的在于,促使券商重视承销公司的质量,加快通道周转速度,推荐更多质量好的公司。2004年2月起,中国股票市场开始实行保荐人制度,让券商和责任人对其承销发行的股票,负有一定的持续性连带担保责任。由于保健制度和通道制的目的是相同的,2005年1月1日,通道制被废止。

2013年11月30日,中国证监会发布《中国证监会关于进一步推进新股发行体制改革的意见》,中国股票发行的审批制开始向注册制过渡。

上面讨论的主要是IPO股票发行制度。上市公司如果发行股票或者可转换公司债等,基本遵从相同的程序。2006年5月6日的《上市公司证券发行管理办法》,对此有详细的规定。此外,如果发行企业债券,目前中国实行审批制,而短期融资券的发行实行注册制。

二、中国的股票发行方式(投资人选择)

前面讨论了如何选择证券发行人的问题,下面讨论如何选择投资者的问题。总的来看,中国的股票发行方式在逐步向西方靠近,交易成本也在不断降低。

中国从1984年开始发行股票。当年8月,上海市制定了全国第一个关于发行股票的暂行管理办法,允许新办集体所有制企业向社会公开发行股票。此时,股票发行很不规范。1984年11月发行的"飞乐音响"股票,既没有招股说明书,也没有刊登发行公告。其后,中国曾出现过投资者踊跃排队买股票的情况,甚至迫使股票发行超过计划。但由于没有二级市场,股票缺乏流动性,短暂的时间过后,许多股票都是通过艰难的过程才发行出去的。

两家证券交易所成立后,股票发行开始求大于供。这些年来,曾经采取过的选择投资者的方式主要有以下几种:

1. 认购表抽签

采取这种方式,承销股票的券商首先要通过众多的网点公开发售股票认购申请表。欲购买股票的投资者首先需购买申请表。单张申请表的价格即使不高,但由于投资者众多,每个投资者一般又会购买1张以上的申请表,所以申请表发行也是一个获利途径。事实上,认购表往往定价偏高,如深圳1992年"8·10"事件时的认购表价格为100元。最初,认购表发售的数量是有限额的。认购表供求的失衡首先导致了腐败。1992年深圳"8·10"事件就是其典型表现。其后,限额被取消,改为无限量发售申请表。申请表发售完成后,将在规定日期进行抽签,公布中签号码。中签者缴纳款项后才完成股票购买。在20世纪90年代初期,中国一直采用这种股票发行方式。这是因为,股票一、二级市场价差过大,一级市场严重求大于供。由于发行环节多、工作量大,发行时间往往长达1个月左右,仅认购表的印刷、安全运输的费用就很高。因而,采用这种方式的交易成本较高,股票发行成本有时甚至会超过发行价。

【案例】 1993年青岛啤酒发行时,申银万国率先推出了无限量发行认购证的方法。这次发行,当时的证监会主席刘鸿儒专程赴青岛,要求只许成功,不许失败。青岛啤酒发行的成功与否,被有关方面提高到了关系到我国股份制改革能否顺利推进的高度。主承销商和有关人员对整个发行过程进行了缜密的测算和科学的部署,逐一设想发行过程中可能出现的疑难问题,比如要多个网点同时发售又要保证所有认购证连号,就是一个相当复杂的问题。经过多方努力,青岛啤酒的发行获得圆满成功,售出的2.87亿张认购证没有发生1分钱的差错。此后,全国各地有相当数量的新股,均采用了这种无限量发售认购的方法,且均成功发行。

但无限量发售认购证的方法也有弊端。成本高,效率低,耗费大量的人力、物力、财力。申银万国副总裁缪恒生记得有一次在广州发行某新股,大量认购证需用10辆加长卡车装运,由全副武装的武警押车,从天津印钞厂启程,翻山越岭,由广州公安局接应,中途还遇到了"路霸"劫路,幸亏有惊无险。辽源得亨发售认购证时,恰遇大雪封路,认购证无法及时运到,大量认购者携带现金、支票滞留在发售地,产生了多种矛盾和冲突。一些不法分子制售假认购证,也带来了很大的麻烦。

另外,大量印制认购证也极大地提高了投资者认购新股的成本,而发股企业却并不能获得更多的筹资。比如,青岛啤酒每股发行溢价为6.38元,共发售认购证2.87亿张,中签率为0.6‰,每张中签认购证可认购500股新股,平均每股认购成本达到12.77元,远远高于企业真正获得的筹资数额。最典型的例子是"厦门厦工",每股溢价5元,认购成本却达到21元,不仅投资者付出了巨大成本,而且给企业及其股票的二级市场表现和再筹资带来了压力。

(资料来源:《中国证券报》,2000年3月18日。)

2. 存单抽签

这也是一种抽签的方式,但与前者不同的是,公众不必购买认购表,但却需要花费更多的资金去购买存单。这种存单是专为认购股票而设计的,同时也是一种储蓄方式。中签者可以直接以此笔款项缴款,未中者至少仍然拥有储蓄。以存单方式,会形成对股票认购者的一种强制储蓄,是不符合市场原则的。后来,这种方式又改为余款不再当作存款,而是退还给投资者。这种方式的交易成本仍然较高。大量资金为申购股票而在几个月内被冻结。而且,由于不能异地存取,大量投资者先是携巨款来到股票发行地,失望后又要再来取款。

以上两种方式的实行，使得中国出现了一个一级半市场，即转让中签号码的市场。

3. 上网发行

1996年后，前两种方式基本不复存在，上网发行在中国被普遍采用。由于一级市场定价偏低，股票求大于供，上网发行仍然需要抽签。只不过，现在投资者可以直接利用证券交易所的股票交易系统进行申报，并在自己的资金账户上存入足额资金。电子计算机的效率使得认购能够迅速完成，极大地降低了交易成本。由于申购成功者只有在股票上市后才可以转让，所以一级半市场不复存在。

上网发行又分网上定价发行和网上竞价发行。定价发行比较简单。竞价发行即拍卖法。在附有发行底价的条件下，由投资者竞价购买。交易所的主机会按照价格顺序自动排队。能够使全部投资者的认购数量恰恰等于拟发行数量的价格即为发行价格。出价等于或高于这一价格的投资者均可按此价格购买。如果投资者在发行底价之上的全部认购量仍小于发行数量，则认购价格就是发行底价，未被认购的部分就由承销者按同一价格买下。由于担心价格畸形，中国当时采用的主要是定价发行方式。

4. 网下发行与网上发行

在技术条件允许网上发行后，并不是所有的股票都通过网上发行。在网下发行的部分，其制度又经过多次变化。1998年开始设立新的证券投资基金后，政府给予了这些基金配售新股的权利。到2000年5月，这一优惠被取消。1999年，证监会规定可以向法人配售新股。法人分为两类，一类是与发行公司业务联系紧密且欲长期持有发行公司股票的法人，称为战略投资者；一类是与发行公司无紧密联系的法人，称为一般法人。战略投资者的持股时间不得少于6个月。对法人的配售和对一般投资者的上网发行为同一次发行，发行价格是一样的。2000年后，又规定要向二级市场投资者配售新股。就是说，在新股发行时，将一定比例的新股由上网公开发行改为向二级市场投资者配售，投资者根据其持有上市流通证券的市值和折算的申购限量，自愿申购新股。投资者每持有上市流通证券市值10 000元限申购新股1 000股，申购新股的数量为1 000股的整数倍，投资者持有上市流通证券市值不足10 000元的部分，则不给予配售。申购总量大于拟向二级市场投资者配售的总量时，主承销商组织摇号抽签，投资者每中签一个号配售新股1 000股。在2002—2004年间，许多新股的发行是采用百分之百向二级市场投资者配售的方式进行的。

2005年后，中国开始正式采用询价制度，网下发行与询价联系起来。

网下发行的部分除了向询价对象配售外，发行量4亿股以上的还可以向战略投资者配售。那么，向不同类型的投资者发售的数量有限制吗？答案是肯定的。按照2012年的规定，发行人及其主承销商向询价对象配售股票的数量原则上不低于本次公开发行新股及转让老股（简称为本次发行）总量的50%。与美国不同的是，中国的承销商对于询价对象的配售,一直缺乏权利。按照 2006 年的规定,发行人及其主承销商通过累计投标询价确定发行价格的,当发行价格以上的有效申购总量大于网下配售数量时,应当对发行价格以上的全部有效申购进行同比例配售。初步询价后定价发行的,当网下有效申购总量大于网下配售数量时,应当对全部有效申购进行同比例配售。2010 年后,对一步询价的股票发行,不再要求比例配售,而是采取摇号制度。这样,投资银行一直没有自主决定的配售权利。直到 2013 年年底,中国才开始引入主承销商自主配售机制。根据新的规定:网下发行的新股,由主承销商在提供有效报价的投资者中自主选择投资者进行配售。

三、新股发行价格的确定

中国的新股发行最初是采用面值发售。后来,根据规定,中国的新股定价一般是以每股税后收益乘以一个比较固定的发行市盈率(约为 15 倍左右)。对于每股税后收益的选择,曾经历了许多变化。1996 年以前,各上市公司方法不一。1996 年 12 月后,统一按过去三年已实现每股税后利润的算术平均值计算。这种方式忽略了公司的经营潜力与股价的正当关系。1998 年 3 月后,改为以发行当年的加权预测利润为依据。由于盈利预测的真实性与准确性难以保证,这种方法仍存在一定的问题。就发行市盈率看,新股发行不分行业,不论业绩如何,都使用相同的发行市盈率。而且,发行市盈率明显低于二级市场的市盈率,导致一级市场价格明显偏低。当然,高低是相对的,也可以理解为一级市场价格不低,而二级市场价格偏高。无论如何,价格管制,供给又受到限制,使得中国二级市场新股首日收益不仅远高于发达国家股市,也远高于许多新兴市场的股市。当然,这是指 A 股而言。B 股市场的新股上市价格涨幅不大,这可能与投资者的构成有关。当然,如果考虑到低中签率的问题,申购资金的收益率没有那么高。人为压低价格的结果,是需求远大于供给,使一、二级市场被分割,同时助长了腐败现象。比如,投资银行之间不能以承销价格进行竞争,而只能以其他手段获得承销业务。上市公司为了募集更多的资金,往往尽力把每股税后利润做大。而公司一旦上市,税后利润便会迅速下降,使二级市场难以为继。从投资者方看,大量的中小投资者由于中签无望而对一级市场望而却步,而大额的投机资金则聚集起来,使一级市场成为大量游资的聚集地。当初配售新股的目的就是要打通一、二级市场的联系。

中国之所以采用固定价格制度,一方面是为了保证发行的成功,另一方面也是为了防止价格奇高或奇低。价格奇高可能是承销商与上市公司出于筹集更多资金的需要而竭力包装的结果。而价格奇低,则可能是有意留下运作空间,使某些股市大鳄可以借机炒作而牟取暴利。由于二级市场价格波动剧烈,不能反映投资价值,所以一级市场发行价格缺乏一个可行的参照。在二级市场缺乏价格发现功能的前提下,一级市场难以形成合理的价格。

1998年年底开始,中国对新股发行的市盈率开始放松限制,新股发行市盈率开始突破15倍的规定,并不断上升。2002年以来,管理层把新股发行的市盈率基本上控制在20倍以下。2005年后,中国正式实行询价制度,机构投资者拥有了股票发行定价的话语权。在询价制度开始实行的时候,监管部门还有市盈率不能超过30倍的窗口指导,2009年则取消了这种要求。

按照2006年9月18日发布的《证券发行与承销管理办法》,询价对象包括证券投资基金管理公司、证券公司、信托投资公司、财务公司、保险机构投资者、合格境外机构投资者以及经中国证监会认可的其他机构投资者。按照2010年修改的《证券发行与承销管理办法》,询价对象又加上了主承销商自主推荐的具有较高定价能力和长期投资取向的机构投资者。2012年,《证券发行与承销管理办法》再度修订,又加上了主承销商自主推荐的个人投资者。

股票首次公开发行是否一定要询价?按照2006年的管理办法,询价是必需的。而且,中国的询价制度是两步询价。发行人及其主承销商应当通过初步询价确定发行价格区间,在发行价格区间内通过累计投标询价确定发行价格。当然,首次发行的股票在中小企业板上市的,发行人及其主承销商可以根据初步询价结果确定发行价格,不再进行累计投标询价。2010年的管理办法将免于累计投标询价的范围扩充到新成立的创业板。2012年的规定是,首次公开发行股票,可以通过向询价对象询价的方式确定股票发行价格,也可以通过发行人与主承销商自主协商直接定价等其他合法可行的方式确定发行价格。就是说,现在询价不再是必需的了。既然询价不是必需的,那么是一步还是两步询价,尝试价格区间如何确定,也就不再有强迫的规定了。

在实行询价制度以后,上市公司发行证券,可以通过询价的方式确定发行价格,也可以与主承销商协商确定发行价格。

总的来看,中国的新股发行体制,无论是发行价格还是发行方式,都经历了多次调整。虽然改革在不断进行,但改革的效果却远不能令人满意。如果说,在2005年询价制度执行以前,中国新股超高首日收益的原因在于发行市盈率管制,那么,询价制度以后依然存在的超高首日收益,则需要新的解释。事实上,特别是在创业板市场推出后,中国新股发行又出现了三高现象,即上市公司高发行价、高发行市盈率、高募集资金。而高的发行价和发行市盈率,又与询价机构竭力抬高报价有关。为了解决三高问题,2012年4月1日,中国证监会发布了《关于进一步深化新股发行体制改革的指导意见(征求意见稿)》,公开向社会征求意见,启动了新一轮新股发行体制改革。主要内容包括:进一步强化信息披露,扩大询价对象范围,允许主承销商挑选五到十名个人投资者询价;提高网下配售比例;促进询价机构审慎定价;加强对发行定价的监管;允许IPO发行存量老股,增加流动性,但老股转让资金解禁有限制;解除网下配售三个月的锁定期等。

2013年年底,中国的新股发行制度再次迎来重大改革,IPO开始从核准制向注册制过渡。

四、二级市场的组织

1. 竞价交易方式

我国上海和深圳证券交易所均采用集中竞价交易方式。在同时处理大量的委托时，市场将按照价格优先、时间优先的顺序原则执行。价格优先，即价格较高的买单，或价格较低的卖单优先得到执行。时间优先，即价格相同的大量委托单，先下的单据优先得到执行。

竞价又分集合竞价和连续竞价两种。集合竞价，是指在每个交易日上午的 9:15—9:25，由计算机交易系统对所有有效的买进卖出委托按上述优先原则进行排序。对买进委托，排列顺序由高到低。卖出委托则相反，是由低到高。当然，时间的先后顺序是一致的。系统将自动确定一个能使成交量最大的交易价格，并以此形成开盘价。这一开盘价，必须保证所有高于此价格的买入委托与低于此价格的卖出委托全部能够成交。至于恰与此价格相等的委托，要至少保证一方，或者是买方，或者是卖方，能够全部成交。假定有两个价格能同时做到这一点，则取其中间价格作为开盘价。如果找不到这样一个价格，则可以先以前收盘价为开盘价，直到第一笔交易的真正开盘价产生为止。不能按此价格成交的委托则继续排队。

连续竞价是指开盘以后，对于每一个新的委托，比如一个新的买入委托，如果其限价大于等于卖出委托排列的最低价格，则可以按顺序与卖出委托成交，成交价格为卖方叫价。如果限价小于卖出委托的最低价格，则无法成交。对于新的卖出委托，如限价小于等于最高买价，则同样按顺序成交。市价委托的成交价是最近一次成交价的价位。

目前上海证券交易所 A 股股票、基金的开盘价通过集合竞价方式产生。B 股和债券的开盘价以连续竞价的方式产生。集合竞价未成交的部分自动进入连续竞价。

2. 成交与不成交

证券交易可能有三种结果：

（1）全部成交。委托人委托买入或卖出的指令被全部完成。券商要及时通知委托人，并办理交割手续。

（2）部分成交。卖出指令被部分执行后，在有效期内可以继续执行。由于上海、深圳证券交易所的委托均为当日委托(day order)，所以，第二天要重新执行，必须重新委托。

（3）不成交。不能成交的委托也像部分成交一样，在有效期内可继续执行。

3. 证券的清算、交割与过户

清算是证券交易成交之后，交易有关各方计算应收应付证券与资金净额的程序。包括资金清算与股票清算两个方面。清算的各方包括证券交易所、证券登记结算公司、券商、代理银行、异地资金清算中心、投资者等各个方面。

目前，在电脑自动撮合成交制度下，交易系统在每笔交易完成后由电脑同步完成股票过户程序，实现即时清算。资金清算方面，证券登记结算公司和证券商在交易的次日进行交易资金划拨,再由证券商和投资者进行资金结算。

交割是指证券买卖双方价款与证券的转移。它包括投资者与券商的交割和券商之间的交割两个方面。交割与清算是一个共同的过程,因为它必须依赖清算的结果。

目前我国的 A 股市场一般采用 $T+1$ 交收方式,即在交易实现的次日完成交收。目前,世界上有的国家采用会计日交收方式,即在一个时期内发生的交易全部在交易所规定的特定日期交收;有的国家采用滚动交收方式,即交易的交收在交易日后的特定天数内完成。中国采用的是后一种方式。至于交割采用 T 加几,一方面是由技术条件决定的,即清算的速度能否达到;另一方面也取决于调控市场的考虑。比如,关于是否采用 $T+0$ 的方式,中国的证券界曾存在很大争论。对 $T+0$ 的采用,并不存在技术限制。但是,$T+0$ 有可能助长投机,因为实行当日回转交易,一笔资金在当日可以反转使用,增加交易数量,虽然可以使得政府、交易所、证券商获得利益,满足投资者的投机欲望,但会使已经过度投机的中国市场进一步畸形。因为在短时间内的反向操作,极易引发投资者轻率决策。在股价迅速波动的市场中,投资者的判断也会迅速改变,这会引起股价更迅速的波动,形成恶性循环。

记名证券的交易达成后,必须办理卖方向买方转移证券权利的手续,这称为过户。目前,上海、深圳证券交易所的过户均由电脑操作,与清算交割同时进行。

证券的清算、交割与过户,目前都是通过证券登记结算公司进行,这可以极大地节约交易成本。传统上,中国的两个交易所有自己各自的证券登记结算公司。2001 年 3 月 30 日,按照《证券法》关于证券登记结算集中统一运营的要求,经国务院同意,中国证监会批准,中国证券登记结算有限公司依据《证券法》和《公司法》组建。公司总资本为人民币 12 亿元,上海、深圳证券交易所是公司的两个股东,各持 50% 的股份。同年 9 月,中国结算上海、深圳分公司正式成立。从 2001 年 10 月 1 日起,中国结算承接了原来隶属于上海和深圳证券交易所的全部登记结算业务,标志着全国集中统一的证券登记结算体制的组织架构已经基本形成。[①]

中国证券交易所交易的组织方式也处于不断的变化之中。读者可以参看最新的交易所交易规则了解最新内容。

本章重要概念

初次发行市场,再发市场,415 规则,红鲱鱼,等待期,包销,代销,备用包销,绿鞋技术,私募,公募,144A 规则,连续型市场,拍卖型市场,委托单,保证金交易,卖空,专营商,市场效率,核准制,集合竞价,连续竞价

---

① 美国各市场的证券交易也是由统一的证券登记结算机构(depository trust and clearing coporation,DTTC)负责的。美国的股票期权也是由统一的期权清算公司(option clearing corporation,OCC)负责的。

复习思考题

1. SEC 为什么要制定 415 规则？
2. 承销商在二级市场上维护股票价格的方法主要有哪些？
3. 如果公司不愿意让公众看到其庐山真面目，它会更愿意选择私募方式还是公募方式？
4. 假定某证券发行报价情况如下，如果证券发行数量为 600，试说明各家投资银行最终的证券承销情况。

投资银行	收益率报价	数量
A	5.6%	200
B	5.2%	200
C	5.4%	100
D	5.8%	200
E	5.6%	200
F	5.6%	100
G	5.1%	200

5. 当你在券商营业部进行投资咨询时，你会百分之百地相信你的经纪人吗？
6. 如果股票价格是 10 元，你将给出一个买入停止委托，你的停止价格会高于 10 元还是低于 10 元，为什么？
7. 你认为卖空机制有优点吗？
8. 如果投资者 A 以 10 元的价格卖空了 1 万股股票，并另存入了 5 万元现金，假定股票价格上涨到了 11.5 元，维持保证金为 30%，A 会不会接到追加保证金的通知？

第六章 金融市场上的利率

利率是一个重要的经济变量。从宏观上看,它与消费、投资、收入水平都有密切的关系。从微观上看,无论是企业还是居民户,其经济决策都会受到利率的重要影响。在现代金融市场上,利率种类繁多,且变动不定。所以,我们必须对其进行深入的研究。

第一节 认识利率

利率最一般的定义是利息/本金。但是,在金融市场上,利率是一个很复杂的概念,它有不同的计量方法,每一种方法对应特定的利率定义。所以,我们必须弄清利率究竟意味着什么。

一、现值与未来值

要理解利率,首先必须理解现值(present value)和未来值(future value)的概念。

资本本身就具有增值的能力。金融工具(如债券、票据、贷款等)意味着在一定的借贷行为发生后,借入者将会在约定的时期结束时,将本金和利息归还给贷出者。但是,不同的借贷行为有不同的特点。从金融工具所能带来的收入看,不同的金融工具可能意味着不同的收入流。比如,一种债券投资可能会为你带来2年后10 000元的收入,而另一种债券可能为你带来两个未来支付:1年后的5 000元和2年后的5 000元。我们该如何比较这两种债券的回报率的多少呢?显然,不能简单地将两种支付流直接对比,因为不同时间的收入是无法直接比较的。换句话说,现在的1元钱和明年的1元钱是无法比较的。所以,我们必须引入现值和未来值的概念。

如果利率为10%,那么,今年的1元钱如果贷放出去,1年后将变为1(1+10%),等于1.1元。1.1元称为现在1元钱的未来值。相应地,1年后的1元钱,实际上只相当于现在的$1/(1+10\%) = 0.91$元。0.91元称为未来1元钱的现值。

如果以i表示利率,FV表示未来值,PV表示现值,那么,1元钱在n年后的未来值为:

$$FV = (1+i)^n \tag{6.1}$$

n年后的1元钱的现值为:

$$PV = \frac{1}{(1+i)^n} \tag{6.2}$$

现值和未来值的概念是极其有用的,因为它们是不同时期的收入可以互相比较的基础。在前例中,如果利率为10%,则2年后1万元的现值是8 246.46元,而1年后的5 000元与2年后5 000元两项支付的现值之和为8 677.68元。后者的现值明显高于前者。

二、到期收益率

到期收益率(yield to maturity)是最重要的利率指标,它指的是使得从金融工具上获得的收入的现值与其今天的价值相等时的利率水平。到期收益率是一个全期利率,就是说,到期收益率的概念实际上是假定投资者能够持有金融工具直至到期日为止。

要理解到期收益率的概念,我们需要区别不同金融工具的特点进行分析。金融市场上的借贷行为种类繁多,但大致可以区分为以下四种类型。

1. 简易贷款

这是最简单的借贷行为。贷出者向借入者提供一定量的资金,在约定的到期日由借入者连本带利归还。比如,企业向银行借款10 000元,1年后归还本金10 000元,再加上利息1 000元。

按照到期收益率的定义,这笔简易贷款的未来收入是11 000元,其现值是11 000/$(1+i)$,今天的现值是10 000元。使得

$$10\,000 = \frac{11\,000}{1+i} \tag{6.3}$$

成立的i值10%,就是这笔贷款的到期收益率。可以看出,简易贷款的到期收益率就等于本金/利息。

2. 附息债券

金融市场上的许多债券是附息债券(coupon bond)。债券的持有者可以定期获得固定的利息支付,并在到期日收回债券的面值(face value)。比如,投资者以900元的价格购入一张10年期的面值为1 000元的财政债券,每年将获得100元的利息支付,并在10年末收回1 000元的债券面值。投资者要区别不同的债券,可以从以下三个方面进行:一是债券的发行者,二是债券的到期日,三是债券的票面利率,票面利率是年利息与面值的比值。在上例中即为10%。但票面利率并不反映债券真正的利率水平,因为投资者并不一定是按照面值买入的。

按照定义,要计算到期收益率,首先要考虑对债券的收入流进行贴现的问题。由于债券的未来收入可能不止一次,所以,必须把每次支付的现值加总在一起。在上例中,1年后的100元利息的现值为100/$(1+i)$,2年后的100元利息的现值为100/$(1+i)^2$,以此类推,10年末的债券面值与利息的现值为1 100/$(1+i)^{10}$。所以,使得:

$$900 = \frac{100}{1+i} + \frac{100}{(1+i)^2} + \cdots + \frac{1\,100}{(1+i)^{10}} \tag{6.4}$$

成立的$i=11.75\%$,即为到期收益率。

将上式公式化。如果以C代表年利息,以F代表面值,以n代表距离到期日的年数,

以 P 代表债券的现值,对于一般的附息债券,到期收益率的计算公式为:

$$P = \frac{C}{1+i} + \frac{C}{(1+i)^2} + \cdots + \frac{C+F}{(1+i)^n} \tag{6.5}$$

到期收益率也称为内部收益率。在上式中,由于 C、F、P、n 已知,可以计算出到期收益率。实际的计算可以使用试错法进行。当然,现在人们可以借助计算机方便地计算。

如果债券的现价与债券的面值相等,那么,到期收益率就等于息票利率。因为此时债券与简易贷款一样,有相同的本金支付,按年支付利息数也是一样的。如果债券的价格下降,到期收益率就会上升,如果债券的价格上升,到期收益率就会下降,所以,到期收益率与债券的价格是负相关的。

在金融市场上,有一种债券称为永久性债券。这种债券没有到期日,也不能偿还本金。所以永久性债券的到期收益率计算公式为:

$$P = \frac{C}{1+i} + \frac{C}{(1+i)^2} + \frac{C}{(1+i)^3} + \cdots$$

$$= C\left(\frac{1}{1+i} + \frac{1}{(1+i)^2} + \frac{1}{(1+i)^3} + \cdots\right)$$

$$= C\left(\frac{1}{1-\frac{1}{1+i}} - 1\right)$$

$$= \frac{C}{i} \tag{6.6}$$

如果永久性债券的价格为 900 元,每年支付利息数为 100 元,则该债券的到期收益率为 11.1%。

3. 定期定额清偿贷款

定期定额清偿贷款(fixed-payment loan)是指一笔贷款的归还是在若干年内,每月进行包含本金与利息的等额清偿。比如,某居民获得住房贷款 50 万元,在 25 年内每月归还 3 800 元。这种形式的借贷行为的到期收益率计算与附息债券非常相似。将所有支付的现值加总后与贷款额相等即可。如果以 L 表示贷款额,以 FP 表示固定的支付额,以 i 表示到期收益率,则有:

$$L = \frac{\text{FP}}{1+i} + \frac{\text{FP}}{(1+i)^2} + \cdots + \frac{\text{FP}}{(1+i)^n} \tag{6.7}$$

因为 L 与 FP 已知,所以到期收益率 i 可以由上式计算出。

4. 贴现发行债券

贴现发行债券(discount bond)是不付息的。投资者以低于面值的价格买入,到期收回面值。比如,投资者以 900 元的价格购买 1 张面值为 1 000 元、期限 1 年的国库券,这一贴现发行债券的到期收益率可以通过下式计算:

$$900 = \frac{1\,000}{1+i} \tag{6.8}$$

经计算可知到期收益率为 11.1%。将上式一般化,如果以 i 表示到期收益率,F 表示面值,Pd 表示价格,则 1 年期限的贴现债券的到期收益率为:

$$Pd = \frac{F}{1+i}$$

$$i = \frac{F - Pd}{Pd} \tag{6.9}$$

从公式可以看出,贴现债券的价格与到期收益率也是负相关的。

三、当期收益率

到期收益率是最常用、最精确的利率指标。但由于计算比较烦琐,最初人们又没有计算机的帮助,所以金融市场上也采用一些其他的利率指标。当期收益率就是其中的一个。

当期收益率(current yield)是以年利息除以债券的价格的方式计算的收益率。

$$i_c = \frac{C}{P} \tag{6.10}$$

式中,i_c 为当期收益率,C 为年利息,P 为债券的价格。

对永久性债券而言,当期收益率就是到期收益率。当债券的价格等于面值时,当期收益率与到期收益率、票面利率完全相等。相应地,债券的期限越长,债券的价格越接近面值,当期收益率就越接近于到期收益率。由于当期收益率与债券的价格也是负相关的,所以当期收益率与到期收益率的波动将会是同向的。

四、贴现基础上的收益率

贴现基础上的收益率(yield on a discount basis)主要用于国库券的报价。其计算公式为:

$$i_{db} = \frac{F - Pd}{F} \times \frac{360}{t} \tag{6.11}$$

其中,i_{db} 是贴现基础上的收益率,t 为距离到期日的天数。

在公式中,处于分母位置的不是债券的价格,而是面值。而且,贴现基础上的收益率是按一年 360 天来计算的。所以,贴现基础上的收益率一般会低于到期收益率。债券期限越长,贴现额越大,贴现基础上的收益率就越低于到期收益率。

在金融市场上,为了描述利率较小的变动,人们经常使用基点的概念。基点(basis point)是指一个百分点的百分之一。

五、即期利率与远期利率

即期利率(spot rate)是指在特定时点上无息债券的到期收益率。无息债券是没有中间利息支付的,因而是贴现债券。前面我们分析了 1 年期限的贴现债券的到期收益率。

依此类推，t 年期限的贴现债券的到期收益率为：

$$P_t = \frac{F_t}{(1+S_t)^t} \tag{6.12}$$

其中，P_t 为 t 年贴现债券的市场价格，F_t 为面值，S_t 为 t 年期即期利率。

我们之所以单独研究即期利率，是因为市场上的贴现债券一般是期限小于 1 年的。长期债券一般是附息债券。因此，只有 1 年期即期利率 S_1 是可以观测到的。对 2 年期以上的即期利率，我们该如何计算呢？

应用现值概念，未来时期的一笔支付 C，其现值为 $C/(1+i)^n$。未来时期的一系列支付，其现值之和应当等于其当前价格，即：

$$PV = \sum_{t=1}^{n} \frac{C_t}{(1+S_t)^t} = \sum_{t=1}^{n} d_t C_t \tag{6.13}$$

其中，C_t 为债券在 C 年的支付，d_t 称为贴现因子，$d_t = \dfrac{1}{(1+S_t)^t}$ 称为市场贴现函数。

假定已知 1 年期即期利率 S_1 是 5%，2 年期附息债券的当前价格为 900 元，面值为 1 000 元，年利息支付为 100 元。我们可以分别将 2 年期债券的不同期支付按照相应的即期利率进行贴现，并使现值之和等于债券的当前价格。

$$900 = \frac{100}{1+0.05} + \frac{1\,100}{(1+S_2)^2} \tag{6.14}$$

由此可以计算出 $S_2 = 16.9\%$。

即期利率是从当前时点分析利率的结果。如果我们考虑未来时期的借贷行为，假定现在签订一笔短期借贷合同，约定资金将在 1 年后贷出，2 年后归还，在这个合约上规定的 1 年以后的 1 年期利率就称为远期利率(forward rate)。远期利率当然不是 1 年以后实际出现的即期利率，后者既可能高于这个远期利率，也可能低于这个远期利率。但是，远期利率反映了人们对未来时期即期利率水平的预期。

远期利率有些是可以直接观测到的，因为远期合约上会注明这一指标。许多时候，远期利率是隐藏着的，因为在金融市场上存在着不同期限的即期利率，这些即期利率之间就隐藏着远期利率。

在前面我们计算 2 年期的即期利率时，是将无息债券的面值按照 2 年期限进行贴现，使现值总和等于当前价格。这一贴现过程还可以分成两步进行。第一步，我们可以计算 2 年期债券在 1 年后的现值是多少，这就需要将其按照远期利率进行贴现，即 $\dfrac{1\,000}{1+f_{1,2}} f_{1,2}$ 代表 1 年以后的 1 年期利率。第二步，我们将这 1 年后的价值按照 1 年期即期利率进行贴现，其结果应该等于债券的当前价格，即：

$$900 = \frac{100}{1+0.05} + \frac{1\,100}{(1+0.05)(1+f_{1,2})} \tag{6.15}$$

由此可以计算出 $f_{1,2} = 30.2\%$。

将上式一般化,则 $t-1$ 和 t 期的即期利率与从第 $t-1$ 年到第 t 年间的远期利率 $f_{t-1,t}$ 的关系为:

$$(1 + S_{t-1})^{t-1} \times (1 + f_{t-1,t}) = (1 + S_t)^t \tag{6.16}$$

六、利率与回报率

如前所述,到期收益率实际上是基于投资者持有债券直至到期日的假定。但是,如果债券的期限比投资者的持有期要长,也就是说,投资者选择在到期前卖出债券,到期收益率则不能准确衡量投资者在持有期的回报率(rate of return)。在债券到期前,如果利率上升,那么,投资者不仅从债券上获得了利息支付,还必须承担债券的资本损失。相应的,如果利率下降,投资者将获得资本利得。

假定投资者以 950 元购入一张面值为 1 000 元的前述债券,在 1 年后以 1 050 元的价格卖出,则投资者在这期间的收益是 100 元利息和 100 元资本利得,其回报率为 22.2%,大于到期收益率 11.75%。

投资者在持有期内的回报率可以公式化为:

$$R = \frac{C + P_{t+1} - P_t}{P_t} = i_c + g \tag{6.17}$$

其中,R 代表回报率,P_t、P_{t+1} 分别代表 t 和 $t+1$ 时债券的价格,C 为年利息,i_c 为当期收益率,g 为资本利得率。

当投资者的持有期与到期日一致时,由于没有资本利得与资本损失,所以到期收益率等于回报率。如果投资者的持有期小于债券的期限,由于利率的波动会导致价格波动,因此投资者的回报存在着利率风险。债券期限越长,利率风险越大。当然,如果投资者的持有期大于债券的期限,那么,在持有期内如果利率上升,投资者进行再投资就能获得更多的收益。如果利率下降,投资者将面临损失。

七、名义利率与实际利率

到目前为止,我们在利率(回报率)的分析中一直没有考虑物价的变动问题。这种意义上的利率称为名义利率。但实际上,剔除物价波动因素的实际利率水平能更准确地反映融资成本。如果债券当年的回报率为 10%,而同期物价上涨 15%,则投资者的实际回报率就成为 -5%。

实际利率应该如何计算? 由于实际利率衡量的不是名义货币的增长,而是实际价格的增长,所以,我们可以从实际商品前后变化的角度进行分析。

假定有一揽子商品和服务,在基期的价值是 100 元,在本年年初的价值是 110 元,在本年年末的价值为 114 元,名义利率为 8%,那么,在年初将这一揽子商品与服务换成货币,将得 110 元,全部用于贷放,到年末将收回本息 110(1 + 8%) = 118.8 元,再将这笔货币买回这一揽子商品和服务,将得到 118.8/114 = 1.042 个单位。因而,这笔贷款的实际利率为4.2%。

将上述过程公式化：

$$\frac{C_0(1+i)}{C_1} = 1 + i_r$$

$$\frac{1+i}{1+\pi} = 1 + i_r \tag{6.18}$$

其中，C_0、C_1 分别为期初、期末物价指数，π 为通货膨胀率，i 为名义利率，i_r 为实际利率。

由上式可得：

$$1 + i = 1 + i_r + \pi + i_r \times \pi \tag{6.19}$$

由于 $i_r \times \pi$ 较小，可以忽略，所以：

$$i_r \approx i - \pi \tag{6.20}$$

在进行决策时，由于投资者无法知道通货膨胀率将会达到何种程度，只能进行预期，所以，对投资者决策最重要的是事前实际利率，即：

$$i_r \approx i - \pi^e \tag{6.21}$$

其中，π^e 为预期的通货膨胀率。

实际的通货膨胀出现后，再经过计算而得到的实际利率水平称为事后实际利率。

为衡量借款的真实成本，我们区分了名义利率与实际利率。但是，仅仅考虑通货膨胀的因素仍不能完全反映借款的真实成本，因为投资者从债券上获得的收入的一部分，一般会以税收的形式上缴财政。所以，要准确衡量债券投资的收益，还需要进行税收调整，计算税后实际利率。

如果名义利率为 i，所得税税率为 t，则税后实际利率 i_{rt} 为：

$$i_{rt} \approx i(1-t) - \pi^e \tag{6.22}$$

第二节　利率的决定

在金融市场上，利率水平在不断地波动。那么，在一定时刻利率保持一定水平的原因是什么？又是什么原因使得这一水平发生不断的波动？本部分将讨论市场上利率水平的决定问题。首先讨论利率的一般水平是如何决定的。要理解这一点，我们需要先引入资产需求理论(theory of asset demand)。

一、资产需求理论

资产是财富的价值储藏。比如股票、货币、债券、住宅、机器、土地、艺术品等，都是不同的资产。当我们决定是否购买某一种资产、购买的具体数量时，我们的决策要受制于以下因素：

1. 财富

一般而言,财富越多,对任何资产的需求都会越大。当然,有些资产可能是必需品,资产需求的财富弹性小于1。就是说,当财富增长时,对这类资产需求增长的幅度小于财富增长的幅度。另一些资产可能是奢侈品,需求的财富弹性大于1。就是说,当财富增长时,对这类资产需求增长的幅度大于财富增长的幅度。

2. 预期回报率

其他条件不变,如果一项资产的预期回报率(expected returns)相对于替代资产上升,对这项资产的需求就会增加。比如,如果A公司的股票预期回报率由13%上升为15%,而替代资产B公司股票的预期回报率保持不变;或者,A公司股票的预期回报率保持不变,B公司股票的预期回报率由10%下降为5%,人们就会愿意持有更多的A公司股票。

3. 风险

经济学假定人们都是风险规避者,都厌恶风险。风险意味着负效用。所以,如果一项资产的风险上升,或者替代资产的风险下降,对该资产的需求就会下降。

4. 流动性

流动性是一项资产转换为交易媒介的难易程度和快慢。流动性强的资产具有更好的交易市场,转换为交易媒介的交易成本更低。比如,当你急需货币时,国库券可以很容易地变现,而房屋的变现需要付出很高的交易成本。所以,一种资产的流动性越强,需求就会越大。

二、可贷资金理论

可贷资金理论(loanable funds framework)是一种重要的关于利率决定的理论。这一理论把债券看作是一种资产,通过对债券的供给与需求的分析研究利率的决定问题。

1. 债券的供给与需求

在债券所能带来的未来支付既定的条件下,债券的当前买入价格越高,即利率越低,对债券的需求就会越小。因而,如果以横轴代表债券的数量,以纵轴代表利率,那么,债券的需求曲线将向右上方倾斜(见图6.1)。

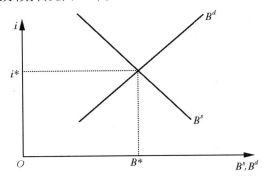

图 6.1

从债券的供给方看,债券的当前价格越高,即利率越低,对债券的供给就会越多。所以,债券的供给曲线将向右下方倾斜。债券的供给和需求曲线的交点,对应着均衡的利率(i^*)和债券数量(B^*)水平。如果利率大于i^*,将形成超量需求,导致利率下降。如果利率小于i^*,会形成超额供给,导致利率上升。只有在i^*点,供求相等,利率才会保持稳定。

需要注意的是,在图6.1中的需求曲线和供给曲线与我们在经济学教科书上所看到的一般的需求曲线与供给曲线的形状明显不同。需求曲线本应是向下倾斜的,而供给曲线应该向上倾斜。这是因为,我们的图形的纵轴表示的是利率。如果以纵轴表示价格,图形将变为如图6.2所示的模样。

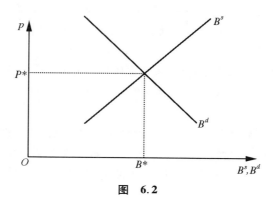

图 6.2

从另一个角度,在图6.1中,债券的需求曲线可以看作是可贷资金的供给曲线,它是向右上方倾斜的。债券的供给曲线可以看作是可贷资金的需求曲线,它是向右下方倾斜的。正是从这个意义上,我们将根据债券的供求分析来解释利率决定的理论称为可贷资金理论。需要注意的是,我们是根据债券的存量供求研究利率决定的,但在金融理论中,可贷资金理论最早是流量分析理论,即根据一定期限内(如1年)从宏观上讲可用于贷放的资金的供求分析研究利率决定。目前,存量分析法已经成为可贷资金理论的主流。

2. 需求曲线的移动

根据前面的资产需求理论,影响资产需求的四项因素中的任一因素如果发生变化,都会引起需求曲线的移动。

如果财富增加,人们对债券的需求也将增加,需求曲线将向右方移动到B_1^d,相应地,均衡利率也会由i^*移至i_1^*点,均衡债券数量会由B^*移至B_1^*点(见图6.3)。

相应地,如果债券价格预期上升,使得该债券的预期回报率相对于替代资产上升,需求曲线也会向右方移动。如果债券的预期回报率不变,但替代资产的预期回报率下降,比如股票市场由牛转熊,人们纷纷撤离股市,也会导致债券的需求曲线向右方移动。

风险的变动对需求曲线的影响正好相反。如果债券风险上升,或者替代资产的风险下降,由于人们厌恶风险,债券的需求曲线就会向左方移动。

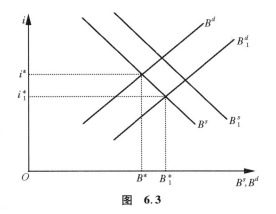

图 6.3

如果债券的流动性增强,即债券市场上有更多的人进行交易,交易成本下降,就会使债券的需求曲线向右方移动。如果替代资产的流动性下降,比如股票市场的印花税提高,结果也是一样。

如果财富下降,债券的预期回报率下降,流动性下降,债券的需求曲线都会向左移动。如果债券的风险下降,需求曲线就会向右移动。

3. 供给曲线的移动

债券供给的增加意味着企业需要更多的资金。那么,什么因素会刺激企业发行更多的债券呢?

(1) 投资机会盈利预期。如果经济形势向好,企业预期投资盈利增加,就会愿意发行更多的债券,使得债券的供给曲线向右移动到 B_1^s。相应地,如果经济形势比较悲观,企业普遍预期投资盈利减少,就会减少发行债券的数量,使得债券的供给曲线向左移动。

(2) 预期通货膨胀率。如果预期通货膨胀率上升,企业借款的名义利率虽然不变,但是实际利率却下降了,即实际借款成本的下降。因此,债券的供给曲线就会向右移动。相应地,如果预期通货膨胀率下降,企业借款的实际成本上升,债券的供给曲线就会向左移动。

(3) 政府活动。财政债券是债券市场的重要内容。如果政府的收入下降,或者支出增加,形成更大的财政赤字,就会使得债券的供给增加,债券供给曲线向右移动。如果政府收入增加,或者支出减少,从而财政赤字下降,就会使得债券的供给曲线向左移动。

4. 可贷资金理论的应用

前面分析了债券市场均衡利率的决定,以及供给和需求曲线的移动如何引起均衡利率的变化。下面我们可以应用上述知识,分析一下某些重要的经济因素如果发生变化,对利率会形成什么样的影响。

(1) 通货膨胀预期与利率的变动。首先看预期通货膨胀率的变化。如果公众预期通货膨胀上升,那么,债券相对于各种不动产而言的预期回报率就会下降,需求曲线就会向左移动到 B_1^d。相应地,债券的供给曲线将因为企业借款的实际成本下降而右移至

B_1^s。均衡利率将由 i^* 上升至 i_1^*（见图6.4）。这表明，如果预期通货膨胀率上升，名义利率也会上升，这一结论又被称为费雪效应。均衡的债券数量的变化则不确定，它取决于需求曲线与供给曲线的相对位移幅度。

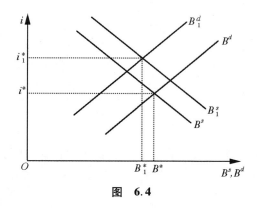

图 6.4

（2）产业周期扩张与利率的变动。下面再分析一下产业周期的扩张。在产业周期扩张时期，经济向好，投资盈利预期增加，债券的供给曲线将向右移动。同时，由于经济扩张，人们的收入与财富增加，债券的需求曲线也将向右移动。因此，均衡的债券数量将会增加（见图6.5）。至于均衡利率将发生什么样的变化，就需要看供给曲线和需求曲线的相对移动幅度了。在实际生活中，利率一般是顺周期的。所以，在经济扩张时期，利率一般会上升。但是，可贷资金理论不能很好地解释这一点。

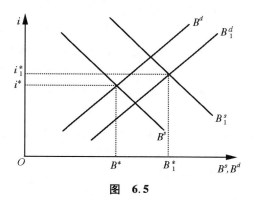

图 6.5

三、流动偏好理论

1. 货币的需求与供给

流动偏好理论（liquidity preference framework）是由凯恩斯创立的。凯恩斯认为，利率水平是在货币市场（market for money）上决定的，就是说，利率是由货币供给与货币需求决定的。

在凯恩斯看来,货币需求主要有三种动机:交易动机、谨慎动机与投机动机。前两种动机的货币需求由收入水平决定。投机动机的货币需求由利率决定。在特定的收入水平下,不同的利率水平对应着不同的货币需求数量。将这种关系反映在图形中,将形成一条向右下方倾斜的货币需求曲线(见图6.6)。凯恩斯认为,货币供给是外生的,所以,货币供给曲线垂直于横轴。货币供给与货币需求曲线的交点就决定了均衡的利率水平。

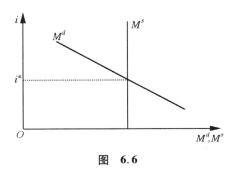

图 6.6

如果利率大于均衡利率,就会存在货币的超额供给,人们会减少货币,增加其他资产(债券)的持有量。于是债券价格将会上升,利率将会下降。如果利率小于均衡利率,存在货币的超额需求,人们就会卖出债券,增加货币的持有量,导致债券的价格下跌,利率上升。只有利率等于均衡利率时,货币供给等于货币需求,利率才会保持稳定。

2. 曲线的移动

货币需求曲线的移动主要取决于两个因素,一是收入,如果收入增加,人们就会出于交易与谨慎动机持有更多的货币,所以货币需求曲线将向右移动。二是价格水平,凯恩斯研究的货币需求是剔除了物价变动影响的真实货币需求。当物价上升时,为了使真实货币量保持不变,名义货币量必须增加,所以货币需求曲线也会向右方移动。货币供给的变动既然是一个外生变量,那么,中央银行如果实施扩张性的货币政策,就会使货币供给曲线向右方移动。

流动偏好理论与可贷资金理论的分析方法明显不同。但是,凯恩斯在分析中,假定人们用于价值储藏的资产只有货币和债券。财富的需求等于货币需求加上债券需求,财富供给等于货币供给加上债券供给。所以,如果货币市场是均衡的,那么债券市场必定也是均衡的。因此,两种理论的分析结论一般是相同的。当然,由于凯恩斯没有考虑对货币与债券之外的资产的需求,所以那些资产的预期回报率的变化对利率的影响就被忽略了。

3. 流动偏好理论的应用

利用流动偏好理论,我们也可以分析某些重要的经济因素变化后利率的变化情况。

(1) 通货膨胀预期与利率的变动。首先看预期通货膨胀率的变化。如果公众预期通货膨胀水平上升,那么为了使真实货币需求量不变,名义货币需求量必须增加,货币需求曲线将向右移动,利率将会上升(见图6.7)。这一结论与按照可贷资金理论进行的分析是完全一致的。

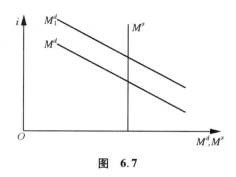

图 6.7

（2）产业周期扩张与利率的变动。再看产业周期的扩张。在经济扩张时期，人们的收入水平增加，货币需求曲线将向右移动。因而，利率水平将会上升。这表明，与可贷资金理论相比，流动偏好理论能够更好地解释利率的顺周期行为。

4. 货币供给的增加与利率

货币供给与利率的关系，是货币理论中的一个重要问题。关于这一问题在理论上曾有过激烈的争论。按照凯恩斯的理论，货币供给的增加，将会降低利率水平。但是，弗里德曼反对这种观点。他认为，货币供给的增加，确实会形成促使利率下降的影响，他称这种影响为流动性效应。但是，在他看来，货币供给的增加并不仅仅产生流动性效应，而是还会产生其他几种效应。一是收入效应。货币供给的增加一般会导致经济的扩张与收入的上升，收入的上升将会使货币需求曲线向右移动，使利率上升。二是价格水平效应。货币供给的增加一般会伴随物价水平的上升。这样会使货币需求曲线向右移动，使利率上升。三是预期通货膨胀效应。货币供给的增加，使得人们预期未来实际物价会进一步上升，按照可贷资金理论，这也会导致利率上升。

货币供给增加的结果，是有一种效应促使利率下降，有三种效应促使利率上升，所以货币供给增加对利率的影响并不是确定的。从实际情况来看，货币供给的增加往往最终会导致利率上升而不是下降。

第三节 利率的风险结构与期限结构

前面的分析主要研究的是一般利率水平的变动。下面我们讨论一下债券的各种利率之间的关系。

一、利率的风险结构

实证材料表明，在金融市场上，期限相同的不同债券的利率一般不同，而且相互之间的利差也不稳定。比如，同样是 10 年期限的财政债券的利率往往低于公司债券。不同公司发行的 10 年期债券利率也各不相同。原因何在？

1. 违约风险

违约风险(default risk)是债券发行者不能支付利息和到期不能偿还本金的风险。公司债券或多或少都会存在违约风险,财政债券是没有违约风险的。

假定某公司的债券在最初也是无违约风险的,那么,它与相同期限的财政债券会有着相同的均衡利率水平。如果公司由于经营问题出现了违约风险,即它的违约风险上升,同时伴随着预期回报率下降,那么,公司债券的需求曲线将向左移动,使利率上升至i^c(见图6.8)。

同时,财政债券相对于公司债券的风险下降,预期回报上升,财政债券的需求曲线会向右方移动,均衡利率将下降至i^t点。这表明,违约风险的不同是相同期限的债券之间利率不同的一个重要原因。i^c与i^t的差额,是对公司债券持有者承担更多风险的补贴,称为风险升水(risk premium)。

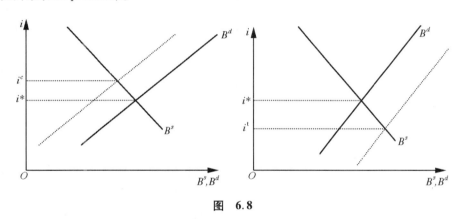

图 6.8

既然违约风险与债券的利率有着密切的关系,那么,我们如何才能知道某种债券的违约风险呢?著名的穆迪公司和标准普尔公司专门负责根据违约风险对债券进行信用评级。穆迪评级 Baa 级及其以上的公司债券和标准普尔评级 BBB 级及其以上级别的债券违约风险较低,称为投资级债券。在 Baa(BBB)级以下的债券违约风险较大,称为非投资级债券,也称为垃圾债券(junk bonds)。

2. 流动性

流动性(liquidity)的差异也是造成相同期限的不同债券之间利率不同的一个重要原因。假定在最初某公司债券与财政债券的流动性是完全相同的,其他条件也相同,因而利率也相同。如果该公司债券的流动性下降,交易成本上升,需求曲线将向左移动,使利率上升至i^c(见图6.9)。同时,财政债券相对于公司债券的流动性上升,财政债券的需求曲线会向右方移动,均衡利率将下降至i^t点。这表明,流动性的不同也是相同期限的债券之间利率不同的一个重要原因。i^c与i^t的差额,此时称为流动性升水。不过,流动性升水与风险升水往往一同称为风险升水。

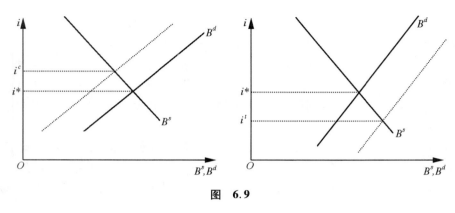

图 6.9

3. 税收因素

税收因素(taxation)也与利率的差异密切相关。在美国,市政债券一般可以免缴联邦所得税。因而,相对于其他没有免税优惠的债券而言,如果其他条件相同,人们对市政债券要求的收入可以低些。这是因为,投资者在进行债券投资时,更关心的是税后的预期回报,而不是税前的预期回报。所以,如果一种债券可以获得免税优惠,就意味着这种债券的预期回报率会上升,对这种债券的需求将会增加,需求曲线右移将导致利率下降。相应地,其他债券的需求将会减少,需求曲线左移将导致利率上升。因此,税收优惠将会造成一定的利率差异。

相同期限的不同债券之间的利率差异除了与违约风险、流动性、税收因素有密切关系外,还与其他一些因素有关。比如,债券附有的可赎回与可转换条款等。可赎回条款会降低债券的价格,提高债券的收益率。可转换条款会提高债券的价格,降低债券的收益率。习惯上,人们仍称债券的这种由多种原因导致的利率差异为利率的风险结构(risk structure of interest rates)。

二、利率的期限结构

风险、流动性、税收因素完全相同的债券,由于距离债券到期日的时间不同,利率往往也有所不同。我们称这种差异为利率的期限结构(term structure of interest rates)。利率的期限结构可以形象地以收益率曲线(yield curve)表示出来。如果我们以横轴表示距离到期日的时间,以纵轴表示利率,将不同期限的利率连接起来,就会形成一条收益率曲线(见图 6.10)。

当然,风险、流动性、税收因素完全相同,只有期限不同的债券几乎是没有的。所以,实际观测到的收益率曲线反映的往往不仅仅是期限结构。

如果收益率曲线向上方倾斜,就说明长期利率大于短期利率。如果收益率曲线向下方倾斜,就说明短期利率大于长期利率。如果收益率曲线是水平的,就说明短期利率与长期利率相同。

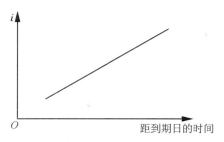

图 6.10 收益率曲线

在金融市场上,人们观察到,不同期限的债券利率水平有这样几个特点(在此我们考虑即期利率,因为这样有利于分析,到期收益率的结论也是一样的):

(1) 同向波动。不同期限的债券的利率往往会同向波动。就是说,如果短期利率上升,长期利率一般也会相应上升。如果短期利率下降,长期利率一般也会相应下降。

(2) 如果短期利率偏低,收益率曲线更可能是向上倾斜。如果短期利率偏高,收益率曲线更可能是向下倾斜。

(3) 多数情况下,收益率曲线都是向上倾斜的。

为什么金融市场上利率的期限结构会存在上述三种现象呢?经济学家提供了不同的理论对这些现象进行解释。

1. 预期假说

预期假说(expectation hypothesis)又称为无偏差预期理论。这一理论认为,长期利率等于在长期债券到期前预期短期利率的平均值。就是说,如果当前的 1 年期利率为 10%,同时人们预期 1 年后的 1 年期即期利率为 8%,2 年后的 1 年期即期利率为 6%,那么,当前的 3 年期债券的利率就应该为 8%。为什么会得出这样的结论呢?

让我们假定投资者拥有一笔可以在 2 年内进行投资的资金。这样,投资者现在有两个投资战略可以选择。一个是全期战略,购买 1 张 2 年期的债券持有至到期日。另一个是滚动战略,即先购买 1 张 1 年期的债券,在 1 年期满时收回资金,再购买一张 1 年期的债券,持有至到期日。预期假说假定不同期限的债券之间是完全替代的,因而,只要这两个战略的收益率存在差异,人们就会选择收益较高的战略。这样,这两个战略必须具有相同的收益。如果当前的 1 年期即期利率是 10%,预期 1 年后的 1 年期即期利率是 8%,那么,当前的 2 年期即期利率应该是 9%。否则的话,如果当前的 2 年期即期利率是 10%,购买 2 年期债券的投资策略将获得更大的收益,人们就会纷纷购买 2 年期债券,使其价格上升,利率下降,最终使 2 年期利率与短期利率的预期相吻合。

如果投资者的投资期只有 1 年,他也可以采取两种战略。一种是购买一张 1 年期的债券,持有至到期日。另一种是购买一张 2 年期的债券,在 1 年后卖出。如果 2 年期利率大于 1 年期利率和预期 1 年以后 1 年期即期利率的平均值,那么,2 年期债券在 1 年后的预期价值将大于 1 年期债券在 1 年以后的预期价值。于是,人们将偏好 2 年期债券,使 2

年期债券的价格上升,利率下降。

因此在均衡状态下:
$$(1+s_1)(1+es_{1,2}) = (1+s_2)^2 \quad (6.23)$$

其中,$es_{1,2}$代表预期1年后的1年期即期利率,因而,$es_{1,2}$应该等于远期利率$f_{1,2}$。

整理上式:
$$1+s_1+s_1 \times es_{1,2}+es_{1,2} = 1+2s_2+s_2^2$$

由于$s_1 \times es_{1,2}$与s_2^2很小,我们可以将之忽略,得到:
$$s_2 = \frac{s_1+es_{1,2}}{2} \quad (6.24)$$

将上式扩展,n周期的即期利率s_n应该等于
$$s_n = \frac{s_1+es_{1,2}+es_{2,3}+\cdots+es_{n-1,n}}{n} \quad (6.25)$$

对于前述期限结构的三个现象,预期理论可以很好地解释第一个现象,即利率的同向波动问题。因为,如果短期利率上升,人们将会提高对未来时期短期利率的预期,所以,长期利率也会上升。或者,我们也可以从另外的角度解释。由于预期假说假定短期债券和长期债券是完全替代的,因此,如果短期债券利率上升,价格下降,人们就会纷纷买入短期债券,卖出长期债券,使得长期债券的供给增加,价格下降,利率上升。对于第二个现象,预期假说也可以很好地进行解释。如果当前的短期利率偏低,人们就会预测未来时期利率水平将向正常水平复归,因而,长期利率就会明显高于短期利率,使收益率曲线明显向上倾斜。如果短期利率偏高,人们就会普遍预期在未来时期的短期利率水平将会下降,因此,长期利率会低于短期利率,收益率曲线就会向下倾斜。该如何区分对第一和第二个现象的解释呢?当短期利率偏低时,能不能也根据投资者可能卖短买长判断长期利率也会降低?应该说,前一个解释是动态分析,描述的是收益率曲线经过一段时间后向上移动的过程。而后一个解释是静态分析,描述的是收益率曲线具有特定斜率的原因。在动态过程中,过于陡峭的收益率曲线也可能会由于卖出短期债券、买入长期债券而斜率下降。

预期假说能够很好地解释第一和第二个现象,但是,它不能解释第三个现象。为什么收益率曲线一般会向上倾斜?按照预期假说,这就意味着人们会普遍预期未来短期利率会上升。但这是不可能的,因为人们既可能预期短期利率将会上升,也可能预期短期利率将会下降。

2. 分割市场理论

分割市场理论(segmented markets theory)假定不同期限的债券根本不是替代品。就是说,短期债券与长期债券的投资者是完全不同的群体,他们互相只在各自所偏好的市场上活动,对其他债券市场的情况漠不关心。比如,由于持有期不同,那些为了养老、子女教育而储蓄的人只会购买长期债券,而那些1年后就要购买住房的人则只会在短期债券市

场上投资。所以,短期利率与长期利率是在不同的市场上由不同的供求因素所决定的。由于投资者一般会偏好期限短利率风险小的债券,所以短期利率由于需求旺盛而利率较低,长期债券的利率相应地就会比较高。因此,分割市场理论可以很好地解释第三个现象。但是,由于它完全否定长期利率与短期利率之间的内在联系,所以根本无法解释第一和第二个现象。

3. 优先聚集地与流动性升水理论

优先聚集地理论(preferred habitat theory)认为,长期利率应该等于长期债券到期前预期短期利率的平均值,加上由于供求关系的变化决定的期限(流动性)升水。这种理论假定不同期限的债券是可以替代的,但又不是完全可以替代的。因此,投资者对某一种债券会有一定的偏好,但这种偏好不是绝对的,投资者并非对他所不偏好的债券的收益率漠不关心。所以,如果向投资者支付一个正值的期限升水,投资者就会离开其偏好的短期债券市场,进入长期债券市场。因此,长期利率与短期利率的关系可以表述为:

$$s_n = \frac{s_1 + es_{1,2} + es_{2,3} + \cdots + es_{n-1,n}}{n} + l_{nt} \tag{6.26}$$

其中,l_{nt}为 n 周期债券的期限(流动性)升水。

举例来说,如果 1 年期利率为 10%,1 年后的 1 年期即期利率预期为 8%,那么 2 年期债券的利率必须大于 9%,如 9.5%,才能使偏好短期债券的投资者认为两种投资战略是无差异的。这 0.5% 即为期限升水。

流动性升水理论(liquidity premium theory)与优先聚集地理论的结论是一样的,只是在分析中,这种理论考虑到了风险。在前面讨论的 2 年持有期的两个投资战略的比较中,如果

$$(1 + s_1)(1 + es_{1,2}) = (1 + s_2)^2 \tag{6.27}$$

那么,两个战略绝不是等价的。事实上,可能没有任何人会选择购买 2 年期的全期战略。投资者之所以都有一种偏好短期债券的倾向,是因为短期债券的利率风险比较小。如果投资者在 1 年后需要现金,那么,如果采用滚动战略,他就能够确定无疑地得到现金。而如果投资者采取全期战略,在 1 年后只能通过出售证券获得现金,这样就会面临价格风险。因此,要让投资者持有长期债券,就必须向其支付一个正值的风险补贴。同时,债券的发行者一般也愿意为了长期债券的发行而支付一定的风险溢价。这是因为,如果发行者也采取滚动战略,他就将支付更高的发行成本。此外,发行长期债券也使发行者没有了在未来时期短期利率上升时提高发行成本的风险。因此,远期利率实际上会等于预期未来时期的即期利率加上流动性升水,即:

$$f_{1,2} = es_{1,2} + l_{1,2} \tag{6.28}$$

其中,$l_{1,2}$代表流动性升水。

采取简化的形式,在 n 期内,长期利率和短期利率的关系与优先聚集地理论的结论是一致的。

优先聚集地理论与流动性升水理论可以完全解释有关期限结构的三个现象。由于预期理论可以解释第一和第二个现象,那么,作为该理论修正的优先聚集地理论与流动性升水理论当然也可以解释这两个现象。对于第三个现象,由于长期债券需要支付一个正值的期限升水,所以长期债券的利率往往会大于短期利率,使得收益率曲线向上倾斜。

有了这个理论,通过观测收益率曲线,我们还可以对未来时期短期利率的走势进行判断。如果收益率曲线向上倾斜,且斜率比较大,就说明市场可能预期未来短期利率会明显上升。如果收益率曲线向上倾斜,但斜率比较小,就说明市场预期未来的短期利率不会发生变化。如果收益率曲线是水平的,说明市场会普遍预期未来的短期利率会轻微下降。如果收益率曲线向下倾斜,就说明市场预期未来的短期利率会急剧下降。

第四节 中国的利率改革与利率市场化

前面三节讨论的是市场经济中的一般情况。本节讨论中国的利率形成问题。如果从确定方式的角度划分,利率可分为市场利率和官定利率。新中国成立以来,中国在许多年里实行的是高度集中的计划经济体制,与此相适应,政府对利率也实行严格的管制。1978年以后,随着改革的深入,对利率的管制也开始放松。但是,时至今日,利率仍未实现完全的市场化。所以,中国金融市场上的利率问题主要是一个市场化的问题。

一、中国利率市场化进程中的利率调整

1. 中国利率市场化的起点

中国利率市场化的过程,始于1978年。这一起点是与中国经济体制的全面改革相一致的。1949—1956年的这段时期内,由于经济中存在大量的私有成分,整个经济的集中体制尚未建立起来,政府对利率的管制也比较松。当时,政府仅仅制定利率的最高限。在金融活动中,利率的档次也比较多。1957—1978年间,中国对利率实行了严格的管制。20年中中国的利率水平只进行过两次调整。1978年改革伊始,中国政府面对的是一个高度集中的利率管理体制和偏低的利率水平。当时,中国的利率基本都是官定利率,金融部门完全是间接金融一统天下,而且全国只有一家银行。所以,当时的利率就是指银行利率,没有其他的利率形式。在银行利率体系中,利率的档次很少,不同档次利率之间的利差很小。

这段时期中国实行利率管制,是与当时整个制度环境相协调的。在这种制度下,价格是不可能脱离控制的。利率水平低的原因,一是出于经济建设的考虑。低利率有利于投资的扩大,这是经济学的基本原理。只不过,在中国,这种低利率是通过管制的方式实现的。必须承认,新中国成立初期工业基础的建立与低利率政策有密切关系。另一个积累资金的重要手段则是工农业产品剪刀差,借此从农业中获得资金积累。二是意识形态方面的考虑。在计划体制中居于压倒性地位的,是共产主义的意识形态。因此,无私的奉

献被推崇为美德。按照劳动价值理论,一切价格都是由劳动创造的,资本不创造任何价值。资本的边际生产力理论被认为是庸俗经济学的庸俗观点。当然,如果严格维护主流意识形态的话,利率应低至 0。但是,除了在"文革"期间的极少数情况下,中国的名义利率一直大于 0。由于通货膨胀率微不足道,实际利率也是正值。支付储蓄利息的原因,可以看作是经济决策者对资本生产力理论与储蓄者的理性行为在一定程度上的默认。当然,为了对这一矛盾行为进行解释,中国的理论界曾首创了不少论点,如利息是对劳动者支援国家建议的一种奖励,等等。既然利率被限制于一个较低的水平,利率档次少和利差小则是顺理成章的事了。

2. 1978—1996 年间银行利率的调整

1978 年起,中国开始对利率体制进行改革。总的来看,在 23 年的改革过程中,中国的利率改革步伐很慢。不仅与激进改革相差万里,与中国经济其他领域的渐进改革比较而言,利率改革也是非常滞后的。

改革伊始,中国的金融管理部门就注意到了利率偏低的事实。当然,这与西方的麦金农-萧学派理论无关。中国的经济学家们认为,高的利率水平不仅有利于筹集建设资金,而且,它可能会有利于改善企业的经营管理。因为,利息是企业的一种成本。成本的上升,可能会迫使企业改善管理。由此,从 1979 年到 1985 年,中国人民银行连续 5 次提高银行利率水平,时间分别是 1979 年 4 月、1980 年 4 月、1982 年 4 月、1985 年 4 月和 1985 年 8 月。这其中,1985 年的两次利率调整,还与当年的通货膨胀率较高有明显的关系。这表明,中国货币当局已开始注意名义利率与实际利率的关系问题,尽管费雪效应对多数中国经济学家而言还颇为陌生。到 1985 年 8 月止,银行活期存款利率已从 1971 年时制定的月利率 1.8‰ 调高到 2.4‰,1 年期定期存款利率从 1971 年的 2.7‰ 调高为 6.0‰。不同档次间的利率差已明显拉大。从利率档次看,3 年、5 年和 8 年期的利率档次都已经出现。

在最初的两次利率调整中,被调高的只有银行存款利率,贷款利率则仍保持稳定。这样,银行存款利率大于贷款利率的利率倒挂现象出现了。这当然不利于银行的经营。所以,从 1982 年起,利率的调整开始采取同时调高存贷款利率的方式。

应该指出,利率的调高本身,并不是利率市场化的行为,因为利率仍是官定利率。但是,利率的调高,毕竟是利率向均衡水平靠拢的过程。这一过程,可以看作是政府模拟市场的尝试。兰格的市场社会主义理论所描述的也是这样一种情况。虽然影子价格的确定颇难,但价格是否已严重偏离影子价格还是比较容易判断的。

当然,中国的利率改革也并非对利率形成机制毫不涉及。在中国,不仅商业银行(当时称专业银行)的分支机构乃至总行无权自行确定利率水平,即使是身为中央银行的中国人民银行(1984 年以前曾一身二任)也无此权力。银行利率时至今日都是由中国国务院制定的。但是从 1982 年 1 月起,中国的利率形成机制也开始有所松动,即国务院允许中国人民银行有 20% 的浮动权。也就是说,虽然利率水平仍由国务院主导,但中国人民银行可以根据实际情况上下浮动20%。虽然这一幅度非常有限,但是,从此开始,中国的利率形成已出现背离计划体制的态势,这可以看作是中国利率放开的起点。中国人民银行在获得这项权力后,还把部分浮动权授予了各专业银行。这样,专业银行的贷款利率就可以根据市场供求状况进行一定的调整。就是说,供求的力量已开始对利率的微观形成起到一定的作用。

如果说,1978—1985年的5次利率调整,是为了解决利率偏低状况的话,那么,1986年以后的利率调整,其原因则有所不同。而且,这期间的利率调整不仅有调高,也有调低。当然,调整仍然是中国利率改革的主要特征。相应地,放开仍然是处于第二位的。

1986年后,中国曾于1988年、1989年两次调高利率水平。调整的原因,一方面仍在于物价水平的上涨,另一方面,也是出于抑制投资的考虑。中国在1985—1988年这段时间中,经济增长较快,同时也出现了比较高的通货膨胀率。因此,在中国的学术界和政界,都形成了一股强烈的批评声,认为中国经济已进入过热状态。当然,在学术界和政界,持有相反观点的人也不在少数。在紧缩与反紧缩的辩论声中,紧缩论者似乎略占上风。因而,中央政府采取了一系列的紧缩措施,如削减投资规模和信贷规模,等等,调高利率也是其措施之一。需要指出的是,我们不能据此认为1985—1988年间中国确实执行了严格的紧缩政策。因为许多人认为中国的宏观政策实际是"紧而不缩"。判断是否紧缩的标准,一方面是看政府的信息传递,即"告示效应";另一方面还要看政府实际采取的政策力度。虽然中国政府一直宣扬紧缩(特别是在1985年的"巴山轮会议"之后),但政策的执行结果,往往并不是紧缩,而是扩张。这种状况的出现,可能与计划体制下的宏观调控机制密切相关。比如,从信贷规模控制看,信贷规模可以看作是中国货币当局货币政策的中介指标。在每年年初,中国政府往往宣布实行紧缩政策,从紧控制贷款规模,但到年中以后,由于紧缩中出现一片抗议声,企业的资金紧张使得具有"父爱主义"的中央政府无法维护既定政策,只得放松控制、突破规模,因而从全年的执行结果看,宏观政策实际上是一种放松型的政策。具体到利率政策,虽然利率政策不像信贷规模控制那样,有名紧实松的问题,但利率的提高确实存在力度的问题。虽然名义利率在调高,但由于通货膨胀率的变化,实际利率可能仍在不断降低,乃至出现负利率的状况。

这两次的利率调高,既然紧缩政策是其重要动因,则可以看作是货币政策的一种操作手段。这一点与西方国家有明显的不同。在西方,利率一般被视作货币政策的中介指标,而不是政策工具,这是因为西方国家的利率是市场利率,不是货币当局可以直接控制的变量,它与最终目标之间又具有密切的相关性。而在中国,利率是官定利率,而且,利率与最终目标之间缺乏稳定的相关性,所以它又不可能成为中介目标,而只能是操作目标。

另外,中国以调高利率作为紧缩的手段,说明这种行为乃是以传统的经济学观点为理论基础的。无论是新古典学派,还是凯恩斯学派,都认为利率与投资呈负相关关系。而专门用于分析发展中国家的麦金农-萧学派的理论,则持有相反的观点。在麦金农看来,由于发展中国家是一种分割经济,投资的扩大依赖于内源融资(self finance),因而,高的实际利率由于对应高的货币需求,就有利于投资的扩大。中国虽然是一个发展中国家,但中国政府看来并未重视金融深化理论的这种观点。应该说,麦金农-萧学派的理论并不完全适应中国的情况。

从实际操作来看,这两次的利率调高,第一次是在1988年9月1日,被调高的是各档次的银行存贷款利率。其中,1年期银行存款利率从月息6‰调高至7.2‰。这次利率调整,不仅仍然可看作是政府模拟市场利率的一种尝试,而且模拟得更好了一些。首先,从利率水平的差异看,根据货币银行理论,利率水平不同的原因在于风险结构与期限结构。但在中国,利率水平的差异还常常体现在产权安排上。产权与风险不能说毫不相关,但许多时候并无固定联系。比如,从银行存款来说,既然是存在同一家银行,且期限相同,则利率水平由于相同的风险、期限与流动性,不应该有所差异。但中国的银行存款中,相同期限的对公存款利率往往低于个人存款利率,这明显与市场原则相违背。于是,1988年的这次利率调整,拉平了不同产权主体间的存款利率水平。其次,这次利率调整,同时也调高了中央银行与专业银行间的存贷款利率。中国自1984年建立中央银行体制后,虽然货币政策一直采用信贷规模与存款准备金制度的双项控制方式,但后者实际上形同虚设,真正起作用的乃是前者。直到1998年,这种状况才发生根本变化。虽然如此,但合理确定不同利率水平间的关系,仍是符合市场原则的。最后,这次利率调整,将几乎所有的存款与贷款利率都进行了调高,由此可以看出,政府其实正试图建立一个比较符合市场原则的利率体系。

虽然政策设计的初衷,是想控制经济的过热现象,但是,其结果却并不令人满意。究其原因,一方面是因为其他的宏观调控措施,如前所述,并未起到真正的紧缩效果,另一方面,中国的货币政策操作的效果,常常不令人满意。直到最近几年,"凯恩斯陷阱"在中国仍是一个热门的话题。另外,自1988年夏开始,由于政府企图进行全面的价格改革,并错误地进行了大规模的宣传,不但没有引起公众的理解和支持,反而引发了强烈的通货膨胀预期,出现抢购商品的现象。于是,通货膨胀更加严重,1988年的通货膨胀率高达18.5%。形势的变化引发了宏观政策的调整。当年秋季,中共中央的"北戴河会议"明确了治理整顿的方针,价格闯关被迫暂停。相应地,1989年2月1日起,中国的银行存贷款利率继续调高,1年期存款利率提高到月息9.45‰。虽然名义利率极高,但实际利率水平不仅为负,而且低至-6.46%。

这次利率调整后,中国的经济逐渐从过热转向过冷。经济增长率从两位数一下子跌至零点附近。1988年,中国的报刊纷纷讨论"彩电到哪去了",因为当时旺盛的需求使得在新上了113条彩电生产线的中国,仍然难以买到彩电。而仅隔1年之后,报纸上则开始登出商场里大批彩电无人问津的照片,令人慨叹市场的变幻莫测。但我们认为,所谓市场的变幻莫测,其实还与计划体制有莫大关联。因为从中国经济的历史看,其商业循环的波动幅度明显大于西方市场经济国家。其重要原因在于,计划体制的刹车机制较强,其政策时滞较短。1988年秋以来的紧缩,是真正的紧缩,投资支出、信贷规模都得到了有效的控制。当然,调整利率所起的作用并不很强。

出现市场疲软以后,政府为了启动经济,采取了许多措施。诸如增加工业企业贷款、增加商业贷款等。与此相适应,利率的下调已是大势所趋。在1990—1991年间,中国政府三次下调银行存贷款利率。其中,1990年4月15日起,银行存贷款利率下调,比如,1年期存款利率下调到月息8.4‰。1990年8月21日和1991年4月21日,利率又经过两度下调,其中1年期存款利率降至月息6.3‰。但由于通货膨胀率接近于零点,实际利率自然偏高。

1992年后,中国经济开始复苏。复苏的原因,主要在于政策的导向发生了变化。这时,投资的扩大是一个重要的表现。但中国经济仍然难以摆脱忽冷忽热的状况。到1993年,经济已经出现过热势头,通货膨胀死灰复燃,金融秩序的混乱带动了泡沫经济的出现。为此,政府又于1993年5月和当年7月连续两次上调利率。到7月份,银行1年期存款利率已达月息9.15‰。

从1988年以来,中国银行利率水平的确定有一项非常重要的内容,就是保值贴补。在1988年,由于通货膨胀与通货膨胀预期一起上升,政府决定实施保值贴补的政策,即把物价上涨率超过名义利率的差额,作为保值贴补补给储蓄者。保值贴补的实行虽然存在许多问题,其一,是保值只保本金,而不保利息,就是说,银行保证存款实际利率不为负值,但并不承诺支付正的实际利率。其二,是保值只对储蓄存款有效,所以称保值储蓄,而且,在储蓄存款中,只有3年期以上定期储蓄存款才被保值,3年期以下存款则不受保护。其三,如果通货膨胀率高的话,保值贴补就需要巨额的支出,但这笔支出只能由商业银行自己负责。而且,这种支出是由政府决定的,与商业银行的意愿无关。这对银行的经营与市场化都会产生负面影响。但是保值贴补作为一项宏观政策,确实起到了稳定作用。1988年抢购风的平息,保值储蓄可能是当时所采用的最有效的政策。从利率市场化的角度分析,保值储蓄可能具有两方面的作用。一方面,保值储蓄使官定利率向均衡利率靠拢。另一方面,它也干扰了银行的正常经营。

在中国,一些学者将保值储蓄视为浮动利率的一种方式。在名义利率不变的情况下,保值贴补率随着物价上涨率的波动而浮动,这与西方国家可变利率的金融工具颇为类似。西方国家的浮动利率一般是钉住国库券利率,其出现也确实与通货膨胀所造成的利率风险有直接关系。但是,这种浮动利率仍然是由市场供求所决定的。而中国的保值储蓄,其目的在于使实际利率为零,所以仍是一种固定利率,它的决定与市场供求基本无关。

3. 1996年以后银行利率的调整

1996年以后,中国的银行存贷款利率的调整仍然频繁,但调整方向则又改为下调。从1996年到1999年7月止,中国连续7次下调银行存贷款利率。表6.1是这7次利率调整的具体情况。

表 6.1　1996 年至 1999 年 7 月的利率调整

	1965.5.1*	1996.8.23	1997.10.23	1998.3.25	1998.7.1	1998.12.7	1999.6.10
存款利率平均降幅	0.98	1.5	1.10	0.16	0.49	0.50	1.00
各档次利率为：							
活期	2.97	1.98	1.71	1.71	1.44	1.44	0.99
定期							
三个月	4.68	3.33	2.88	2.88	2.79	2.79	1.98
半年	7.20	5.40	4.14	4.14	3.96	3.33	2.16
一年	9.18	7.47	5.67	5.22	4.77	3.78	2.25
二年	9.90	7.92	5.94	5.58	4.86	3.96	2.43
三年	10.80	8.28	6.21	6.21	4.95	4.14	2.70
五年	12.06	9.00	6.66	6.66	5.22	4.50	2.88
贷款利率平均降幅	0.75	1.2	1.50	0.60	1.12	0.50	0.75
短期贷款利率							
六个月以内	9.72	9.18	7.65	7.02	6.57	6.12	5.58
六个月至一年 　（含一年）	10.98/11.52	10.08	8.64	7.92	6.93	6.39	5.85
中长期贷款利率							
一至三年(含三年)	13.14	10.98	9.36	9.00	7.11	6.66	5.94
三至五年(含五年)	14.94	11.70	9.90	9.72	7.65	7.20	6.03
五年以上	15.12	12.42	10.53	10.35	8.01	7.56	6.21
人民银行对金融机构 存、贷款利率							
存款准备金	8.82	8.28	7.56	5.22	3.51	3.24	2.07
备付金存款	8.82	7.92	7.02				
再贷款：							
二个月以内	9.00	9.00	8.55	6.39	5.22	4.59	3.24
三个月以内	10.08	9.72	8.82	6.84	5.49	4.86	3.51
六个月以内	10.17	10.17	9.09	7.02	5.58	5.04	3.69
一年期	10.98	10.62	9.36	7.92	5.67	5.13	3.78

* 1996 年 1 年期贷款分流动资金贷款利率和固定资金贷款利率。
资料来源：《中国金融信息——证券周刊》，1999 年第 24 期。

政府频频调整利率，也是迫不得已。调整利率的动机主要在于：① 启动经济的需要。自 1996 年以来，中国经济增长乏力，就业问题日趋严峻。由于国有企业经营普遍难以为继，大量在这些企业就业的职工被迫下岗。1998 年，中国国有企业共有 600 万人下岗。[①] 同时，通货膨胀逐渐趋缓，甚至转为通货紧缩。东南亚金融危机使得外需难以继续承担拉动经济增长的重任。因而，降低利率，刺激消费与投资的增长，扩大内需，成为决策当局唯一的选择。② 缓解国有企业的经营困难，也是降息的重要考虑之一。利息是企业的成本。据测算，利率每下调 1 个百分点，就可以使国有企业减少成本支出 500 亿元。③ 刺激股市繁荣，也是降息的重要原因。中国的股市，自 1990 年建立二级市场以来，一直是涨

---

① 《人民日报》，1999 年 6 月 27 日。

涨跌跌。每当股市低迷时,政府便出面"救市"。政府干预虽然是正常的,但过多的干预往往招致经济学家的批评。政府干预股市的方法,一是告示效应,即通过在重要报刊发表社论或高层官员发表公开评论的方式,左右股市走向;二是调整各种限制措施(如市场准入等),比如,三类企业、保险资金的入市等;三是直接操纵资金入市或离市;四是调整税率、费率和利率。按照资产需求理论,利率的调整,改变了不同金融资产之间收益率的对比,必然引发新的资产选择过程。利率下调,会使人们减少存款资产,相应增加股票资产。在1999年的刺激股市政策中,政府明显还有企图借股价上涨的财富效应来启动经济的考虑。

该如何分析降息的作用呢？首先,从启动消费的设想看,由于下岗失业问题的大量存在,居民普遍预期未来收入下降或者不确定性增加。由于改革的不断推进,医疗、养老、教育、住房等领域的改革,使得人们又普遍预期未来支出增加。因而,消费倾向对利率的敏感程度就要大打折扣。从启动投资看,企业这一投资主体的投资行为,一方面取决于利率,另一方面也取决于预期的投资收益。在经济不景气的大背景下,企业的投资倾向也要受很大影响。从贷款的可得性看,由于银行近年来的风险约束大于利润约束,过多地关注于风险,因而"惜贷"现象明显,银行不愿意增发大量贷款。从居民家庭这一投资主体看,利用资产需求理论,由于收益率只是资产选择的一个影响因素,因此在财富、风险、流动性等因素基本不变的情况下,仅仅调整利率并没有太大的作用。就活跃证券市场看,这同样是一个资产选择问题。中国股市的风险远高于银行存款,所以降息的作用也大受影响。而且,由于长期以来银行储蓄几乎是唯一的储蓄方式,所以居民对储蓄存款有一种市场偏好。当然,减轻国有企业的债务负担的作用确实存在,但这又只能是权宜之计。

经过连续7次的利率下调,到1999年6月,1年期银行定期存款利率已降至2.25%(年息)。但是,从实际效果看,利率启动经济的效果并不明显,刺激股市繁荣的效果也是时大时小。国有企业依然处于困境之中。种种迹象表明,在中国,至少已经采取的利率政策调整宏观经济的作用并不明显。降息比较明显的作用只是影响了储蓄存款的结构。它使得短期储蓄存款在储蓄存款总量中的比例上升,而长期储蓄存款的比例下降。因而,降息会改变货币的流动性。

1999年11月1日起,中国又开始对利息收入征收所得税,这改变了税后利率,因而可看作是又一次降息。虽然降息和开征利息所得税对居民收入的结果是一样的,但降息会被居民视为收入的减少,而征税将被视为支出的增加,而且这种支出是可以通过减少储蓄存款而规避的。因此,降低利息和征收利息所得税对储蓄的影响是不同的。也正因为如此,加上以往历次降息的效果,降息的作用正在逐渐显露出来。另外,一些学者提出中国应实行负利率政策。负的名义利率政策是降低利率政策思路的自然延伸。那么,既然历次利率调整作用有限,将利率降至零点以下是否就真的有利于启动经济？我们对此持肯定意见。原因是,从中国居民明显地存在通货膨胀幻觉来看,居民关注的是名义利率而不是实际比率。所以,虽然负的实际利率对储蓄影响不大,但负的名义利率对储蓄一定会有较大影响。因此,降低利息和征收利息所得税对储蓄的影响是不同的。

有一种观点认为,中国的银行储蓄存款,其中相当部分是暴富阶层的收入,无论如何降低利息,这部分储蓄也不会转化为消费。应当承认,财富再分配是中国金融资产膨胀的重要原因。但是,储蓄存款中的主要部分并不属于暴富阶层。因此,不能因为部分储蓄存款的归属,就否定降息对减少储蓄的作用。而且,暴富阶层也并非不需要增加消费。比如,中国的房地产市场、汽车市场的活跃,就需要启动这一阶层的消费。

二、利率放开与市场利率的形成

在 20 世纪末,中国的利率改革以利率调整为主,同时就排斥了放开利率的直接市场化变革。关于利率改革是该调还是该放,中国理论界自始至终存在争论。实际的操作走的是以调为主的路子。当然,中国的利率改革并非一味排斥放,只不过,改革中的放主要是放开银行存贷款利率之外的一些利率种类。进入新世纪之后,放开的步子才有所加快。

1. 同业拆借市场利率的放开

这是中国放开得比较早的一种利率。同业拆借市场在中国已存在多年,但管理一直混乱。直到 1996 年,全国统一的银行间同业拆借市场(Chibor)才建立,其拆借利率由供求双方自行决定。最初几个月,拆借市场的利率有一个最高限额,这类似于美国《格拉斯-斯蒂格勒法案》的规定。当年 6 月,利率最高限被取消。同业拆借利率可以看作实行了完全的市场化。

当时,中国的同业拆借市场建立时有两级网络,一级网络的参加者为商业银行的总行和来自 35 个城市的 35 家融资中心。二级网络则是在这 35 家融资中心内,由各家商业银行的分行以及其他非银行金融机构在本地进行交易。在 Chibor 上运行的不仅是拆借市场,从 1997 年 6 月 16 日起,全国的银行间债券市场也加盟这一系统,相应形成了银行间的债券回购利率。这种利率也是由供求自发决定的市场利率。

2. 国债市场利率的放开

中国从 1981 年开始发行国库券。时至今日,企业债券发行较少,国债是债券市场的主要内容。近年来,金融债券的发行数量不断增加。从利率看,1988 年以后,各地逐渐建立了国债交易的柜台市场和区域性的交易市场。1990 年上海证券交易所的建立,使得国债交易出现了全国性的大市场。可以说,1988 年起,二级市场上的国债利率已经放开。1990 年起,规范的全国性的国债二级市场已经形成,我们因而拥有了统一市场上的放开的利率形成机制。但对国债一级市场的利率水平,政府一直进行严格控制。众所周知,国债的利率主要不是指其票面利率,而是其到期收益率。从 1981 年恢复国债发行起,中国政府的国债发行就主要采用行政分配方式。就是说,每年新发行的国债,都是依行政系列,以行政动员的方式,按计划分配认购指标。此时,国库券的发行是半强制性的。从 1991 年起,中国的国债发行改用承购包销的方式。此时,财政部与银行等机构签约,由金融机构承购包销或代销。1996年起,中国的国债改为公开招标方式发行。就是说,在国债发行时,由国债一级自营商等金融机构进行投标,其标的物分别为收益率、发售价格和缴款期。这样,国债的收益率就不再单方面由政府确定,而是由发债人与包销商共同确定。虽然这种招标、投标方式还不很完善,但可以说,从1996年起,中国的国债一级市场的利率,从而国债市场的全部利率都已实行了市场化。

3. 银行存贷款利率的放开

中国对存贷款利率一直管制最严。最初的改革是给商业银行一个利率浮动幅度。1987年1月,中国首次允许商业银行贷款利率以国家规定的流动资金贷款利率为基准,上浮最高不超过20%。1998年10月31日,中国人民银行允许商业银行对中小企业贷款利率的浮动幅度由20%扩大到30%。到2002年上半年,我们允许金融机构对所有企业贷款利率可以上浮30%;2003年,再将浮动幅度扩大到50%;2004年年初扩大贷款利率上限至70%,同年10月29日,我们取消了金融机构(不含城乡信用社)人民币贷款利率浮动区间的上限,只保留了贷款基准利率0.9倍的下限,同时将城乡信用社的贷款利率浮动区间上限扩大为贷款基准利率的2.3倍。2012年6月和7月,人民银行又分两次将贷款利率下限逐步调整至贷款基准利率的0.7倍。伴随着放开贷款利率条件的不断成熟,中国人民银行宣布自2013年7月20日起,全面放开贷款利率管制,取消除商业性个人住房贷款以外的贷款利率下限,放开贴现利率管制,不再对农村信用社贷款利率设立上限。

比较而言,存款利率的放开步子更慢一些。首先放开的是外币存款利率。从2000年9月21日起,外币存款利率开始放开,300万美元以上的大额外币存款利率由金融机构与客户协商确定,小额外币存款利率由中国银行业协会统一制定,各金融机构统一执行。2003年11月,对小额外币存款利率只做上限管理;2004年11月,央行宣布,"今后人民银行不再公布美元、欧元、日元和港币2年期小额外币存款上限,改由商业银行自行确定并公布",这意味着外币小额存款利率已率先彻底放开。目前,除境内1年期(含)以内美元、欧元、港币和日元小额(300万美元以下或等值外币)存款利率仍有上限外,其他外币存贷款利率都已由交易双方自主协商确定。

本币存款方面,1999年,中国批准保险公司与商业银行之间开办协议存款业务,并放开协议存款利率。2004年10月29日,人民银行决定对人民币存款利率实行上限管理,下限放开,存款利率的上限就是存款基准利率。2005年3月,人民银行进一步放开了金融机构同业存款利率。2012年6月,经国务院批准,人民银行允许金融机构人民币存款利率上浮,浮动区间的上限为存款基准利率的1.1倍。2013年12月8日,中国人民银行《同业存单管理暂行办法》颁布。银行业存款类金融机构法人在全国银行间市场上可以发行同业存单,这是记账式定期存款凭证,是一种货币市场工具。同业存单的发行利率将以市场化方式进行定价,固定利率和浮动利率存单均参考同期限上海银行间同业拆借利率(Shibor)定价。这普遍被看作是利率市场化的又一重要步骤。

4. 市场利率与黑市利率

中国的利率市场化仍未完成。截至目前,利率管制虽然在某些年份确实导致了负利率,但实际利率在许多年份还是维持了正值的水平。由于对金融部门不仅有价格管制,金融的投向也有严格的控制,在融资需求亢奋的大背景下,许多经济单位缺乏融通资金的途径。于是,中国的民间金融颇为盛行,民间融资的利率极高,当然风险也很高,各种灰色甚至非法的金融组织和金融活动层出不穷。高利贷、跑路等都是媒体的热词。对于这种资金黑市的高利率水平该如何看待?一些中国学者认为,这种利率代表了中国的市场利率水平,进而断言利率的市场化将会使中国的官定利率水平上涨到黑市利率水平的程度。另一些学者则认为,利率市场化虽可能使利率升高,但不可能有这样大的升幅。应该说,后一种观点是正确的。因为在中国,由于市场是分割的(这符合麦金农分割经济的理论),所以黑市上的供求差距才会如此悬殊。如果形成统一的市场,则市场上供求失衡的状态将会趋于缓和,从而真正的市场利率将低于黑市利率。

5. 利率放开的正常顺序

利率是金融工具的收益率,所以市场上会有许多不同的利率。因而,利率的市场化就有一个不同利率放开的先后顺序问题。从中国以往的道路选择看,基本上采取的是先放开直接金融工具的利率,再放开银行贷款利率,最后放开银行存款利率的策略。中国实行的是以银行为主导的融资制度。所以,利率的放开首先应该是在银行之外,以减少震动。

同业拆借利率之所以首先放开,是因为同业拆借市场的利率是重要的短期利率指标,对其他货币市场利率的变动有重要的影响。金融机构间进行交易的市场行为,直接代表着整个市场的资金供求状况。没有它,整个货币市场的利率市场化就无从谈起。恰恰是这样一个非常重要的利率种类,其放开对整个金融市场的冲击也很小。同业拆借市场放开后,使得中央银行可以以之为基础,制定再贷款与再贴现利率,并通过调整再贷款与再贴现利率,影响商业银行的经营成本,以"告示效应"来引导市场利率走向,进而调节整个宏观经济。

国债市场利率也是金融市场上的重要利率。国债利率的控制主要是缘于理念的错误。因为放开国债利率只会有利于国债发行,没有什么不利影响。中国虽然对国债利率控制过多,但相对于其他利率种类,国债利率也属优先放开之列。国债利率的放开,一方面对金融市场利益格局的影响较小,因为它只涉及国家与居民、企业之间的关系,不涉及企业与银行的关系问题。同时,它还可以为中央银行的公开市场操作提供契机。

同业拆借与国债利率的放开,确实应该在利率调整之后,但时间上可以大大提前。中国的利率调整,从1985年以来,其目的就已经不再是改变以往的低利率状况,而是应对经济形势的变化。所以,同业拆借市场利率与国库券利率的放开,应早在1985年就可以进行。至于这两种利率放开的先后顺序,则可以根据各自的情况,如国债发行一级自营商制度的建立、银行间资金拆借业务网络的运行条件等确定,并无必然的先后关系。中国的选择是基本上同时。

迟至 2000 年 9 月，中国才放开了大额银行外币存贷款利率。由于外币存、贷款分别约占本外币存、贷款总额的 7% 和 6%，规模较小，加之涉及面有限，所以放开外币存贷款利率不会出现什么大的问题。把外币利率放开放在本币利率之前，无疑是正确的。但这一改革似乎也可以更早地进行。

把存款利率的放开放在贷款利率放开之后，是一个基本的选择。因为在中国，金融机构为了争夺资金来源经常发生存款大战，形成对官定利率的冲击。如果先放开存款利率，则银行无法在贷款利率不变的情况下应付存款利率的攀升。而如果两者同时放开，上升的存款利率必然会诱使银行从事高利高风险的资产业务，加剧金融风险。如果是在控制存款利率的同时放开贷款利率，那么，一方面，受企业产出能力与效益的影响，企业不可能接受过高的贷款利率。另一方面，由于银行筹资的成本是固定的，所以银行也不必收取过高的贷款利率。因而，先放开贷款利率，再放开存款利率，对于企业的冲击会小得多。

本章重要概念

利率，现值，未来值，到期收益率，内部收益率，当期收益率，贴现基础上的收益率，即期利率，远期利率，回报率，名义利率，实际利率，资产需求理论，可贷资金理论，流动偏好理论，利率的风险结构，利率的期限结构，违约风险，预期假说，分割市场理论，优先聚集地与流动性升水理论

复习思考题

1. 一张 1 年期贴现发行债券，面值 1 000 元，售价 900 元，其到期收益率是多少？
2. 如果名义利率为 21%，通货膨胀率为 10%，试精确计算实际利率。
3. 为什么利率的波动是顺周期的？
4. 为什么国库券利率一般会低于大额可转让定期存单利率？
5. 如果预期假说是正确的期限结构理论，今后 5 年的 1 年期利率分别为 5%、6%、4%、9%、6%，试计算目前的 1 年期至 5 年期利率分别应是多少。

第七章 金融市场上的汇率

第一节 汇率与外汇市场

汇率(exchange rate)是一种货币用另一种货币表示的价格。每一个国家在商品与劳务的生产上都有其比较优势。因此,如同人与人之间、地区与地区之间需要进行贸易一样,国家与国家之间也需要通过贸易提高生活水平。在国与国之间进行贸易时,由于本国商人往往偏好本国货币,所以一般会伴随着货币的兑换。例如,英国商人如果要购买在美国市场上生产的产品,就必须把英镑换成美元。各国货币之间的交易就形成了外汇市场(foreign exchange market)。在这一市场上决定的不同货币之间的兑换比率就是汇率。当然,虽然不同货币的现钞之间存在着兑换的问题,汇率更主要的还是反映不同国家银行存款间的兑换比率。

一、即期交易与远期交易

不同国家银行存款间的即期兑换称为即期交易(spot transactions),形成即期汇率(spot exchange rates)。即期兑换就是当场交割,实际执行中会有一定的结算时间。不同国家间的银行存款在未来某一特定时间以预先约定的价格进行兑换称为远期交易(forward transactions),形成远期汇率(forward exchange rates)。

远期交易的重要作用是可以防范汇率风险。假定美国进口商进口英国商品,价值10万英镑,约定30天后付款。如果即期汇率是1英镑兑2美元,那么,进口成本就是20万美元。但是,如果30天后英镑升值为1英镑可以兑换2.5美元,那么进口商支付的实际美元成本就将上升25万美元。为了消除这种风险,进口商当然可以买入即期外汇10万英镑,存入银行,在30天后进行支付,但这种方法过于被动。所以,进口商一般会在外汇市场上购买一笔30天后交割的远期外汇10万英镑,这就把未来时间的汇率固定了下来,消除了美元贬值的风险。当然,由于即期汇率与远期汇率会有比较小的差异,所以进口商实际支付的成本可能会稍高于20万美元。但是,由于在30天之内,进口商还可以将资金投资到短期货币市场去,所以能另外挣得一笔收入。当然,远期外汇市场的参加者不仅是进出口商。任何未来时期外汇收付的公司、居民户或组织都会进入远期外汇市场防范汇率风险。投机者也会在这一市场翻云覆雨。如果某一投机者预期外汇汇率将上升,就会要么在即期市场上买入外汇,要么购买远期外汇,待交割以后以更高的价格卖出,从中渔利。

二、汇率的作用

汇率之所以非常重要,是因为它决定了本国商品与外国商品的相对价格。如果某种商品在英国的售价是100英镑,汇率是1英镑兑换2美元,那么这种商品在美国的售价应该是200美元。当汇率发生波动时,如1英镑现在兑换2.5美元,那么这种商品在美国的售价就应为250美元。此时,美国消费者必须为消费同样的英国产品支付更多的美元。同时,英镑的升值会使英国产品在美国的竞争力下降,打击英国的出口产业。

汇率的波动不仅对进出口产生影响,还有许多其他重要影响。比如,如果美元贬值,美国的出口就会增加而进口减少。由于对美国商品和劳务的需求增加,加上进口商品的价格上涨,会使美国的物价水平上升。竞争优势使得美国企业不需尽力降低工资和价格,这也会使美国的物价上涨,并使贬值带来的竞争优势丧失。相应地,如果美元升值,进口增加,出口下降,使得对美国商品与劳务的需求下降,进出口价格的下降会降低美国的物价水平。美国企业面对竞争劣势,会尽力压低成本与价格,工人也因此而限制自己的工资需求,这一切都会导致物价水平的下降。另外,汇率变动对一国不同利益集团的影响是不同的。如果本币贬值,将对本国工人、出口商和与进口商存在竞争的生产商有利。因此,波音公司、福特汽车公司及其工人可能愿意看到美元贬值。但是,美国的消费者则会因美元贬值而支付更多的货币。

三、外汇市场

外汇市场是一个有组织的场外交易市场。这一市场上的交易商主要是银行,它们买卖的是在银行中的外币存款,而不是现钞。买卖价差构成它们收入的来源。外汇的真正需求者和供应者是进出口企业、居民户以及投资基金、银行等金融机构。

外汇市场实际上是一个有众多的参加者、高度竞争的市场。在自由浮动的汇率制度下,像普通商品市场一样,汇率也是由供给和需求的力量决定的。在管理浮动汇率制度下,政府会通过影响外汇的供求而对市场进行一定的干预,以影响汇率走势。现代外汇市场是一个高度发达的市场,所以政府的作用是有限的。

如果以 D 代表美元的需求曲线,以 S 代表美元的供给曲线,E 代表美元汇率,即1美元兑换多少英镑,Q 代表数量,如图7.1所示,外汇的供给曲线和需求曲线的交点,就决定了均衡的外汇汇率和数量水平。决定美元需求的是英国人,因为他们要购买美元进而购买以美元标值的商品、劳务、金融资产或实物资产。如果美元贬值,美国商品的英镑价格就会下跌,因而对美国商品乃至美元的需求将会增加,所以需求曲线向下倾斜。供给曲线是由美国人决定的,因为他们同样要购买英国的商品、劳务、金融资产和实物资产,所以需要将美元换成英镑。如果1美元能兑换更多的英镑,就可以在英国购买更多的物品,所以汇率上升,对美元的供给就会增加,供给曲线因而向上倾斜。

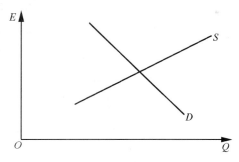

图7.1 供求与汇率的决定

第二节 长期中汇率的决定

购买力平价理论(theory of purchasing power parity, PPP)是揭示长期中汇率决定的重要理论。假定美元的供给与需求曲线最初相交于 E^* 点。现在,英国的价格水平上升,美国的价格水平不变。由于美国商品的价格相对比较便宜,英国人就愿意购买更多的美国商品,使得美元的需求曲线右移。同时,美国人也愿意购买更多的本国商品,使外汇供给曲线左移。新的均衡汇率水平 E_1^* 大于 E^*,说明美元汇率将会上升(见图7.2)。

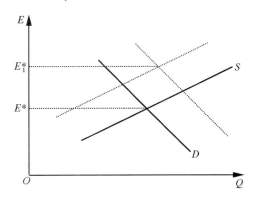

图7.2 购买力平价与汇率的决定

那么,汇率将会上升多大程度呢? 购买力平价理论认为,汇率的变动能够恰好完全抵消通货膨胀的影响。要理解购买力平价理论,首先必须理解一价定律(law of one price)。这一定律指的是,同样的商品在世界范围内的价格应该相同。就是说,如果美国的小麦价格是每吨200美元,英国的小麦价格是每吨100英镑,那么,英镑兑美元的汇率必须是1英镑兑换2美元。否则的话,如果1英镑能够兑换3美元,美元价值被低估,人们就会纷纷买进美元,卖出英镑,购买美国小麦。市场的力量会自发地使英镑和美元的汇率恢复到1英镑兑换2美元。

把一价定律应用到总体价格水平的层次,就会得到购买力平价理论。购买力平价理论又分为绝对购买力平价理论与相对购买力平价理论。绝对购买力平价理论认为,汇率的水平取决于两种货币在两个国家的购买力。由于购买力只能以该国物价水平衡量,所以汇率就是两国物价水平的比值,即:

$$E = \frac{P_A}{P_B} \tag{7.1}$$

其中,P_A 为 A 国物价水平,P_B 为 B 国物价水平,E 为用 1 单位 A 国货币表示的 1 单位 B 国货币的价格。如果 B 国物价水平上涨快于 A 国,B 国货币就会贬值。

相对购买力平价理论认为,一段时期内的汇率变动取决于两个国家的货币购买力或相对价格的变动。用公式表示为:

$$E_1 = \frac{P_{A1}/P_{A0}}{P_{B1}/P_{B0}} \times E_0 \tag{7.2}$$

就是说,如果 A 国的物价水平由基期的 P_{A0} 上升为 P_{A1},同时 B 国的物价水平由基期的 P_{B0} 上升为 P_{B1},则汇率(以 A 国货币表示的 B 国货币的价格)将由 E_0 变为 E_1。如果 A 国物价上涨 1 倍,同期 B 国物价水平只上涨 50%,那么,B 国货币就要升值 1 倍。

从实证材料看,在长期中,相对价格水平变动确实会反映在汇率的变动上。但是,变动幅度并不完全相同。从短期来看,购买力平价理论并不是对汇率进行预测的好的工具。这是因为,一价定律是指同质的商品具有相同的价格。如果购买力平价理论成立,就要求两个国家的所有商品完全是同质的,实际上这是不可能的。比如,美国的福特汽车和日本的丰田汽车是同类产品,但它们不可能是同质的。所以,即使丰田汽车相对于福特汽车的价格上升,由于偏好、性能等原因,美国人可能仍然会购买丰田汽车。另外,许多商品和劳务的价格虽然反映在该国的总体价格水平中,但这些商品是不可能跨国交易的,比如住房、理发、用餐等。所以,市场不可能自发调节使这些商品的价格趋同。因此,这些商品和劳务的价格变化就不会对汇率产生影响。另外,经验表明,购买力平价理论在恶性通货膨胀时期比在温和通货膨胀时期对汇率更有解释力。

除了价格水平以外,以下几个因素也会在长期中对汇率产生影响:

1. 关税和限额

对进口商品征收关税和给予进口数量限制,就会减少对进口商品的需求,相应地,外汇的需求曲线就会左移,使外币贬值,本币升值。

2. 对本国商品相对于外国商品的偏好

如果外国对本国商品的需求增加,那么,本国的出口就会增加,外国人将购买更多的本国货币,使外汇供给曲线右移,外币贬值,本币升值。如果本国对外国商品的需求增加,那么,本国的进口就会增加,使外汇需求曲线右移,外币升值,本币贬值。

3. 生产率

如果本国的生产率高于外国,那么,本国的产品价格就可能下降,这会增加本国商品的竞争力,使得对本国商品的需求增加,并使本币升值。相反,如果本国的生产率低于外国,对本国商品的需求减少,本币将贬值。

第三节 短期中汇率的决定

在金融市场上,汇率总是在频繁地波动。这种变动无法用前面的因素进行解释。以往的汇率理论,往往专注于商品与劳务市场对汇率的影响,而实际上,在外汇市场上,资本的交易与流动远较商品和劳务的交易更为重要。所以,在短期中,外汇买卖主要是把不同的货币当作不同的资产进行交易。所以,利用资产需求理论能够更好地解释短期中汇率的波动。

一、利率平价条件

假定本国货币与外国货币在风险、流动性上是无差异的。按照资产需求理论,人们在选择持有本币或外币资产时将依据两种资产的预期回报率进行决策。假定英国投资者要在美元与英镑两种资产中进行选择,美元的利率为 i^s,英镑的利率为 $i^£$。如果选择持有英镑,其预期回报率就是 $I^£$。如果选择将英镑转换为美元,在下一时期结束时再将美元转换为英镑,就会形成以英镑表示的美元预期回报率,它不仅等于 i^s,而且还要加上在这一时期预期美元的升值幅度。如果以 E_t 表示本期美元汇率,即 1 美元兑多少英镑,以 E^e_{t+1} 表示预期的下一时期美元汇率,以 R^s 表示以英镑表示的美元的预期回报率,则有:

$$R^s = i^s + \frac{E^e_{t+1} - E_t}{E_t} \tag{7.3}$$

由于现代外汇市场的高度流动性,加上本币和外币资产是可以完全替代的,所以如果本币资产的预期回报率高于外币资产,那么人们就会放弃外币资产,购买本币资产。反之,如果本币资产的预期回报率低于外币资产的预期回报率,那么人们就会放弃本币资产转而购买外币资产。所以,市场的力量会使两种资产增长的预期回报率相等,即:

$$i^£ = i^s + \frac{E^e_{t+1} - E_t}{E_t} \tag{7.4}$$

上式称为利率平价条件(interest parity condition)。

上式也可以从美国人的角度进行分析。美元的预期回报率就是美元利率,应该等于以美元表示的英镑存款的预期回报率,也就是投资于外币英镑的预期回报率。后者即英镑利率加上英镑的预期升值率,也就是减去美元的预期升值率,其结果与上式相同,即:

$$i^s = i^£ - \frac{E^e_{t+1} - E_t}{E_t} \tag{7.5}$$

利率平价条件说明,本币利率应该等于外币利率加上外币的预期升值率(减去本币的预期升值率)。举例来说,如果本币利率为 10%,外币利率为 6%,说明外币预期将升值 4%。

二、外汇市场均衡

为讨论外汇市场上当期汇率的决定,我们将本币与外币的预期收益表示为当期汇率的函数。我们从美国的角度进行分析,以美元为本币,以英镑为外币。在图7.3中,以横轴表示预期回报率,以纵轴表示美元汇率,即1美元兑换多少英镑。

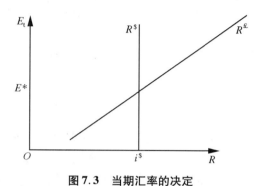

图7.3 当期汇率的决定

如果预期美元汇率保持不变,那么,当即期美元汇率上升时,美元的预期回报率就会下降,以美元表示的英镑的预期回报率就会上升。英镑存款的预期回报率曲线将会向上倾斜。同时,美元存款的预期回报率将恒等于 $i^\$$。因此,美元的预期回报率将垂直于横轴。两条曲线的交点就决定了均衡的即期汇率水平 E^*。如果 $E > E^*$,则英镑的预期回报率将高于美元,没有人会愿意持有美元,美元的超额供给会导致美元汇率下跌至 E^*。同理,如果 $E < E^*$,则美元的预期回报率将高于英镑,没有人会愿意持有英镑,英镑的超额供给会导致美元汇率上升至 E^*。

三、汇率的变动

均衡汇率的变动取决于美元与英镑预期回报率的变动。从英镑的预期回报率看,由于它等于英镑利率减去美元的预期升值率,所以,如果英镑利率 $i^\pounds$ 上升,英镑的预期回报率曲线将向右移动,使均衡汇率下降。这时,人们会纷纷卖出美元,买入英镑,美元汇率自然会下降。相应地,如果英镑的利率下降,英镑的预期回报率将向左移动,使美元汇率上升。如果未来美元汇率预期 E^e_{t+1} 下降,也就是英镑的预期汇率上升,因而英镑的预期回报率曲线也将向右移动,使美元汇率下降。相应地,如果未来美元汇率预期 E^e_{t+1} 上升,也就是英镑的预期汇率下降,因而英镑的预期回报率曲线也将向左移动,使美元汇率上升。如果美国的价格水平预期上升,美国的关税和进口限额预期下降,美国的进口需求预期增加,美国的出口需求预期下降,都会降低美元的预期升值率,使英镑的预期回报率曲线右移,导致即期美元汇率下降。

从美元的预期回报率看,如果美元利率上升,美元的预期回报率曲线右移,会导致美元汇率上升;否则,如果美元利率下降,美元的预期回报率曲线左移,会导致美元汇

率下降。

四、资产市场方法的应用

下面我们以上述分析为工具,探讨一下一些重要的经济因素发生变化后汇率的变动情况。

1. 本币利率的变动

如果本币利率上升,并且利率上升是由实际利率上升导致的,此时,由于通货膨胀预期没有发生变化,外币存款的预期回报率不变,只有本币的预期回报率曲线右移,使本币升值。但是,如果实际利率不变,而是由预期通货膨胀率的上升导致利率上升,由于预期通货膨胀率的上升会导致本币的预期升值率下降,外币存款的预期回报率曲线将向右移动。同时,本币存款的预期回报率也在向右移动(见图7.4)。经验证明,外币存款的预期回报率曲线右移的幅度将大于本币存款,因而,本币汇率将不升反降。

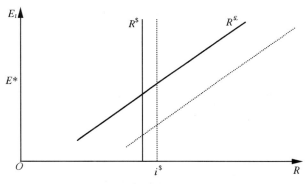

图7.4 本币利率与汇率的决定

2. 货币供给的变动

如果本国货币供给增加,则本国预期通货膨胀率会上升,引起外币存款的预期回报率曲线右移。同时,由于货币供给增加到物价上涨会有一个时滞,在这个过程中,实际货币供给会增加,本币利率可能会下降,即本币的预期回报率曲线将左移。这样,均衡的汇率水平会下降。按照货币中性理论,在长期中,货币供给与利率无关,所以,在长期中本币利率最终会恢复到原来的水平,相应地,汇率水平也会从 E_1^* 升至 E_2^*(见图7.5)。这表明,在短期内,汇率水平的调整幅度可能会大于在长期中的调整幅度。这种现象称为汇率过调(exchange rate overshooting)。金融市场上的汇率水平经常剧烈波动,汇率过调是一个重要的原因。

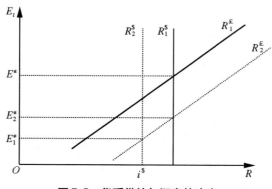

图 7.5 货币供给与汇率的决定

本章重要概念

汇率,即期交易,远期交易,外汇市场,购买力平价理论,一价定律,利率平价条件

复习思考题

1. 为什么会出现外汇的远期交易?
2. 在长期中决定汇率的因素主要有哪些?
3. 如果美国物价水平上升10%,英国物价水平上升5%,那么以英镑表示的美元价格会发生什么变化?
4. 如果美国的名义利率上升,但实际利率下降,美元汇率会发生什么变化?

第八章　衍生产品市场

第一节　期货市场

期货可以分为商品期货(commodity futures)和金融期货(financial futures)。商品期货涉及的是传统农产品或工业品,如粮食、咖啡、铜等。金融期货以金融资产或是其指数为标的物。按标的物不同,又可分为利率期货、外汇期货和股票指数期货。以前,市场上只有商品期货。1972年,芝加哥商品交易所(CME)首先推出了外汇期货合约。1975年10月,芝加哥期货交易所(CBT)开始交易利率期货。1982年,以普通股指数为基础的股票价格指数期货开始出现。期货的一个重要作用是可以防范价格风险。

一、期货的产生

最初的商品交易是现货交易,准确地说,是即期现货交易,即一手交钱、一手交货的交易,全部交易都在特定的时间内完成。其后,出现了现货远期合约交易,即买卖双方签订合约,在未来某一确定的时间,按照确定的价格交易特定数量的商品。远期交易相对于即期交易的优点,是排除了不确定性,它使买方事先获得了稳定的产品供应,卖方事先确定了未来的产品销路,而且交易双方都规避了价格风险。但是现货远期交易也有其缺点,表现在:

(1) 违约风险高。由于是一对一谈判,所以如果任何一方违约,都会使远期合约无法履行。而且,由于合约不是标准化的,所以双方很容易就质量等问题发生争执。

(2) 交易成本高。由于现货远期合约的买方和卖方在商品的数量、质量、时间等方面的供求必须完全一致,才能实现交易,所以双方必须花费大量的交易成本。

(3) 流动性差。远期合约是由买卖双方私下签订的,不同的合约在内容和形式上差异很大,所以远期合约很难转让。

(4) 缺乏价格发现功能。由于买卖双方私下签订合约,合约价格只能反映个别买者和卖者对未来的预期,所以价格往往背离均衡价格。

(5) 缺乏风险承担者。由于参加者有限,所以风险承担者仍局限在商业领域。由于因数量、交割条件等因素的差异会形成许多合约,投机者不能同时购买相同的多份合约,所以要参与进来是很不容易的。

(6) 固定价格。由于价格是固定的,所以也不能适时地反映供求的变化。

期货是为克服现货远期的缺点而发展起来的。最早的期货交易所是美国的芝加哥期货交易所(CBT)。CBT始建于1848年,1865年开始从事期货交易。

二、期货交易机制

期货合约是一种协议。按照协议,其买(卖)方有义务在某一期间结束时接受(提供)基础资产。这种交割的价格在买卖行为中确定,称为期货价格(futures price),进行交割的日期称为交割日(delivery date)。目前,期货交割日多数是3月、6月、9月或者12月的某一指定日期。

期货合约可以看作是远期合约的标准化。合约的转让使得投机者可以作为风险承担者加入进来,因而有利于风险转移(risk transfer)。大量的买者和卖者集中交易,提高了流动性。期货交易的是由交易所创造的工具,即标准化的期货合约,这种合约对商品数量、质量、交货地点和时间有统一明确的规定。在期货合约中,只有一项内容是不固定的,那就是价格,价格是随供求的变化而变化的。期货交易是在交易所里进行的,不允许进行场外交易。期货交易所组织严密,运行规范,在这里,大量的买者和卖者直接或间接进行交易,因而有利于价格发现,形成均衡价格。与远期合约相比,期货合约具有许多优点。

1. 期货的交易程序

期货的交易程序与证券交易很类似。交易者首先要选择一个经纪公司,并申请开立一个交易账户。在缴纳保证金后,就可以进行交易了。经纪商也分为全面服务经纪商和折扣经纪商。期货交易指令也分为市价指令、限价指令、止损指令等。经纪公司在接到指令后,则通知其在交易所的出市代表(或称场内经纪人),进行竞价成交。期货交易者不知道,也无须知道对方是谁。交易所成为其形式上的对方,即买者的卖方,或卖者的买方,并负责合约的履行。

期货合约的平仓(liquidating a position)有两种方式:

(1) 在交割日之前平仓。这种方式占期货交易的90%以上。此时,期货交易者可以进行相反的抵消操作。假定A购买了6月份到期的外汇期货合约,共100份,B出售了同样的合约。那么,A可以在6月前卖出100张同样的合约,B可以买入100张同样的合约。这样,A、B都可以轧清头寸。当然,双方必须要承担盈余或亏损的结果。这种结果可以下述公式计算(平仓卖出时):

利润(亏损) = (平仓价 − 购入价) × 合约份数 × 合约单位 − 总佣金

在期货交易中,投资者初次入市时一般不需要缴纳佣金,而只需要在平仓时缴纳。

(2) 进行实际的交割。如果A和B不采用上述方式,则只能而且必须进行实际的交割,即在6月到期日,A(购买者)接受100张合约所对应数量的外汇,B(卖出者)则必须支付这笔外汇。如果B没有外汇,就必须到现货市场去购买外汇。需要注意的是,在股票指数期货交易中,交易者只能以现金进行交割。期货与远期合约不同。远期合约志在交割,而期货合约一般只有5%会真的进行交割。

2. 清算所

期货交易所由理事会负责管理。交易所中最重要的机构是清算所(clearinghouse)。当然,清算所也可能是独立于交易所的机构。清算所的会员都是交易所的会员,但交易所的会员不一定是清算所的会员。有些经纪公司是通过其他公司结算的。清算所对其会员也有最低资本要求。1883年,CBT成立了一个结算协会,专门办理会员交易的结算,这是清算所的最早形式。期货交易所的清算所不仅负责清算交割,而且具有重要的担保功能。在远期交易条件下,交易双方将承担违约风险。而在期货交易中,买卖双方都是在和清算所进行交易,即由清算所负责履约问题。此时,在期货买入时,清算所自动成为卖出者。如果买入者要平仓,也只需向清算所卖出同样的合约,而不必寻找合约的卖出者进行谈判,从而大大节省了交易成本。

清算所的存在使得期货买卖者不必担心对方违约。但是,期货交易所也必须防范期货买卖的违约风险。与证券买空卖空时的方法类似,期货交易所要求投资者在建立头寸时必须缴纳初始保证金。在期货交易产生伊始,1865年5月,CBT就规定了保证金制度。保证金的数量由交易所规定,但经纪公司往往规定一个更高的水平。随着期货价格的波动,投资者将会形成盈利或亏损。这种变化在每个交易日都会反映在投资者的账户上。就是说,每个交易日终了,交易所都要在投资者的账户上加入盈利或减去亏损数额。这种制度也称为每日盯市,或称无负债结算制度。为了使投资者账户上的资金不会变得太少,交易所也规定维持保证金量。如果达不到维持保证金的要求,投资者必须追加保证金,后者称为变动保证金。如果投资者不予追加,交易所则会强制进行平仓。

期货保证金与证券保证金不同。证券保证金是因为向经纪人借款或借证券而提供的抵押品。期货交易中没有贷款发生,但有交易行为发生。保证金是履约的担保。当然保证金也有利于防止过度投机。

3. 市场结构

期货合约是由交易所创造的,也在交易所内进行交易。当然,交易所本身不买卖合约。美国的主要期货交易所有12个,如芝加哥期货交易所,芝加哥商品交易所(CME)、咖啡、糖和可可商品交易所(CSCE),NYFE等。为防止操纵、欺诈等行为,许多国家都设有专门机构对期货交易进行管理,如美国的商品期货交易委员会(CFTC)。期货交易所本身不能进行期货交易。与股票交易所类似,期货交易所的会员拥有席位,非会员只能通过租用席位进入交易所。交易者包括两类:

(1) 自营商。期货交易所没有指定的造市商。自营商以赚取投机利润为目的,其行为有利于市场的流动性。

(2) 场内经纪人。他们主要为客户执行委托,以收取一定的佣金。同时,他们也为自己的账户进行买卖。

期货交易所内部有严格的管理制度。比如,所有的交易都有严格的规则,是在特定的交易台(pit,一般为圆形)进行的。交易必须以公开叫价的方式进行,不能私下进行。买价为出价(bid),卖价为要价(asked)。如果合约履行时,对合约的规格有所改变,必须要支付升水或贴水,等等。

4. 每日限价

与 NYSE 由专营商出价的方式不同,期货市场价格的稳定是通过每日限价的方式实现的。就是说,期货交易价格不能高于或低于前收盘价的一定幅度。主张限价的人们认为,当新的信息造成期货价格变动时,应该让投资者有充分的时间消化这些信息。正像对 T 加几的讨论一样,对限价是否会防止过度投机,人们的看法并不一致。当然,限价至少使得投资者的日损失数额有了底限。

除每日限价外,期货交易还有数量限制。期货合约一般都规定有最多买进卖出数量。超过一定的数量,交易者必须向交易所逐日报告。这也是为了保证市场财力的完整性。

三、期货的风险与收益

在期货投资时,投资者不必拿出全部金额的投资,而只需要拿出初始保证金就可以进行交易。与现货市场的买卖相比,投资者可以以较少的投资,获得更多投资额所能产生的盈利。比如,如果 1 万元国债为 1 张合约,保证金为 500 元,则投资者只要有 500 元投资,就可以占有 1 万元国债的盈利。一般来讲,期货交易保证金只占交易的合约价值的 5%—10%。

需要指出的是,期货是一种保值手段。所以,只有高杠杆性,才能使保值者以较少的资金实现保值的目的。

四、期货合约的定价

期货合约应以何种价格买卖,这是一个定价的问题。如果假定期货的基础资产在现货市场上的价格为 P,这种资产所能带来的现金收益为 Y,目前金融市场上到交割日这段期间的利率水平为 R(由于 R 是借入资金的成本,我们称之为融资成本),那么,我们就可以推导出期货的买卖价格。

首先看期货的卖价 F。F 意味着现在确定了未来时期的卖出价格。投资者欲实现这一交割,需在现货市场上买入基础资产(假定为债券)。如果借入资金在现货市场上购入基础资产的净支出低于 F,则在到期日,投资者不仅可以交割资产,归还贷款,还可以获得无风险利润。市场的存在能够消除无风险套利的机会,因而在均衡条件下贷款购入证券的全部支出应等于 F。这种支出包括证券的价格加上贷款的利息,再减去证券所带来的收入,即:

$$F = P + RP - YP = P + P(R - Y) \tag{8.1}$$

假定基础资产 X 的现货价格为 100 元,年利率为 4%,期限为 3 个月,基础资产收入为 8%。如果期货价格为 105 元,则投资者先以 105 元卖出期货,同时再借入资金 100 元,在现货市场买入该基础资产,至到期日,投资者将持有的现货资产用于交割,结清期货头寸后,其购入证券的全部支出为 $100 + 100 \times 4\%/4 - 100 \times 8\%/4 = 99$(元),小于卖出期货所得收入 105 元,可以获得无风险利润 6 元。① 所以,期货卖应为 99 元。

再看合约的买价。由于买卖价格必须一致,我们也以 F 表示。买入合约意味着在到期日必须接受固定价格和数量的资产。要轧清头寸,投资者必须先在现货市场上卖空。投资者能否通过先在现货市场上卖空资产,再以合约买入价接受资产,进行套利,取决于期货定价是否合理。如果投资者在现货市场上卖空同样数量的资产,然后将资金以利率 R 进行投资,至到期日所得的净收入大于 F,则投资者也可以在将交割的资产用于轧清卖空头寸,用投资本息支付期货价格后,获得无风险利润。卖空证券进行投资的全部收入为证券价格加上证券价格乘以贷款利率,再减去证券的收益。这里需要注意的是,在卖空条件下,资产收益是由卖空者支付的。不仅利息如此,资本增值也是卖空者的损失。为消除无风险套利,均衡条件应为:

$$F = P + RP - YP \tag{8.2}$$

这与前式是完全一样的。

如前例,仍假定基础资产 X 的现货价格为 100 元,年利率为 4%,期限为 3 个月,基础资产收入为 8%。如果期货价格为 95 元,则投资者先以 95 元买入期货,同时再在现货市场上卖空该基础资产,得资金 100 元并以 4% 的利率贷出,至到期日,投资者将接受现货资产结清期货头寸,并用于结清卖空头寸,其卖空证券的全部收入为 $100 + 100 \times 4\%/4 - 100 \times 8\%/4 = 99$(元),大于买入期货支出 95 元,可以获得无风险利润 4 元。所以,期货卖价应为 99 元。

这种通过使无风险利润为零的方式计算的期货合约价格,称为理论期货价格(theoretical futures price)。理论期货价格一般不等于资产的现价。因为 $P(R-Y)$ 一般不为零。$R-Y$ 是融资成本高于资产收益的部分,称为融资净成本,也称存储成本(cost of carry)。但到交割日时,融资净成本趋于零,期货价格将等于现货价格。

需要注意的是,按上述方法计算的理论期货价格,与实际价格往往并不一致。这是因为,(8.1)式忽略了几个重要内容:

(1)期间现金流量。前面的讨论没有考虑保证金及其变动。而且,股利和利息支付都在交割日进行,R 和 Y 的计算没有考虑复利问题。

(2)借款与贷款的差异。前面的分析将借贷利率统一用 R 表示,因而期货的买卖价相同。但在金融市场上,借款利率往往高于贷款利率,即金融资产的卖价高于买价。所以,理论期货价格应为一个区间。

(3)交易成本。如果考虑到交易成本,则要使无风险套利利润为零,理论期货价格也必须改变。

---

① 如果证券的收益是预期的股利,则这种套利称为准套利。

(4) 卖空收入。在卖空现货买入期货的套利方式中,由于投资者不能提取现金收入,也就不能进行投资,挣得 R。

(5) 交割资产与交割日的不确定性。在许多情况下,用于交割的资产是可以选择的,买方并不知道哪种资产将用于交割。而且,期货空方往往还有选择交割日的权利,所以,买方也不知道具体的交割日。

(6) 指数期货。在股票指数期货交易中,由于基础资产是综合指数,因此涉及一大批证券,如标准普尔 500 指数,就涉及 500 种股票。同时买卖这么多种股票进行套利,其交易成本太高。可能的选择是构造一个证券组合。但这一组合的波动往往与指数波动并不一致,因而不能进行无风险套利。

五、利用期货的套期保值

套期保值是指在期货市场中持有与现货市场相反的头寸。卖出套期保值能使套期保值者所拥有的存货价值不受损失。买入套期保值使想在未来购买商品的人可以防范价格上涨的风险。利用期货进行套期保值的原理是,现货价格和期货价格都是由供求决定的,两者的变动方向应该是相同的。如果期货交易者为了防范未来在现货市场交易的风险而进行期货市场的操作,在基差(现货价格 - 期货价格)不变的条件下,他就可以固定远期现货价格,完全消除未来的不确定性。此时,套期保值者获得了价格保护。价格风险被转移给那些投机者。

假定某企业每月需购入小麦 100 吨,小麦现价为 2 000 元/吨。如果 1 个月后小麦价格上涨,则企业将面临成本上升的风险。为锁定成本,规避价格上涨的风险,企业可以购买 3 个月后到期的小麦期货 100 吨,假定其价格为 2 100 元/吨。1 个月后,现货价格果然上涨到 2 200 元/吨,期货价格上涨到 2 300 元/吨。这样,该企业在现货市场上的损失为 2 万元,在期货市场上的盈利也为 2 万元(不考虑交易成本)。由于基差不变,盈亏恰好相抵,称为完全套期保值。

需要注意的是,如果基差发生变化,交易者就要承担相应的风险,这称为基差风险(basis risk)。比如,现货价格的波动,对交割月份较远的期货合约价格的影响较小。本地现货市场价格的变化不一定能影响反映全国甚至国际状况的期货价格。期货合约的等级可能与现货的等级不一致,而不同等级商品的价格波动也可能不一致。

另外,如果套期保值的期货合约的基础资产不同于被保值的资产,这种交易即为交叉套期保值(cross hedging)。如果基础资产的期货价格与被保值资产的价格发生异动,或者是因为基础资产的基差发生变化,或者是因为被保值资产与基础资产的现货价格关系发生变化,交易者必须承担交叉套期保值风险(cross hedging risk)。

最后,由于期货合约有标准的单位,套期保值者的现货数量可能与期货合约数量不完全一致。所有这些说明,期货合约不能提供完全的保险。它可以有效地防范价格风险,但又产生了新的风险。

第二节 期权市场

一、期权

期权是一种合约,它承诺其买方可以在规定的时期内(或规定的日期)按照规定的价格从卖方处购买或卖给卖方一定的物品。立权人(writer),又称期权的卖方(seller),要向买方收取一定的货币,称为权利金(option premium),或称期权价格(option price)。期权合约中规定的买卖资产的价格称为施权价(strike price),或称执行价格。这一价格与现货价格的差额具有重要意义。期权到期的时间称为到期日(expiration date)。

按照期权买者的权利,也就是期权合约授予买方的权利是购入还是售出资产的不同,期权又分为看涨期权(call option)和看跌期权(put option)。前者又称买权(call),后者又称卖权(put)。

根据买方何时可以执行期权,期权又可分为欧式期权(European option)和美式期权(American option)。在到期日前任何时候都可执行的期权叫美式期权。只能在到期日执行的期权是欧式期权。按照期权的基础资产的不同,期权又可以划分为股票期权、利率期权、外汇期权、股票价格指数期权和期货期权。

假定投资者 A 花 100 元从 B 那里购买了 1 单位的国库券的买权,到期日为 6 个月,施权价为 1 万元。假定这是美式期权。如果在这期间 1 单位的国库券现货价格超过 1 万元,A 随时都可以执行期权,以 1 万元价格向 B 买入这笔资产。如果价格不利,A 就不会执行期权。因为期权的购买者只有权利,没有义务。

期权的买方在缴纳权利金后,就拥有赚取利润的机会,它的最大损失就是权利金。期权的卖方最多只能挣得权利金,还要承担巨额损失的风险。

二、期权的产生

期权的早期形态可以追溯到 2000 多年前的古希腊时期。为了获得运输的保证,商人们往往事先支付一笔保证金,以保证在需要运货时一定能得到舱位。到 20 世纪 20 年代,在纽约出现了期权的场外交易市场。一些经纪人负责联络买卖双方,收取一定的手续费。由于标准化程度低、交易成本高,所以并不活跃。直到 1973 年,芝加哥期权交易所(CBOE)成立,才开始了场内交易期权的时代。

三、场内交易的期权与场外期权

许多期权是在交易所内进行交易的,或者说是由交易所创造的。也有一些期权在场外市场进行交易。比较而言,场内期权的优点是:① 合约标准化。每份期权都有统一、标准化的规格,如施权价、到期日、每日价格最大波动幅度、交易量、最小变动价位、交割方式等。② 交易规范化。与期货一样,期权的买方和卖方都只以清算所为对家,互相不直接联系。而且,交易也采用集中竞价的方式。③ 交易成本低。由于场外期权是专门设计的,所以交易成本较高。而且,这种期权流动性较差。

四、期货与期权的差异

1. 权利义务不同

期货的买方和卖方都有履约义务。期权的卖方有义务,而买方没有。期货的权利和义务只能在到期日行使,而且必须行使。而美式期权则可以在到期日前行使。期货的买方不向卖方支付权利金,而期权的买方必须支付权利金。

2. 风险收益特性不同

期货合约双方的风险与收益是对称的。双方同样承担风险。价格的波动是一方的盈利,同时又是另一方的亏损。期货价格上涨1元,买方就实现1元的收益,卖方同时损失1元。期权的风险收益是不对称的。买方的收益为基础资产价格减去施权价再减去权利金(买权时),没有风险。卖方承担全部风险,其最大收益就是权利金。

3. 价格确定方式不同

期货合约中的价格是由合约交易过程确定的,而期权合约的施权价是合约中事先确定的,只有权利金是在交易中确定的。由于施权价的不同而形成不同的期权合约,再加上期权分为看涨期权和看跌期权,所以期权合约的种类远多于期货合约。

4. 标准化方面不同

期货合约都是标准化的,只能在场内交易。场内交易的期权是标准化的,但场外交易的期权则不一定。

5. 保证金要求不同

期货的买卖双方都必须缴纳保证金。如果期权的买方已全额交付权利金,就不需要再缴纳保证金。因为对买方来讲,权利金是最大损失。基础资产价格的波动并不带来风险。由于卖方需承担基础资产价格波动的风险,所以权利金一般会被作为保证金。在价格出现不利变动时,卖方一般也要追加保证金。

6. 套期保值方面

期货交易的目的在于消除风险,所以也消除了盈利的机会。而利用期权则能把盈利的可能留给自己。

五、期权的风险与收益

我们考虑四种情况下期权的风险与收益。为讨论的方便,我们假定不存在交易成本,期权也不会提前执行。

（一）买入看涨期权

1. 买入看涨期权的损益状况

如果投资者买入看涨期权,它就建立了多头看涨头寸(long call position)。此时,施权价为买者提供了买价的上限。

假定投资者购买了以 X 资产为基础资产(underlying asset)的看涨期权,1 个月到期,施权价为 100 元,权利金为 3 元,X 的现价为 100 元。我们来看投资者的收益状况。

（1）如果在到期日 X 的现货价格小于等于 100 元,投资者不会施权。因为施权意味着以更高或相同的价格买入。此时,投资者将损失 3 元。

（2）如果在到期日 X 的现货价格大于 100 元,投资者将执行期权。因为以 100 元买入 X 后,再在现货市场上以高于 100 元的价格卖出,投资者就可以获得价差。当价差小于 3 元时,投资者可以减少亏损。如果价差高于 3 元,即现货价格高于 103 元,投资者就可以获得盈利。多头看涨头寸的损益状况可以图 8.1 中的实线表示。

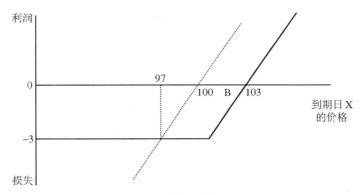

图 8.1　多头看涨头寸的损益状况

2. 与多头头寸的比较

作为类似的投资方式,多头头寸也有其损益状况。我们可以将两者对照一下。

如果投资者在期初以 100 元购入 X 现货,即持有多头头寸。那么,价格的上涨或下跌就是投资者的等额盈利或损失。这在图中以虚线表示。

比较而言,多头看涨头寸的损失最多只为 3 元,而多头头寸的损失最多为 100 元。但如果 X 的到期现货价格高于 97 元、低于 100 元,则前者的损失大于后者。如果 X 的价格高于 103 元,则前者的盈利低于后者。

需要注意的是,前面比较的是 X 资产多头头寸和同样资产的买入看涨期权的损益状况。但多头头寸的投资额是 100 元,而多头看涨头寸的投资额是 3 元。因而,期权有明显的财务杠杆效应。如果投资者使用与多头头寸一样的投资额,就可以购买 33.33 份看涨期权,因而如果 X 价格上涨,投资者的收益率将远大于多头头寸的收益率。当然,如果 X 价格不变,多头头寸没有损失,而多头看涨头寸则会损失全部的 100 元。

（二）卖出看涨期权

此时，期权的卖方建立的是空头看涨头寸（short call position）。由于期权合约是零和博弈，一方的收益就是另一方的损失，因而空头看涨头寸的损益状况与多头看涨头寸正好相反。其最大收益为权利金，而其损失可能为无穷大，如图 8.2 所示。

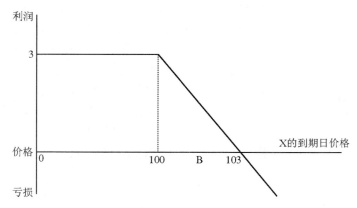

图 8.2　空头看涨头寸的损益状态

（三）买入看跌期权

1. 买入看跌期权的损益状态

此时，期权的买方建立的是多头看跌头寸（long put position）。假定投资者 A 买入 1 单位 X 资产的看跌期权，1 个月到期。在到期日 A 的损益状况为：

如果 X 的现价大于等于 100 元，A 不会执行期权，他将损失 3 元。如果 X 的现价低于 100 元，A 会执行期权，因为在现货市场上以低于 100 元的价格买入 X 资产，再以 100 元卖给立权人，A 将获利，或减少损失。如果 X 的资产现价等于 97 元，投资者盈亏平衡。看跌期权的损益状况如图 8.3 中实线所示。

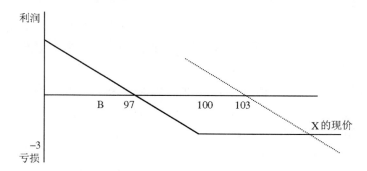

图 8.3　买入看跌期权的损益状况

与多头看涨头寸一样，多头看跌头寸的损失至多为权利金。但是，其最大盈利是确定的，即为施权价减去权利金，即 X 的现货价格为零的情况。而多头看涨头寸的最大盈利取决于 X 的现货价格,事先是不确定的。

2. 多头看跌头寸与空头头寸的比较

在空头头寸条件下,如果 X 的价格大于等于 103 元,空头头寸损失 3 元以上,而多头看跌头寸只会损失 3 元。但是当 X 的价格大于 100 元小于 103 元时,空头头寸的损失将小于多头看跌头寸的损失即 3 元。如果 X 的价格大于 97 元小于 100 元,则空头头寸有盈利,而多头看跌头寸仍为损失。如果 X 的价格小于 97 元,则空头头寸的盈利将大于多头看跌头寸的盈利(多 3 元)。

可以看出,卖空资产既有风险又存在获利能力,而买入看跌期权风险很小,但拥有几乎同样的获利潜力(相差额为权利金)。

(四) 卖出看跌期权

此时,投资者建立了一个空头看跌头寸(short put position)。其损益与多头看跌头寸正好相反。其最大利润为权利金,最大损失为施权价减去权利金,如图 8.4 所示。

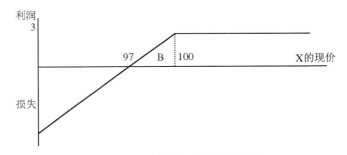

图 8.4　空头看跌头寸的损益状态

前面的分析并没有考虑货币的时间价值。比如,期权的买方购买期权需要付出融资成本。如果卖方可以动用期权费进行投资,它也可以获得投资利润。因而,在多头看涨头寸条件下,盈亏平衡点不应是 103 元,而应是 103 元加上借款利息。空头看涨头寸的盈亏平衡点应为 103 元减去贷款利息。同样,多头看跌头寸的盈亏平衡点应为 97 元减去借款利息,而空头看跌头寸的盈亏平衡点为 97 元加上贷款利息。

此外,在期权与附属资产操作盈亏的对比中,我们没有考虑附属资产的期间现金流量。附属资产有股息、利息分配,而期权没有。而且,期间现金流量还有可能引起资产价格的下降。按照现行的做法,出现期间现金流量是不会改变期权施权价的。只有出现股票分割送配时,才会对合约中的价格进行相应调整。

六、期权的价格

按照前面的分析,期权的收益状况与期权价格有很大的关系。现在,我们开始讨论期权的价格是如何决定的。

1. 期权价格的构成

期权的价格是以下两项内容相加的结果。

(1) 内在价值。如果投资者立即执行期权不能带来利润,我们称这一期权的内在价值(intrinsic value)为 0。如果期权的立即执行能够带来正的经济价值,这一数额就是其内在价值。对于看涨期权,如果附属资产的现价小于等于期权的执行价格,那么,这项期权的内在价值为 0。如果附属资产的现价大于期权的执行价格,那么,两者的差额就是期权的内在价值。比如,如果看涨期权的期权执行价格为 100 元,而附属资产的现货价格已涨到 110 元,那么,期权的内在价值就是 10 元。此时,期权的买方可以执行期权,以 100 元的价格买入附属资产,再以 110 元的价格在现货市场上卖出,从而获得 10 元的利润。同样,对于看跌期权而言,期权的内在价值就是执行价格减去资产的现价(大于 0 时)或 0(小于等于 0 时)。如果投资者能以 90 元的价格在现货市场上买入资产,再以 100 元的市场价格卖给立权人,就可以获得 10 元的利润,即内在价值。如果期权的内在价值大于 0,就称这项期权为获利期权(in the money)。如果基础资产的现价小于看涨期权的执行价格,或大于看跌期权的执行价格,那么,这项期权称为无利期权(out of the money)。如果期权的执行价格与资产的现价相同,就称这项期权为平值期权(at the money)。

(2) 时间溢价。期权的价格往往并不恰恰等于,而是大于期权的内在价值。这是因为,资产的现价在未来会不断变化,期权的购买者在到期日前执行期权,有可能获得比立即执行期权更大的利益。为了获得这种收益,期权买方愿意超过内在价值支付期权的价格。超过的部分称为时间溢价(time premium)。一般而言,越是远离到期日,期权的时间溢价越大。如果看涨期权的价格为 10 元,执行价格为 100 元,附属资产的现价为 106 元,则期权的内在价值为 6 元,时间溢价为 4 元。在这种情况下,虽然期权的买方要实现其头寸的价值,既可以选择卖出期权,也可以选择立即执行期权,但前者获利 10 元,后者获利 6 元,他一定会选择前者。立即执行相当于放弃时间溢价。

2. 看跌-看涨期权平价关系

看跌-看涨平价关系(put-call parity relationship)指的是,其他条件完全相同的看跌期权与看涨期权的价格应该相等。就是说,如果一项看跌期权与一项看涨期权的附属资产、执行价格、到期日等都相同,那么,两者的期权价格也应该相同。其原因是,如果两者价格不同,就会产生无风险套利机会。

假定投资者 A 同时参与看涨与看跌期权。比如,它可以买入 X 资产的一个看跌期权,卖出一个看涨期权。假定前者的价格为 5 元,后者的价格为 7 元,执行价格都是 100 元。为了轧清头寸,它可以同时在现货市场操作,持有现货资产多头头寸。假定他以 100 元买入现货资产。考虑至到期日将出现的以下三种情况:

(1) 现货资产价格上升。由于现货价格大于 100 元,比如 110 元,A 的看涨期权对家将执行期权,向 A 以 100 元的执行价格买入 X 资产,A 因而损失 10 元。但同时,A 的现货多头头寸可以赚取 10 元。两者可以相互抵消。A 买入的看跌期权不必执行。由于 A 卖出看涨期权收入 7 元,买入看跌期权支出 5 元,所以 A 可以获得 2 元的收益。

(2)现货资产价格下降。如果现货价格小于 100 元,比如 90 元,A 可以执行看跌期权,由此收入 10 元。但由于在多头现货市场上也损失 10 元,所以盈亏恰好相抵。A 的看涨期权对家不会执行期权。此时,A 也可以获得 2 元的收益。

(3)现货价格不变。看涨看跌期权均不需要执行,多头现货头寸不盈不亏,A 也稳获 2 元的收入。如果投资者 A 借入 102 元,就可以创造这一头寸。不考虑融资成本等因素,他可以稳稳获得 2 元的收入。市场的存在会迅速地消除这一无风险套利机会。于是,或者看涨期权的价格下降,A 的卖出期权收入小于 7 元,或者看跌期权的价格上涨,A 的买入期权支出大于 5 元,或者附属资产的现货价格上升,A 的多头头寸将支出 100 元以上,从而与执行价格拉开距离,使现货市场盈利不能抵补期权亏损,或现货亏损大于期权盈利,或者几种情况同时发生,最终使无风险套利机会消失。

当然,上述平价关系是一种简化的分析。它没有考虑到在到期前执行期权的情况,所以是一种欧式期权。它也没有考虑资金的时间价值。①

3. 影响期权价格的因素

(1)附属资产的现价。附属资产现价的变化将引起期权内在价值的变化。如果其他因素不变,在既定的执行价格下,现货市场价格上升,将使看涨期权的内在价值上升、价格上升,看跌期权的内在价值下降、价格下降。

(2)执行价格。执行价格是在期权合约中确定的。如果其他条件不变,执行价格越高,看涨期权盈利的可能性越小,价格越低,相应地,看跌期权的价格越高。

(3)距到期日的时间。期权是有权不使,过期作废。距到期日的时间越长,执行期权获得更大收益的可能性越大。这一时间越短,附属资产价格发生有利波动的可能性越小。因而,美式期权的价格随着到期日的临近将趋向于内在价值。

(4)附属资产价格的不确定性。在期权期内,附属资产价格波动的方差和标准差越大,期权买方获利的可能性就越大,期权的价格就会越高。

(5)短期无风险利率。购买附属资产需要资金,资金需要融资成本。所以,短期无风险利率越高,持有附属资产头寸所需支付的成本就越高。在权衡附属资产头寸和期权头寸时,人们会增加对期权的需求,所以无风险利率越高,看涨期权的价格越高。

(6)预期的对附属资产支付的现金。附属资产的分红派息活动会降低其价格。但是,期权的执行价格一般并不因此而发生变化。在现货头寸与期权头寸的比较中,如果是看涨期权,附属资产的现金支付,会使投资者更偏向于现货头寸,使期权的价格下降。如果是看跌期权,由于附属资产价格更倾向于下跌,看跌期权的价格会上升。

---

① 更一般的公式是:$C - P = S - \dfrac{E}{(1+r)^T}$,其中,$C$ 为买权价格,P 为卖权价格,S 为股票现价,E 为执行价格,r 为无风险利率,T 为期权的期限。

七、期权的作用

与期货一样,期权的重要作用也在于对冲风险。但利用期权的套期保值与利用期货的套期保值不同。后者在消除风险的同时,相应的也把盈利的机会消灭掉了。前者则不同,投资者利用期权进行套期保值,不仅消灭了风险,而且还保留了盈利的机会。当然,投资者为此必须支付期权价格。

1. 利用看涨期权进行套期保值

如果投资者计划在未来购入某种资产,他就面临这种资产价格不确定性的风险。如果这种资产的价格上升,投资者将面临损失。为了消灭这种风险,投资者可以购买一份以这种资产为附属资产的期权合约。一旦附属资产的价格上升,投资者可以执行期权,从而不会为购买资产而支付更多的货币(当然需多支付一个期权价格)。如果附属资产的价格下降,投资者可以不执行期权,同时享受以更低的价格购入附属资产的好处。

假定 X 资产当前的现货价格是 100 元。投资者 A 计划 1 个月后将购买这种资产。为防范价格上涨的风险,A 可以购买 1 个月到期、执行价格为 100 元、期权价格为 3 元的看涨期权合约。如果 X 的现货价格 1 个月后上涨到 100 元以上,如 110 元,投资者可以执行期权,以 100 元购入 X 资产。除去 3 元的期权价格,A 可以把购买价格锁定在 100 元。如果现货价格低于 100 元,投资者不会执行期权,而且仍可以享受以较低的价格购入 X 资产的机会。

我们可以对比一下以期货为手段的套期保值。为防范价格上涨的风险,A 也可以购买一份以 X 为附属资产、1 个月后到期的期货合约,假定价格为 100 元。如果 1 个月后 X 资产的现货价格大于 100 元,比如 110 元,A 仍可以以 100 元买入 X 资产,进行交割,从而风险被消除,而且不支付期权价格这样的费用。但如果 X 资产的价格不升反跌,如为 90 元,则 A 不能以较低的现货价格(90 元)购买 X 资产,而只能以 100 元进行交割,买入 X。

2. 利用看跌期权进行套期保值

如果投资者预期将来要卖出某种资产,它就要面对价格可能下跌的风险。为此,他可以买入看跌期权。如果资产价格果然下跌,投资者可以执行期权,从而可以保证以既定的价格卖出,避免损失。

假定投资者 A 持有 X 资产,现货价格为 100 元,计划 1 个月后卖出。为什么不现在卖出呢?其原因,可能是 A 希望 1 个月后 X 资产的价格上涨,也可能是 A 现在不能卖出这些资产,或者只有在 1 个月后才能得到这笔财产。为了防范价格下跌的风险,A 可以购买一份以 X 为附属资产、1 个月到期、执行价格为 100 元、期权价格为 3 元的看跌期权。1 个月后,如果 X 的现货价格果然下跌到 90 元,A 可以执行期权,仍以 100 元的价格卖出。扣除 3 元的期权价格,A 的卖价被锁定为 100 元。如果 X 的现货价格上涨为 110 元,A 则不执行期权,同时享有以 110 元的更好价格卖出的机会。当然,3 元的权利金是 A 的成本。

如果 A 以卖出期货合约的方式进行套期保值。假定 X 的现货价格下跌到 90 元，A 仍可以以 100 元卖出。但如果 X 资产上涨到 110 元，A 仍然必须以 100 元卖出，从而不能享受现货价格上涨的好处。

由此可见，期货和期权是两种不同的套期保值方式。期权优于期货之处是保留了盈利机会。而期货优于期权之处是不需要支付期权价格。

八、奇异期权

1. 可选择期权

可选择期权（alternative option）与普通期权的区别在于，期权的买方所拥有的买卖附属资产的权利不是唯一的，而是可选择的。就是说，可选择期权的附属资产有两种而不是一种，相应地，期权的执行价格也有两个。投资者可以选择对自己有利的附属资产执行期权。

假定投资者可以购买一份可选择看涨期权合约，合约的附属资产为 X 和 Y 两种，资产 X 的执行价格为 100 亿元，资产 Y 的执行价格为 150 元。假定期权 3 个月到期，而且是欧式期权。3 个月后，资产 X 的现货价格为 110 元，资产 Y 的现货价格为 170 元。那么，投资者会选择执行资产 Y 的期权，获得 20 元的收益（当然还要减去期权的价格）。当然，如果 X 和 Y 资产的价格都已下跌，如分别为 90 元、140 元，投资者就不会执行期权。

2. 优异表现期权

优异表现期权（out performance option）与可选择期权一样，也有两个附属资产（或两个资产组合）。所不同的是，期权买方是否执行期权，并不取决于两种资产现价与各自执行价格的差额的比较，而是取决于两种资产（或资产组合）的收益的比较。只有当投资者预期的两种资产的收益的差值为正时，投资者才会执行期权。此时，期权的执行价格为两种资产的收益的差值。

假定投资者可以购买一份优异表现看涨期权合约。附属资产组合 X 的市值 1 亿元，附属资产组合 Y 的市值也是 1 亿元。执行价格为 X 的市值减去 Y 的市值。如果在到期日（假定为欧式期权）X 的市值为 1.2 亿元，Y 的市值为 1.1 亿元。投资者将执行期权，获得 0.1 亿元的收益（还要减去期权价格）。如果 X 的市值为 1.2 亿元，Y 的市值却为 1.3 亿元，投资者将不会执行期权。

第三节 互换、上限和下限市场

互换、上限和下限是在场外交易的金融衍生产品。与期货和期权一样，它们也是控制风险的有力工具。

一、互换

每种金融资产都能带来一定的未来支付，或者说现金流。而不同的金融资产所带来的支付是不同的。如果投资者同意在一个固定的名义本金额(notional principal amount)的基础上定期交换支付,那么他们据此而达成的协议就是互换(swap)。互换的双方称为对手(counterparties)。每一方支付给对手的数量都等于规定的定期支付率乘以本金。需要注意的是,本金是不支付的。作为金融工具的互换和互换商品的使用不同。因为不同的金融工具有不同的风险和预期收益。而且,同种金融工具会因为持有者和发行者的不同而产生不同的支付。互换就像人们之间的互相利用一样。比如,A公司董事长的儿子可以在B公司工作升迁,作为交换,B公司董事长的儿子可以在A公司工作升迁。当然,儿子是不互换的。

1. 互换的分类

按照互换支付的特点不同,互换可以分为以下四类。

(1) 利率互换(interest rate swap)。在利率互换中,本金的名义额和支付的种类都是相同的。双方交易的是不同的利率。其中一方的支付可能是固定利率,而另一方的支付是浮动利率。当然,双方也可以互换浮动利率,比如联邦基金利率与LIBOR的互换。互换的期限一般超过2年,有的甚至超过15年。假定公司A和公司B签订一项互换协议,名义本金额为100万元。按照协议,在以后的5年中,每年的12月31日,A公司支付给B公司5%的利率,而B公司支付给A公司一个浮动利率,比如联邦基金利率。这样,B公司每年将收到一个固定的支付额5万元(100万元乘以5%),而A公司每年将收到的支付取决于该年的联邦基金利率水平,是不固定的。如果该利率在下一年为3%,A公司当年只能收到3万元。

(2) 利率-权益互换(interest rate-equity swap)。与前者不同,在利率-权益互换中,一方交易的是以利率为基础的支付,而另一方交易的则是以某种股权指数为基础的收益率。假定投资者A与B签订互换协议,名义本金额仍为100万元。A在今后5年内每年支付给B S&P 500指数当年的收益率减去300个基点,而B每年支付给A联邦基金利率。如果下一年S&P 500指数的收益率为10%,而联邦基金利率为6%,则A需要支付给B 7万元,B要支付给A 6万元。当然,在这种协议中,B支付的也可能是固定利率,如6%。

(3) 股权互换(equity swap)。在股权互换协议中,双方所交换的都是以某种股权指数为基础的支付,当然各自的股权指数是不同的。假定投资者A和投资者B签订一项名义本金额为100万元的互换协议。在今后的5年内,A每年支付给B S&P 500指数当年的收益率,而B每年支付给A另一种股票指数,如日经225指数当年的收益率。如果在第一年S&P 500指数的收益率为10%,而日经225指数的收益率为8%,则A要支付给B 10万元,而B必须支付给A 8万元。

(4) 货币互换(currency swap)。前面三种互换,涉及的都是同一种货币。在货币互换中,双方交易的则是不同货币的支付。假定美国投资者A可以和英国投资者B签订一项互换协议,名义本金额为100万美元,或70万英镑。在今后的5年中,A每年支付给B英镑名义本金额的10%,即7万英镑。而B每年支付给A美元名义本金额的9%,即9万美元。由于汇率不断变化,谁盈谁亏,就看各自的造化了。

2. 互换与远期合约

表面上看,互换是一种新型的衍生工具,与前面讨论过的各种衍生工具都不相同。但实际上,互换可以分解为衍生工具的组合。

以利率互换为例。在前例中,A公司与B公司进行了固定利率与浮动利率互换。如果我们换个角度,就会发现这一交易行为的实质是A公司以5万元交换了B公司的一个不确定支付。第1年的这种交换在1年前就已确定下来,这完全可以看作是一种远期合约。由于整个互换包括5次交换,所以它可以看作是5个远期合约的组合。

既然互换可以看作是一系列远期合约的组合,那么,人们为什么不选择远期合约,而要选择互换呢? 这是因为,互换相对于多个远期合约而言,有其优点存在:一是互换的期限较长。远期合约和期货合约的期限一般较互换短。二是交易成本低。互换协议只需签订一次,就可以在以后若干年内进行多次交换支付。而如果签订远期合约的话,这样的合约就必须签订多次。三是流动性强。互换市场的流动性一般强于远期合约。

3. 互换的作用

(1)在资产负债管理上的应用。如果一家公司的资产或负债方涉及浮动利率,那么,公司将面临利率风险。而通过互换,公司则可以有效地避免风险。假定A银行吸收了5年期存款100万元,利率为10%,并据此发放为期5年的贷款,贷款利率为浮动利率,比如为3年期国债利率加上300个基点。第1年的贷款利率在贷款时就可以确定,如果3年期国债利率为10%,则贷款利率为13%。但是,如果国债利率下降,银行可能会面临利差倒挂的命运。为此,A银行可以寻求签订一个互换协议,支出一个浮动利率,换取一个固定利率。假定A银行与B公司签订这样一份互换协议,期限为5年,名义本金额也是100万元,A银行每年支付给B公司3年期国债利率加上100个基点,B公司支付给A银行9%的固定利率。这样,在100万元本金的基础上,A银行每年的收入为3年期国债利率加上3%加上9%,每年的支出为3年期国债利率加上1%加上10%。这样,无论3年期国债利率如何变动,A银行每年都可以锁定利差1%。

(2)在创造证券上的应用。假定A公司拟发行100万元的债券,期限5年。A公司倾向于发行固定利率的债券。假定这需要10%的利率水平。但是,如果A公司的债券发行不是固定利率债券,而是以某种股权指数为基础的支付,并通过互换转嫁风险,就有可能降低融资成本。假定A公司发行的债券利率为S&P 500指数的当年收益率减去300个基点,但最低利率为0。如果没有互换,A公司将面临S&P 500指数大幅度上升的风险。A公司可以与B公司签订一份互换协议,期限为5年,名义本金额为100万元。B公司每年向A公司支付一个固定利率,如9%,同时再收入一个S&P 500指数减去300个基点的浮动收益水平。这样,A公司的浮动利率水平可以抵消,最终的净支付只有9%,既保证了以固定利率融资,又降低了融资成本。

二、上限与下限协议

1. 上限与下限协议

金融市场上,有许多种有代表性的利率和股权收益率,比如联邦基金利率、LIBOR、S&P 500 指数的收益率等,以及各种外汇汇率。这些指标颇为引人注目。但人们对这些指标的波动预期是不同的。上限和下限协议(cap and floor agreements)使得持有不同预期的人们可以进行交易。投资者可以在支付一定的费用后,当这些指标发生符合其预期的波动时获得一定的收入。这类投资者称为买方。而愿意为获得费用而承担支付义务的人称为卖方。

在上限协议中,在确定了一个参考指标(如联邦基金利率)后,如果这一指标在指定时间大于一个事先确定的水平,卖方将向买方进行补偿。相应地,在下限协议中,如果指定的参考指标低于事先确定的水平,卖方将补偿买方。这一个事先确定的水平称为执行价。在上限中,卖方支付给买方的是名义本金额乘以(指定参考指标的实际值减去执行价)。在下限协议中,卖方支付的是名义本金额乘以(执行价减去指定的参考指标的实际值)。当然,卖方不会支付负值。

假定 A 公司与 B 公司签订了上限协议,名义本金额为 100 万元,期限 5 年。A 为买方,支付给 B 1 万元的费用。如果每年的 12 月 31 日 S&P 500 指数的收益率超过 10%,B 公司将支付 S&P 500 指数的实际值与 10% 的差额。如果在第 1 年的 12 月 31 日 S&P 500 指数收益率为 12%,则 B 要支付给 A $100 \times (12\% - 10\%) = 2$(万元)。如果 S&P 500 指数收益率低于 10%,如 8%,则 A 白白花费了 1 万元的费用。

同样,如果这一协议为下限协议,下限为 10%。则当 S&P 500 指数的收益率为 8% 时,B 将支付给 A 2 万元。当 S&P 500 指数的收益率为 12% 时,A 则得不到任何支付。

2. 上限下限协议与期权合约

上限下限协议与期权合约具有相似的风险收益状况,都是由买方支付费用,卖方承担风险。在上限中,指定的参考指标的实际值如果大于执行价格,买方将会获得两者的差额。在看涨期权中,附属资产的价值如果大于执行价格,买方若执行期权,将获得两者的差额。因而,上限协议与看涨期权类似。同理,下限协议与看跌期权类似。

上限、下限协议与期权的区别只在于,上限、下限协议中包括多次支付(如果有支付的话),而期权一般只执行一次。所以,上限、下限协议也可以看作是多个期权合约的组合。

3. 上限、下限协议的作用

上限和下限协议也可以应用于资产负债管理。比如,银行一般依靠短期存款筹集资金,发放长期贷款。贷款可能是固定利率,但存款利率会不断变化。为此,银行可以购买上限协议。这样,如果短期利率上升,银行将从上限协议中得到补偿,成本不会增加。如果短期利率下降,银行虽不能从上限协议中获益,但仍可以享受以低利率筹集资金的好处。

本章重要概念

期货,现货远期,平仓,清算所,套期保值,基差风险,期权价格,执行价格,看涨期权,看跌期权,看跌-看涨期权平价关系,奇异期权,互换,名义本金额,上限与下限协议

复习思考题

1. 为什么有现货远期市场的存在,还会产生期货市场?
2. 从下述策略中选择几个,组成一个无风险套利组合:
    A. 以103元买入期货,期限3个月
    B. 借入100元,年利率为4%,期限为3个月
    C. 以100元买入1单位基础资产,年收益为8%
    D. 以103元卖出期货,期限为3个月
3. 期货和期权有什么区别?
4. 在期权合约中,下列哪项内容是不确定的?
    A. 到期日 B. 执行价格
    C. 期权费 D. 基础资产
5. 哪些因素会影响期权的价格?
6. 用图形画出多头看涨头寸的损益状况。
7. 为什么利率互换可以看作是远期合约的组合?
8. 假定A银行吸收了一笔3年期浮动利率存款1 000万元,利率为LIBOR加上200个基点。A银行以此发放贷款,利率为7%。如果B公司愿意与A银行签订利率互换协议,名义本金额是1 000万元,期限3年,B公司每年向A银行支付LIBOR加上300个基点,A银行每年向B公司支付6%。如果在支付日LIBOR为3%,问A银行的利差是多少?

第九章 股权市场

第一节 普通股股票市场

股票是所有权凭证,它包括普通股和优先股两种形式。优先股股东有权在普通股股东之前获得固定的股利,因而是一种固定收益证券。本章主要讨论普通股股票。

公司普通股股票的价格乘以总数量,就是公司的总市值。投资者投资于普通股后,就拥有了投票权和获得股利的权利。股利可以是现金,也可以是新发行的股票。在美国,法律并不强制要求公司支付股利。一般而言,公司往往在成熟之后才会支付股利。除了股利之外,股票的资本增值也是投资者可能的回报。在美国,如果投资者实际获得了资本增值,而不仅仅是持有股票账面价格的上涨,就必须要缴纳资本增值税。不过,与短期(1年以内)持有股票相比,长期持有股票的资本利得税(超过1年)更优惠。

美国股票市场的监管由 SEC 负责。另外,证券交易所的自律组织负责对会员进行监管、执行和仲裁。NASD 也有自律的功能,为会员公司及其发行与销售证券制定标准。2007 年,两个自律组织合并成立了 FINRA,NASD 的名称不复存在。

一、二级市场

美国的普通股股票市场包括全国性股票交易所、地区性股票交易所和场外市场,所有这些市场都是连续市场。

1. 股票交易所

股票交易所属于有组织的交易场所,由 SEC 审批,并接受 SEC 的监管。它拥有多家会员。只有会员才可以利用交易所的设备交易股票。非会员则只能依靠会员代理交易。要成为新的会员,必须向现有会员支付费用购买席位。在股票交易所拥有会员的经纪商称为会员商。一般而言,会员往往是公司的高级职员,或者是合伙制经纪商的合伙人。许多会员公司拥有一个以上的会员。

在交易所交易的主要是普通股股票,尽管有的交易所也交易衍生产品和债券。能在交易所交易的股票称为上市证券(listed securities)。要使股票上市,发行者必须向交易所提出申请。一般是先进行非正式、秘密的申请,得到同意后,再进行正式申请并公之于众。交易所的审批有一定的原则,一般要考虑到国家利益、发行公司在行业中的地位以及该行业本身的前景问题。证券上市后,如果交易清淡,或公众持股数量急剧下降,证券可能会被摘牌(be delisted)。上市证券必须支付名义年费(nominal annual fee),并负担信息披露的责任。

NYSE 是美国最大的交易所,起源于 1792 年的梧桐树协议。美国股票交易所(ASE 或 AMEX)是第二大交易所。这两家交易所交易的是全国范围上市公司的股票,也包括境外股票,所以称为全国性交易所。美国股票交易所开始是场外市场,1921 年迁入室内。1998 年,与 NASDAQ 合并。由于发生冲突,2004 年分开。2008 年被 NYSE 收购。这里上市的主要是一些中小股票,并高度依赖期权交易。交易所交易基金也是由这家交易所开发的。

除了这两家全国性交易所外,还有 5 家地方性交易所(regional exchanges),即芝加哥(曾用名:中西证券交易所)、太平洋、费城、波士顿和全国证券交易所。芝加哥证券交易所是最活跃的地区性交易所。太平洋交易所是由旧金山股票和债券交易所与洛杉矶石油交易所合并而来的。1999 年成为美国第一家股份制的股票交易所。2005 年被 ECN Archipelago 收购,后者 2006 年又被 NYSE 收购,收购后不再用该名进行交易。费城证券交易所成立于 1790 年,是美国最早的交易所。2005 年,一些大型金融机构,如摩根士丹利、花旗银行、瑞士信贷第一波士顿银行等大量购进交易所股权。2008 年,NASDAQ 完成了对该交易所的收购。波士顿交易所成立于 1834 年,2007 年被 NASDAQ 收购。全国证券交易所原名辛辛那提证券交易所,2003 年改用现名。1976 年,它关闭了交易大厅,称为美国第一个全电子股票交易市场。1995 年由辛辛那提迁往芝加哥。

全国性交易所面临地方交易所和场外市场以及国外交易所的严峻竞争。为此,NYSE 在 1990 年创立了收市后的电子交易,称为交叉网络。

地方性交易所交易的股票包括两类:一类是同时在全国性交易所上市的股票,另一类是达不到全国性交易所的上市条件,或发行者不希望在全国性交易所上市的股票。双上市(dually listed stocks)对一些地方性的经纪公司有利,因为它们可以不必花费巨资购买全国性交易所的席位,就可以交易在那里上市的股票。另外,在小额股票交易方面,地方性交易所较全国性交易所有一定的优势。

除了股票交易所外,美国还有专业的期权交易所——芝加哥期权交易所(Chicago Board Options Exchange,CBOE)和国际证券交易所(International Securities Exchange,ISE)。在期权交易中,投资者的机构化程度更加明显。有意思的是,在股票交易所不断介入期权交易,有的区域性交易所甚至以期权交易为主的同时,美国的期权交易所也在介入股票交易。比如,芝加哥期权交易所和国际证券交易所在 2007 年分别成立了芝加哥期权证券交易所(Chicago Board Options Stock Exchange)和 ISE 证券交易所(ISE Stock Exchange)。

2. 场外交易市场

从历史上看,最早的股票和债券交易是通过银行的柜台进行的。所以,现在对在交易所之外通过交易商执行交易的市场,称为场外交易市场,或柜台市场(over-the-counter market,OTC)。1971年,NASD推出了自动报价系统(NASDAQ),使得经纪人能看到当前所有证券交易商的报价。这是世界上第一个电子化交易市场。

NASDAQ市场分为三级网络。三级网络上,交易商可以输入股票的买卖报价,他有义务按照其报价买卖至少100股股票。如果买卖价差太大,交易商会失去客户。如果买卖价差过小,交易商又会蒙受损失。二级网络一般由经纪人使用,用来观看全部买卖报价。这样,它可以不必一个一个联系交易商,以为投资者发现最好的执行价格。一级网络是投资者使用,用来感觉市场的。当然,投资者能看到的数据要少得多。

在NASDAQ市场上,交易量较大的股票属于全国市场体系(NASDAQ/NMS)。这些股票受到更多的关注,可以买空卖空。交易量较小的股票被归入小盘股市场(NASDAQ small cap)。这一市场受到较少的关注,买空卖空也受到限制。当然,小盘股市场上的股票如果达到上市标准,将被转入NMS。

NASDAQ只是一种报价系统。传统上,经纪人在发现较好的报价后,再通过电话与交易商联系,成交。证券要在NASDAQ交易,必须至少有2个注册做市商。实际上,NASDAQ市场上每只股票平均有11个做市商。在场外市场,由于没有集中的交易场所,不能实行公开竞价,所以必须有做市商制度,以保证价格的公平和交易的效率。

NASDAQ市场造就了微软、斯科、英特尔、美国在线和雅虎等著名企业。在美国,场外交易市场不仅仅包括NASDAQ市场。在NASDAQ之外,美国还有上市标准(也许称交易标准更合适)更低的OTCBB市场,即场外电子柜台交易系统(over the counter bulletin board),也是由NASD建立的。粉页(pink sheet)也是重要的场外交易市场,其进入标准更低于OTCBB。

在场内市场交易的股票,称为上市(listed)股票。在场外市场交易的股票,称为未上市(unlisted)股票。

3. 第三市场

指的是在证券交易所之外交易上市股票的市场。当年,由于交易所要求其会员实行固定佣金制度,所以,为逃避固定最低佣金的规定,第三市场(third market)发展了起来。

4. 第四市场

投资者不通过经纪人而直接进行交易的市场称为第四市场(fourth market)。这一市场也是因固定佣金制度而产生的。目前,计算机系统极大地促进了这一市场的发展。

5. 场内与场外交易商的比较

在NYSE,每种股票只有1个专营商。在场外市场,每种股票有多个做市商。那么,哪种做市商制度更合理呢?在场外市场,做市商之间有充分的竞争。但是,在场内市场,大量的交易委托集中在一起撮合成交,有利于形成更好的价格。场外市场有多个报价,成交价是最好的报价。在场内市场,只有一种报价,但成交价一般在专营商报价之内。而且,在场内市场,专营商并非绝对处于垄断地位。比如,公众的大量委托会影响专营商出价,股票可能同时在地方交易所上市,或者在第三市场交易,大宗交易方面还有楼上市场的竞争。而且,专营商还有义务维护其负责的股票交易的公正和有序。

二、股权市场结构

正如前面所分析的,二级市场包括许多不同的内容。而且,同一市场内部也有不同的交易制度安排。因而,虽然市场多样化有利于市场的竞争和繁荣,但存在的问题是市场被分割开来。同一种股票的委托在不同的市场上处理的方法就会不同。比如,同是在 NYSE 交易的一种股票,小额交易和大额交易就有不同的处理方式。在不同的市场上买卖同一种股票,比如,在 NYSE 和第三市场上买卖同一种股票,可能会形成不同的价格。因而,分割的市场可能无法有效地实现价格发现功能。这意味着投资者不能得到最有利的价格。

SEC 的研究认为应该发展把所有二级市场联系起来的中央市场体系,认为这样才能最好地执行投资者的委托。当然,同一种股票的委托如果能在所有市场同时寻求最好的价格,这就不仅保留了市场间竞争,同时也引进了不同市场上同种股票的交易商之间的竞争。1995 年的《证券法修正案》责成 SEC 尽快完成向中央市场体系的转化。随后,为建立证券市场体系而采取了一些实际的步骤。首先是公告已完成交易的信息系统。1976 年以后,包括所有市场的交易价格的综合股价表被刊登在报刊上。随后,1978 年,综合报价系统(consolidated quotations system,CQS)建立起来。这是一种电子系统,经纪人借此可以得知股票买卖价格和交易量的信息。1978 年,用以传输交易指令的电子系统——市场间交易系统(intermarket trading system,ITS)开始运行。这一系统联系了 2 家全国性交易所、5 家区域性交易所、CBOE 和场外证券交易市场,它利用 CQS 的报价系统提供信息,并使得把委托传输到所有市场中最有利的出价者那里成为可能。当然,中央市场体系还远没有完善。比如,建立一个全国统一的专营商限价指令簿,以保证投资者的交易指令得到最佳执行的目标还没有实现。现行的 ITS 系统还称不上是一个完善的中央市场。事实上,对完善的中央市场应该是一个什么样子,人们并没有一致的认识。

目前,同一种股票在不同市场交易的情况更加普遍。比如,在 AMEX 上市的股票,只有很小的比例在这一市场交易。

三、大宗交易与程序交易

20 世纪 60 年代以后,美国证券市场的重大变化之一,就是证券持有者的机构化。机构投资者的交易量迅速增加。与处理小额指令的方式不同,机构投资者的交易主要是通过楼上交易市场(upstairs market)进行的。在这里,投资银行和机构投资者通过电子系统和电话直接联系,撮合交易。

1. 大宗交易

大宗交易(block trades)指的是交易大量的同种股票,即 1 万股或 20 万美元以上的股票交易。在 NYSE,大宗交易委托和小额委托的处理方式是不一样的。场内的超级 DOT 系统可以把小额交易委托直接传输到专营商处。大宗交易处理的主要办法,是通过楼上交易市场(upstairs dealer market)进行,由大户室(block houses)联合机构投资者一起接盘。一般而言,机构投资者会联系其经纪公司的销售人员,后者会把大宗交易指令交给经纪公司的大宗执行部门,由该部门负责寻找对家。如果该部门不能完成,剩下的部分就由经纪公司的做市商负责处理,或者自己做对家,或者寻找其他做市商接盘。

2. 程序交易

程序交易(program trades)指的是机构投资者同时买卖大量的不同种类的股票。NYSE 的定义是购买或出售至少 15 种股票,或者总价值达到 100 万美元的一揽子交易。机构投资者可能因为调整投资组合,或进行指数化投资等原因而进行程序交易。为实现程序交易,机构投资者必须选择经纪公司作为交易的代理。这种选择不仅要考虑经纪公司收取佣金的多少,还要考虑选择所承担的风险。比如,被选择的公司可能不能为投资者执行最好的价格。或者,经纪公司可能会利用这一信息而从中渔利。

经纪公司的收费方式不同,对执行价格的影响也就不同。我们可以通过两种不同的收费方式来比较对执行价格的影响。

(1) 代理基础。采用这种方式的程序交易,仅仅以各经纪公司的佣金报价作为选择经纪公司的标准。这时,机构投资者可以保证选择收取佣金最低的经纪公司。由于报价是以美元/股为单位,所以经纪公司不一定能为投资者实现最好的执行价格。

(2) 代理激励安排。在这种制度安排下,经纪公司并不仅仅获得佣金,其收入还与执行价格有关。这时需要为程序交易建立一个参考指标,这个参考指标就是每一只股票的上一个交易日的收市价或者平均价。如果下一个交易日经纪公司执行交易,得到的价值就好于参照指标。也就是说,如果程序交易中卖出股票的价值更高,或者买进股票的价值更低,经纪公司将不仅得到佣金,还可以按照协议得到额外的酬劳。相反,如果经纪公司没有实现作为参照的投资组合值,各经纪公司的收入方式又有不同的安排。一种安排是经纪公司只收取佣金,只是不能得到额外酬金而已。另一种安排则是经纪公司要与机构投资者共同承担风险。就是说,执行价值与参照价值之间的差额中的一部分要由经纪公司本身承担。由于风险承担的责任是事先确定的,所以经纪公司会为此收取较高的佣金。

抢跑(front running)也是一种风险。如果经纪公司拥有程序交易的信息,它就很可能会利用这一信息,为自己牟利。因此,投资者在为程序交易选择经纪公司时,不能把交易股票的具体信息提供给经纪公司,而只提供关键的投资组合参数。只有被选中的经纪公司才可以知道全部交易的内容,并负责具体执行。

程序交易的执行也可以在楼上市场进行,或者通过电子化的方式将交易指令传送到交易大厅。程序交易的对家并不知道特定程序交易的信息。

四、股票市场指标

股票市场指标用于衡量整个市场的综合股票价格水平。当然,假此,人们可以实现许多目的。比如衡量投资者的业绩,看是否跑得赢大市等。

市场上有许多股票市场指标,它们往往同向波动,高度相关。这些指标可以从不同角度进行区别。

1. 按照指数编制方法的不同对指标进行分类

编制方法的不同表现在以下三个方面:

(1) 样本股票。从样本股票看,现在股票市场高度发达,所以包括全部公开交易股票的指数尚不存在。因而,每种股票指数都只包括一部分股票。以某一股票集合内全部上市股票为样本的指数称为全及指数,选取一部分有代表性的公司股票作为样本的称为抽样指数,或成分指数。按照上市公司行业类型的范围划分,反映所有行业股票价格变化的指数称为综合指数,反映某一行业或某一规模档次公司股票价格变化的指数称为分类指数。

(2) 相对权重。从相对权重看,要把不同的股票价格结合在一起,必须考虑这种股票的权重。权重的确定可以有三种方式:一是根据公司的股票发行量,二是根据股票成交量,三是所有公司股票采用同一权重。

(3) 平均方法。平均方法指的是采用简单算术平均法、加权算术平均法还是几何平均法。目前一般使用的是简单算术平均法和加权算术平均法。

2. 按编制者的不同对指标进行分类

(1) 由交易所编制,以所内全部股票为基础的指标。如 NYSE 综合指数、NASDAQ 综合指数就属于这一类。

(2) 由一些机构主观地选择一些股票而编制的指标。比如道·琼斯工业平均数(Dow Jones Industrial Average,DJIA)、S&P 500 指数、价值线综合平均数(VLCA)等。

(3) 由一些机构按照客观的标准选择一些股票而编制的指标。比如威尔士指数(Wilshire indexes)、拉塞尔指数(Russell indexes)等。它们都是由公司负责编制的,选择的标准完全是市场资本化。

3. 广义股票价格指数与狭义股票价格指数

(1) 广义股票价格指数与狭义股票价格指数的内容

广义股票价格指数可以进一步分为两类:一类是股票价格平均数;另一类是狭义股票价格指数,即根据不同时期股票价格平均数对比所得的动态相对数。股票价格平均数是在平均股票价格的基础上,对一些不可比因素进行修正后形成的股票价格指标。要理解股票价格平均数,首先需要理解平均股票价格和股票平均市值。平均股票价格是全部或部分上市股票的平均交易价格。如果以算术平均法计算,就是股票价格之和除以股票种类数。如果以加权平均法计算,就是报告期股票成交总额除以同期的股票成交股数。股票平均市值指的是股票的平均市场价值。算术平均股票市值就是算术平均股价。加权平均股票市值不是以成交量为权重,而是以上市量为权重。当然,上市量一般是大于成交量的。所以,股票平均市值是股票价格与上市量的乘积之和再除以上市股数之和。

股票价格平均数既不是平均股票价格,也不是平均市值。它不是直接的平均交易价格和平均市值,而是包含了基期因素,因为它考虑了各种不可比因素,如新股上市、股票拆细或合并、送股、配股、股票退市等因素,需要进行相应的修正。

狭义的股票价格指数指的是报告期股价平均数与基期股价平均数的比值。基期指数一般取 100、50、10 或 1 000 点。股价平均数是由货币单位而来的,而狭义的股价指数实际是百分数。狭义的股票价格指数有明确的基期,而股票价格平均数没有明确的基期。

(2) 广义股票价格指数与狭义股票价格指数的计算

先看股票价格平均数的计算。这有几种不同的方法:一是简单算术平均法。这种方法计算的股票价格平均数,是以所有股票样本的价格相加,再除以股票样本数。这种平均数的缺点是没有考虑权重,所以不能准确反映整个股票市场价格的一般水平及其变化,容易受小盘股票价格波动的影响。二是加权算术平均法,就是将不同股票价格与权重的乘积加总起来,再除以总权重。三是几何平均法,就是将样本股票的交易价格相乘,再开样本股票总数次方。在计算股价平均数时,主要是计算简单算术股价平均数。比如,DJIA 就是简单算术股价平均数。

再看狭义股票价格指数的编制。也有几种方法:一是简单算术平均法。这种方法是先计算出每种股票的价格指数,然后再加总求出算术平均数,其计算公式为:

$$P^I = \frac{1}{n} \sum_{i=1}^{n} \frac{P_{1i}}{P_{0i}}$$

其中,P^I 为股票价格指数,P_{0i} 为基期第 i 种股票的价格,P_{1i} 为报告期第 i 种股票的价格,n 为股票样本数。这种指数也称为等权重指数(equally weighted index)。

二是几何平均法。是指报告期的股价相乘再开 n 次方,然后再除以基期股价相乘再开 n 次方的结果。

三是加权综合平均法。前面的方法都没有考虑样本股票的权重。这里权重的选择涉及的是以基期上市量或交易量为权重,还是以报告期上市量或交易量为权重的问题。如果以基期值为权重,则有:

$$P^I = \frac{\sum_{i=1}^{n} P_{1i} Q_{0i}}{\sum_{i=1}^{n} P_{0i} Q_{0i}} \tag{9.1}$$

如果以报告期值为权重,则有:

$$P^I = \frac{\sum_{i=1}^{n} P_{1i} Q_{1i}}{\sum_{i=1}^{n} P_{0i} Q_{1i}} \tag{9.2}$$

前者称为拉式指数,后者称为派氏指数。目前,多数指数以报告期的上市量为权重。

(3) 广义股票价格指数与狭义股票价格指数的维护

股票价格指数需要进行经常的维护。指数的维护就是对指数样本和样本权重进行调整。有些指数的维护是不定期进行的,有些指数则定期进行维护。指数的调整一般要提前公布。我们这里主要讨论样本权重的调整。

要使股票价格指数可比,必须剔除各种不可比因素。比如当新股上市、股票下市和上市公司合并时,股票价格指数必须进行相应的调整。在采用简单算术平均法计算股票价格指数,以及进行股票送股、拆细与合并时,需要进行相应的调整。在采用加权算术平均法时,由于股票的拆细与合并、送股并不影响股票市值,所以也不需要调整。但当上市公司增发新股、配股以及优先权认购股票、可转换债券转化为股票时,由于影响到总市值,所以必须进行修正。

股票价格指数的计算都是一个分式。出现新的因素变化时,分子受到影响,所以必须调整分母。就股价平均数而言,分母称为除数,所以必须调整除数。在用简单算术平均法计算股价平均数时,如果出现股票拆细等因素后,仍然用旧股价之和除以旧除数,计算出来的就是旧的股价平均数。用新股价之和除以旧的股价平均数,就得到新除数,即:

$$新除数 = 旧除数 \times \frac{计入调整事项的新股价之和}{不计入调整事项的旧股价之和} \tag{9.3}$$

假定股价平均数只包括两种样本股票,股票 A 的价格为 30 元,股票 B 的价格为 10 元,平均数为 $(30 + 10)/2 = 20$(元)。现在,股票 A 每 1 股拆细为 3 股,每股价格变为 10 元。如果不调整除数,以 $(10 + 10)/2 = 10$(元)计算指数,就会使指数失真。因而,必须将除数调整为 1。其计算方法为:

$$新除数 = 2 \times \frac{10 + 10}{30 + 10} = 1$$

这样,股价平均数仍为 20 元。指数没有因为拆股而发生变化。

再看狭义股价指数的修正。对于加权平均指数的情况,新样本股票上市等情况出现后,需要对分母即基数进行修正。计算修正的基期股票总市值(如以上市量为权重)的公式为:

$$修正的基期股票总市值 = 原基期股票总市值 \times \frac{报告期已计入调整事项的总市值}{报告期不计入调整事项的总市值} \tag{9.4}$$

只有这样才能使指数不受不可比因素的影响。

4. 几种著名的股价指数

道·琼斯工业股价平均数(DJIA)选择 30 种著名公司的蓝筹股(blue-chip)为编制对象。这种选择是由美国报业集团道·琼斯公司进行的。道·琼斯指数的首次发布是在 1884 年 7 月 3 日,编制者是《华尔街日报》的首任编辑查尔斯·亨利·道。最初,指标只包括了 11 种股票,1928 年 10 月起样本股数改为 30 家。由于样本股票的情况可能会不断变化,比如该样本股票的重要性可能下降,甚至可能已被摘牌,而另一些未包括在样本中的股票的表现可能日益突出,所以样本股票会经常进行调整。1999 年,英特尔和微软被加入样本中。IBM 1939 年被 AT&T 替代,1979 年又重新成为样本股票。通用电气也是几进几出。

道·琼斯工业股价平均数是目前最流行的指数。许多新闻机构都给予关注。其计算公式为：

$$DJIA = \sum_{i=1}^{30} \frac{p_i}{D} \tag{9.5}$$

其中，p_i 为股票的价格，D 为可调整的除数。之所以要除以 D，正如前面分析的原因，是因为如果股票拆细或分红和支付股息，则会造成指数的相应变化。为了消除这类因素对指数的影响，就需要调整除数。1986 年，除数降到 1 以下。由于除数经常调整，所以 DJIA 是以点数而不是美元数为单位的。

S&P 500 指数的样本股票则既包括场内市场，也包括场外市场交易的股票。统计的股票包括 385 种工业股票，15 种运输股票，56 种金融股票，44 种公用事业股票。计算时以发行量为权重。样本股票的选择是由 S&P 公司进行的。这种选择也会经常进行调整。

NYSE 指数也是以发行量为权重进行加权平均。它以 1965 年 12 月 31 日为基期，基数为 50，其公式为：

$$\text{NYSE 综合指数} = \frac{\sum_{i=1}^{n} N_i P_i}{OV} \times 50 \tag{9.6}$$

其中，N_i 为第 i 种股票的流通股数，OV 为基期所有股票的原始值。

另外，英国金融时报工业股票指数是由《金融时报》编制的，它包括 30 种优等工业股票。日经股价平均数，又称为日本经济新闻社道·琼斯股价平均数，由日本经济新闻社 1950 年开始编制，1985 年起改称日经指数，包括日经 225 指数和日经 500 指数。

五、定价效率的检验

有效率的资本市场包括运行效率和定价效率两个方面。对定价效率进行检验，涉及实证研究。检验市场是否有定价效率，也就是检验市场能否产生异常收益（abnormal return）。如果某种投资策略所产生的实际收益大于预期利润，其差额即为异常收益的存在，说明市场是没有定价效率的。预期利润按定价模型计算，实际利润的计算要考虑佣金、费用等交易成本。

1. 弱有效的检验

研究表明，股票市场一般是弱有效的。就是说，历史上的价格波动无法预测未来。因而，技术分析者无法求得优于市场的表现。

2. 半强有效的检验

许多学者的研究认为，利用基本分析选择股票的投资者不会得到异常收益。他们认为，由于资料是可以公开得到的，许多人都会进行同样的分析，所以这些信息会反映在股票的价格上。

另外，一些研究发现，证券市场在某些情况下确实存在定价无效率。这些情况包括：

(1) 小公司效应。一些研究发现,投资于市值较小的公司的投资组合的业绩要超过整体市场的表现。

(2) 低市盈率效应。有的研究发现,由市盈率比较低(low price-earnings ratio)的股票组成的投资组合与高市盈率的股票组成的投资组合相比,前者的表现要强于后者。

(3) 被忽视公司效应。有研究发现,投资于受证券分析师关注的公司的股票,其业绩要劣于投资于不受关注的股票。因而,根据证券投资分析师是否关注来进行投资能获得异常收益。

(4) 日历效应。在特定的时间执行投资战略可能会获得异常收益。比如,在一月、节日、一年中的某一月或者一星期中的某一天等。

此外,定价无效率还可能表现为证券的定价是非理性的。市场作为整体可能被非理性地错误定价。

3. 强有效的检验

强有效涉及股票价格是否反映所有未公开信息的问题。有的研究分析了专业货币管理者的业绩。他们应该拥有比一般投资者更多的信息。研究对此并没有统一的认识。有的研究分析了内幕人士(insiders)的活动,发现他们的投资业绩一般会强于大市。所以强有效一般认为是不存在的。

六、普通股投资的方法

研究定价效率的目的之一,是为投资决策服务。如果投资者确信市场上存在某种定价非效率,他可以采用主动战略(active strategy),利用技术分析或基本分析,在他认为的无效率领域进行投资,以期获得异常收益。如果投资者认定市场定价有效,因而没有任何策略可以获得异常收益,他就应该采用被动战略(passive strategy),即指数化(indexing)。就是说,通过构造与市场组合的特性相似的投资组合,就可以保证获得相同风险下最高的收益水平。就是说,在投资组合中的每种股票所占的比重,应该和市场上这种股票的市值占全部市值的比率相同。这种组合的具体构造有几种方法。一种方法是完全复制所跟踪的指数或称标准(bogey)。另一种方法是建立一个股票总数较少的投资组合,并尽可能地使跟踪失误的风险最小。还有一种方法是将资金投资于国库券市场,同时购买股票价格指数期货。另外,有些货币管理者实行增强指数化(enhanced indexing)策略,即将一部分资金用于主动投资,另一部分用于被动战略。

第二节 中国的股权市场

中国内地的上市公司在境内所发行的可流通股票分为A股股票和B股股票。A股就是人民币普通股股票,由境内公司发行,并由境内投资者以人民币认购和交易。B股就是人民币特种股票,以人民币标明面值,以外币认购交易,在境内上市。若干年中,B

股的投资者一直只有境外机构和个人,发行者是境内公司。2001年,境内居民才可以投资B股。此外,许多内地公司在香港、新加坡、纽约、东京等地上市,这些股权相应地称为H股、S股、N股、T股。目前,在内地之外的证券市场中,香港联交所是最重要的市场。H股是注册地在内地、上市在香港的公司的股票,它以人民币标明价值,以港币进行交易。在香港上市的红筹股对内地也有重要意义。红筹股是注册地在境外,上市地在香港的,与内地密切相关的公司的股票。红筹股既包括由内地控股的公司,也包括主要业务在内地的公司。就前者而言,有些公司是中资企业在香港通过买壳上市形成的,有些则是由各省、部、委将优质资产组合起来,在香港上市形成的窗口企业。红筹股与H股合称中国概念股。

一、B股市场

1992年上海电真空股票的发行,是B股第一次面世。2001年以前,B股市场并不活跃,交易清淡。B股的发行量与交易价格一直比较低,市场规模小。许多B股发行之后就跌破发行价,甚至跌破净资产值。于是,在内地,许多好的企业不愿意发行B股,形成"一流企业上红筹股,二流企业上H股,三流企业上A股,四流企业上B股"的局面。2001年2月19日前,B股仅限外国和中国港澳台地区的投资者买卖,之后才对境内个人投资者开放。另外,A、B股市场分割,两者的交易价格悬殊。就是说,同一个上市公司发行的A股和B股,其价格也相差很多。除市场分割的原因外,境外投资者投资理念不同,而上市公司往往又缺乏投资价值,也是价格差异的一个重要原因。

2014年3月末,两家交易所上市A股2 516只,流通市值199 817亿元,上市B股只有105只,流通市值1 507亿元。84只A+B公司中,81家B股价格低于A股价格,A、B股价格比最高达5.06。从2001年起,B股市场停止扩容,到2014年3月末,没有一家新的公司通过B股上市筹资。现有A+B公司的再融资也是以A股再融资为主,而不是通过B股再融资。可以说,B股市场越来越边缘化。

二、H股与红筹股市场

1993年7月15日,青岛啤酒在香港上市,成为第一只H股。H股和红筹股的存在,对中国具有重要的意义。其一,有利于改善香港的上市公司结构。以前,香港产业结构存在一定的问题。在上市公司中,以市值计,金融与房地产类公司占比超过一半。H股和红筹股多为工业及综合类上市公司,这对香港的产业结构调整意义深远。其二,有利于维护香港的国际金融中心地位。红筹股和H股的上市,使得大量的资金经由香港联交所投向上市公司。在一部分外资撤走的同时,香港仍能成为重要的金融交易中心。这有利于香港经济的繁荣和稳定。其三,可以为内地筹集资金。

表9.1是到2012年3月底,香港联合交易所的内地相关股份情况。

表 9.1　香港联合交易所的内地相关股份

	主板 H 股	主板红筹股	创业板 H 股	创业板红筹股
家数(家)	138	102	29	5
总市值(百万港元)	4 441 184.45	4 398 105.47	4 958.96	3 997.08
占本板总市值比重(%)	22.55	22.34	5.86	4.72

资料来源:香港联交所网站。

三、国家股、法人股、社会公众股

在中国,根据投资主体的不同,上市公司股权股票又可分为国家股、法人股与社会公众股。国家股是国家向公司投资形成的股份,包括以现有资产折算成的部分。法人股是企业和具有法人资格的组织投资未上市股权形成的股份。社会公众股是境内个人和机构投资于可上市股权部分所形成的股份。

1. 股权市场分割的原因

国家、法人和社会公众持股在任何股市都是正常的。说中国股权分割的特性明显,是因为这些股份同股不同权,国家股不可以上市流通,法人股可以在法人之间协议转让。国家股、法人股、社会公众股的概念是在 1992 年确定的。当时,国家体改委等单位出台了《股份制企业试点办法》,目的是想标明国家性质、集体性质和个人性质。但是,在后来出台的《公司法》和《证券法》中,都没有使用这些名称,说明法律不准备承认这种人为的分割。那么,这种股权分割状况为什么会出现?我们为什么到 2005 年才进行股权分置改革呢?

(1) 意识形态考虑。在股份制改革伊始,政府强调国家必须对股份制企业拥有控制权。所以,上市公司必须有大量的国家股。法人持股也被视为公有制的一种体现。同时,为防止私有化,也不允许公有股权流通。其实,国家要保持公有制的主体地位,大可不必对所有企业都持有高达 70% 的公股控股权。

(2) 股市承受力的考虑。如果说,在进行股份制改造的初期,出于意识形态的考虑,我们拥有了大量的国家股与法人股。那么,进入 21 世纪后,这方面的考虑已基本不成问题。当时人们担心,如果允许公有股上市流通,过量的供给会使股市很难承受。

(3) 额度管理。在实行股票发行额度管理的条件下,各部门所分配到的是股票发行的额度。由于各部门都想把尽可能多的企业推向股票市场,于是,每家企业的社会公众股的占比就偏低。虽然《股票发行与交易管理暂行条例》规定社会公众股不得低于总股本的 25%,就是考虑到了这一问题,但是,这一规定留给各个企业的仍然有 75% 的国家股与法人股空间。事实上,许多企业所发行的社会公众股只有 25%。因而,国家股与法人股的问题难以解决。

2. 国家股、法人股的来源与变化

由于目前的上市公司多数为国有企业改制而成,所以一般都有相当比例的国家股。

由于上市公司不断增资扩股,所以,国家股占比这些年来一直不断下降。但到1998年以后,一些国企大盘股纷纷上市。由于股市容量有限,所以这些上市公司的可流通股占比较低。因而,国家股的总体占比又有上升的趋势。有研究表明,中国股票市场国家股所占比重在1992年是51.31%,1998年中期为34.05%,2001年第一季度则又上升到39.05%。另外,许多地方政府采取无偿转让国家股于法人实体的活动,因而使得国有股与法人股呈现出了此消彼长的局面。在1992—1998年,法人股股份所占比重上升了15.6个百分点。1992年,中国的国家股与法人股占比共达72.25%,1998年中期下降到66.32%,到2001年3月进一步下降到63.31%。

中国上市公司的法人股股东主要包括以下几类:一是关联工业企业,二是关联商业企业,三是投资公司等非银行金融机构。之所以有大量关联企业成为法人股东,是因为企业往往有供货来源和销售方面的考虑。非银行金融机构股东的存在则导因于信托投资公司类机构向企业发放大量贷款,却又无法收回。另外,在法人股中,发起人的境内法人股占比一直较高。这是因为,中国的许多上市公司都是由国有企业拿出一部分优质资产组成的,这些资产相应地成为母公司的法人股。当然这种法人股归根到底还是国家股。

3. 国家股、法人股不能上市对二级市场的影响

国家股、法人股不能上市流通对二级市场的状况有重要影响。

(1) 二级市场并购难。由于可流通股部分只占上市公司总股份的30%,因此在二级市场开展并购活动几乎不可能。

(2) 股市回报率低。只有一部分股票流通时,由于公司是按面值分红的,所以,虽然国家股、法人股股东分红比率不低,但是多倍溢价的社会公众股股东的分红就显得少而又少。

(3) 投机严重。由于只有30%的可流通股,所以,有效的公司治理结构很难建立,投资者永远也无法对企业的行为进行约束,使之趋于合理。社会公众股东只有用脚投票的机会,而缺乏用手投票的殊荣。所以,二级市场只能是一个投机市。加上在不可能依靠分红获得回报的情况下,投资者只能寄希望于资本增值。

2001年,中国尝试以市价减持国有股。当时,这种减持方式对市场信心给予了严重打击,不得不停止进行。2005年4月29日,中国开始实行股权分置改革,非流通股股东在支付对价并承诺锁定期的条件下,获得了流通权。

四、中国的政策市问题

中国股市是一个政策市,在很大程度上受到政府的干预。比如,1994年年初,股市极度低迷。7月,政府出台了一系列救市措施,使得股票价格指数暴涨。1996年,由于沪深两地政府采取了有效的政策措施,上证综合指数从500多点暴涨到1400点。《人民日报》随后于1996年12月16日发表社论予以打压。1个月后,两地证券市场的股票贬值了1/3左右。1997年3月后,股票价格指数再度攀升,政府很快又出台了一系列政策予以打压,

比如一再扩大股票发行额度,提高股票交易印花税税率,禁止三类企业(国有企业、国有控股企业、上市公司)违规进入股市等。而1999年的"五一九"行情,则同时伴随着各大报刊的疯狂鼓吹。2001年8月,由于政府决定以市场价格减持国有股,而且加大监管力度,查处违规资金,股市迅速下泻。

为什么会出现政策市?因为政府在面对股票市场时,认为自己有义不容辞的责任。在股市发育初期,政府确实有培育市场的义务。但是,政府显然并不是一个合格的干预者。股市的大起大落就是明证。不合格的原因则是政府并不清楚正常股票市场应该是一个什么样子,也不知道怎样才能实现理想的干预目标。就是说,不知道自己的手段与股市的未来发展会如何对应。同时,政府对股市发展有一种矛盾心理。一方面,政府希望股市上涨。因为,大量的国有企业需要股票市场的救助、输血。股票市场价格上涨和成交踊跃也能为政府带来更多的税收收入。另一方面,股市的上涨又使政府产生一种恐惧感,因为政府担心泡沫迸裂,形成金融危机。同时,股票市场的牛市往往也意味着投机行为的严重化,加大社会的两极分化,这些都是政府不愿意看到的。

中国股市经常大起大落,其波动与经济形势基本无关。就是说,多数情况下,这种波动既与宏观经济的总体趋势无关,也与上市公司的总体业绩无关。除政策市问题外,另一个原因则是投机过度。当然,许多时候,政策的干预也是在投机过度的情况下不得已而采取的措施。

五、中国上市公司的舞弊问题

在中国,某些上市公司的舞弊是一个重要问题。上市公司舞弊的种类包括:不及时准确地披露信息,信息披露虚假或严重误导性陈述,操纵股票价格等。被处罚的舞弊行为已有不少。表9.2提供了2001—2006年上市公司受到处罚的情况。

表9.2 2001—2006年上市公司受处罚情况

	交易所最终处罚数	证监会最终处罚数	合计
2001	38	29	67
2002	32	18	50
2003	24	21	45
2004	29	31	60
2005	34	35	69
2006	33	38	71
合计	190	172	362

上市公司舞弊,究其原因,一是法治不健全,上市公司缺乏有效的外部约束。中国的股票市场处于发展初期,关于证券的法律制度只能逐步建立。上交所成立于1990年,深交所成立于1991年。1992年以前,证券市场监管主要由地方政府或各部委根据临时制定的行政法规进行。1993年4月22日,国务院发布《股票发行与交易管理暂行条例》,这是

第一部正式的全国性股票市场法规,该条例同时对上市公司信息披露、公司会计政策与审计制度等问题给出了比较具体的规定。同时,《禁止证券欺诈行为暂行办法》(1993)、《会计法》(1994)等一批重要的法律法规相继出台,成为中国证监会监管与处罚上市公司的主要依据。但是,在没有证券法的大背景下,证券监管法规的变化频繁,不同法规之间常常互相矛盾,法规的规定往往很不具体。而且,行政部门的权力较大。根据 Barth、Caprio 和 Levine(2008),行政部门的监管力越强,监管效果越差。1994 年 7 月生效的《公司法》,为中国证券市场的上市公司监管提供了一个比较完整、全面的法律规范。各种配套的关于信息披露要求的文件不断出现,市场监管的法律体系不断完善。1999 年 7 月 1 日,中国的《证券法》正式生效,提供了规范公司证券发行和交易行为、保护投资者合法权益的市场监管基本法律。对以往法律法规不太关注的问题,如内幕交易、操纵证券价格以及欺诈投资者等行为都做出了较为明确的规定。依据这些法律,中国证监会可以对上市公司舞弊行为进行行政处罚。情节严重的,中国证监会可将相关当事人移送司法机关,根据《刑法》进行处理。虽然到 1999 年,中国的证券市场监管法律体系已经比较健全,但上市公司受到的处罚仍然较轻。对上市公司的行政罚款金额绝大多数不高于 60 万元。证券民事赔偿责任至今也很有限。1996 年,中国才开始出现投资者起诉上市公司虚假陈述案件。迟至 2003 年 1 月 9 日,中国最高人民法院才公布《关于审理证券市场因虚假陈述引发的民事赔偿案件的若干规定》,这是最高人民法院公布的审理证券民事赔偿案件适用法律的第一个系统司法解释。到今天为止,已审结的案例和投资者获得的赔偿都很少。

其二,上市公司有为获得 IPO、配股权利以及避免被 ST 而舞弊的动机。在中国证券市场上,公司必须满足一定的盈利条件,如最近 3 个会计年度净利润均为正数,才有权利发行股票。1998 年以后,中国开始逐步建立退市制度,连续亏损的公司必须首先被标示风险,即在股票名称前加注 ST 字样。如果公司的净利润连续两年为负,或者每股净资产小于 1 元(2004 年以后改为小于 0),就会被特别处理。如果公司的财务状况不能改变,就会被摘牌。许多公司为了避免退市风险、获得股市融资的权利而采取舞弊的方式披露虚假信息。

其三,上市公司参与舞弊,往往还与大股东的行为有关。中国的上市公司以国有企业为主,国有股东一股独大,为大股东掏空公司提供了绝好的机会。在 2005 年开始股权分置改革以前,由国有股和法人股组成的非流通股平均占上市公司股权的 2/3 左右,可流通股权只占 1/3。大股东往往通过舞弊的方式侵犯上市公司利益。

上市公司舞弊的监管与处罚者主要为中国证监会及其派出机构和交易所。交易所根据法律法规、交易所上市规则和中国证监会授权,对上市公司及其相关信息披露义务人、公司高管等进行监管。两家交易所的上市规则规定,交易所可以根据情节轻重对上市公司处以通报批评和公开谴责,情节严重的,依法报中国证监会查处。例如,2007 年 12 月 7 日,湖北某公司因大股东巨额资金占用和上市公司 2006 年度业绩巨额亏损预亏公告严重滞后,被深圳证券交易所处以公开谴责。2002 年 3 月 30 日,由于未能在交易所规定的期限内发布预警公告,深圳证券交易所给予某公司内部通报批评。

中国证监会(包括以前的中国证券委),依据有关法律法规对于情节较为严重的上市公司舞弊行为进行处罚。中国证监会地方证监局按照辖区监管责任制的原则,对本地区的证券活动进行监管。交易所在自律监管中、地方局在辖区监管中,如果发现违法违规行为,即通报中国证监会。中国证监会稽查部门负责对违法违规现象和行为展开调查。有的属于正式立案调查,有的属于非正式调查或案前调查。调查结果移送行政处罚委员会,处罚委员会进行审理、听证,独立提出处理意见,报证监会负责人审查、批准,形成处罚决定。1993年生效的《股票发行与交易管理暂行条例》和《禁止证券欺诈行为暂行办法》列出的处罚措施包括:单处或者并处警告、责令退还非法所筹股款、没收非法所得、罚款;情节严重的,停止其发行股票资格等。例如,上市公司"琼民源"在公开披露的1996年报中,虚构收入5.66亿元,需增资本公积金6.57亿元,中国证监会根据《禁止证券欺诈行为暂行办法》和《股票发行与交易管理暂行条例》,对该公司处以警告,并将该公司董事长等人的有关事实及证据移送司法机关。1999年生效的《证券法》给出的处罚措施包括责令改正,给予警告,并处以罚款;以及对直接负责的主管人员和其他直接责任人员给予警告、没收非法所得并处以罚款等,差别不大。例如,上市公司银广夏1998—2001年间通过虚构销售收入和少计费用累计虚增利润7.7亿元。中国证监会根据《证券法》对其处以罚款60万元,责令其改正,并将相关当事人移送司法机关处理。

上市公司的舞弊行为可能会同时受到交易所和中国证监会的处罚。例如,上市公司ST丹科因未及时披露2002年年报,在2003年5月14日被上海证券交易所根据上市规则予以公开谴责,并对股票实施停牌。8月5日,中国证监会对此进行立案调查,2004年3月9日对其实施公开处罚,处以10万元罚款。

六、中国概念股风波

随着中国经济的发展与国际化的深入,许多企业谋求境外上市。加上境内IPO审核严格,且有节奏控制,这一趋势越来越明显。早期的境外上市主要集中在香港市场。后来,很多中国境内公司通过首次公开发行(IPO)或反向并购等方法到美国、加拿大等地上市。中国境外上市企业越来越多,形成大量的中国概念股公司。到2011年3月底,香港主板市场有H股138家,红筹股102家,占总市值的44.89%。香港创业板市场有H股29家,红筹股5家,占总市值的10.58%。到2012年6月20日,在NYSE上市的中国概念股有91家,NASDAQ143家,美国股票交易所10家。仅2010年一年,就有45家中国公司赴美上市。

由于许多中国境内公司并不熟悉境外市场的法制环境与会计准则,加之一些企业缺乏保护投资者的主观动机,使得境外投资者越来越关注中国概念股的投资者保护问题。在这种背景下,2010年6月后,一些名不见经传的研究机构,特别是浑水公司(Muddy Waters)、香橼公司(Citron Research)和Alfred Little三家公司,通过发布中国概念股做空报告,指责许多中国概念股公司存在舞弊行为,形成了引人瞩目的中国概念股风波。这些做空公司本不是有研究实力与重要影响的机构,浑水公司 2010 年刚刚成立,Alfred Little 则连人员、办公地址和电话都没有公布。但它们的攻击在市场上却产生了巨大反响。到 2011 年年底,浑水公司对 7 家中国概念股公司发起的攻击,大部分获得成功。香橼公司的攻击时间较长,从 2006 年 2 月到 2011 年 8 月,它共对 18 家中国概念股公司发起攻击,其中 7 家公司被强制摘牌。不仅被做空的中国公司大多损失惨重,中国概念股整体上也跌跌不休,许多股票被腰斩。由于股价太低,有许多公司选择了私有化退市。新公司赴美上市的步伐也大大放缓。

其实,并非所有的中国概念股都存在严重的舞弊问题。即使是被攻击的公司,也并非一定会一败涂地。展讯通信、哈尔滨泰富、分众传媒、奇虎 360 等公司,就是在受到攻击后分别组织了有效反击,并成功地躲过了猎杀。这里,分众传媒(Focus Media Holding Ltd., FMCN)的例子颇有代表性。从 2011 年 11 月 21 日到 2012 年 2 月 9 日,浑水公司 5 次质疑分众传媒。质疑的内容主要围绕分众传媒的 LCD 屏幕数不符实,存在重复计数,继而质疑其夸大营业收入。分众传媒则以理据争。第三方机构出面支持分众传媒后,浑水公司在 2011 年 12 月 9 日第三次攻击分众传媒时,报告的题目竟然是 FMCN: Is "Independent" Verification in China Better Than Toilet Paper?(中国的独立调查报告比得上厕纸吗?),显示出对中国市场的一切都表示怀疑的极端态度。

这次中国概念股风波,有许多问题值得我们反思。许多中国境内公司蜂拥到境外上市,之后又叫苦连连,悔之晚矣,说明事先对美国市场的了解明显不足。同时,中国概念股的大跌,与投资者的信心明显相关。香橼公司早在 2006 年 2 月就开始攻击中国概念股,为什么到 5 年多后才会形成中国概念股的风波?在国际经济与金融市场的多事之秋,中国经济的一枝独秀难免引起猜忌和攻击。

第三节 二板市场与做市商制度

一、境外的二板市场

二板市场(second board)又称为创业板市场、中小企业市场或小盘股市场,香港称为增长企业市场(growth enterprise market,GEM)。二板市场交易的一般是高科技企业或其他中小企业的股票。这一市场的门槛相对较低。二板是相对于主板(main board)而言的。许多经济体是在交易所内设立一个上市标准较低的新的交易板块,称为二板市场。当然,也有的经济体是在交易所之外另外设立二板市场。企业在二板上市时不需要满足主板那样的盈利记录等要求。但由于二板市场风险相对较高,所以,对于这一市场的监管是相当严格的。二板市场为创业投资提供了退出机制,能有力地促进高科技企业的发展。

以美国的 NASDAQ 为蓝本,世界上近年来建立了不少的二板市场。比如,欧盟的

EASDAQ 1995 年 5 月在比利时筹建,1996 年开始运作。股票在这一市场上市,不看市场业绩,而是要求总股本在 350 万欧元以上,净资产在 200 万欧元以上,市场前景好,信息披露符合要求。英国的另类投资市场(alternative investment market, AIM)是伦敦证券交易所 1995 年 6 月设立的,上市的企业不仅包括高科技企业,也有传统企业。它没有严格的业绩要求,但有另外一些市场标准。该市场以 SEATS PLUS 为电子交易系统。欧洲新兴市场(EURO. NM)是由布鲁塞尔、巴黎、法兰克福、阿姆斯特丹证券交易所于 1996 年联合组建的市场。此外,日本有 JASDAQ,韩国有 KOSDAQ,新加坡有 SASDAQ 等。香港创业板市场于 1986 年开始筹备,但先是遇到 1987 年股灾,后来又在 20 世纪 90 年代初期建立 H 股市场,1997 年又赶上亚洲金融风暴,所以直到 1999 年 11 月才告成立。

需要注意的是,二板市场只有 NASDAQ 是成功的。已经明显失败的市场不少。比如,英国伦敦证券交易所的非上市股票市场(unlisted securities market, USM)。这一市场 1980 年 11 月设立,上市的标准明显低于主板市场。1987 年,该所又设立了第三板市场,上市标准更低。由于流动性差等原因,三板市场被迫于 1990 年关闭。许多在三板交易的股票转移到二板。二板市场随后也出现了流动性问题,交易量不足,被迫于 1992 年讨论关闭的问题,1996 年正式关闭。阿姆斯特丹交易所设立的官方平行市场于 1982 年设立,由于流动性问题 1993 年关闭。法兰西证券交易所的第二市场 1983 年设立,开始有一定的发展,1987 年 10 月股灾后,第二市场上市公司数量和交易量不断下降,1992 年只有 4 家公司上市。

为什么二板市场只在美国是成功的,而别国普遍不成功?美国的成功可能有几个原因,一是上市费用低,NASDAQ 市场比 NYSE 的上市费用低很多。二是交易系统先进,NASDAQ 投入大量资金用于交易系统建设与改进。三是高科技企业的成功。欧洲的失败可能有多个原因。比如,许多企业在二板上市后就转向了主板市场,使二板市场空壳化。主板市场与二板市场的差异相对较小,使二板市场与主板市场相比的竞争力不足,等等。

二、二板市场的价格形成机制

不同的证券市场上有不同的证券交易制度。证券交易制度指的是为公正、有效地完成证券市场交易而形成的运行规则,它包括委托方式、价格形成机制、委托匹配原则、信息披露、市场稳定措施等。委托方式、委托匹配原则、信息披露、市场稳定措施等内容前面已经多有涉及。下面我们结合二板市场集中讨论证券价格形成机制问题,并最终归结到中国二板市场应采用何种价格形成机制的问题。

证券市场的价格形成机制主要有两种方式,一种是做市商(market maker)制度,另一种是竞价(auction)交易制度。

做市商制度是指,在证券的二级市场上,有一些实力较强、有良好信誉的交易商连续不断地为每一种证券提供双向报价,并根据报价用自己的资金与投资者成交。通过这种方式,做市商既使证券市场增加了流动性,又可以为自己挣得证券买卖的价差。在做市活

动中,做市商的目的当然是赚取价差。但是,这种追逐利润的活动对证券市场确有积极的作用:

第一,稳定价格。证券的价格并非取决于潜在的供求力量,而是取决于即时的供求关系。特别是在连续型市场上,很容易出现短时间的供求失衡,推动价格大起大落。比如,当一笔资金突然进入市场,形成大量买盘时,由于信息不对称,市场上并没有足够的抛盘,这就会造成股价上涨。而这种上涨完全是由制度原因造成的,类似于一种垄断价格。此时,如果有做市商为自己的账户卖出证券,成为交易的对方(take the other side),就可以重新恢复证券供求的平衡,并保持价格的稳定。

第二,提供更准确的价格信息。证券市场的作用之一,即提供准确的价格信息。做市商的存在使这一作用得到加强。作为市场的重要参加者,做市商比普通投资者拥有更多的市场指令信息,其买卖活动也就是传递这些信息的过程。

竞价制度则是将买卖双方的委托都交给经纪人,由经纪人传输到市场上,再由市场对双方的买卖委托进行撮合成交。按照是否采用交易商制度,证券市场可以划分为做市商市场、竞价市场和混合式市场三种形式。混合式市场是兼有做市商市场与竞价市场两种制度特征的市场。在做市商市场上,市场的流动性是靠做市商的双向报价(bid ask price)实现的,所以也称为报价驱动市场(quote-driven market)。在报价驱动市场上,买卖双方的委托不直接见面成交,而是分别与做市商交易。在竞价市场上,买卖双方的委托直接集中到一起撮合成交,市场的流动性是靠委托单实现的,所以这种市场也称为委托驱动市场(order-driven market)。报价驱动市场起源于商品市场。在商品市场上,一般是从报价到双方议价再到成交价,商人所从事的就是低买高卖的活动。竞价市场则起源于古罗马的拍卖制度。

在报价驱动市场,交易商通过买卖报价进行竞争。对他们的客户来说,最高的出价和最低的要价是最优的。所有交易商的最高出价和他们的最低要价的组合,被称为内部市场(inside market),或者指令簿顶端(top of the book)。在美国,跨越所有市场的股票最高出价与最低要价,称为 NBBO(national best bid and offer)。

三、NASDAQ 市场的价格形成机制

1. 起源与发展

从各国情况看,最早的场外市场一般都是柜台市场,而且往往是由银行负责的柜台市场,所以这种市场肯定是报价驱动市场。在美国,早期的柜台市场上的股票交易商一般分为批发商、零售商和批零兼营的公司。批发商和批零兼营公司会负责股票的做市。美国的全国报价局负责交易报价的搜集和发布,其发布载体则是每日出版的粉页(pink sheet)。粉页存在的问题是报价信息的发布不及时。为了解决这一问题,美国1971年建立了 NASDAQ 系统,把不同的市场参加者以先进的通信系统连接起来。由于仅仅是通信系统的改进,市场上采用的仍然是做市商制度。1987年以前,大多数投资者通过系统看

到交易商的报价后,再通过电话等方式与做市商联系成交。其后,NASDAQ 也部分采用了委托驱动方式,即采用了具有自动执行功能的小指令执行系统(small order execution system,SOES)。这一系统的功能日益强大,运作范围日益扩大。按照规定,所有做市商都必须使用 SOES。1990 年,SOES 又增加了限价委托自动撮合的功能,那些比做市商出价更好的出价可以在客户中自动撮合,不再经由做市商买卖。这样,NASDAQ 市场已经成为混合市场。此后,NASDAQ 又引入了几种交易系统,如 Selectnet、ACES、ACT、Optimark 系统等。这些系统具有提供委托、执行交易和提供交易报告等功能。2002 年,NASDAQ 启用了 SuperMontage 系统,继续完善 NASDAQ 从报价驱动市场向混合市场的过渡。

21 世纪初,NASDAQ 成为公司,2002 年 7 月 1 日起股权在自己的市场交易。2006 年 6 月 30 日,SEC 批准 NASDAQ 成为交易所。由于 NASDAQ 早已经营得像一个交易所,所以这种变化并没有太大的意义。2007 年,NASDAQ 收购伦敦股票交易所失败。2008 年,NASDAQ 收购了斯德哥尔摩的 OMX Nordic 交易所。现在,它的正式名称是 NASDAQ OMX 集团公司。

第四市场,是投资者不通过经纪人而直接进行交易的市场,这一市场主要是靠电子交易系统来降低交易成本的。后来,第四市场已经与 NASDAQ 市场连接起来,电子交易网络(electronic communications network,ECN)与 NASD 会员实现了连接。NASDAQ 市场的投资者可以直接通过电子交易网络进行交易,而这些电子交易网络是采用竞价交易制度的。2005 年,NASDAQ 收购了最大的电子交易网络 Instinet。

2. 做市商及其种类

在 NASD 的几千家会员中,有 10% 是做市商。按照规定,在 NASDAQ 上市的股票每只最少要有 2 个做市商,没有上限。做市商有义务维护所做市的证券的流动性。做市商可以随时放弃为某种股票做市的身份,但 20 天之内不得要求复职。做市商在收到客户的委托后,是作为经纪人还是作为自营商为客户执行交易,可以自己进行选择。如果交易的是较为活跃的股票,不同做市商之间的报价接近,一般会选择经纪方式,收取佣金。如果股票交易清淡,那么买卖价差较大,做市商一般会选择自营方式。无论如何选择,做市商都必须向投资者说明自己扮演的是何种角色。

做市商可以分为以下几类:一是批发商。这类做市商往往为 3 000 只以上的股票做市。二是批零兼营的公司。这类做市商做市的股票一般为 500—1 000 只。三是机构经纪商。这类做市商主要为机构投资者服务,做市的股票一般低于 500 只。机构投资者的多数委托不要求立即执行,以追求较低的交易成本。四是地区性经纪公司。这类做市商规模较小,不属于华尔街,往往为支持承销和零售而做市。五是非挂牌交易特权做市商。在芝加哥证券交易所,专营商以这种方式为在 NASDAQ 上市的股票做市。

3. 做市商的报价规则

做市商报价主要有三种方式:

(1) 固定报价。在这种报价方式下,做市商必须保证按照报出的价格与下单的投资者成交。

(2) 协商报价。这种报价没有做市商的承诺,在与投资者协商后,交易才能正式达成。

(3) 询价报价。做市商对于交易活跃的股票或者大宗交易,要征求其他做市商或持有人的意见。

按照 NASDAQ 的规定,对于一般的证券,做市商的买卖价差不得多于 5%,但新股和基金不受此限制,做市商可以视情况自己确定。而且,NASDAQ 还规定,做市商的卖价不能等于或小于其他做市商的买价,买价不能等于或大于其他做市商的卖价。

4. 做市商的价格操纵行为

1996 年,有美国学者在研究中发现,在 NASDAQ 市场上,有近一半的股票的报价不是 1/8 的奇数倍(1/8,3/8,5/8,7/8),而 NYSE 则没有这种现象。学者的论文发表并引起注意后,一些股票开始引入 1/8 的奇数倍报价,买卖价差随之大幅度缩小。因此,许多人认为这种现象是做市商之间互相勾结使然,并出现了大规模的法律纠纷。美国司法部的调查结果,认为这种现象是由习惯而不是共谋所导致的。但是,NASDAQ 市场上做市商的互相勾结与价格操纵行为逐渐浮出水面。做市商的价格操纵主要表现在这样几个方面:一是在报价时相互协调,做市商为了与客户成交,会要求其他做市商调整报价。如果有做市商拒绝合作,其他做市商就会联合起来,拒绝与之交易。做市商内部称合作的做市商为友好竞争者。二是不及时准确地公布交易信息。这样做的目的是利用信息为自己谋利。同时,客户也无法知道自己成交的价格是否为最优价格。三是拒绝报价承诺。实际上,NASDAQ 对这些问题早就心知肚明,但却听之任之。

鉴于存在的这些问题,1997 年,美国对 NASDAQ 市场的做市商制度进行了改革。改革的主要内容包括:

(1) 要求做市商在市场上报出最好的委托价格。法律要求做市商报出的买价不得低于客户限价委托的价格,卖价不得高于客户限价委托的价格。假定某做市商的报价为 $5\frac{1}{8} - 5\frac{5}{8}$ 元,为最优价格,同时假定投资者 A 欲以 $5\frac{3}{8}$ 元的价格购买该种股票。如果是在 NYSE,投资者 A 可能会以此价格与其他投资者成交。但在 NASDAQ 市场上,在 1997 年的规定实行之前,做市商在接到投资者 A 的委托后无须改变自己的报价。按照目前的报价,投资者的委托是不可能成交的,因为他的买价低于做市商的卖价,做市商不会卖给他,但这一价格大于做市商的买价,如果有其他投资者看到的话,会愿意以 $5\frac{3}{8}$ 元这一更优惠的价格卖给他。但是,其他投资者是不可能看到这一报价的。1997 年的规定实行后,做市商在遇到这类情况时,要么自己做对家,卖给投资者 A 相应数量的股票,不改变其报价,要么就必须将 $5\frac{3}{8}$ 元的价格作为最优买价报给市场。

(2) 取消交易商内部市场与公开市场的价差。在 1997 年以前,内部市场是做市商之间进行交易的市场,价格与公开市场是不同的,因而做市商可能会借此牟利。比如,如果投资者 B 要以市价委托买入 2 000 股某种股票,市场上交易者的卖价为 $5\frac{1}{2}$ 元,内部市场的价格较低,为 $5\frac{3}{8}$ 元,那么,做市商就可以利用这一价差获利。新规定实行后,做市商则只能以 $5\frac{3}{8}$ 元的价格报价。

这些新规定实行后,NASDAQ 市场的报价差大大降低,市场价格的波动幅度明显缩小,交易商报价的调整频率也大大提高了。

四、做市商制度与竞价交易制度的比较

应该如何判断做市商制度与竞价交易制度孰优孰劣呢?首要的一个思路是从市场成功与否的角度去判断。从海外二板市场的经验看,NASDAQ 市场以做市商制度为主,而且是一个成功的市场。但是,海外失败的二板市场中,既有采用做市商制度的,也有采用竞价交易制度的。所以,从市场是否成功的角度,我们无法断言哪种制度更好。比较不同的交易制度,一般应从以下几个方面着手:

1. 流动性方面

在连续型市场上,做市商制度有利于提高市场的流动性,平抑价格波动。这是因为,在连续型市场上,价格取决于每一时刻的供求状况,因而很容易形成供求数量的失衡和较为剧烈的价格波动。如果引入做市商制度,就可以降低投资者的市场执行成本,增加流动性,做市商也可以因此而挣得利润。当然,做市商追求的是利润,所以往往只愿意为流动性较强的股票做市,而不愿意为流动性差的股票做市,所以其增强流动性的作用会大打折扣。在竞价交易市场上,由于大量的委托直接匹配成交,交易集中,数额巨大,也有利于解决流动性不足的问题,稳定价格。但在交易量较少时,在流动性方面,竞价交易市场明显不如做市商市场。

2. 投资者的交易成本

在做市商市场上,投资者要向做市商支付买卖价差。做市商收取的买卖价差也可以看作是为证券市场服务所收取的价格。从理论上讲,这种价格的决定应包括两项内容:一是做市商进行交易的成本,如设备成本、管理与操作费用等。二是风险补贴。做市商的买卖过程就是建头寸(take a position)的过程。买入证券即为多头(long position),卖空证券即为空头(short position)。建头寸将会面临两类风险:一是证券价格波动的风险,二是由于市场的厚度(交易量的大小)决定的平仓的顺利程度的风险。承担这两类风险都需要获得风险补贴。因此,与竞价市场比较而言,在做市商市场上,投资者可能会支付较高的交易成本。

3. 透明度与内部操纵

在做市商市场上,做市商拥有比投资者更多的市场交易信息,如交易前的委托信息

和交易后的信息报告。而且,做市商可以合法地在中长期内持有股票,如果他们合谋勾结,就有可能形成对市场的操纵。在竞价市场上,因为交易前的委托和交易后的报告信息都可以迅速传递,市场的透明度较高。

4. 价格稳定性

竞价市场上透明度较高,有利于信息迅速地传递并反映到价格上,使价格反映投资价值。这样,竞价市场相对来讲较不容易出现价格大幅度偏离价值的情况。而且,由于价格确定是连续进行的,因此,价格上升和下降都会比较平稳地进行。比较而言,在做市商市场上,由于做市商在平抑价格波动,因此,当价格背离价值累积到一定程度后,有可能出现价格更迅速的上升和下降。这种突然的、大幅度的波动容易引起市场进一步的迅速波动。

五、多家做市商制度与一家专营商制度的比较

在 NYSE,实行的是每只股票有一家专营商(specialist)的交易制度。占 70% 以上的交易委托是在专营商参与的情况下成交的,其余为在大宗交易场外成交。专营商的席位费很高,特别是蓝筹股的席位。NYSE 的撮合方式是人工撮合与电子撮合相结合。电子撮合是指 NYSE 开发出了超级 DOT 系统,投资者的委托可以直接由该系统传输,不必在场内由经纪人人工送到专营商的交易台。在两种撮合方式中,都会有专营商参加。专营商拥有委托的内幕信息,而且不会公之于众。

1. 流动性

在 NYSE,专营商只有 1 家,能提供的资金量是有限的。而在 NASDAQ 市场上,众多做市商的存在有利于资金的大量投入与交易的活跃。因此,NASDAQ 的换手率一般高于 NYSE。在 NYSE,专营商为自己的账户买卖的股票约占交易总量的 9%。由于专营商资金不足,NASDAQ 越来越成功,许多在 NASDAQ 上市的公司在成熟后,仍然选择留在 NASDAQ,而不是转到 NYSE,比如微软公司等。有研究发现,从 NASDAQ 转到 NYSE 上市的股票在最初两年内价格普遍被明显低估。NASDAQ 的交易额和总市值直线上升,与此有一定的关系。但是,2000 年以后,随着网络股泡沫的破灭,越来越多的公司又开始从 NASDAQ 转到 NYSE 上市。

2. 价格稳定性

在 NYSE,市场价格的稳定性是通过专营商的出价实现的。专营商会给出其负责的股票的买卖报价,并承担按报价买卖一定股票的义务。如果专营商给出的买价为 16.5 元,卖价为 17 元,那么,市场价格将落在这两个价格之间。我们先分析投资者给出市价委托的情况。由于可以以 16.5 元的价格卖给专营商,因此没有投资者会卖出更低的价格;由于可以以 17 元的价格从专营商那里买入股票,因此也不会有投资者愿意以比 17 元更高的价格买入。所以,股票的最终成交价格将介于 16.5 元和 17 元之间。当然,市场上主要是投资者之间在进行交易,市价委托的最终成交价在专营商出的两

个价格之间。买入与卖出投资者的经纪人会在专营商出价之间尽力为自己的客户争得一个更好的价格。

再看投资者给出限价委托的情况。如果投资者给出16.7元的买入价格,往往会有人接单,因为卖者认为这比卖给专营商的价格16.5元有利。如果投资者给出16.7元的卖出价格,往往也会有人接单,因为买者认为这比从专营商那里买入的价格17元有利。如果买入价格低于16.5元,或者卖出价格高于17元,由于对方投资者宁愿和专营商进行交易,因此这些委托是不可能成交的,专营商会把它们放入专营商簿,留待将来再行成交。

专营商负有维持股票价格稳定的义务。因而,特别在股灾时期,一旦出现单边市场,做市商往往都会拒绝做市,专营商则会尽力去维护股价的稳定。比较而言,专营商市场上价格更具有稳定性。当然,专营商稳定股票价格的作用毕竟是有限的。因为在报出的买卖价格之下,专营商只承担少量的买卖义务,所以,专营商会经常改变出价,股票价格因而同样会出现波动。

3. 垄断与交易成本

前文已经述及,一家专营商制度并不意味着垄断价格。有学者研究发现,与NASDAQ那些达到NYSE上市标准的股票相比,NYSE的股票的买卖价差小于NASDAQ。股票从NASDAQ转到NYSE上市时,价差会有缩小。当然,这与做市商避免1/8奇数倍报价有关。但1997年改革之后,NASDAQ的股票的买卖价差仍然大于NYSE。不过,专营商确实垄断着内幕信息。在NYSE市场上的专营商的收入确实高于市场的平均水平。许多学者认为,由于专营商负有维持股票价格稳定的义务,所以会承担更大的风险,高利润应该是对其高风险的回报。

为什么拥有垄断信息就可以获利呢?我们试举例说明。假定A有一笔限价卖出委托,限制价格为30元,同时,B有一笔买入限价委托,限制价格为29.5元,且数量较大,有100万股。作为不拥有信息的普通投资者,如果决定作为A的对家,以30元的价格买入,就要承担股价下跌的风险。但是,拥有信息的专营商可以放心地购买A的股票,因为他清楚地知道,在29.5元的价位上,股票价格有强力支撑。

2001年1月29日,NYSE全部股票报价改为十进位制。2001年4月9日,NASDAQ的全部股票报价也改为十进位制。有研究发现,这种改革使得NYSE的价差下降了37%。NASDAQ的价差下降了50%。小额委托获益尤为明显。

4. 价格与速度

NASDAQ是交易商市场,交易商会提供即时性,所以委托可以得到更快的执行。与分散的做市商制度不同,NYSE实行竞价制度,专营商可以为投资者实现更好的交易价格,但是需要更长的时间。

本章重要概念

上市证券,场外交易市场,NASDAQ 市场,第三市场,大宗交易,程序交易,股票价格指数,道·琼斯工业股价平均数,A 股,B 股,H 股,红筹股,二板市场,做市商制度,报价驱动市场,委托驱动市场

复习思考题

1. 在美国,在 NYSE 上市的股票,能不能同时在地方性交易所交易?
2. DJIA 是以美元数为单位的吗?
3. 如果新设立一股价指数,包括三种股票,股票 A 的价格为 30 元,股票 B 的价格为 10 元,股票 C 的价格为 20 元。随后,股票 A 每 1 股拆细为 3 股,除数应如何调整?
4. 红筹股是注册地在内地、上市地在香港的公司股票吗?
5. 试比较 NASDAQ 的多家做市商制度与 NYSE 的一家专营商制度。

第十章 货币市场

货币市场属于债务市场。这个市场专门用于交易期限在 1 年以内的债务工具。这些工具因而又称为货币市场工具。

第一节 美国的货币市场

美国的货币市场主要包括以下子市场：

一、国库券市场

政府之所以要发行国库券（treasury bills），一是为了应付财政先支后收的短期资金需要；二是在需要长期资金时，为了等待更有利的筹集资金的时机，可以先发行国库券，待时机成熟后再发行长期债券；三是出于中央银行公开市场操作的考虑。公开市场操作必须以发达的国库券市场的存在为前提。

美国财政部以政府信誉为担保发行的证券包括国库券、票据和长期债券。期限在 1 年以下的为国库券，2—10 年的为中期票据，长期债券的期限则在 10 年以上。国库券的流动性很强，面值比其他货币市场工具为低，加上没有违约风险，所以对投资者有很大的吸引力。

国库券是一种贴现证券（discount security），就是说，国库券本身没有利息，投资者持有到期，将得到国库券面值（face value）。当然，投资者买入国库券的价格会低于国库券的面值。假定投资者以 9 000 元购入一张面值为 10 000 元的国库券，期限为 180 天，那么在 180 天终了，投资者将得到 10 000 元，即获利 1 000 元。

1. 买卖报价

国库券的买卖并不按价格报价，而是按收益率报价。而且，这种收益率是以银行贴现为基础的。银行的贴现率是以贴现额（面值－贷款）除以面值计算的。许多金融工具以贴现方式计息，是因为以前没有计算机，准确计算收益率比较困难。国库券的收益率计算公式为：

$$i_{db} = \frac{F - P_d}{F} \times \frac{360}{t} \qquad (10.1)$$

其中，i_{db} 为国库券的收益率，F 为面值，P_d 是国库券的美元价格，面值减去美元价格是国库券的贴现额,t 为到期期限。

按上式推导,可得:

$$F - P_d = i_{db} \cdot F \cdot t \div 360 \tag{10.2}$$

进而可求得:

$$P_d = F\left(1 - i_{db}\frac{t}{360}\right) \tag{10.3}$$

P_d 就是国库券的价格。所以,根据收益率的报价、面值和天数,我们可以很容易地换算出国库券的美元价格。

在上例中,1 000/10 000 × 360/180 = 20%,即为其收益率。10 000 × (1 - 20% × 180/360) = 9 000(元)即为其价格。

需要注意的是,这里分析的收益率报价,并不能准确地度量国库券的持有收益。这是因为,公式中的分母是国库券面值,而面值并不是投资者的实际投资额,而是投资额与利息的总和。所以,收益率在一定程度上被低估了。在货币市场上,一些货币市场工具的收益是以价格计算的。为使国债收益报价与其他货币市场工具报价可比,需要把这一收益换算成货币市场等价收益,或称为 CD 等价收益。其公式为①:

$$\frac{360 i_{db}}{360 - t(i_{db})} \tag{10.4}$$

仍看前例,其等价收益为:

$$\frac{360 \times 20\%}{360 - 180 \times 20\%} = 22.2\%$$

货币市场工具一般以一年有 360 天为基础计算收益,但这也明显地与一般的债券收益计算方式不可比,因为 1 年期以上的财政债券收益率都是按一年 365 天计算的。为使收益率之间可比,也必须把这种收益换算成债券等价收益(bond equivalent yield),即把这一收益率乘以 365/360。这里没有考虑复利,也是出于习惯的原因。

2. 国库券的拍卖市场

国库券是定期拍卖发行的证券。3 个月和 6 个月的国库券每周都要拍卖一次。1 年期的国库券每月发行一次。财政临时出现资金需求时,可以通过发行现金管理券(cash management bills,CMBs)来解决。现金管理券的发行时间不固定,期限一般低于 21 天。国库券的拍卖既可以采用竞争性报价方式,由投资者报出收益率和认购数量,也可以采取非竞争性报价方式,投资者不报出收益率,只报出认购数量。前者一般适用于机构投资者,后者一般适合小额投资人。所以前者占比大而后者占比小。如果是多重价格拍卖,不同的中标者获得的收益率就会有所不同。最高的收益率称为终止收益率(stop yield)。终止收益率与平均收益率之差称为尾数(tail)。

---

① $\dfrac{F - P_d}{F(1 - i_{db} \times t \div 360)} \times \dfrac{360}{t} = \dfrac{i_{db}}{1 - i_{db} \times t \div 360}$

采用拍卖方式发行,使得财政部门可以随时调整国库券的数量,以适应资金需要量的变化。由于价格的出清作用,只要政府确定了供应量,一般都可以销售出去。

二、商业票据

商业票据(commercial paper)是公司在公开市场发行的短期无担保本票(promissory note)。一般而言,由于缺乏担保,只有信用等级比较高的大公司才能以这种方式筹集资金。

1. 商业票据的发行者与投资者

在20世纪80年代,许多中等公司也发行了商业票据。中等公司之所以能够发行,是因为其发行得到了某种支持。一种是信用担保支持的商业票据。比如,以备用信用证作担保,发证行承诺若发行公司不能偿还,银行将代为偿还。银行为此将收取一定的费用。这是银行在面对商业票据等金融工具对其负债业务的竞争时,变被动为主动,开展中间业务挣得收入的重要方式。以这种方式发行的商业票据称为LOC票据。另一种是资产担保支持的商业票据。它以一揽子应收账款作抵押,来发行商业票据。

从公司注册地看,发行商业票据的公司可分为本国公司和外国公司。

公司之所以要发行商业票据,其一,是因为一些短期的资金需求。当然,这种需求也可以通过银行借款得到满足。但是,商业票据的成本——利率要低得多。过低的利率水平使得一些信用等级不高的公司也可以发行商业票据。另外,一家银行对一家公司的贷款额要受到其资本额的限制,而组织银团贷款的交易成本又比较高。相比之下,发行商业票据更方便一些。当然,公司选择商业票据,其代价是难以与银行建立良好的关系。如果公司经营出现问题,急需资金,它既难以在票据市场筹集资金,也不能奢望银行的帮助。而且,如果公司借债之后一段时间资金变得充裕了,它可以提前归还银行贷款,却不能提前赎回商业票据。其二,是出于桥式融资(bridge financing)的考虑。比如,在并购重组活动中,并购方可以通过发行商业票据筹集资金,待并购成功后再予以归还。又如,在需要发行长期债券的时候,公司如果认为目前的市场条件不理想,也可以先发行商业票据,在市场条件好转后再发行长期债券。

商业票据的历史可以追溯到19世纪初。最初是由非金融企业发行的,并由银行以贴现方式购买。20世纪20年代以来,消费信贷的发展使得金融性企业开始发行商业票据。目前,商业票据的发行者主要包括金融性公司与非金融性公司。金融性公司又可分为附属性公司、与银行有关的金融公司和独立的金融公司。附属性公司主要负责为母公司的顾客提供融资。银行持股公司的金融公司向社会上的各种产品购买者提供融资。由于商业票据是其主要筹资方式,所以金融公司的资产负债业务有大额借入、小额借出的特点。

商业票据的投资者主要包括货币市场共同基金(MMMF)、小投资者、信托部门、非营利性公司、进行短期投资的非金融公司、养老基金、寿险公司、商业银行等。可以说,主要是机构投资者。其中,货币市场基金只能投资于信用风险较低的商业票据。由于商业票据的投资者多为机构投资者,所以,商业票据往往由投资者直接购得。

2. 一级市场与二级市场

商业票据按发行方式的不同可分为两种:一种是直接发行票据(direct paper),这是由发行公司直接卖给投资者的票据。采用这种方式的公司多为金融公司。对这些公司而言,商业票据是重要的资金来源,需要经常发行,因而直接发行的成本较低。另一种是交易商票据(dealer-placed paper),即不是由公司直接发行,而是由交易商代销(best efforts)。这种交易商以前主要由证券机构担任。美国有12家商业票据交易商。随着金融自由化的发展,商业银行已进入商业票据承销市场。可以说,商业票据的发行对银行有重要影响。一是影响银行资金来源,因为在投资者看来,商业票据是银行存款的重要替代品。二是影响资金运用,因为在发行公司看来,商业票据是银行贷款的替代品。所以银行会积极介入票据承销。这是银行的又一项中间业务。银行在商业票据的发行中开拓了几项中间业务,以弥补其损失。

多数情况下,商业票据的投资者以持有到期为目的。如果由于特殊情况需要变现,投资者可以将其售回给交易商或发行公司。商业票据是面向机构投资者专门设计的,所以其标准化程度低。由于这些因素,商业票据的二级市场并不发达。

3. 商业票据的期限与收益

商业票据的额度较大。最低交易额一般为10万美元。就期限看,商业票据的期限最短为3天,最长一般少于270天,多数为30—50天。不超过270天的原因是,法律规定期限短于270天的商业票据可以不向SEC登记,而登记需要一定的费用。而且,期限短于90天的票据更易卖出。这是因为,短于90天的商业票据被中央银行认为是贴现放款的合格票据。

当然,票据到期时,发行者可以采用借新债还旧债的方式,形成滚动发行的商业票据。此时,商业票据一般要以未使用的银行贷款额度(line of credit)作为还款担保。这是商业银行的又一项中间业务。

商业票据也是一种贴现工具。与国库券一样,投资者到期得到面值,买价与面值的差额为利息。1年以360天计算。当然,附息商业票据也是存在的。

商业票据的收益一般高于同期限的国库券。这是因为:① 商业票据有违约风险,而国库券是无风险债券,所以商业票据要有风险补贴。② 国库券有免税的优点,即免征州和地方政府所得税。为使税后利率一致,商业票据的利率也要高些。③ 流动性原因,如前所述,商业票据的流动性较差。

4. 违约风险与信用评级

商业票据的违约现象本来是很少见的。但在1989年和1990年却连续出现这种情况。在同一时期,《巴塞尔协议》签订了,银行在风险资本要求下也不愿开展承诺业务,MMMF的投资也受到SEC的限制,使得中低信用等级的公司无力再发行商业票据。

为了衡量商业票据的违约风险,评级公司会对商业票据进行评级。商业票据被分为投资级和非投资级。

5. 非美国商业票据市场

美国之外的西方发达国家也发行商业票据。外国公司在日本发行的商业票据称为武士商业票据。发行地与货币币种不同的商业票据称为欧洲商业票据(Eurocommercial paper)。欧洲商业票据多数为直接发行,期限明显要长一些,相应的流动性也比较弱。

三、银行承兑汇票

在国际贸易中,进口商与出口商的交易活动,创造了银行承兑票据。银行承诺进口商的货款一定支付。此时,一般会伴随融资活动,称为承兑融资。

在进出口贸易中,由于货物交割与货款支付不可能同时进行,所以,进出口商之间会产生不信任的问题。此时,进口商往往要求往来银行为其开出一张不可撤销信用证,证明其将按期支付货款。然后,银行将信用证寄给出口商的代理行。出口商代理行然后通知出口商发运货物。发货后,出口商将开出汇票,和运输单据一起交给代理行,并获得货款。这家代理银行将把运输单据和远期汇票交给进口商的代理银行。发货单将交给进口商用于提货,而汇票则由银行加盖承兑字样,银行就有了支付款项的责任,形成了银行承兑汇票(bankers acceptance)。

出口商银行可以选择持有这张票据。如果不持有这张票据,它就可以向进口商银行要求货款的现值。付款后,进口商银行可以选择持有票据,也可以把这张票据按现值卖给投资者。票据到期时,投资者可以按面值获得回报。银行承兑票据的使用,使得出口商可以及时得到货款,既有时间上的优势,又可以避免汇率风险,而且还有了信用保障。

银行承兑票据的投资者主要是 MMMF 和市政机构。它也是以贴现方式发行的。具体的发行方式既可以为由银行直接发行,也可以为卖给交易商发行。

联邦储备银行对这种票据也规定了合格标准。如果承兑银行自己持有,合格的票据可以用作贴现放款的抵押。如果银行将其卖出,则不合格的票据被视为潜在负债,需要交纳准备金。当然,合格的票据不需要缴纳准备金。

银行签发票据时向客户的收费,等于预计的卖出票据的利率加上佣金。这笔费用可以由交易的任何一方支付。票据的期限一般为 30 天、60 天、90 天,长的为 180 天或 270 天。交易规模一般为 10 万和 50 万美元。由于有银行承兑,银行与进口商均会承担责任,所以风险较低,当然,由于进口商和承兑银行都可能会违约,加上流动性较差,所以银行承兑票据的收益率要高于无风险的流动性高的国库券。另外,创造银行承兑汇票的银行的信誉不同,票据的风险也就不同。

四、大额可转让存单

存单是银行所创造的金融资产,它有标明的利率和到期时间。面额可以多种多样。

一开始,存单都是不可转让的,存款人可以提前支取,但需要承担一定的利息损失。

1961年,美国花旗银行最先引入了可转让存单。原因是Q条例对银行利率的管制,影响了银行的资金来源。为了与市场利率进行竞争,银行发行了大额可转让存单。它的面额一般在100万美元以上。1982年,美林证券建立了小于10万美元的小面额存单市场,把它的银行与储蓄机构客户的存单提供给零售客户,这些存单同样是可转让的。美林还为存单进行做市。我们这里主要讨论大额可转让存单(以下简称存单)。

1. 存单的发行者与投资者

存单可以分为四类。一是本国银行发行的存单。二是在美国之外发行的以美元标值的存单,称为欧洲美元存单(Eurodollar CDs),由美、日、加等国主要在伦敦发行。三是外国银行的美国分支机构发行的以美元标值的存单,称为扬基存单。四是储蓄银行和储蓄贷款协会发行的储蓄存单。存单的期限多数短于1年。超过1年的称为定期存单(term CDs)。存单与其他主要的货币市场工具不同,因为它是有利息的,所以一般直接按利息率报价。1年也以360天计算。多数的利息半年支付一次。有些存单是浮动利率存单(FRCD),利率钉住某种指标,所以必须经常调整。调整的周期不定,最勤的每天调整1次。这种存单的期限为18个月至5年。

2. 存单的收益

与国库券相比,由于信用风险稍高和流动性稍差,所以存单的利率要高一些。存单市场本来有很强的流动性,但目前的流动性已经大大下降了。

不同存单的收益不同。由信用水平不同的银行发行的存单,利率当然不同。期限和由对银行贷款需求所引致的银行资金需求也是重要的决定因素。

扬基存单的利率一般高于国内存单。欧洲美元存单的利率也高于国内存单。这是因为,其一,欧洲美元存单没有储备要求。因此,银行愿意支付更高的利率。或者说,银行只愿意为本国存单支付更低的利率。其二,本国存单必须向联邦存款保险公司缴纳保险费。其三,主权风险(sovereign risk)问题。欧洲美元存单代表一种债务,这种债务要由外国司法管辖下的公司清偿。这里存在主权风险,持有者的求偿权可能得不到执行。主权风险溢价会抬高欧洲美元存单的收益率。

五、回购协议

回购协议(repurchase agreements)是一种证券购买协议,协议中同时规定卖方将在未来特定时间以特定价格将证券买回。这种协议实际上是一种以证券为抵押的贷款。用于担保的证券可能是政府证券、货币市场工具等各种证券。回购协议的买方是一种投资者,他们的目的也是赚取买卖差价。站在买者的角度,回购协议可看作是逆回购(reverse repo)。如果期限只有1天,回购就称为隔夜回购(overnight repo)。超过1天的称为期限回购(term repo)。回购协议的卖方行为也称为调换出(reversing out)证券,或者称为回购(to repo)证券,卖出抵押品。买方行为也称为掉换入(reversing in)证券,还称为做回购(to do repo)、买入抵押品。

假定券商 A 与机构投资者 B 签订回购协议,期限 10 天,A 向 B 出售一笔国债,价格为 99 万元,A 到期再以 100 万元的价格将其买回,则回购利息为 1 万元。

1. 回购利率

回购利率的计算公式为:

$$回购利率 = \frac{利息}{本金} \times \frac{360}{期限} \qquad (10.5)$$

在本例中,回购利率为:1/99 × 360/10 = 36.36%。

不同回购协议的利率是不同的,这主要取决于:

(1) 抵押品的质量。高质量的抵押品利率低。
(2) 回购期限。不同期限的债券回购利率一般不同。
(3) 交割要求。交割的交易成本越高,利率越低。
(4) 抵押品的易得性。难以获得的抵押品对买方有一定的吸引力,所以买方可以要求一个较低的利率。

2. 信用风险

回购协议中使用的证券都是高质量的证券。但是,如果卖方到期无力买回证券,而抵押品证券的价格下降,那么,买方将要承担一定的损失。当然,如果证券的价格上升,卖方就要担心买方违约。

为了保证买方利益,现在,回购协议的贷款额一般小于抵押品价值,两者的差额就是保证金(margin)。在回购期间,要定期钉住证券市场。如果市价下跌,那么,要么由卖方追加保证金,要么是给回购协议重新定价,即卖方将部分资金退还买方。

假定券商 X 与机构投资者 Y 签订回购协议。证券市值为 1 020 万元,融资为 1 000 万元,保证金为 2%。如果证券市值降为 1 000 万元,则要么 X 再交纳 20 万元市值的证券,要么将融资额改为 980 元(1 000/1.02),X 退还 Y 20 万元。

回购中证券的移交,既涉及交易成本,也与风险密切相关。如果采用直接移交的方式,特别对短期回购来说,交易成本太高了。此时,卖方可以支付较低的回购利率。如果不移交证券,更是不行的。买方如果不要抵押品,则卖方可能又会将这笔证券出售,或用同一笔证券再一次抵押,去签订一份新的回购协议。比较好的方法是将证券存放在专门的管理者那里,这样既可以减少交易费用,又可以降低风险。

3. 市场主体

回购市场的主体包括各种金融和非金融公司。它们相互之间直接提供短期资金支持。MMMF、市政机构等部门一般通过回购协议进行投资,商业银行和储蓄银行则往往通过回购协议筹集资金。许多交易商不仅利用回购市场(repo market)为其头寸融资,而且同时进行相同期限的回购和逆回购,以赚取两者之间的利差。

联邦储备银行也是回购市场的重要参加者。在公开市场操作中,联邦储备银行可以直接买卖证券,但它一般是采用回购的方式。联邦储备银行买入债券并不称为逆回购。

它为自己买入抵押品称为系统回购(system repo),为外国中央银行买入抵押品称为客户回购(customer repo)。联储卖出抵押品也不叫回购,而叫做匹配出售(matched sale)。

六、通知贷款

通知贷款是一种短期放款,借贷双方都有权提前一天通知对方结束贷款。这种贷款由银行提供给证券的经纪人或交易商。贷款要求证券作为抵押。保证金账户上的证券经常充当这种抵押。

七、联邦基金市场

根据法律规定,存款货币银行必须缴纳存款准备金,它由法定存款准备率和准备计算期(14天)的平均日存款额来决定。由于准备金是不付息的,所以银行一般不愿持有过多的超额准备。因而,银行经常出现准备金不足的情况。此时,银行既可以通过回购协议融资,也可以通过拆借融入资金。银行同业间拆出拆入准备的市场即为联邦基金市场。

多数拆借只有1天期限,但也有一些长期的行为。这一市场上,买卖双方有时直接见面,有时通过经纪人。

联邦基金利率与回购协议利率密切相关,因为他们同是商业银行筹集资金的方式。一般而言,回购利率较联邦基金利率低。这主要是因为有无担保的差异。

第二节 中国的货币市场

一、货币市场的发育状况

中国于1979年7月建立票据承兑贴现市场,1996年建立统一的同业拆借市场,1997年6月开放银行间债券回购市场。目前,市场体系包括同业拆借、交易所及银行间债券回购、商业票据市场等子市场。

改革以来,中国发生了迅速的货币化。但是,货币市场的发展并不同步,有时还呈萎缩态势。1999年以来,中国的货币市场发展开始加速。同业拆借市场、债券回购市场等的交易额都有了迅速的增长。货币市场的利率也逐步正常化。例如,1999年以来,拆借利率开始低于再贷款利率,使得银行不再严重依赖再贷款。下面,我们分别就各个货币市场子市场进行讨论。

二、同业拆借市场

1984年,中国人民银行成为专门的中央银行后,鼓励银行之间进行拆借。1986年8月,上海最早成立了同业拆借市场。其后,在一些城市成立了一些融资公司等拆借机构。中国同业拆借市场的主体,曾一度比较混乱,许多非银行部门进入这一市场筹集长期资金。到 1993 年上半年,问题越发严重。银行的大量资金通过拆借的途径流入了证券和房地产市场。其后,中央银行开始着手组建规范的市场。1996 年 1 月 3 日,全国统一的同业拆借市场开始运行。这一同业拆借市场有两级网络,一级网络的参加者为商业银行的总行和来自 35 个城市的 35 家融资中心。二级网络则是在这 35 家融资中心内,由各家商业银行的分行以及其他非银行金融机构在本地进行交易。最初几个月,拆借市场的利率有一个最高限额,这类似于美国《格拉斯-斯蒂格勒法案》的规定。当年 6 月,利率最高限被取消。同业拆借利率可以看作实行了完全的市场化。

建立统一的市场后,进行同业拆借的市场主体不断增加。开始,市场只允许银行和融资中心参加。1996 年市场主体共为 55 家。后来,逐渐地放宽了限制。1997 年后,对融资中心进行了整顿,融资中心淡出同业拆借市场。1998 年 5 月,外资银行获准进入同业拆借市场,11 月,保险公司也得到允许。到 1998 年年底,市场主体为 177 家,包括商业银行总行、外资银行、商业银行省分行、保险公司等非银行金融机构。1999 年 4 月,农村信用社也进入了全国银行间同业拆借市场。这是为了给中小金融机构增加融资渠道。同月,作为政策性银行的中国国家开发银行也进入了同业拆借市场,它可以做拆出业务。1999 年 8 月,为了活跃证券市场、促进货币市场与证券市场的协调发展,证券公司、基金管理公司也被允许进入这一市场。

2007 年 1 月 1 日中国正式推出了上海银行间同业拆放利率(Shanghai Interbank Offered Rate,Shibor),正式名称为中国货币市场基准利率。这一利率以位于上海的全国银行间同业拆借中心为技术平台计算、发布并命名,是由信用等级较高的银行组成报价团自主报出的人民币同业拆出利率计算确定的算术平均利率,是单利、无担保、批发性利率。目前,对社会公布的 Shibor 品种包括隔夜、1 周、2 周、1 个月、3 个月、6 个月、9 个月及 1 年。Shibor 报价银行团现由 16 家商业银行组成。报价银行是公开市场一级交易商或外汇市场做市商,在中国货币市场上人民币交易相对活跃、信息披露比较充分的银行。中国人民银行成立 Shibor 工作小组,依据《上海银行间同业拆放利率(Shibor)实施准则》确定和调整报价银行团成员、监督和管理 Shibor 运行、规范报价行与指定发布人行为。全国银行间同业拆借中心受权 Shibor 的报价计算和信息发布。每个交易日根据各报价行的报价,剔除最高、最低各 2 家报价,对其余报价进行算术平均计算后,得出每一期限品种的 Shibor,并于 11:30 对外发布。

Shibor 和过去的 Chibor 有明显的不同。从形成方式看,Chibor 是实盘交易形成的利率,而 Shibor 是报价行报出的利率。过去,实际上由于市场主体的参与意愿较弱,拆借市场流动性弱,交易规模小,相应的波动幅度也较大,而且容易受到操纵。Shibor 由交易活跃的银行参与报价,报价期限从隔夜到 1 年共 16 个,每天准时报价,为市场提供一个统一、完整和有效的短期利率曲线。当然,Shibor 的成功与中央银行的大力支持、积极推动有很大的关系。

三、债券回购市场

回购主要是国债回购。回购既可以在机构间进行,也可以在中央银行与金融机构间进行。我国的国债回购最早出现在 1991 年,是由中国证券市场研究设计中心(联办)所建立 STAQ 系统开办的。推出国债回购的目的,是提高国债的流动性,便利国债的发行。后来,武汉和天津的证券交易中心也开始搞回购业务。在这些市场上,许多机构买空卖空国债,利率很高,期限有的长达 2 年。由于出现了以代开国债保管单买空卖空的问题,甚至有人用假保管单进行诈骗,使大量债务无法偿还。1995 年,政府不得不对这一市场进行清理。清理起来颇为困难。政府规定只有上海证券交易所可以做回购业务,不允许非金融机构、个人和不具有法人资格的金融机构参与。回购品种只能是国库券和金融债券。国库券要交给指定的证券登记托管机构。1996—1997 年,上海证券交易所和深圳证券交易所成为主要的国债回购市场,回购交易额较大。存在的问题是许多银行资金通过国债回购方式流入股市,问题比较严重。这一市场上,融出资金者主要是银行。券商在此融入资金主要用于认购新股和在二级市场上炒作。这既影响了一级市场的公平,又使二级市场产生了更大的风险。同时,也使货币市场承担了更大的风险。为此,该市场受到清理整顿。1997 年 6 月,商业银行被逐出证券交易所的回购市场,交易所回购市场的交易量立刻大幅度下降。同时,从 1997 年 6 月 16 日起,建立了银行间债券市场,在 Chibor 上运行,国债回购主要通过银行间债券市场进行。1999 年以来,考虑到股票市场持续低迷,政府又允许券商进入了银行间债券市场。

2013 年,中国银行间市场和交易所市场的债券回购交易量达到了 221 万亿元。

四、票据市场

中国票据市场中的金融工具主要是银行承兑汇票。商业票据和本票都比较少。中国的商业票据主要是企业、商业银行和中央银行参与,比较单调,资金只有这样一条线,而且只有以商品交易为基础的票据。

1981 年,上海开始试办票据承兑与贴现业务。1986 年,中国人民银行总行允许一些城市开办票据贴现和转贴现业务,但票据只能是在商品交易基础上产生的商业承兑汇票和银行承兑汇票。同年,开办了再贴现业务。到 1990 年年底,商业承兑汇票共签发 507 亿元,银行承兑汇票共签发 1 716 亿元,贴现额为 804 亿元。票据市场当年融资额占 GDP 的比重为 18.2%。由于违规现象严重,如承兑者拒绝承担责任等,中国人民银行对其进行了整顿,使得市场萎缩。直到 1994 年后,人民银行才开始放松规定,推进票据的使用,允许以票据购买商品。但是到目前为止,商业票据市场上,企业仍是唯一的发行者,银行是唯一的资金供给者。

2001 年,中国的商业票据市场出现了比较严重的问题。许多企业签发了大量的没有真实贸易背景的商业票据。通过商业票据贴现的方式,大量银行资金进入了股票市场。

其后,这种融资性票据一直是一个严重的问题。

到 2009 年,中国各类企业累计签发商业汇票 10.3 万亿元,同比增长 45.0%;累计贴现 23.2 万亿元,同比增长 71.4%;累计办理再贴现 248.8 亿元,同比增长 126.8%。票据贴现成为银行资金运用越来越重要的途径。2013 年第一季度,企业累计签发商业汇票 5.4 万亿元,同比增长 35.1%;期末商业汇票未到期余额 9.2 万亿元,同比增长 27.9%。3 月末,承兑余额较年初增加 8 973 亿元,同比多增 3 296 亿元。从行业结构看,企业签发的银行承兑汇票余额集中在制造业、批发和零售业。从企业结构看,由中小企业签发的银行承兑汇票约占三分之二。

1997 年以前,中央银行曾经审批过短期融资券的发行,后来停止了。2005 年 5 月,中国人民银行推出了短期融资券,由非金融企业①在银行间市场发行。短期融资券是真正意义上的商业票据。2005 年当年就有 61 家企业发行了 79 期短期融资券,发行总额为 1 424 亿元。按照中国人民银行 2008 年 4 月发布的《非金融企业债务融资工具管理办法》,企业在银行间市场发行债务融资工具应在中国银行间市场交易商协会(简称交易商协会)注册。就是说,这里的发行是采用注册制的。债务融资工具在中央国债登记结算有限责任公司(简称中央结算公司)登记、托管、结算。全国银行间同业拆借中心为债务融资工具在银行间债券市场的交易提供服务。企业发行债务融资工具应在银行间债券市场披露信息。企业发行债务融资工具应由金融机构承销。企业可自主选择主承销商。需要组织承销团的,由主承销商组织承销团。《非金融企业债务融资工具管理办法》还明确规定,短期融资券适用本办法。中国银行间市场交易商协会,是银行间债券市场、拆借市场、票据市场、外汇市场和黄金市场参与者共同的自律组织,协会业务主管单位为中国人民银行。协会经国务院同意、民政部批准于 2007 年 9 月 3 日成立,为全国性的非营利性社会团体。协会会员包括单位会员和个人会员,银行间债券市场、拆借市场、外汇市场、票据市场和黄金市场的参与者、中介机构及相关领域的从业人员和专家学者均可自愿申请成为协会会员。

2010 年 12 月 21 日,中国银行间市场交易商协会发布《银行间债券市场非金融企业超短期融资券业务规程(试行)》,并正式开始接受企业在银行间债券市场发行超短期融资券的注册。超短期融资券(super & short-term commercial paper, SCP)为限制在信用等级在 AAA 级以上的大型企业发行,期限在 270 天以内的融资券。在发行制度和流程上,超短期融资券有很大的简化。根据该业务规程,超短期融资券可以一次注册,两年有效,随时分期发行,事后报备,期限最短可按天计算。这类似于 415 规则。在发行资金用途方面,只要符合法律法规及政策要求,募集资金可用于满足各种流动性资金需求。

到 2014 年 3 月 31 日,中国市场上共有短期融资券 1 074 只,票面总额 15 083.30 亿元,其中超短期融资券 161 只,票面总额 5 299.5 亿元。

---

① 出于审慎原因,银行为主的融资制度下,监管者往往限制银行发行短期融资券,如法国和日本就是如此。

本章重要概念

贴现证券,商业票据,银行承兑汇票,大额可转让存单,回购协议,逆回购

复习思考题

1. 公司为什么会发行商业票据呢?
2. 金融市场上会出现商业票据的收益率低于同期限的国库券收益率的情况吗?
3. 商业票据市场的发展对商业银行有什么影响?
4. 为什么美国会出现大额可转让存单市场?
5. 证券回购协议是怎样防范违约风险的?
6. 简述中国同业拆借市场的发展历程。

第十一章　财政证券市场

第一节　西方国家的财政证券市场

债券可以看作是能交易的贷款。美国财政部是世界上最大的单一债务发行人。它发行的债务种类虽然不太多,但数量却很多。由于拥有一个发达的二级市场,所以投资者可以很方便地买卖这种证券,而且,作为交易成本的买卖差价也比较小。财政证券可以免缴州和地方所得税,但需要缴纳联邦所得税。在财政证券的投资者中,2/3 为个人或私人机构,机构主要是商业银行等金融机构。地方政府与外国投资者也是重要的持有人。约有 1/3 的财政证券由联邦政府机构和联邦储备体系持有,这一点被许多人认为是不正常的。

一、美国财政证券的类型

按照债务偿付方式的不同,财政证券(treasury securities)可以分为贴现证券和附息证券(discount and coupon securities)。贴现证券是无息证券,以低于面值的价格发售,投资者不能挣得利息,但可以挣得面值与发行价格间的差额。在美国,这种折扣被规定为应税收入。付息证券一般每 6 个月支付一次利息,一般是在 1 日或 15 日支付利息,到期偿还本金。许多欧洲国家的财政证券是 1 年支付一次利息。在 1983 年之前,一些付息债券是附有息票的。1983 年起,所有国债都以注册登记的方式发行,由财政部按登记结果发放本息。

如果不把货币看作财政证券的话,财政证券又可以分为可交易证券与不可交易证券。可交易证券在到期前可以被多次交易。它包括国库券、财政票据和财政债券。国库券都是贴现证券。期限为 2 年以上的都是附息证券。其中,2—10 年期限的称为财政票据(treasury notes),10 年期限以上的称为财政债券(treasury bonds)。有些财政债券可能会在到期前(提前 5 年)被财政部按照面值提前收回,但必须提前 4 个月通知。财政票据是不可能被提前收回的。因此,财政债券在距离到期日 5 年时,交易价格可能会不同于没有赎回条款的债券。另外,如果财政附息证券是折扣发行的,折扣部分也属于应税收入。如果投资者在市场上买入的财政债券价格低于其发行价格,其差额也可能属于应税收入。不可交易证券包括以下几类:一类是由财政部对各种政府机构和信托基金,如田纳西流域管理局等机构,发行的政府账户系列债券。当这些机构资金充裕时,就借款给财政部,以减少公开市场上的财政借款。二是出售给公众的储蓄债券(savings bonds)。美国从1935年开始发行储蓄债券。储蓄债券也是注册登记式的。发行这种债券,主要是为了吸引中小投资者。储蓄债券只卖给个人和某些特定机构,而且有额度限制,可以提前兑付、更换。许多公司为其雇员从工资中扣款来购买储蓄债券。储蓄债券的优点是,所得税可以在兑付时再缴纳,如果期限为17年,则投资者在发行时购买的证券可以在17年后再缴纳所得税。储蓄债券包括EE系列和HH系列两种。EE系列证券贴现发行,面额有小有大。这种债券可以用现金或工资扣除计划购买,以1/2折扣率发行,在罚息条件下可以提前兑付,最低面额50元,最高购买额为1.5万美元(面值3万美元)。期限有两种:17年和30年。HH系列是一种附息证券,某些这类证券可以在交易所内交易。HH系列证券面额在500美元以上,在一个保证利率基础上,以浮动利率计息。但即使浮动利率大于保证利率,期限低于5年的证券也只能得到保证利率。三是对外国投资者和政府发行的非交易美元证券和以外币标值的证券(外国投资者持有的债券也包括可交易证券,因为在美国之外的伦敦、东京等地也有比较发达的美国国债二级市场)。四是对州和地方政府发行的特种国债,这可以为后者筹集的资金提供一个短期投资渠道。

  1997年起,美国财政部开始发行通货膨胀保护证券(treasury inflation protection securities,TIPS)。政府会根据消费价格指数对利息支付进行调整。

二、美国财政证券的一级市场

  在美国,国库券的最小面额为1万美元,以前要求是5 000美元的整数倍,目前要求是1 000美元的整数倍。中期国债的最低交易额为5 000美元,长期国债的最低交易额为1 000美元,更大的金额必须是它们各自的整数倍。不仅国库券,所有的财政债券都是定期拍卖的。这是因为,国债发行量巨大,所以必须定期分批拍卖,让市场消化。3个月(13周)和6个月(26周)期限的国库券是每周拍卖一次。一年期(52周)的国债是每四周拍卖一次。财政债券一般是在季度中拍卖。1992年后,除了2年和5年期的财政票据按单一价格拍卖外,其他财政证券都按多重价格拍卖。1998年以后,所有拍卖都采取单一价格拍卖的形式。在国债交易时,不需要交割国债凭证,而是由银行和联邦储备体系的电脑进行记录,证券购买者的开户银行是证券的保管人。

  在国债拍卖中,财政部事先公布拟出售证券的数量。投标者包括竞争性投标者和非竞争性投标者。竞争性投标者包括货币中心银行和证券公司等,大约占每次拍卖数的75%—85%。非竞争性投标者主要是小的金融机构和个人。联邦机构参与的是非竞争性投标。联邦储备体系先根据发行数量减去非竞争性投标的数量,然后对竞争性投标进行决标。非竞争性投标者购买国债的数量要受到一定限额的限制,购买国库券不得超过100万美元,购买中期票据不得超过500万美元。绝大多数的散户会选择非竞争性投标。非竞争性投标者按投标的平均价格购买。由于非竞争性投标一般都能得到满足,投标者先要按照面值付款,拍卖结束后,再收到退款。因为中小投资者拥有较少的信息,所以只能参与非竞争性投标。但非竞争性投标的数额不能过多。这是因为,如果竞争性投标过少,按过少的竞争性投标确定的价格去确定过多的非竞争性投标的价格是不合适的。所以,对每一非竞争性投标应有最高数额限制,否则可能会有大机构大量参与非竞争性投标。竞争性投标中标者可以以联邦基金、现金、支票、到期国库券等支付。竞争性与非竞争性投标的票面总额除以发行给公众的票面总额,称为标售比率(bid-to-cover ratio)。

任何公司都可以交易财政证券。但是,一级自营商(primary or recognized dealers)有重要的地位,因为联邦储备银行在公开市场业务中只与这些公司打交道。中央银行一般不在一级市场购买国债。因为这可能会影响到中央银行的独立性,使货币政策成为财政政策的附庸。一级自营商可以为自己和代理客户进行投标,而且不需要事先存入保证金。它们还是财政部借款咨询委员会的会员。要成为一级自营商的公司必须资本充足,交易量巨大。公司首先需要成为报告交易商(reporting dealers),然后才会被批准为一级自营商。作为一级自营商必须参加每一次的国债发行。由于一级自营商会在二级市场做市,因此这种制度有利于二级市场的流动性。由于有丰富的经验,很多一级自营商的雇员会到财政部工作。一级自营商制度建立于1960年,当时有18个。1988年有46家,2007年降为21家。2008年10月进一步降为17家。2008年3月19日,美联储建立了 Primary Dealers Credit Facility(PDCF),通过贴现窗口为一级自营商融资。

到2011年12月,根据纽约联邦储备银行网站提供的信息,共有21家金融机构为一级自营商。它们是:

Bank of Nova Scotia, New York Agency

BMO Capital Markets Corp.

BNP Paribas Securities Corp.

Barclays Capital Inc.

Cantor Fitzgerald & Co.

Citigroup Global Markets Inc.

Credit Suisse Securities (USA) LLC

Daiwa Capital Markets America Inc.

Deutsche Bank Securities Inc.

Goldman, Sachs & Co.

HSBC Securities (USA) Inc.

Jefferies & Company, Inc.

J. P. Morgan Securities LLC

Merrill Lynch, Pierce, Fenner & Smith Incorporated

Mizuho Securities USA Inc.

Morgan Stanley & Co. LLC

Nomura Securities International, Inc.

RBC Capital Markets, LLC

RBS Securities Inc.

SG Americas Securities, LLC

UBS Securities LLC

在拍卖市场上，必须防止一级自营商垄断市场。如果没有规定合适的投标最高限，就容易出现垄断现象。美国规定单个投标人的最高认购额不得超过中标总额的 35%。但如果主要投标者之间互相交换看法，仍然会有可能出现垄断价格。而且，明显违法的可能是存在的。1990—1991 年间，所罗门兄弟公司丑闻是其明显表现。这段时间里，该公司多次违反财政证券拍卖规则。特别是在 1991 年 5 月，所罗门兄弟公司垄断了 120 亿美元的 2 年期财政票据发行（获得了 94%），其投标量超过了规定的最高份额——35%。在垄断市场以后，该公司对发行期交易市场的卖空交易者实施逼仓，使他们遭受了重大损失。这是因为，如果拍卖规模较大，或者预期的需求偏弱，交易商会在发行期交易市场①大量卖空，然后在拍卖市场上以较低的价格买回来，也可以在拍卖后的二级市场平仓。所罗门兄弟公司事先观测到发行期市场的委托情况。当卖空规模大时，拍卖市场的需求会强烈，于是该公司提高投标价格，高报数量，垄断市场。卖空者不能在拍卖市场获得证券平仓，只好在当期证券市场接受控制证券的所罗门兄弟公司的逼空行为。1991 年 8 月，所罗门兄弟公司被临时禁止为客户投标。1992 年 5 月，所罗门兄弟公司向美国证交会和司法部缴纳了 1.9 亿美金的罚款，并建立了 1 亿美金的准备金应付民事诉讼。

其后，财政部对拍卖市场进行了改革，允许非一级自营商在不缴纳保证金的情况下替客户投标，允许小交易商进行投标（投标者越多，勾结的可能性越小），推动投标由书面投标向自动化投标转变等。

拍卖按其过程是否公开，可以分为公开拍卖和密封拍卖两种形式。经济学家认为，公开拍卖与密封拍卖比较而言，更容易使投资者之间进行勾结。因为在公开拍卖中，投标者在共谋后，能够比较容易地监督对方的背叛行为。而在密封拍卖时，即使投标者达成了协议，也很容易出现背叛行为，所以就不容易出现共谋。传统上，美国财政证券的拍卖多数采用多重价格拍卖方式，而且是密封进行的，称为第一价格密封拍卖（first-price sealed auction）方式。多重价格拍卖有利于发行者的发行收入，也使投标者之间有充分的竞争，不利的方面是，投标者如果出价偏低，就不大可能中标。如果出价偏高，虽然中标的概率较高，但也可能面临债券转手的损失，形成"赢者的损失"。这种方法可能会影响到交易商投标的积极性，不利于财政债券的发行价格。同时，投标人不会愿意向财政部暴露自己的判断。而且，保密的方式使得交易商容易大量投标垄断市场。如果采用单一价格拍

---

① 财政证券市场在发行前就已进行交易的市场称为发行期交易市场（when-issue market 或 wi-market）。时间是拍卖公告日到发行日。这种市场具有一定的远期性质。

卖(荷兰式拍卖),可以在一定程度上解决上述问题。所有中标人统一支付拍出的最高收益率,这时,不存在赢家的损失问题。投标者更有积极性。大量投标人的参加(需求增加)可能会提高发行价格。当然,这种方法又使得财政部必须对所有中标者支付相同的最低价格。非竞争性投标者获得的加权平均价格也可以看作一种单一价格拍卖,认购者的收益率就是票面利率。比较而言,单一价格拍卖与多重价格拍卖实际上各有利弊。另一种可采取的拍卖方式是增加价格拍卖(ascending price auction),由财政部报出多个价格,投标者报出在每一个价格下的投标数量,寻找能使全部证券售出的价格,并以此价格发行。这种方式不再使用密封投标,交易者可以知道其他交易商的信息。其缺点是在多个价格下投标的交易成本较高。

目前,美国主要采取单一价格拍卖方式,标书的提供也主要借助电子交易系统进行。按其标的物的不同,拍卖方式又可以分为以下几种形式:

(1)缴款期招标。此时,国债发行的票面利率和发行价格都已确定。承销机构的中标与否取决于其缴款的时间顺序。世界上多数国家并不采用这种方式。

(2)价格招标。在附息国债中,如果投标价格高于面值,就是国债的收益率低于票面利率;如果投标价格低于面值,就是国债的收益率高于票面利率;如果投标价格等于面值,就是国债的收益率等于票面利率。

(3)收益率招标。在进行价格或收益率招标的情况下,票面利率可能事先确定,但一般是用所有中标收益率的加权平均来计算票面利率。当然,在单一价格拍卖的情况下,如果仍以加权平均收益率来确定票面利率,会出现认购价格小于面值的情况。

三、美国财政证券的二级市场

1. 二级市场的流动性

财政证券,包括其他债券也是一样,二级市场主要存在于场外。场内市场交易的数量也比场外市场少得多。另外,美国财政证券的二级市场遍布世界各地,所以投资者可以在一天的任何时候交易这种证券。

为什么债券的二级市场以场外市场为主?一是债券特别是财政债券的价格波动较小,投机性较弱,不一定需要交易所的价格发现。二是债券主要由机构投资者持有。如果在交易所集中竞价,容易因为大宗交易影响价格。三是债券的种类较多,发行条件各不相同,经常会有上市、下市的情况,业务处理较为复杂,在交易所交易的成本比较高。所以,这类批发业务比较适合采用一对一的询价方式。

最新拍卖的各种期限的财政证券称为当期附息证券(current coupon, on-the-run)。在此之前拍卖的证券称为非当期附息证券(off-the-run)。后续有多次证券发行的称为远非当期付息证券(well-off-the-run)。前者的流动性大于后者,相应的买卖差价就要小于后者。

在国库券市场上,一手为500万美元。但中长期国债的一手为100万美元。

2. 报价方式

财政附息证券(中期与长期债券)的报价方式与国库券不同。它以面值的百分比进行报价。但是，百分比中不用小数点，而用冒号。冒号后面的数字代表 1/32(32nds)。就是说，如果报价为 90:16，其报价不是 90.16%，而是 90.5%。如果证券面值是 10 万美元，则其对应的价格为 90 500 美元。为了进行更精确的报价，比如，如果价格有 1/64 的变化，就可以用 90:16 + 表示，即指 $90\frac{33}{64}$。如果整数后有第三位，则表示 1/256。比如 90:163 表示 (90 + 16/32 + 3/256)。一般的报价表中还会有相应的到期收益率指标，这一指标要按卖出价计算。

3. 交易中的利息补偿

附息证券在买卖过程中，还要涉及利息的补偿问题。财政附息证券的利息一般是按发行日期的周年计算，满半年支付一次利息。所以，投资者如果在两次利息支付期间卖出证券，则必须要由买者向其支付一定的利息。比如，投资者在 5 月 15 日领到利息后，在 6 月 15 日将持有的国债卖出，买主必须支付这 1 个月的利息。因而，证券的买者实际支付的不仅仅是证券价格，而是证券价格与应付利息之和。

对于一般证券而言，需要补偿的应收利息可以下述公式计算：

$$\frac{C}{2} \times \frac{\text{上次付息日到结算日的时间}}{\text{两次付息日间的时间}}$$

其中，C 为年度利息。对于公司债券和市政债券而言，上述时间并不按实际天数计算，而是按 1 年 360 天、1 个月 30 天计算。财政附息证券是按实际天数计算的，所以在计算应付利息时，可以将实际天数直接代入公式。

4. 市场的交易方式

国债经纪商既可以代客买卖，也可以为自己的账户买卖。大约有 2 000 家注册的经纪人和交易商交易财政证券，但其中的一级自营商起主要作用。既然二级市场主要是场外市场，所以也没有固定的场所，它由各地的经纪人和交易商通过电话进行联系交易，普通投资者的交易一般也是通过电话委托进行的。许多大的经纪商只在内部市场与其他经纪商交易。这一市场也是通过经纪人进行交易的。这些经纪人称为内部交易商。投资者要将委托提供给经纪人，并支付一定的佣金，经纪人使得所有交易商都能看到这些报价。机构投资者一般直接与交易商联系。内部市场上的经纪人不做自营业务，也不公开交易中具体交易商的情况。投资者并不能自由进入交易商间的市场。就是说，一般投资者得不到关于交易商报价的准确信息。当然，公众可以看到每天一次的报价表。在场外市场，交易的信息来自 NASDAQ 等多种途径。市场上主要的委托是市价委托和限价委托，代理收费的标准必须在合约中写明。

政府证券交易商的收入包括以下几方面：一是买卖差价，但这一差价并不大。交易商承担了建仓的风险，所以应该挣得一个买卖差价。比较而言，国库券的买卖差价较小，财政票据和债券的价格波动较大，所以价差也比较大。二是持有证券的升值和卖空证券的贬值。三是证券利息收入减去融资成本,即融资净成本或存储成本。

财政证券交易商持有的证券头寸往往是其资本的几十倍,因而其资产组合95%以上由短期贷款支持。这些短期贷款包括银行的通知放款与回购协议。通过回购为交易商融资的有银行、州与地方政府、保险公司、外国金融机构和非金融公司等。有些回购协议没有固定的期限。有些回购属于弹性回购,比如美元回购(dollar repos)是指回购的证券与卖出的证券类似但不相同。有些回购则可以先回购部分证券,相当于贷款先回收一部分。

四、分拆的财政证券

不可赎回的财政附息证券可以看作是多笔贴现债券的组合。一笔长期附息财政债券可以分拆成多笔零息证券,形成分拆的财政证券。自从1982年美林证券和所罗门兄弟引入这项业务后,合成的零息国债收据开始出现在市场上。其中,美林的收据称为"财政收入增长收据"(TIGRS)。分拆的具体方法是由投资银行购买财政证券并存入银行,由银行代为保管。然后,投资银行将这张证券所代表的利息和本金的多次支付分开来,然后以之为标的发行证券。当然,这些新发行的收据是以政府债务为基础的。

假定某投资银行购买了一份30年期限的财政债券,面值为3 000万美元,票面利率为10%。那么,这笔债券的收入流是60个150万美元的利息支付和一个3 000万美元的本金支付。投资银行将这张债券存入银行,并可以据此发行61笔零息债券,到期日依次对应付息日和还本日。在二级市场上,分拆的财政证券的报价方法与附息财政证券的报价方法相同。

由各投资银行所发行的这种分拆票据称为商标(trademark)的零息财政收据。由于这种证券与特定公司相联系,缺乏其他公司的捧场,所以流动性不强。后来,出现了不与特定公司相联系的一般收据,称为财政收据(TRs)。财政收据代表的是财政证券的所有权,而不是像商标的零息财政收据一样代表的是一种信托。商标收据与财政收据都需要实物交割,交易成本较高。所以,如果财政证券发行者能够配合,市场就能得以进一步发展。有鉴于市场对拆息票证券的热衷,也为了避免实物交割,1985年,美国财政部自己把本金和利息的交易分拆开来,由联邦储备银行提供电脑服务,于是上述分拆证券就不复存在了。财政部规定10年和10年期以上的证券都是可分拆的证券,其清算不需要实物交割,而是由联邦储备系统进行。由此形成的证券称为STRIPS(separate trading of registered interest and principal securities)财政证券。当然,实际进行分拆的仍然是投资银行。因为是零息证券,没有再投资风险,所以,一些投资者认为购买这种债券比直接购买国库券有利。

五、联邦机构证券

联邦机构证券(Federal Agency Securities)不是财政证券。这些债券也是在场外市场进行交易的。

1. 政府资助的企业证券

政府资助的企业（GSEs）是由国会创建、公众经营但是由私人拥有的实体，目的是为某些特定部门的融资提供便利。对这些部门，如农场主、家庭住房所有者和学生等，政府有支持的义务。但是政府如果直接支持，则既不公平，又不一定有效率，所以政府选择了通过特定企业支持的方式。这些企业通过发行证券为选民提供资金，就等于使这些选民间接地以更高的信誉得到资金。这些企业发行的证券的数量和交易量远远小于财政证券。目前，这类企业在美国共有8家，如联邦农业信贷系统、联邦家庭贷款银行、融资公司、学生贷款销售协会等。GSEs发行的证券包括1年以下的贴现票据和2年以上的债券。大部分证券都有违约风险，因为政府并不担保其履约。但是，人们一般认为政府是不会袖手旁观的，就是说，它们存在隐含的联邦担保。这一点在2008年的金融危机中得到了检验。

两家著名的政府主办的企业是房利美和房地美。它们是为了发展住房抵押贷款的二级市场而成立的。它们并不发放住房抵押贷款，而是向储蓄贷款协会等存款性机构购买住房抵押贷款然后证券化，这样可以为存款机构提供流动性。房利美成立于1938年，目的是向穷人提供住房抵押贷款。1968年，为了将其从联邦预算中移出，它一分为二，一部分改为私人股份公司，沿用原名，另一部分仍为政府所有，称为吉利美（Ginnie Mae）。房地美是1970年作为房利美的竞争者成立的。1995年起，房地美开始接收次级抵押贷款证券。到2008年，两房共持有或担保了12万亿美元住房抵押市场的一半。2008年8月22日前，穆迪为房利美的优先股评级为A1。当天，巴菲特公开宣称两房正在与其接洽。穆迪同日将其评级调整为Baa3。2008年9月7日，美国政府接管两房。

2. 联邦有关机构证券市场

联邦有关机构是政府的助手，如政府国民抵押协会、美国进出口银行、小企业管理局、海上管理局。它们的存在与联邦政府的职能有关。大部分机构发行的债券都有美国政府的全部信誉支持。所有机构的证券发行都不需要向SEC登记。这些证券一般不免州所得税。自从1973年成立联邦融资银行后，这些机构主要是向该银行融资，所以直接发行证券的情况很少。

联邦机构证券也是在场外交易的，往往是由国债交易商交易，其流动性比较差，所以买卖差价也比较大。

六、其他西方国家的政府证券市场

一般而言，政府证券都是固定收入证券。但有些国家的证券并不仅仅支付固定收入。比如，英国的政府证券，即金边债券（gilts），就提供可转换债券。投资者可以选择把短期债券转换为长期债券。考虑到通货膨胀的因素，许多国家发行的一些政府债券收益率与物价指数挂钩。此时，债券只以实际收益率定价，所以定价较低。待支付利息时，政府同时支付利息和物价补贴。也有的政府证券只定期支付利息,只在到期时支付物价补贴。

政府证券在一级市场的发行方法,在各国基本上都是拍卖法。但拍卖的具体方法有所不同。荷兰式拍卖和多重价格拍卖都属于定期拍卖方式,许多国家都在使用。除此之外,英国使用的主要是特别拍卖系统(ad hoc auction system),即不是定期拍卖,而是在市场条件有利时再拍卖。这种方法比较灵活,而且不会引起市场的定期波动。此外,还有随卖(tap system)方式,是政府对已发行证券的追加发行。

主权债务(sovereign debt)是一国中央政府的债务。S&P、穆迪和惠誉都对主权债务进行评级。评级分为两种:本币债务评级(local currency debt rating)与外币债务评级(foreign currency debt rating)。之所以做这种划分,是因为二者的违约风险是不一样的。对于本币债务,政府可以通过调整货币政策和财政政策偿还,而外币债务需要用外汇偿还。

第二节 中国的国债市场

在中国,财政证券一般称为国债。中国从1979年开始发行外债,1981年开始发行内债。从内债看,1981—1985年,每年的发行规模都在100亿元以下。1985—1993年,国债发行逐步增长到700多亿元。1994年首次突破1000亿元大关。1994年起国债发行数量迅速增长的原因,主要是财政赤字不能再向中央银行融资,而必须通过发行国债的方式弥补。1996年以后,启动经济的需要成为更重要的原因。2000年,中国财政部在国内市场共发行了4 657亿元国债,比1999年增加了642亿元。2006年起,中国开始采用国债余额管理制度。立法机关不具体限定中央政府当年国债发行额度,而是通过限定一个年末不得突破的国债余额上限来达到科学管理国债规模的方式。到2014年3月底,中国国债存量为8.62万亿元,占全部债券存量的28.09%。

一、中国国债市场的主要特征

1. 中国国债发行的品种

中国发行的国债包括普通型国债和特殊型国债。普通型国债包括:

(1) 无记名(实物)国债。这是一种实物债券,以实物券的形式记录债权,不记名、不挂失,可上市流通。无记名国债既可以在交易所系统申购,也可以通过承销机构柜台申购。面值从1元到1万元不等。发行时不收取手续费,可以在柜台卖出,也可以在托管后在交易所卖出,并需要缴纳手续费。这是中国历史最久的国债形式,自1981年开始发行,1997年发行结束,历时17年,最后一期已于2000年到期。

(2) 记账式国债。这种国债以电脑记账形式记录债权,通过无纸化方式在交易所和银行间债券市场发行和交易,后来又扩展到银行柜台发行,可以记名、挂失。记账式国债交易成本较低。发行时不收手续费,交易时收取少量手续费。2010年年底,中国记账式国债存量为 59 627.85 亿元。

（3）凭证式国债。这是一种储蓄债券，可以记名、挂失，以"凭证式国债收款凭证"记录债权，可提前兑付，不能上市流通，从购买之日起计息。提前兑付是按实际持有天数及利率档次计息，加收手续费，到期兑付不收手续费。中国从 1994 年起开始发行凭证式国债，由银行和财政部门的国债服务部门销售，期限以 3 年和 5 年为主，少数期限为 2 年。1994—2000 年的 7 年间，财政部共发行 9 391 亿元凭证式国债，占同期国债发行总额的 49%。债券发行名义上是代销，实际上是包销，因为提前兑付的国债一般都由代销机构持有。发行凭证式国债一方面可以吸引居民个人投资，另一方面又可以在国债大量增加时减轻二级市场的压力。2006 年 6 月底，中国开始发行电子凭证式国债，称为"储蓄国债"。到 2010 年年底，中国凭证式国债存量为 6 089 亿元，储蓄国债存量为 3 000.44 亿元。记账式和无记名国债是可交易债券，凭证式国债是不可交易债券。

特殊型国债包括：

（1）定向债券。这是由财政部主要向养老保险基金、待业保险基金（简称"两金"）及其他社会保险基金定向募集的债券，称为特种定向债券，简称定向债券。这种债券以收款凭证记录债权。

（2）特别国债。财政部于 1998 年 8 月向四大国有独资商业银行发行了 2 700 亿元长期特别国债，为记账式付息国债，期限 30 年，所筹集的资金全部用于补充国有独资商业银行资本金。2007 年，财政部发行 15 500 亿元人民币特别国债，用于购买 2 000 亿美元外汇，作为中投公司的资本金来源。2007 年年末的国债余额限额相应做了调整。

（3）专项国债。财政部于 1998 年 9 月向四大国有独资商业银行发行了 1 000 亿、年利率 5.5% 的 10 年期附息国债，专项用于国民经济和社会发展急需的基础设施投入。此外，中国还发行过重点建设债券、保值公债等形式的国债。

2. 中国国债的发行期限与利率

1981 年最初发行时，国债的期限为 10 年。1985 年改为 5 年，后来又改为 3 年。1994 年，中国第一次发行半年期国债，1996 年发行了 3 个月期的国债。2001 年以前，中国国内发行的国债以 3—5 年的中期国债为主，较长和较短期限的国债都比较少，在国债期限结构上存在一定的问题。这既不利于投资者的投资选择，也会给国家财政还本付息带来较大的压力。2001 年 6 月，中国在全国银行间债券市场首次发行了长期国债，期限为 15 年，金额为 120 亿元。当年 7 月，又发行了 20 年期限的长期国债。这两次发行选择的是低利率时机。其后，长期国债发行数量不断增加。2003 年后，1 年以下的短期国债数量也不断增加。从利息情况看，中国发行的国债最初都是到期一次性还本付息。也有少量的贴现债券。这两种其实都可看作是零息国债。1993 年开始出现按年付息的国债。2001 年发行的长期国债是半年支付一次利息的。中国国债的票面利率一般比银行利率高出 1%—2%。1989 年，中国发行了保值公债，其利率比经过保值贴补的 3 年期银行存款利率高 1%。开始阶段，与美国的情况相反，中国的国债利率一般高于同期限银行存款利率。

随着中国国债市场的发展,中国的国债市场利率逐步正常化。目前,在银行间债券市场上,记账式国债交易的利率明显低于同期银行存款利率水平。凭证式国债的利率水平一般高于或等于同期限银行存款利率水平。如 2005 年凭证式(五期)国债于 10 月 15 日开始发售。本期国债发行总额 500 亿元,其中 3 年期票面年利率 3.24%,5 年期票面年利率 3.60%。尽管本期国债利率与银行同期存款利率一致,但由于不扣除 20% 的利息税,因此利率仍优于银行存款利率。①

多年来,中国的国债发行一直采取固定利率方式。1999 年开始推出浮动利率国债。

二、中国的一级市场

中国从 1981 年恢复发行国债。由于缺乏国债二级市场,加上居民对国债不很适应,政府又习惯于行政手段,所以在 1981—1990 年采用的是行政摊派的办法,用行政手段层层分解任务。1981 年,国债发行利率低于银行存款利率。其后,政府被迫于 1982 年使国债利率高于银行存款利率。

1991—1994 年,中国主要实行承购包销方式。承购包销方式即为传统的组织承销团进行承销的方式。按照国际惯例,先由承销团将国债买下,再由各成员向市场推销。这种方式有利于政府及时获得资金,控制局面。但在中国,发行条件主要都是由政府确定的。这样,承购包销并不是真正的市场行为。以行政方法定价,如果国债定价过低,则会提高政府的融资成本;如果定价过高,就有可能发行失败。1993 年,国债发行就出现了失败的案例,政府不得不再度动用行政手段进行摊派。

1993 年,中国引入了一级自营商制度,由一些信托投资公司、证券公司、商业银行担任一级自营商。每次承销一级自营商必须参加,且承销量不得低于 1%。

1994 年起,柜台销售方式开始盛行。主要是利用银行的销售网点销售凭证式国债。1995 年起开始实行记账式国债招标方式,即拍卖方式。1996 年开始放开国债发行利率。拍卖法与承购包销方式相比,有利于价格发现和降低发行成本。

目前,中国的国债一级市场基本上是银行间债券市场、柜台市场和交易所并存的局面,由中央国债登记结算有限公司实行集中统一托管。银行间市场是债券市场的主体,债券存量和交易量超过全市场的 90%。这一市场参与者是各类机构投资者,称为"市场成员",包括商业银行、信用社、信托投资公司、财务公司、租赁公司、汽车金融公司、证券公司、保险机构、基金、非金融机构、个人投资者,等等。这一市场属于大宗交易市场(批发市场),实行双边谈判成交,逐笔结算。银行间市场投资者的证券账户直接开立在中央结算公司,实行一级托管;中央结算公司还为这一市场的交易结算提供服务。交易所市场是另一重要部分,它由除银行以外的各类社会投资者参与,属于集中撮合交易的零售市场,实行净额结算。交易所市场实行两级托管体制,其中,中央结算公司为一级托管人,负责为

---

① 自 2007 年 8 月 15 日起,中国将储蓄存款利息所得个人所得税的适用税率由 20% 调减为 5%。

交易所开立代理总账户,中国证券登记结算公司为债券二级托管人,记录交易所投资者账户,中央结算公司与交易所投资者没有直接的权责关系。交易所交易结算由中国证券登记结算公司负责。商业银行柜台市场是银行间市场的延伸,也属于零售市场。柜台市场实行两级托管体制,其中,中央结算公司为一级托管人,负责为承办银行开立债券自营账户和代理总账户,承办银行为债券二级托管人,中央结算公司与柜台投资者没有直接的权责关系。与交易所市场不同的是,承办银行日终需将余额变动数据传给中央结算公司,同时中央结算公司为柜台投资人提供余额查询服务,成为保护投资者权益的重要途径。[①]

从银行间债券市场的记账式国债发行看,招标也包括竞争性招标和非竞争性招标两部分。竞争性招标采用荷兰式招标和美国式招标,即单一价格拍卖或多重价格拍卖方式,标的种类可以为利率、利差、价格或数量,标位变动幅度为0.01%。自2004年记账式(三期)国债起,财政部在国债招标中推出了混合式招标方式。混合式招标,实际上是"混合了"荷兰式招标和美国式招标的特点。它将全场加权平均中标利率(利率招标)确定为该期国债的票面利率,而各中标标位根据与该票面利率的位置的不同,所确定的最终中标利率也不完全相同:低于全场中标利率的标位以全场中标利率中标,高于全场中标利率一定区间之内的价位则以各自的中标利率来中标。

中国的国债发行,由有资格的承销团成员承销。按照2006年的《国债承销团成员资格审批办法》,国债承销团成员,按照国债品种组建,包括凭证式国债承销团、记账式国债承销团和其他国债承销团。其中,记账式国债承销团成员分为甲类成员和乙类成员。中国境内商业银行等存款类金融机构可以申请成为凭证式国债承销团成员。中国境内商业银行等存款类金融机构以及证券公司、保险公司、信托投资公司等非存款类金融机构,可以申请成为记账式国债承销团成员。凭证式国债承销团成员原则上不超过40家;记账式国债承销团成员原则上不超过60家,其中甲类成员不超过20家。国债承销团成员资格有效期为3年。国债承销团成员可以申请退出国债承销团。

表11.1是2010年增补后的2009—2011年记账式国债承销团成员名单。

表11.1　记账式国债承销团成员名单

序号	代码	机构名称	序号	代码	机构名称
甲类成员:			31	1036	盛京银行股份有限公司
1	1001	中国工商银行股份有限公司	32	1041	徽商银行
2	1002	中国农业银行股份有限公司	33	1055	长沙银行股份有限公司
3	1003	中国银行股份有限公司	34	1092	齐商银行
4	1004	中国建设银行股份有限公司	35	1095	洛阳市商业银行
5	1005	交通银行股份有限公司	36	1100	恒丰银行

---

① 本段文字系根据中国债券网的介绍略加整理而得。

续表

序号	代码	机构名称	序号	代码	机构名称
6	1 006	中信银行股份有限公司	37	1 107	宁波鄞州农村合作银行
7	1 007	中国光大银行股份有限公司	38	1 108	汇丰银行(中国)有限公司
8	1 016	上海银行股份有限公司	39	1 112	渣打银行(中国)有限公司
9	1 017	南京银行股份有限公司	40	1 113	摩根大通银行(中国)有限公司
10	2 000	中国银河证券股份有限公司	41	1 114	包商银行股份有限公司
11	2 003	国泰君安证券股份有限公司	42	1 115	国家开发银行股份有限公司
12	2 041	平安证券有限责任公司	43	2 001	中信建投证券有限责任公司
13	2 047	中信证券股份有限公司	44	2 006	上海证券有限责任公司
14	2 072	中银国际证券有限责任公司	45	2 007	华泰证券股份有限公司
15	2 078	国海证券有限责任公司	46	2 012	申银万国证券股份有限公司
16	4 001	中国人寿保险(集团)公司	47	2 017	渤海证券股份有限公司
17	5 008	中国邮政储蓄银行有限责任公司	48	2 021	长江证券股份有限公司
乙类成员:			49	2 048	光大证券股份有限公司
18	1 009	华夏银行股份有限公司	50	2 049	国信证券股份有限公司
19	1 010	上海浦东发展银行股份有限公司	51	2 050	招商证券股份有限公司
20	1 011	兴业银行股份有限公司	52	2 057	东方证券股份有限公司
21	1 012	招商银行股份有限公司	53	2 059	中国国际金融有限公司
22	1 013	深圳发展银行	54	2 080	安信证券股份有限公司
23	1 014	中国民生银行股份有限公司	55	2 082	第一创业证券有限责任公司
24	1 015	北京银行	56	4 004	中国人民保险集团公司
25	1 020	广东发展银行股份有限公司	57	4 005	中国平安人寿保险股份有限公司
26	1 021	天津银行	58	5 003	江苏常熟农村商业银行股份有限公司
27	1 022	河北银行	59	5 011	北京农村商业银行
28	1 023	杭州银行股份有限公司	60	5 014	上海农村商业银行
29	1 025	齐鲁银行股份有限公司	特别承购机构:		
30	1 033	重庆银行股份有限公司	1	6 036	全国社会保障基金理事会

资料来源:http://www.chinabond.com.cn/jsp/include/EJB/tjyb-more.jsp。

三、中国的国债二级市场

目前,中国的国债二级市场也由银行间债券市场、柜台交易市场和两个交易所共同组成。中国从1988年开始试点国库券的二级市场。当时,许多"黄牛"到农村低价收购国库券,然后转手卖出。这说明,非规范的二级市场已经存在,国债需要有正常的交易秩序。1991年后,试点范围逐步扩大。国债交易主要是在大中城市的财政证券公司和非银行金融机构主办的柜台市场上进行交易。当时,国债转让价格严重低于面值,买卖差价很大。

而且,市场互相分割,没有统一的报价系统,地区间转让价格有很大差别。到1996年,柜台交易才延伸到县级城市。

1990年证券交易所成立后,场内市场开始交易国债,国债黑市基本消灭。在上海证券交易所建立后相当一段时间,国债交易额远远高于股票交易额。同时,STAQ系统、武汉、天津等地的证券交易中心也进行国债的现货和回购交易。1995年这些系统被撤销,国债现货交易和回购集中在交易所进行。1996年,国债发行的主要部分都是利用交易所系统招标发行的。由于国债发行被交易所垄断,所以,1997年,迫于压力,凭证式国债发行的数量远高于记账式国债发行量。当年7月,银行退出了交易所的国债市场。政府极力培育新建的银行间拆借市场,记账式国债主要在该市场进行发行和交易,后来,这一市场上又大量发行和交易金融债券。

虽然部分记账式国债可以在银行柜台交易,但目前中国的国债发行和交易市场主要是成立于1997年6月16日的银行间债券市场和证券交易所市场。开始,银行间债券市场和证券交易所市场的分割一直是受到批评的一个问题。由于不同的证券登记公司登记托管证券,银行间债券市场与证券交易所市场被严格分割开来。后来,国债发行开始尝试跨市场债券,即同时在不同市场发行交易国债。到2005年,银行间债券市场和证券交易所市场的分割局面得以有效缓解。当年发行的记账式国债基本都是跨市场债券,在银行间债券市场和证券交易所市场同时发行。但是两个市场在交易成员方面,仍存在一定差别。

2010年9月,证监会、人民银行、银监会联合发布《关于上市商业银行在证券交易所参与债券交易试点有关问题的通知》,标志着上市商业银行重返交易所债券市场试点工作进入实质性操作阶段。2010年12月6日,商业银行正式重返交易所市场。按照规定,上市商业银行只能参与现券交易,而不能参与回购交易。目前,两家交易所的债券交易都有两个交易平台:一是集中竞价交易平台,即传统的提供连续竞价交易的主要由散户使用的平台,二是固定收益交易平台,是机构投资者使用的提供"一对一"询价交易机制的平台。

目前,两个市场的监管仍然是由不同部门负责的。证券交易所市场由中国证监会监管,银行间债券市场由中国人民银行监管。

中国的银行间债券市场实行做市商制度。在2001年,央行挑选了9家商业银行作为双边报价商,实行询价交易。根据2007年的《全国银行间债券市场做市商管理规定》,做市业务是指做市商在银行间市场按照有关要求连续报出做市券种的现券买、卖双边价格,并按其报价与其他市场参与者达成交易的行为。做市商可享有的权利包括:在一级市场购买债券的便利;优先成为国债、政府类开发金融机构债券承销团成员和公开市场业务一级交易商;债券借贷便利;在银行间市场进行产品创新的政策支持;通过做市业务达成的现券交易和债券借贷交易享受交易手续费和结算手续费优惠;全国银行间同业拆借中心(以下简称同业中心)实时提供的报价数据、成交数据等信息便利。做市商应当履行以下义务:每家做市商确定的做市券种总数应当不少于6种,且最终确定的做市券种应当包括政府债券、政府类开发金融机构债券和非政府信用债券3种类型;做市券种的期限应当至少包括0—1年、1—3年、3—5年、5—7年和7年以上等5个待偿期类型中的4个;做市商一旦确定做市券种,当日不能变更,且应当对所选定的做市券种进行连续双边报价,双边报价空白时间不能超过30分钟;做市券种单笔最小报价数量为面值100万元人民币。

本章重要概念

财政证券,附息证券,储蓄债券,赢家的损失,第一价格密封拍卖,分拆的财政证券,联邦机构证券,记账式国债,凭证式国债,银行间债券市场

复习思考题

1. 美国的财政证券都是可以转让的吗?
2. 为什么美国的财政证券要采取定期拍卖的方式?
3. 试比较公开拍卖和密封拍卖两种拍卖形式。
4. 在财政证券的买卖中,买者只需要支付证券价格吗?
5. 债券的二级市场主要在场内还是场外? 为什么?
6. 中国的国债目前主要有哪些品种?
7. 中国国债的利率一般比银行利率高,你如何看待这种现象?
8. 中国的国债是如何发行出去的?
9. 中国国债的二级市场主要有哪些?

第十二章 公司债券市场

第一节 西方国家的公司债券市场

公司债券(corporate bonds)的发行者为各种公司,其中大部分为非金融公司。按照发行人的不同,公司债券可分为公用事业、运输业、工业、银行与金融公司四大类别。发行债券,不会削弱现有股东的控制权力。它也不需要像从银行贷款或其他单个机构融资那样,必须一对一地进行谈判,可以降低交易成本。当然,如果能有效地绕开中介机构,就可以节省由中介机构享有的收益。公司债券的投资者为人寿保险公司、养老基金、银行、居民家庭、外国投资者、共同基金以及券商,等等。

一、公司债券的期限

公司债券的发行面额一般为1 000美元。公司债券的发行者将在指定日期按照面额的特定百分比向投资者支付利息,到期时再向投资者支付本金。公司一般每半年的1日或15日支付一次利息。大多数公司债券是定期债券,同一次发行的债券在同一天到期。也有的债券是系列债券(serial bonds),同一次发行的债券到期日不同。一般来讲,期限低于10年的债务称为票据。20世纪初,公司债券甚至会超过100年。50—60年代,公司债务主要采用20—30年期限的债券形式。70—80年代,由于通货膨胀的影响,加上金融衍生产品能有效地防范短期利率风险,债券期限大大缩短了。90年代后,通货膨胀率下降,100年期限的债券又重新出现了。在70年代以前,公司债券的形式比较简单,一般有固定的到期日和息票利率,唯一的"花样"是发起人可能有提前赎回的权利。70年代以后,由于利率风险的存在,浮动利率票据也出现了。

二、债券的担保

与财政证券不同,公司债券是有风险的。所以,公司债券的担保受到密切关注。为了提高发行者的信用地位,不动产和动产均可用来担保。公司债券也一般从担保的角度进行分类:

1. 抵押债券

抵押债券(mortgage bonds)使债券持有者有权在发行者违约时通过出售抵押财产获

得补偿。当然,债券持有者的利益更多的是通过重组而不是出售得到满足的。有些资产被重复发行的债券作为抵押品,这被称为开放式抵押债券,这些债券相应地按求偿顺序排列。在系列债券的情况下,所有债券的求偿权是相同的,没有排序。

2. 担保信托债券

如果发行公司没有固定资产或其他不动产作为担保,它可以用自己持有的各种有价证券作为担保。由此发行的债券为担保信托债券(collateral trust bonds)。此时,虽然证券需由信托人保管,但证券所代表的投票权和利息收入仍由公司保留。

3. 设备信托凭证

设备信托凭证(equipment trust certificates)不是抵押债券,而是采取信托方式,但实际是以设备为抵押发行的,它使得公司可以以最低的公司债券市场利率筹资。此时,投资者拥有与抵押留置权不同却也更好的要求权。这种债券是由铁路公司发明的,但被广泛地应用于各种运输业。它的过程是:如果铁路公司 R 向制造商 M 订购火车车厢和火车头,那么,先由 R 向 M 支付部分资金,然后 M 便将设备的法定所有权交给一个受托人 T(一般为银行),由 T 将设备租给 R。为了使 M 收到销货款,T 作为信托人将出售设备信托凭证,并负责投资者的利益保护。全部债务还清后,设备的所有权才从 T 转给 R,实际上是 R 的分期付款。这种债务的本金和利息偿还由 R 支付的租金解决。所以,债券的到期是分阶段的,设备信托凭证是一种系列债券。由于设备易于转手和标准化,比如火车头可以放在任何轨道上,所以用于抵押的资产有很多潜在的购买者,比较容易变现(比较起来,大楼就不是能够移动的了)。

4. 信用债券

信用债券(debenture bonds)是没有特定财产担保的。但是,如果发行人不能履约,投资者仍然对其财产和收入有要求权。当然,这种要求权限于发行人没有用于担保的资产和用于担保的资产中价值超过那些债权人所需金额的部分。一般只有信誉卓著的大公司才能发行这类债券。

5. 次等级信用债券

次等级信用债券(subordinated debenture bonds)是对发行人资产和收入的求偿权排位更靠后的债券。不仅位于信用债券之后,也位于其他一些债权人之后。

6. 担保债券

担保债券(guaranteed bonds)需由另一实体作为担保。

7. 收入债券

收入债券是公司在重组或面临其他财务困难时发行的债券。与股票类似,只有在公司盈利时债券才有利息,但其对公司利润的求偿权优先于股东。

有抵押的债券并非完全没有风险。因为当企业无力支付本金和利息的时候,其资产的价值会迅速下降。

三、有关债券清偿的条款

大多数公司债券授予了发行者提前赎回全部或部分债券的权利。有些债券规定公司有此义务。这些条款各不相同。

1. 早赎和再融资条款

由于利率会不断变化,所以公司债券的利息成本可能会变得偏高。当市场利率变得明显低于债券的息票利率时,公司如果赎回债券并发行新的低利息债券,就可以降低成本。当然,投资者不会对这种行动持欢迎的态度。投资者的这种风险称为赎回风险。在一般的情况下,债券契约会限制发行者再融资(refunding)。这时,如果发行者运用其他来源的资金赎回债券,就可以不受此限制。当然,债券如果有赎回保护条款,意味着以任何理由提前赎回债券都是不可以的。提前赎回债券时,发行者不仅要支付债券的面值,还要支付一个溢价。随着到期日的临近,溢价会越来越少。如果提前赎回的是部分债券,则可以采取随机挑选或者按比例抽取的方式。

2. 偿债基金条款

债券契约有时注明发行人有义务定期赎回一定比例的债券,这样做的目的是降低信用风险。至于赎回的具体操作则各有不同的方法。从金额讲,每次赎回的金额可能一致或者不一致。从赎回价格看,按面值发行的债券一般按面值赎回,溢价发行的债券一般从发行价开始,越早赎回,价格越低,直至达到面值。从早赎债券的选择看,发行者既可以将相应的资金支付给受托公司,由后者抽签选择债券,也可以在二级市场购回等额债券再交给受托人。

四、一级市场

公司债券的公开发行一般要由几个由投资银行组成的承销团进行投标。一个承销团可能包括100家成员,所以很可能因意见分歧而解散。投标价过高,或者发行过程中出现利率的变化等,都可能造成投资银行的损失。投资银行在为债券定价时,一般会考虑信用评级、最近上市证券的情况、政策因素、发行规模、其他投标者的判断、投资者的兴趣等因素。公开发行公司债券一般要向 SEC 注册。法律对一些债券的发行和交易给予了免于注册的优惠。财政证券、市政证券是不需要注册的。

由于144A规则的出现,债券的私募可以分为两个市场,即 144A 市场和非 144A 市场。私募公司债券的发行人多数是中等规模的公司,公开发行债券的公司多数是大公司,而那些小公司一般则采取向银行贷款的方式。由于流动性比较差,所以私募债券的收益率一般高于公募债券。144A 市场上的公司债券一般也是由投资银行以包销的方式进行发行的。非 144A 规则发行的公司债券许多并不经过投资银行。许多私募公司债券按照法律要求是不能转让的,其购买者要向发行者缴纳一张投资信用证,以证明自己不会出售。在私募债券的承销过程中,有些债券也是采取全部或无效方式发行,即要么全部发行出去,要么取消本次发行。私募债券的发行价格一般也是在发行前一天晚上或发行当天确定的。

公司债券的发行需要存在债券契约(bonds indentures)。该契约将载明发行者与投资者双方的权益。契约的内容可以分为肯定性条款和否定性条款。肯定性条款是公司应该履行的责任,可以看作是对公司要求的最低限。否定性条款是不允许或限制公司做某些事情的规定,这可以看作是对公司要求的最高限。债券发行人有很多种方法侵犯投资者的利益。比如,公司进一步举债(further indebtedness),就会增加公司的财务危机风险,影响到已有债权人的利益。为了尽可能地保护投资者,这类契约往往很复杂,所以一般要由一家受托公司代表投资者监督契约的履行。当然,即使有了这些条款,也不能完全保证债权人的利益不被侵犯。

公司信誉评级衡量公司债券的违约风险。投资者当然可以自己对债券的违约风险进行分析,但多数的投资者依赖评级机构的信用分析结果。三家著名公司都将债券分成不同的等级,并以相应的字母表示。如表12.1所示,穆迪公司的评级从 Aaa、Aa、A 到 C。S&P 公司的评级是从 AAA、AA、A 到 D。惠誉使用与 S&P 公司基本一致的方法。同一等级内部的信用差别分别用阿拉伯数字(1、2、3)和加号、减号表示三个等级。前四类的债券为投资级债券,其余的为非投资级债券,又叫高收益债券或垃圾债券(junk bonds)。如果发行公司不选择某家评级公司,这家公司就对该债券注明 NR,即没有注册。如果让不同的评级公司进行评级,结果可能是不相同的,但一般只差一个等级,极少有超过一个等级的情况。

在20世纪60年代以前,评级公司向投资者收取费用,但不向发行公司收费。其后,如果进行评级,发行公司也要支付一定的费用。信用较好的公司一般愿意进行评级,因为这会节省利息支出。作为发行人,公司还可以采取信用增强的方式。比如,购买债券保险,设立偿债基金,由银行开立信用证(此时,如果发行人无力偿还,银行将向公司贷款)等。可转换性也是提高债券信用的一种方式。

表12.1 债券评级指标

穆迪	S&P	等级	风险
Aaa	AAA	投资	低风险
Aa	AA	投资	低风险
A	A	投资	低风险
Baa	BBB	投资	中等风险
Ba,B	BB,B	垃圾	高风险
Caa/Ca/C	CCC/CC/C	垃圾	最高风险
C	D	垃圾	违约

五、垃圾债券市场

如果一种债券在初次发行时就被评为非投资级债券,那么,这种债券就称为初次发行高收益债券。除了初次发行高收益债券外,其他的高收益债券都是由投资级债券降级而形成的。降级的原因,可能是杠杆收购或者资本重组。如果不是因为杠杆收购或者资本重组,而是由于其他原因使投资级债券降级为非投资债券,这种垃圾债券就称为堕落天使(fallen angels)。与堕落天使对应的是明日之星(rising stars),是指因为发行公司信用质量上升而评级上升的垃圾债券。在20世纪70年代之前,人们普遍不相信市场上能够出现成功的垃圾债券市场。这是因为,垃圾债券风险很高,投资者相应地会要求比较高的风险补贴,但垃圾债券发行人的支付能力是有限的。因而,资金供给者与资金需求者之间很难在利率上达成一致。但是,垃圾债券市场在20世纪70年代后半期开始出现,并取得了迅速的发展。这一市场的建立与发展在很大程度上应归功于华尔街的米尔肯。垃圾债券的风险较高,需要投资者具有专业的分析技能,所以投资者一般是机构。2008年,美国垃圾债券的发行量达到了4 000只,总额达到上亿美元,未偿还的垃圾债券超过10亿美元。

垃圾债券市场的发展,使得许多依赖银行贷款的公司,现在转而通过发行债券融资,这对银行业务形成了严重的挤压。事实上,20世纪70年代以来,垃圾债券市场的发展是导致商业银行经营困难的重要原因之一。虽然商业银行不会欢迎这一市场的发展,但垃圾债券市场的成功确实有其积极意义。第一,许多公司通过垃圾债券市场融资,而不是像以前那样依赖于银行贷款,这意味着最终风险承担者的转变。如果公司通过银行融资,那么风险最终可能是由FDIC的主办者——政府,并进而由全体选民承担的。这些人可能并不愿意承担风险。而通过垃圾债券市场融资,风险的承担者就是那些愿意承担风险的投资者了。第二,垃圾债券的期限一般会长于从银行贷款的期限,公司因而可以得到更长期的资金支持。第三,由于比较高的违约风险,许多公司是不可能从银行贷款的。垃圾债券市场使得那些被银行拒之门外的公司现在也拥有了融资机会。

从资金运用看,在垃圾债券市场建立的最初几年,债券发行所筹集到的资金往往主要用于杠杆收购与资本重组方面。其后,这方面的资金运用所占的比重逐渐下降,目前只占很小的比重。从债券的形式看,在垃圾债券市场建立的初期,债券一般有固定的期限和票面利率。后来,许多发行人因为无力在近期支付利息,于是开始发行各种在早期不付或少付利息的垃圾债券。有些垃圾债券在最初的几年之内先不支付任何利息,这种债券称为延息债券(deferred-interest bonds)。由于开始时不支付利息,所以延息债券一般会大幅度折价发行。有些垃圾债券的息票利息被设计为先低后高的形式,这种垃圾债券称为升息债券(step-up bonds)。还有的垃圾债券在最初的几年内允许投资人自己在付息日选择,即选择是要现金还是要一张与所付利息相同面额的同种垃圾债券,这种垃圾债券被称为实物支付债券(payment-in-kind bonds,PIK bonds)。另外,一些垃圾债券会通过不断调整息票利率的方式,使其交易价格维持不变。在二级市场上,债券的价格一般会随着利率的波动而波动。如果想让债券的交易价格保持不变,就只能调整债券的支付。调整后的利率应该等于市场利率加上市场对这种债券要求的利差。垃圾债券的利息调整不同于浮动利率形式。因为浮动利率是钉住某种有代表性的利率,债券的利率与基准利率的差值是固定的,反映的是发行时该债券要求的利差。而垃圾债券的利息调整不仅仅是钉住基准利率,与基准利率的差值也是不断变化的,目的是反映当前时点的情况。垃圾债券的利率调整幅度一般是由投资银行确定的。调整利息的垃圾债券对投资者是有利的,因为该债券的价格一直不背离面值,投资者不会蒙受损失。但是,如果垃圾债券的违约风险较高,利息调整幅度就会比较大,发行者可能会很难承受。

垃圾债券的收益率水平一般比同期限的国债高3%—7%,也高于投资级公司债券,但低于普通股的收益率。在经济衰退时,垃圾债券的风险溢价会更高。

六、二级市场

与其他债券比较而言,公司债券的流动性较差。因为债券主要由机构投资者持有,而许多机构以长期投资为目的。公司债券的二级市场也分为交易所市场和场外市场两种,后者才是主要的部分。目前,在线交易越来越发达。一些在线债券交易中,经纪交易商收取的是佣金而不是买卖价差。大公司的债券一般在交易所上市。2007 年,NYSE 出现了电子债券市场。在交易所里,公司债券是按面值的百分比报价的。其整数位后按 1/8 而不是 1/32 报价。有时,投资级债券的报价并不是交易的货币价格,而是按相对于同期美国国债的收益差幅。如果某债券的报价为 80 美元,说明其收益率是同期限美国国债收益加上 80 个基点。而高收益债券则可能采用价格直接进行报价。公司债券和其他债券的行情可以在 http://www.investinginbonds.com 网站上查到。债券的交易也需要进行清算。公司债券的买方也要向卖方支付应付未付的利息,计息日为清算日的前一天。只不过,公司债券利息并不按实际的天数计算,而是将 1 个月视为 30 天,一年视为 360 天。如果年应付利息为 120 美元,则 3 个月应付利息为 30 美元,3 个月零 1 天的应付利息为 30.33 美元。

目前,越来越多的债券通过网络进行交易。

七、欧洲债券市场

欧洲债券(Eurobond)一般是由银行组成的承销团发行的短期无担保债券。这种债券在许多国家同时发行,所以一般不受某一特定国家的法律约束。欧洲债券也主要是在场外市场进行交易的。这种债券的票面利率也有不同的形式。有些欧洲债券的本金与利息支付使用不同的货币。大部分欧洲债券带有认购权,认购权可能是按一定的价格购买股票的权利,也可能是按特定价格购买债券和另一种货币的权利。许多欧洲债券是浮动利率票据,利率钉住 LIBOR。如果钉住的是 3 个月的 LIBOR,则浮动利率一般 3 个月调整一次。如果欧洲债券钉住的是 6 个月的 LIBOR,则这种债券的利率一般 6 个月调整一次。一些浮动利率票据有浮动的上限和下限。

第二节 中国的企业债券与公司债券市场

按照国际惯例,只有股份有限公司才可以发行公司债券。由于许多企业没有实行公司化改制,所以中国目前既有公司债券,也有企业债券。其中,股份有限公司、部分有限责任公司和国有独资公司可以发行公司债券。一般的企业则可以申请发行企业债券。金融机构可以发行金融债券。在讨论中国的企业债券与公司债券市场时,习惯上往往统称为企业债券市场。

一、中国企业债券市场的发展

1984年起,中国开始出现企业债券。当时,债券发行主要是一些企业自发进行的,内部职工是重要的投资者。这时发行的企业债券往往很不规范,甚至并不采取企业债券形式。1987年3月,国家开始对企业债券进行统一管理,颁布实施了《企业债券管理暂行条例》,企业债券的规范性得以加强。进入20世纪90年代后,企业债券市场得到了比较迅速的发展。1990—1993年,中国企业债券的发行种类大幅度增加,企业债券的种类包括:国家投资公司债券,地方投资公司债券,专业银行为项目建设发行的国家投资债券,中央企业债券,地方企业债券,住宅建设债券等。1992年,企业债券的发行量为684亿元,成为一个高点。1993年起,为整顿金融秩序,打击各种乱集资行为,也为了保证国债的顺利发行,企业债券的发行数量和品种大为减少,主要为中央和地方企业债券以及金融债券。其中,铁道部、电力部等行业主管部门以及中国长江三峡工程开发总公司等部门发行的企业债券,类似于美国的联邦机构证券。当然,中国纯粹的企业债券的发债主体主要是国有企业,国有企业债券类似于美国的联邦机构债券。当年8月,国务院修订颁布了《企业债券管理条例》。1995年后,企业债券的发行再次受到重视。1995—1997年三年中,中国企业发行债券融资总额分别为216亿元、268亿元和250亿元(不含金融债券①),占企业融资总额的比重分别为1.9%、2.0%及1.7%,相对数量虽有所增加,但占比明显偏低。1999年,企业债券发行规模为420亿元。2000年企业债券发行筹资只有73亿元,而同期国债发行4 000多亿元,股票发行(含增发、配股)筹资额为1 417亿元,差距悬殊。2002年全国共发行企业债券12只,总额325亿元,全部为固定利率债券,信用评级均为AAA级。同期,2002年国债发行额则为5 934.3亿元。从资金投向看,企业债券募集的资金主要是进行固定资产投资。其后,浮动利率债券发行逐渐增加,2007年开始,企业债券的发行开始尝试以Shibor为基准利率。企业债券的发行方式也在逐步市场化。

过去,中国企业债券市场的发展比较滞后,主要与以下因素有关:

---

① 在美国,金融债券与普通公司债券在监管上并无区别,不需特别强调。中国的金融债券在监管上有明显差别,所以一般单独标示。

1. 政府方面

长期以来,中国的企业融资先是依靠财政,后是依靠银行。直接金融市场发展起来后,股票市场远比债券市场受政府青睐。因为无须偿还的股票市场的融资功能远远强于债券,所以,政府集中精力培育股票市场。而且,在对企业债券发行市场的管理上,政府一直采用行政审批制的方式。在审批制下,企业很难及时发行企业债券。另外,由于强调企业债券发行必须有固定的项目,企业的发债能力受到很大的限制。企业不仅需要为固定资产投资进行融资,也需要为其他需求进行融资。

传统上,企业债券由国家发改委审批额度,再由央行审批发行利率。自2008年开始,国家发改委放开了企业发债审批额度限制,开始实行完全条件核准制,只要符合发行规模、金额不超过净资产的40%、过去三年的平均盈利可以支付债券一年的利息、资金投向符合国家产业政策等条件,均可获准发债。比起以往的两步审批制,条件核准制显然更为市场化。

2. 利率方面

按照1993年的规定,中国企业债券的发行利率不得高于同期银行储蓄存款利率的40%。与管制银行利率一样,管制企业债券利率的目的也是防范金融风险。但是,管制企业债券利率的结果与管制银行利率截然不同。由于银行在中国金融领域具有垄断地位,缺乏竞争,而且银行存款几乎是无违约风险的,所以无须担心银行的资金来源。但企业债券是有风险的,而且这一市场本来就很不发达,所以,管制本身就可能使得企业债券市场难以为继。

2013年,中国共发行企业债券374只,金额4752.30亿元,其中中央企业债券10只,金额473.00亿元,地方企业债券363只,金额4275.30亿元,集合企业债券1只,金额4.00亿元。2014年3月底,中国企业债券存量为24 692.15亿元。

另外,中国2008年开始发行中期票据。2013年,中国发行中期票据314只,金额4400.10亿元。到2014年3月底,中国中期票据存量为29 849.62亿元。

二、公司债券市场的发展

1994年生效的《公司法》和1999年7月1日生效的《证券法》对公司债券的发行做出了法律的界定。1998年起,中国开始发行可转换债券。2007年8月15日,中国证监会发布了《公司债券发行试点办法》。如果不考虑以往发行的公司可转换债券,2007年中国发行了第一只公司债券。公司债券每张面值100元,发行价格通过市场询价确定。债券发行实行分类管理。达到标准的公司债券可以采取网上和网下发行结合的方式。达不到标准的只能向机构投资者发行。到2014年3月底,中国公司债存量877只,金额7216.8亿元。公司债券由中国证监会发行审核委员会核准。

伴随着公司债券市场的迅速发展,债券风险问题也开始显露出来。2014年3月4日,上市公司*ST超日发布公告称:"11超日债"本期利息将无法于原定付息日2014年3月7日按期全额支付,这成为中国公司债券市场的第一例实质性违约。

三、金融债券市场的发展

中国金融债券的发行始于 1985 年。1998 年,国家开发银行率先在银行间债券市场成功进行了金融债券的市场化发债。债券发行得到了人民银行的扶植。在发行过程中,人民银行承诺,如果发行失败,将给予保底。人民银行还承诺将会以金融债券为公开市场业务的操作对象。政策性金融债的市场化发行具有重要意义。因为原先的金融债券主要都是由商业银行认购,实际上是由商业银行承担了长期投资的责任。2005 年,中国人民银行发布了《全国银行间债券市场金融债券发行管理办法》。2009 年又发布了发行管理操作规程。到 2014 年 3 月底,中国金融债券存量为 106 879.16 亿元,占全部债券存量的 34.83%,位列第一。

目前的金融债券主要包括:
(1) 政策性金融债券,由政策性银行在银行间市场发行。
(2) 商业银行债券。2004 年后,商业银行为了满足资本充足率的要求,纷纷发行债券特别是次级债券和混合资本债券。混合资本债券属于商业银行的附属资本,求偿权位于次级债务之后、股权资本之前。目前的期限在 15 年之上。在一定条件下到期时可以延期支付利息。2010 年,中国发行银行次级债券、混合资本债券 920 亿元,普通债券 10 亿元。
(3) 证券公司债券,包括短期融资券和次级债务等。
(4) 保险公司次级债。
(5) 财务公司债务。

金融债券发行需向中国人民银行报送金融债券发行申请,经中国人民银行核准,随着债券市场的迅速发展,2014 年 3 月底,中国债券市场存量总额已经达到 31 161.11 亿元,超过了股票市场 272 987.02 亿元的总规模。

本章重要概念

系列债券,抵押债券,担保信托债券,设备信托凭证,信用债券,早赎,债券契约,垃圾债券,堕落天使,延息债券,升息债券,实物支付债券

复习思考题

1. 公司债券的期限一直是越来越长吗?
2. 设备信托凭证是一种什么样的债券?
3. 垃圾债券市场的发展有哪些积极意义?
4. 一些垃圾债券为维持交易价格而不断调整息票利率,这与浮动利率是一回事吗?
5. 中国的金融债券主要包括哪些种类?

第十三章 其他债务市场

第一节 市政证券市场

在美国,市政证券(municipal securities)是由州和地方政府及其以下机构发行的债券。美国的市政证券最早出现于19世纪20年代。短期市政证券发行的原因,也是为了弥补税收与支出的短期性失衡,如发放工资、购买必需品等。长期市政证券则是为了项目建设和预算赤字进行融资的,如学校、高速公路的建设等。目前,美国有4.4万多个市政证券发行人,州、县、市和学区等其他地方政府部门以及各种实体都发行市政证券。

一、州与地方政府的收入与支出

在美国,州政府收入的最大项目是销售税、所得税、特定商品和劳务的消费税等。地方政府收入的最大来源是财产税、消费税等。州与地方政府的支出主要是教育、公共福利和医疗保健、高速公路、环境卫生、劳改设施等。近年来,美国市政证券的发行数量迅速增长。市政证券存量在1950年为24.1亿美元,1970年达到145.5亿美元,1995年进一步达到1 063.3亿美元。2011年,美国未到期市政证券总值37万亿美元,而公司债券只有11.5万亿美元,股市总值22.5万亿美元,国债14.79万亿美元。2011年,美国未到期市政证券只数超过100万,而公司债券少于5万只。2011年,美国有13 463笔市政证券的发行,总额3 550亿美元。比2010年的16 848笔、4 990亿美元大幅下降。原因是预算压力,以及一半以上的州走马换将等。

市政证券迅速增加的原因:一是人口的迅速增长。人口的增长要求政府提供基础设施、教育等方面的服务。二是大量的人口从城市涌向郊区和农村地区。三是随着收入的增加,人们也要求政府建设更好的生活设施。所有这一切,使得州和地方政府的支出大幅度超过收入。

二、市政证券的免税特性

市政证券最大的特点是其具有免税特性。并不是所有的市政证券都是免税的,但大部分的市政证券确实免交联邦所得税。另外,许多州规定,本州发行的市政证券可以免交本州所得税。

如果不是折现发行的话,市政证券的资本增值是不免税的。免税的只是投资于市政证券所得的利息收入。即使是折现发行的市政证券,如果其价格上升超过面值,超过的部分也属于应税收入。如果以 r 代表税前利率,以 t 代表税率,则税后利率为 $r(1-t)$。由于边际税率随着收入的不同而不同,所以,在选择免税债券与非免税债券(如财政证券)时,如果其他条件相同,不同收入水平的投资者会做出不同的选择。对那些处于较低纳税等级的投资者,由于财政证券有更好的流动性,他们可能不会偏好市政证券。

目前,市政证券的投资者主要是高收入的居民家庭、商业银行和财产与灾害保险公司。市政证券,特别是免税市政证券,主要由散户持有。散户一般持有到期。1986年前,商业银行是最重要的投资者。1986年《税收改革法案》,使商业银行通过购买市政证券获得的减税好处大大减少。商业银行持有市政证券的比例从1971—1972年的51%下降到2011年的7.6%。

与其他金融工具比较,市政证券的优点主要在于免税特性。所以,免税特性的变动会对市政证券的投资者群产生很大影响。比如,美国20世纪90年代初的税率上调使得居民家庭更多地购买市政证券。银行之所以持有市政证券,除了看中其免税特性外,还有其他考虑:一是市政证券可以作为二线准备金,二是可以作为联邦基金借款的担保,三是许多银行本身是市政证券的承销机构和做市商。

市政证券的免税特性受到许多人的批评。批评者认为,市政证券的免税特性会加剧这一市场的波动。这是因为,如果收入增加,高收入者会有更多的资金投入市政证券市场,这使得市场价格会进一步上升。如果收入水平下降,对市政证券的需求会大幅度下降,这会促使市政证券的价格迅速下降。另外,就商业银行来说,当对银行贷款的需求不足时,银行会把大量资金投入市政证券市场。一旦贷款需求旺盛,银行又会大量抛出市政证券,这也会加剧其波动。除了波动性以外,由于市政证券是免税的,联邦政府必然会另外想办法加税。而且,养老和退休基金类机构本身就是免税的,所以,这些机构往往不会愿意购买市政证券。因而,对市政证券的需求就要受到影响。所以,在美国,许多人建议取消免税特性。关于免税特性的分歧还与利益问题有密切关系。围绕市政证券的免税特性一直进行着地方和联邦权力的斗争。许多届美国总统曾为取消其免税特性进行过努力,但都没有成功。在1983年的交锋中,美国联邦最高法院裁定国会有权对市政证券进行征税。但只是"有权"而已,联邦政府至今尚未征税。

三、市政证券的种类

与公司债券一样,从期限角度区分,市政证券也可以分为系列期限和固定期限结构两种。比较而言,市政证券更多地使用系列期限的方式。其原因在于,如果采用固定期限,就需要在多年中逐步积累资金用于偿还本金。这些积累中的资金很可能被政治家和政府非法利用。市政证券采用系列期限也有其缺点,这就是会影响证券的流动性。由于证券有不同的到期日,这就使得同一次发行的市政证券是不同质的,市场会变得狭小。至于固定期限的市政证券,其期限一般为 20—40 年,往往在到期前 5—10 年开始进行清偿。市政证券一般可能会被提前赎回。市政证券也可能是零息债券或浮动利率债券。

与公司债券类似,市政证券一般也按照其担保特点进行分类。具体可以分为一般责任债券、收入债券、混合与专项债券担保几种形式。

1. 一般责任债券

这种债券是由州、县、市、镇等部门以无限征税能力为保证发行的债券。比较小的政府可能只是对财产有无限征税能力。像州政府这样较大的政府,征收的税种较多,如公司与个人所得税、销售税等。所以,这类较大的政府发行的债券一般也被看作充分信心与信用债券。既然以税收权力为担保,那么,一般责任债券(general obligations,GO)在发行前需要由公众投票支持。

2. 收入债券

收入债券(revenue bonds)是为了项目或企业进行融资,并以融资项目或企业的收入为担保发行的债券。这种债券不受政府税收能力的保护,所以其发行一般也不需要征得公众的同意。许多州通过立法的形式鼓励以收入债券代替一般责任债券。收入债券包括许多类别,比如,机场债券是以飞机场的收入为债券的担保发行的,大学债券是以大学的学费、住宿费等收入为担保发行的,公用电力债券是以发电厂的收入为担保发行的,收费公路债券的担保则是公路的收费。

3. 混合与专项担保债券

这类债券又包括以下几种形式:

(1) 投保债券。这种市政证券向商业性保险公司投保,因而,如果证券的发行人到期不能兑付的话,保险公司将负责偿付本金和利息。当然,投保者和保费支付者都是证券的发行人。投保的市政证券往往是那些质量较低的债券、比较低级的政府发行的债券以及其他不能吸引投资者的债券。投保后,发行人虽然支付保险费,但可以通过信用增强节省利息支出。

(2) 银行担保的市政证券。商业银行中间业务的内容之一是支持债务工具的发行。对于市政证券市场,银行主要以三种工具提供信用支持:一是信用证协议。信用证实际上是一种担保方式。二是不可撤销的信贷额度。信贷额度显然不是对债券的担保,但却是发行人的可靠融资渠道。三是循环贷款额度。这种贷款额度是可撤销的贷款承诺,但如果发行人信用可靠,仍然可以在流动性出现问题时得到银行的支持。

(3) 再融资债券。再融资债券是指市政证券在发行后,考虑到还本付息问题,发行人可能会另外建立一个证券组合来还本付息。新组建的组合中的证券往往是由联邦政府担保的债券。假定有一笔收入债券,距到期日还有 10 年时间,金额为 1 亿美元,票面利率为 6%。那么,今后 10 年中,发行人必须每半年支付 300 万美元利息,并在第 10 年年末支付 1 亿美元本金。为此,发行人可以建立一个财政证券组合,该组合也是在 10 年内每半年产生 300 万元现金流入,第 10 年年末产生 1 亿美元现金流入。这样,市政证券的还本付息就有了保障。不仅如此,当新的财政证券组合建立后,收入债券(一般责任债券也是一样)就不再是收入债券,而变成了由财政证券组合担保的债券。由于财政证券没有违约风险,所以市政证券的违约风险就下降了。需要注意的是,虽然我们所举的例子是新建立的证券组合对应市政证券直至到期日的利息与本金支付,但实际的情况不一定要与到期日完全一致,因为市政证券一般有早赎条款,可能最终是在到期日清偿完毕的,也可能是在到期前清偿完毕的。市政证券的发行人为什么会建立再融资的证券组合呢?其一,再融资证券最初往往是收入债券,在债券契约中一般会有许多限制性条款,转化为再融资债券后,这些条款就可以取消了。出于这种动机的再融资债券一般不会改变债券的期限。其二,再融资债券可以改变债券的预定期限,即进行早赎。

(4)道义责任债券。这种债券专指州政府发行的债券。州政府的立法机构有权从州政府一般性税收收入中挪用部分资金用于偿债。2007 年以前,一半以上的市政证券是有信用增强制度的。2008 年后,比重大大下降。原因是,银行担保资本金要求增强,而担保带来的评级提升的作用也下降了。

四、短期债券

这主要是指期限在 1 年以下的市政证券。发行这种证券的目的,主要是弥补短期的资金需求。另外,当需要发行长期债券,而目前市场利率又太高时,市政当局往往先发行短期债券作为过渡,等将来利率降低时再发行长期债券。投资银行设计出了许多种不同的短期市政证券形式,主要有以下几种:

(1)市政票据。这种票据期限在 3 个月到 3 年之间,但一般为 12 个月。

(2)免税商业票据。这种票据的期限为 1—270 天不等。不同期限的商业票据有不同的利率。

(3)可变利率通知债券。这种债券利率是浮动的,每天或每周调整一次。虽然有名义期限,但如果投资者提前 7 天通知,就可以随时按面值加上一定的利息退还给债券的信托人。

(4)混合商业票据/可变利率通知债券。这种市政证券也是可以卖回的,但有特定的卖回期。卖回期可以由投资者自己进行选择。

五、市政证券的风险

1. 违约风险

市政证券不同于财政证券,其违约风险是客观存在的。在美国,市政证券的风险引起人们的重视,最早是因为 1975 年纽约市政府出现了财政危机。特别是在核电站建设中,违约风险尤为明显。核电站泄漏事件的可能性是很小的,但对核泄露的担心会毁掉项目本身。由于环境纠纷,很可能会出现核电站项目拖延的违约事件。对于一般责任债券,如果税收不能增加,市民又反对发行债券,用以偿还旧债,也会造成违约事件。

由于市政证券有违约风险,所以需要对这种风险进行度量。穆迪公司和 S&P 公司使用对公司债券同样的方法对市政证券进行信用评级。两家公司的评级一般是准确的,但个别情况下确实曾经出现过评级很高的市政证券无力兑付的情况。总体来看,市政证券的评级远较公司债券为高。大多数市政证券是投资级债券。市政证券如果投保,信用评级就会上升。但是,相应地,债券的信用等级又会受到保险公司信用等级的影响。

根据穆迪和 S&P 2007 年、2008 年的研究,Baa/BBB 及以上级别的市政证券违约率都比 Aaa/AAA 级的公司债券低。在 20 世纪 90 年代,至少 917 只市政证券违约,总面值 98 亿美元,平均每年 10 亿美元左右。2008 年,162 只市政证券违约,总值 82 亿美元。2009 年后,违约率回归正常。

根据美国《破产法》第九章申请破产保护的地方政府数量,也还是有限的。1980 年以来,平均每年有 7.5 项,主要集中在内步拉斯加(51)、加利福尼亚(38)、得克萨斯(37)以及科罗拉多(22)。

2. 税收风险

市政证券有免税特性,相应地,其投资者也要承担税收风险。如果美国联邦所得税下调,有免税特性的市政证券的价格就会下降,利率将会升高。另外,有些已经发行在外的免税证券可能会被联邦税务署取消免税特性。这时,市政证券的价格也会相应下降。

六、一级与二级市场

市政证券也是经常在发行的,发行也有私募和公募两种形式。证券一般由银行和证券商组成的承销团承销。在发行新的市政证券时,发行人要准备一份官方声明。公募证券发行可以采用竞价方式,也可以采用协商销售的方式。由于担心承销商向市政官员提供竞选资金,越来越多的市政证券采用竞价发行的方式。2011 年,54.4% 的发行是协商销售,42.4% 是竞价发行,3.2% 是私募。在协商发行的情况下,发行人首先选择一个主承销商。主承销商决定承销团的代销和组成,也可能会决定不组成承销团。

2011 年,市政证券成交 104 万笔,总量 3.3 万亿美元。这一市场的流动性较弱。2011 年,100 多万只市政证券平均每天交易量 113 亿美元,而 5 万只公司债券平均每天交易量 206 亿美元。大多数交易发生在新发行的市政证券上。新债券的交易量几个月后就迅速下降。2011 年,99% 的存量市政证券没有任何交易。在交易的那部分里,发行 60 天之内平均只有 14 笔交易。虽然发行第一个月几乎所有的市政证券都有交易,但第二个月只有 15% 有交易。

市政证券的二级市场也主要是场外市场。在二级市场上,商业银行、投资银行和证券公司为市政证券做市。一般而言,较小的发行人发行的市政证券主要由较小的金融机构做市,较大的发行人发行的市政证券主要由较大的金融机构做市。目前,市场上有 1 800 家市政证券交易商。但交易高度集中,图 13.1 所示,10 家最活跃的交易商的交易面值占总交易面值的 75%。交易商和较大的机构投资者有时会通过经纪人进行交易。流动性越强的市政证券,交易商收取的买卖差价越小。多数市政证券以收益率进行报价。有些市政证券以面值的百分比进行报价,这种市政证券称为美元债券。

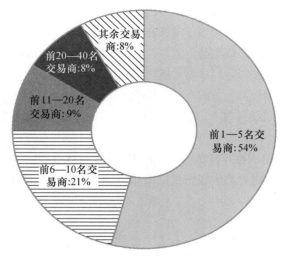

图 13.1　美国市政债券交易商的市场份额

按照规定,市政证券交易商必须在交易完成后 15 分钟向 MSRB 报告价格信息。虽然监管部门在强化信息披露,但市政证券的二级市场目前依然很不透明。市场报价信息与交易信息披露有限。

由于流动性和不透明的问题,市政证券的交易成本较高。有研究发现,市政证券的散户买卖价差为 1.98%,远大于公司债券的 1.24% 和股票的 0.4%。在市政证券市场,散户买卖价差大于机构买卖价差,而在股市上正好相反。原因可能在于价格信息披露不足,散户因为信息不足而缺乏议价能力。

七、市政证券市场的监管

市政证券的发行受各种联邦和地方法律法规的约束。1933 年《证券法》和 1934 年《证券交易法》,都对市政证券给出了许多豁免条款。1975 年,国会通过了《证券法修正案》,同时成立了市政证券规则委员会(Municipal Securities Rulemaking Board,MSRB),负责制定市政证券市场上保护投资者和监管交易商与银行的规则。市政证券不像公司债券那样,要向 SEC 注册,并定期进行报告。市政证券的这种特权可能与下列因素有关:一是对政府部门的照顾,二是市政证券违约风险小,三是投资者最初主要是机构投资者。20 世纪 70 年代后,个人对市政证券的投资逐渐增加,市政证券的违约风险开始受到重视,政府对市政证券市场的监管开始加强,特别是对市场上的经纪人、交易商与银行的监管和对市政证券的信息披露要求都加强了。但直到今天,这种债券的信息披露水平仍然低于公司债券。

八、市政证券的收益率

市政证券的收益率一般低于财政证券的收益率。不同的市政证券间的收益率存在差异,这种差异的产生,一是由于期限差别。在市场上,一般根据3A级的州政府一般责任债券画出市政证券收益率曲线。收益率曲线一般会向上倾斜,但其他形式的收益率曲线都曾经出现过。二是由于违约风险的差别。不同信用评级的市政证券之间的利差,在经济繁荣时期会缩小,在经济衰退时期会增大。

第二节　抵押贷款市场

每一个家庭都希望能拥有自己的住房。房屋不仅可以满足一个人的消费欲望,还是重要的投资品。因为住宅是可以保值的。20世纪70年代以来,美国的住房价格不断上升。究其原因:一是通货膨胀的影响,二是家庭数目的增长加大了对住房的需求,三是美国人收入水平的上升。由于像住房这样的不动产价值较高,所以需要为其融资的发达的市场。

一、美国的抵押贷款

抵押贷款市场(the mortgage market)是债务人通过以房屋等不动产为抵押而获得贷款的市场。如果不动产所有者即抵押人不能偿还贷款人即受押人,后者有权取消抵押贷款抵押品的赎回权。可以被抵押的不动产多数是住宅,特别是1—4户的住宅(多户住宅贷款相对较少)。在美国,抵押贷款的80%是住房抵押贷款。其他抵押贷款是商业和农场的不动产抵押贷款。住房抵押贷款的利息是免税的。美国的金融市场中,抵押贷款市场是最大的一级市场。另外,住房抵押贷款市场有很强的波动性。

不动产抵押债务的持有人主要有大的金融机构、联邦相关机构和个人等。在大的金融机构中,储蓄贷款协会与储蓄银行等节俭机构的贷款主要提供给本地区客户。由于经营中出现了全行业的困难,它们在住房贷款中所占的份额已经下降了。许多节俭机构为了满足资本充足率而卖掉了大量资产。目前,商业银行是最主要的贷款人。人寿保险公司的投资没有区域性,而是面向全国市场。抵押贷款银行主要为开发商提供贷款,一般在很短的时间后,抵押贷款银行就会把抵押权卖给人寿保险公司等机构投资者。

二、抵押贷款的发起人

抵押贷款的最初发放者称为抵押贷款发起人,包括商业银行、储蓄银行、抵押银行、人寿保险公司、养老基金等。发起人所能挣得的利润,一是按贷款余额的一定百分比征收的发起费以及申请费。二是靠出售抵押债务所获得的利润。如果发起人不选择将不动产出售,他可以持有债务并获得贷款利息。

抵押贷款的发起过程一般是这样的:准备购买住房的人首先会向1家发起人(如商业银行)申请贷款。这种申请需要提供个人的财务信息,缴纳手续费。接到这样的申请后,发起人主要根据两个指标决定是否向其贷款。一个是支付收入比率(payment-to-income,PTI),即每月支付额占月收入的比率,看购房者是否有能力按月支付。二是贷款价值比率(LTV),就是贷款与住宅价款的比率。在既定的购房价格下,LTV越高,首次支付金额越低。当购房者不能偿付时,由于住房价格会有波动,贷款人出售抵押品不足以抵补其贷款的可能性越大。如果贷款人接受了借款人的申请,就向申请人提交一份承诺书,相应地收取一份承诺费。发行人一般会让申请人自己选择是获得固定利率抵押贷款还是浮动利率抵押贷款。如果是固定利率抵押贷款,申请人还可以自己选择确定固定利率的具体时间。贷款发放后,发起人既可以在自己的资产组合中持有这种贷款,也可以把贷款出售给愿意持有的人,或者出售给愿意用抵押贷款作为担保品发行证券的人,还可以自己以抵押贷款为担保品发行证券。以抵押贷款为担保发行证券的行为称为证券化(securitized)。在贷款出售时,一些机构会积极购买抵押贷款,随后再将贷款转售给他人。这些机构被称为传导人。联邦住房贷款抵押公司和联邦国民抵押协会是两个重要的传导人。这两家机构只购买合适的抵押贷款。合适指的是符合其制定的最大PTI、最大LTV和最高贷款额三项标准。不满足这三项标准的贷款则被称为不合适抵押贷款,该机构不会购买。私人传导人则既购买合适抵押贷款也购买不合适抵押贷款。

正在进行中的贷款申请和发起人的承诺通常称为管道(pipeline)。在贷款发起过程中,存在的风险因而称为管道风险。管道风险包括两项内容:一是价格风险。如果在发起人做出承诺后,抵押贷款利率上升,那么,发起人将按照承诺的较低利率持有这项资产,或者只能以较低的价格将贷款出售。对于抵押申请,如果申请人选择的是在申请时确定利率,发起人同样也要面对利率上升的风险。为了规避价格风险,发起人可以提前和贷款出售的对家签订合约,由后者承诺在未来时期以一定的利率购买贷款。这实际上是一种远期合约。二是下跌风险(fallout risk)。如果抵押贷款利率不升反降,或者其他原因影响到购房需求,购房者可能最终并没有接受贷款。因为发起人已经接受了借款人的承诺费,所以相当于发起人卖给了购房者一个期权。在这种情况下,由于发起人可能已经将该笔拟发行的贷款出售,而现在借款人又拒绝借款,发起人就只能在低利率的市场中交付一笔高利率的贷款。为了规避下跌风险,发起人可以只与传导人签订有权利而无义务的协议,这也是一种期权。这样,发起人不一定非要交割高利率的贷款。当然,发起人为此必须向传导人支付一定的费用。

三、抵押贷款服务人

抵押贷款需要得到一系列的服务。比如,按月收取购房款,催收资金,向购买者提供各种信息,在购买者无力支付时处理抵押品,等等。为抵押贷款提供服务的机构包括与银行有关的实体、与节俭机构有关的实体和抵押银行。

为抵押贷款服务的权利是可以转让的,由此就形成了一个服务权的二级市场。服务权的转让必须经过投资者同意。那些被证券化的贷款还要得到传导人的同意。许多投资银行为服务权的转让提供经纪服务。

为抵押贷款提供服务所挣得的收入包括:一是服务费。服务费一般按未清偿贷款余额的一个固定百分比收取。所以,越接近最终到期日,服务费就会越少。二是借款人托付给服务者的资金的利息。三是服务者每月收到借款人偿付额后到支付给投资者之前这段时间的收入。四是附属收入,比如向没有按时支付偿付额的购房者收取的延迟费。五是向购房者附带销售其他保险种类的佣金等。抵押贷款服务的成本,主要是人力支出和计算机系统的支出。

抵押贷款服务的风险在于,由于服务费取决于未清偿贷款额,因此如果利率下降,借款人往往会提前偿还贷款,使服务权的价值下降。当然,利率的下降,虽然使未来服务费下降,但相应地使未来服务的现值上升。一般而言,服务权的价值最终还是会与利率同向波动,这与一般债券有明显的差异。服务权的价值还与其他收入有关。对于托管余额收入,如果利率下降,这一收入也会下降。而且,如果贷款由于利率下降而被清偿,那么,托管余额将不复存在。同样,从偿付每月支付中得到的利息与利率变动也是同向的。另外,服务人还面临着通货膨胀风险。服务的成本会因为通货膨胀而增加,但服务费却随着时间的推移而下降,这会降低服务的盈利水平。

四、抵押贷款保险人

对于 LTV 较高的贷款,贷款人一般会要求抵押保险。抵押保险的投保额一般是贷款额的一个百分比,并随着 LTV 的下降而减少。通过提高贷款利率,保险成本被转嫁给借款人。从事抵押贷款保险业务的有联邦住宅管理局、退伍军人管理局、联邦农场主管理局以及一些私人保险公司。根据保险的不同,抵押贷款可以分为联邦保险抵押贷款和常规(conventional)抵押贷款两种形式。例如,如果住房价值为 20 万元,购买者首付 2 万元,融资 18 万元,LTV 为 90%。这时,可以由私人保险公司提供保险。一般而言,投保额只会占贷款额的一个部分,所以贷款人仍要承担违约风险。另外,借款人往往还会向人寿保险公司投保信贷寿险。有了这种保险,如果投保人去世,保险公司将负责剩余的贷款偿付。

抵押贷款保险行业在 20 世纪 70 年代发展起来。到 80 年代,这一行业的经营出现了困难,主要原因是经济衰退使得违约率上升。总体来看,抵押贷款保险行业面临着以下的承保风险:

(1) 正常风险。比如,无法避免的失业、购房者死亡等可以预期的因素形成的违约风险。

(2) 发起人承销风险。如果发起人选择自己持有贷款资产,他们就会比较严格地掌握标准。而且,他们对本地区借款人的状况确实也比较熟悉。但是,当发起人在发起贷款时就已经决定不是自己持有,而是要将贷款出售,他们可能就不会严格地掌握标准,甚至可能会向承保人和投资者提供虚假信息。另外,如果发起人是全国性的,这些发起人对地方市场一般也不太熟悉,因此也会形成违约风险。为了防范这种风险,保险人一般会自己进行信用分析,并不断调整保费要求。如果贷款保单上存在着欺诈与误导,承保人就会拒绝赔付投资者,投资者只能转而向发起人索赔。

(3) 国民经济风险。如果整个国民经济状况不佳,违约率当然会上升。

(4) 地方经济风险。即使全国经济状况良好,某一地区的住房市场也可能会变得低迷。为防范这一风险,保险人一是可以对可能有问题的地区拒绝承保,二是可以让保险单在不同地区分散化,并实行地区差别费率。

五、传统抵押贷款

在 1929—1933 年大危机之前,抵押贷款没有采取分期付款的形式。由于本金一般是在期末一次性偿还,所以,购房者往往会被迫进行二次融资。甚至在贷款到期前,银行可能会要求购房者提前偿付。在大危机时期,银行的经营陷入了困境,急于提前收回住房抵押贷款,而购房者却又找不到愿意向其发放贷款偿还旧债的银行,这种状况进一步加重了危机的程度。其后,在 20 世纪 30 年代,部分地由于联邦住宅管理局的支持,等额支付固定利率抵押贷款发展了起来。这种贷款被称为传统抵押贷款。这种贷款的利率是固定的,借款人的本金和利息被等额分摊到每一个时期支付(一般每月一次),直到到期日,贷款的本金和利息恰好被完全偿还。贷款期限一般为 20—30 年。最近,短期限的传统抵押贷款逐渐增加。贷款的每月支付一般在 1 号进行。传统抵押贷款一般没有政府部门的保护。

传统抵押贷款的每月固定支付额的计算可以用 PMT 公式在 Excel 中算出。我们也可以推导出直接的计算公式。贷款额应等于每月支付额的现值之和。如果每月支付 1 元的现值总和为 x,则每月偿付额乘以 x 应当等于贷款额,即每月偿付额应当等于贷款额/x。

每月 1 元支付的现值 x 可以用下式计算(等比数列求和):

$$\frac{1}{1+r} + \frac{1}{(1+r)^2} + \cdots + \frac{1}{(1+r)^n} = \frac{1 - \frac{1}{(1+r)^n}}{r} \tag{13.1}$$

其中,n 为贷款期限,r 为年利率/12,即月单利率。

在每月支付额中,由于贷款余额是不断减少的,所以用于本金偿还的部分不断增加,用于利息偿还的部分则不断减少。每月支付的利息数为贷款余额乘以月利率,其余部分则为本金支付额。假定贷款额为 100 万元,每月支付为 4 000 元,月利率为 0.3%,则第一个月支付中的 3 000 元为利息,1 000 元为本金。

六、传统抵押贷款的不匹配问题

传统抵押贷款为借款人提供了匀速偿债的机会,因而迅速流行起来。但这种贷款形式也并非是十全十美的。已经出现的问题有两个:首先是不匹配问题。储蓄贷款协会是抵押贷款重要的发起人。抵押贷款是一种长期贷款,而储蓄贷款协会的资金来源则是期限较短的存款,这就产生了期限不匹配的问题。其次是利率问题。贷款是固定利率,而存款利率随着通货膨胀的上升而上升,这样贷款人就会蒙受很大的损失。正是这一原因,使得储蓄贷款协会在20世纪60—80年代的经营陷入了困境。解决这一问题的方法之一,是规定储蓄贷款协会只能以长期资金为来源发放住房抵押贷款,但这种方法会导致贷款额的下降。所以,解决问题的主要方法是创造新的抵押贷款工具,也就是可调整利率抵押贷款(ARM)。这种贷款的合同利率钉住某种短期参考利率,定期调整。这样,贷款的收益就可以与存款成本相匹配。这种贷款形式不仅可以保护贷款人的利益,对借款人也是有利的,因为如果通货膨胀水平下降,贷款利率也会下调。可调整抵押贷款的参考利率有两类:一类是市场上的财政证券利率,另一类是根据节俭机构的资金成本而编制的指数。后者指的是指数所包括的节俭机构的月平均利息成本。可调整利率抵押贷款的调整间隔期间有长有短。由于参考利率的计算期与调整时间有一定的时滞,这对借款人和贷款人都会有一定的影响。

为了吸引借款人,可调整利率抵押贷款的发起人,一般会将贷款的初始合同利率定得比较低,这一较低的利率一般称为诱饵利率。但是,到了定期调整日,利率就会按照参考利率加上一个确定的收益差幅计算。另外,许多可调整利率抵押贷款附有阶段上限与全期贷款上限的条款。阶段上限为每次利率调整的上限。如果贷款初始合同利率为5%,阶段上限为2.5%,1年后首次调整利率时的参考利率为6%,收益差幅为200个基点,那么,利率不能被调整为8%,而只能是7.5%。阶段上限实际上是购房者和贷款人之间互相出售的期权。全期利率上限则限制了在整个期间贷款利率高于初始利率的幅度。全期利率上限可看作是房主向贷款者或投资者出售的期权。有些可调整利率抵押贷款还设有全期贷款利率下限。这可以看作是购房者购买的期权。上限的出现,削弱了可调整利率抵押贷款防范通货膨胀风险的能力。它们的目的在于保护借款人,因而没有办法保护贷款人。全期利率下限也并不能有效地保护贷款人,因为借款人是可以提前偿还贷款的。为此,贷款人往往会扩大浮动利率的收益差幅,这又会形成对借款人要求的高成本。所以,人们对上限与下限持有不同的看法。

继可调整利率抵押贷款出现后,混合抵押贷款也出现了。混合抵押贷款兼有固定利率与可调整利率的性质。比如,可转换的可调整利率抵押贷款的贷款利率可以转换为固定利率。能够转换的固定利率水平可能是由贷款人确定的,也可能是按照市场利率确定的。有些固定利率抵押贷款可以在一定条件下下调固定利率水平。一定条件是指利率下降了一定的幅度。这两种混合抵押贷款都可以看作是投资者向借款人出售的期权。

七、传统抵押贷款的倾斜问题

如前所述,传统抵押贷款之所以能够吸引借款人借款,是因为它提供了匀速偿债的机会。但是,通货膨胀会改变这一特点,形成倾斜问题。如果物价上升不断,抵押贷款的首付额会高得令购买者望而却步。抵押贷款每月支付额的名义量虽然不变，但实际价值会下降。同时，由于人们的收入水平一般会逐渐增加，因此，借款人承受的负担是先重后轻。这种倾斜问题不是前述的浮动利率抵押贷款可以解决的。因为浮动利率抵押贷款的首付与传统利率抵押贷款没有变化，在随后的利率调整中，如果通货膨胀水平上升，定期支付额将会阶梯性上调，借款者仍然不能保障匀速支付，反而增加了不确定性。市场上创造出的解决倾斜问题的方法主要有：

1. 渐进支付抵押贷款

这种贷款仍然是固定利率抵押贷款，其月支付额在初期按固定加速度增长，其后改为匀速支出。可以看出，这种方法并不能保证借款者实现等额的实际支付。

2. 价格水平调整抵押贷款

它能够较好地解决这一问题。这种贷款类似于传统抵押贷款，利率也是固定的，但不是固定名义利率，而是固定实际利率，从而保证每月的实际支付是等额的。这种贷款根据规定的实际利率、贷款的期限和金额，就可以计算出各时期真正的偿付额和未清偿余额。再用规定的报告期物价指数与基期指数的比值乘以两个实际值，就可以得出每月支付额和贷款余额两个名义值。价格水平调整与浮动利率是不同的。因为浮动利率调整的是今后的全期支付，所以不能解决倾斜问题，而价格水平调整则是调整当期支付。

八、抵押贷款的违约风险

抵押贷款的借款人可能会无力偿还贷款。如果贷款是经过保险的，风险程度就取决于保险公司的信用级别。对抵押贷款风险的研究一般不讨论全部抵押贷款中违约部分的百分比，而是讨论条件违约率，也就是年初贷款额中在本年违约的百分比，即衡量已持续到本年的抵押贷款的违约率。有研究发现，初始 LTV 越高，违约率越高。各州的丧失赎取权法之间的差异与违约损失也存在着密切关系。比如，在程序方面，如果丧失赎取权是在法庭监督下进行的，时间的拖延、法律开支等都会加大贷款的损失。如果不需要经过法庭，损失就会比较小。许多州都赋予了借款人法定赎取权，就是在丧失赎取权后，仍然可以占有住房一段时间，并在一定条件下赎回财产。这种规定可能会诱发道德风险。另外，不足判决允许贷款人用借款人的个人资产偿还拖欠款。如果借款人另有充分的资产，贷款人就会愿意这样做，这会降低违约风险。

第三节 抵押转递证券市场

一、二级市场的产生

在 20 世纪 60—70 年代，存款性金融机构发起并自己持有抵押贷款。由于法律鼓励储蓄贷款协会在本地区吸收存款，然后在本地区贷款，这就使得资本在不同地区的供求出现了差异,相应地出现了不同地区的利率差。抵押银行的出现为解决这一问题起到了重要作用。抵押银行不吸收存款,只是发起抵押贷款并出售给人寿保险公司、其他地区的节俭机构等,这有利于建立一个全国性的市场。但是,抵押贷款的资金来源仍是严重依赖于存款性机构。20世纪60年代后,随着通货膨胀与名义利率的上升,受到利率管制的存款性金融机构的资金来源受到很大影响,因而,这些机构不能再为抵押贷款提供足够的资金。于是,为了吸引更多的投资者,抵押贷款的二级市场发展了起来。

1929—1933年间,抵押贷款极少,旧的抵押贷款纷纷被取消抵押权,抵押品的出售进一步降低了住房价格。大危机后,美国建立了联邦住宅贷款银行,为节俭机构提供流动性。国会1934年设立了联邦住宅管理局,为合格的住房抵押贷款提供担保,降低贷款的违约风险,这推动了传统抵押贷款的发展,同时又促进了抵押贷款标准化。1944年成立的退伍军人管理局负责为退伍军人的购房提供担保。由于违约风险下降,节俭机构愿意进行投资,但流动性的问题仍然难以解决。所以,国会又成立了联邦全国抵押协会(FNMA,俗称范尼梅),它可以通过向财政部融资,购买被两家联邦机构保险的抵押贷款。1968年,在范尼梅中分出了政府国民抵押协会(Ginnie Mae,俗称珍尼梅),1970年又成立了联邦住宅贷款抵押公司,它们都既购买两家联邦机构保险的贷款,也购买其他抵押贷款。珍尼梅负责为私人部门对抵押贷款进行的证券化提供担保,范尼梅则自己进行证券化。这些新创造的证券被称为抵押转递证券,吸引了大量的投资者。80年代后,由私人部门进行信用增强,对普通抵押贷款和商业性房地产抵押贷款进行的证券化也发展了起来。

二、投资者与抵押转递证券

投资者如果投资于抵押贷款,就会面临违约风险和提前偿付风险。如果投资者购买的是由几种或几十种抵押贷款组成的组合的一个部分,就可以起到风险分散的作用。违约风险的分散是没有问题的。就提前偿还风险看,系统性的提前偿还风险导因于利率的变动,非系统性的提前偿还风险与利率的变动无关。抵押转递证券可以降低大部分的非系统性风险,只剩下系统性风险。当然,除了能降低风险,抵押转递证券还可以提高流动性。

目前,在抵押转递证券中,1—4户住宅的抵押贷款被证券化的比率远高于多户住宅。那些由联邦住宅贷款管理局和退伍军人管理局保险的抵押贷款的绝大部分被证券化了。常规抵押贷款的证券化则少得多。

三、抵押转递证券的现金流量

抵押转递证券的现金流量取决于作为基础的抵押贷款池(pool)的现金流量。转递证券每月要进行支付。但这种支付的金额和时间与作为基础的抵押贷款池的现金流量是不同的。从数量上看,由于存在服务人的服务费、发起人与担保人收取的费用等,抵押转递证券的现金流量要小一些,转递证券的票面利率相应地会低于抵押贷款利率。从时间上看,抵押贷款的月支付一般在每月1日,证券持有者收入的获取则应该在1日以后。由于抵押贷款池中的贷款利率、期限各不相同,所以,要确定加权平均的息票利率(WAC)和加权平均的偿还期(WAM),权重要以未清偿贷款金额计算。

四、影响提前偿还的因素

1. 流行的抵押利率

如果在借款者按照合同利率获得抵押贷款后,抵押贷款的利率下降,借款者就可能会进行再融资,提前偿付。在企图进行再融资时,借款者一般会考虑两方面的内容:一方面是再融资存在的各种成本支出,如法律费用等;另一方面是在利率下降后再融资能够有效地节约借款者的利息支出。由于抵押贷款发起人努力吸引借款者再融资,因此能够引起借款人再融资行为的利率下降幅度不断缩小。除了影响再融资外,利率的下降还会提高购房者的负担能力,因而,购房者可能会卖掉旧有的住房购买新的住房,这也会影响到提前偿付。

2. 抵押利率的波动特征

除了抵押贷款利率的水平之外,抵押贷款利率的波动路径不同,对提前偿付行为也有重要影响。假定一笔抵押贷款合同利率为10%,1年后抵押利率降为9%,第2年后上升为11%,第3年后又下降到9%。另一笔抵押贷款合同利率也为10%,1年后升为11%,第2年后又上升为12%,3年后下降为9%,那么,两笔抵押贷款合同利率相同,3年后的抵押贷款利率也相同,但是,第一笔抵押贷款在第3年年末一般不会有大量的提前偿付行为出现,因为想提前偿付的借款人已经在第1年做到了这一点。就第二笔抵押贷款来看,在前2年,由于利率在不断上升,提前偿付率会比较低,但第3年就会有比较大的提前偿付比率。

3. 作为基础的抵押贷款的特征

作为基础的抵押贷款的不同特征也会影响到提前偿付。比如合同利率、贷款的担保者、贷款的种类、房屋的位置等。季节性因素也是一个重要的方面。一般而言,住宅市场在春季开始升温,在夏季会达到高峰,其后不断回落,存在这样的季节性现象。相应地,卖旧房买新房也会有这样的季节性,进而,提前支付也就具有相应的季节性。

4. 宏观经济状况

如果宏观经济状况较好,人们的收入水平增加,新的就业机会引起劳动力流动,住宅转手的机会也会增加,因而提前偿付的比率会上升。如果经济滑坡,提前偿付的比率就会相应下降。

五、抵押转递证券的收益率

如果投资者购买了抵押转递证券,那么,若出现利率下降,其所持有的证券的价格当然就会上升,但是,证券价格的这种上升幅度是有限的。这是因为,利率下降后,借款人可能会再融资提前偿还贷款。再融资的可能就限制了证券价格的上涨空间。这一点和有可赎回条款的公司债券与市政证券是一样的。而那些不附有期权的债券,利率的下降使其上涨的幅度较大。另外,如果利率下降,投资者的现金流量也只能以较低的利率再投资。如果利率上升,抵押转递证券的价格将会下降,其价格下降的幅度将比普通债券大。这是因为,利率如果上升,提前支付的比率就会下降,因为借款人不愿意以更高的利率再融资。但同时,投资者希望能够以更高的利率重新发放抵押贷款。所以,投资者不得不承担高利率环境下以低的息票利率投资的损失。

综上所述,无论利率上升还是下降,抵押转递证券的投资者都不会满意。特别是一些机构投资者,更可能会对抵押贷款望而却步。比如,对于商业银行和储蓄贷款机构这样的部门,当它们投资于抵押转递证券后,如果利率上升,它们的融资成本就会上升,但是,抵押转递证券的利率却不能同步上升,这就会使这些部门形成损失。

珍尼梅转递证券和财政证券一样,都是没有违约风险的。所以,两者的收益差幅反映的主要是提前偿付风险。私人名义转递证券与机构转递证券的收益差幅反映了信用风险和提前偿还风险两项内容。信用风险的不同很好理解。提前偿付风险之所以有差别,是因为机构证券的基础抵押贷款是由联邦住宅管理局和退伍军人管理局担保的,而私人名义转递证券的基础贷款则不是。能获得政府机构担保的那些借款人,往往无力承担再融资的费用,所以,提前偿还风险较低。

六、分拆的抵押担保证券

前面讨论的抵押转递证券,是把作为基础的抵押贷款组合所能带来的现金流按比例分配给投资者。如果将抵押品所产生的本金和利息支付再分配给证券的投资者,不是按比例分配,而是采取不同的方式分配,就会形成一组不同风险与收益特征的证券。这等于是把风险与收益分拆开来,形成了分拆的抵押担保证券。最初,分拆的抵押担保证券是部分分拆证券。这时,在把基础抵押贷款的现金流量在新创造的不同证券之间进行分配时,不同证券得到的本金是相同的,但得到的利息不同。比如,一类证券获得 1/3 的利息,而另一类证券获得 2/3。其后,本金和利息都采取不同方式进行分配的证券出现了。1987 年,IO 和 PO 类证券出现了。IO 类证券只获得基础抵押贷款的利息支付,本金与其投资者无关。PO 类证券的投资者只获得基础抵押贷款的本金支付,利息支付与其投资者无关。

在这两类证券中,PO 类证券是贴现发行的而且是大幅度贴现。借款人提前偿还的速度越快,PO 类证券投资者的收益率就越高,因为提前偿还就意味着 PO 类证券投资者可以提前收回证券的面值。如果没有任何提前偿付,投资者的收益率就会很低。如果市场上的抵押贷款利率发生变化,PO 类证券的价格会如何变化?当抵押贷款利率下降时,再融资和提前偿还的比例增加,证券获得未来支付的速度会加快。同时,利率的下降使同等数量的未来支付的现值增加。两方面因素的共同作用,使得 PO 证券的价格会上升。

相应地，如果抵押贷款利率上升，借款者不再倾向于再融资，提前偿还的速度会下降，加上贴现率上升，都会导致 PO 类证券的价格下降。

IO 类证券是没有面值的。投资者的收入依赖于基础抵押贷款的利息，而利息取决于本金和利率。如果抵押贷款被提前偿还，本金下降，利息也会相应减少。如果利率下降，提前偿还会加速，IO 类证券的预期现金流量会下降，相应地，证券的价格会下降。当然，利率下降会提高未来收入的现值，两相比较，IO 类证券的价格一般会下降。如果利率上升，IO 类证券的预期现金流量增加，虽然贴现率上升，IO 类证券的价格一般也会上升。因而，IO 类证券的价格与抵押利率往往同向变动。无论如何，IO 类证券与 PO 类证券的价格波动都比转递证券的价格波动幅度大。这是因为，两者的变动方向恰恰相反，这两种波动性加在一起，才等于抵押转递证券的波动。

本章重要概念

市政证券，证券化，传统抵押贷款，可调整利率抵押贷款，抵押转递证券，IO 类证券，PO 类证券

复习思考题

1. 为什么美国的市政证券市场能够不断增长？
2. 如果一位投资者在购买的市政证券价格上涨后将其卖出，他是否要为此缴纳联邦所得税？
3. 抵押贷款服务人喜欢看到利率下降还是上升？
4. 为什么市场上会出现可调整利率抵押贷款？
5. 抵押转递证券能消除系统风险吗？
6. 你如何理解"无论利率上升还是下降，抵押转递证券的投资者都不会满意"这句话？
7. 如果利率上升，IO 类和 PO 类证券的价格各会发生什么变化？

第十四章 证券的定价

第一节 证券的理论价格

价格发现是金融市场的重要作用之一。在金融市场上,金融资产(证券)的价格是由供给和需求决定的。当然,在供给和需求的背后,存在着许多重要的影响因素。

证券是一种无形资产。人们之所以愿意投资购买证券,是因为证券能为投资者带来预期的现金流。无论是股票还是债券,估价(valuation)就是确定证券的价值。这一过程的基本原理很简单,证券的价值应等于其所带来的预期现金流的现值,这一现值称为证券的内在价值(intrinsic value),或称为理论价格。用公式表示,即:

$$V_0 = \sum_{t=1}^{n} \frac{C_t}{(1+k)^t} \tag{14.1}$$

其中,V_0是证券的内在价值,C_t是t时期的预期现金流,k为贴现率,即投资者应得回报的利率,n为到期时间。

这种价值分析方法称为收入资本化法(capitalization of income method of valuation)。

作为证券的一种,股票的价格也取决于其未来收入和贴现率。所以,任何能影响这两者的因素,都会影响到股票的价格。这些因素包括:

1. 公司经营状况

上市公司的盈利是股利支付的来源。只有上市公司经营状况良好,才会有更多的股利支付给股票投资者。当然,因为预期股利反映的是预期的上市公司的经营状况,所以股票价格可能在公司尚未获得良好业绩时上升。另外,公司的盈利可能不会全部用于股利支付。因为公司的管理者可能希望将部分盈利重新投资,以在未来给予股东更高的回报。所以,公司的股利支付政策也可能会影响股票价格。其他如资产净值、公司重组、股票分割等,都可能会影响到股票价格的变化。

2. 宏观经济因素

当经济稳定增长时,多数企业的经营状况较好,股价一般会稳定上升。经济的周期性波动往往会引起股票市场的周期性波动。一般而言,股票价格的波动往往要先于经济的周期性波动,也就是说,在经济下降之前,股票的价格往往已经下降,在经济复苏之前,股票的价格会先行上升。

政府的经济政策也会对股票价格产生重要影响。宽松的货币政策会降低利率,宽松的财政政策会刺激经济增长,都会造成股价上升;相反,紧缩的财政货币政策会引起股票价格下降。

研究宏观经济与股票价格的关系,需要具体考察各种宏观经济指标,如通货膨胀、利率、汇率等与股票价格的关系。

3. 其他因素

影响股票价格的因素很多,如政治事件、投机行为、心理因素、监管政策等,都会对股票价格产生一定的影响。

债券的理论价格同样是其所带来的预期现金流的现值。在第六章中,我们已经探讨了债券价格与利率波动的原因,这里不再赘述。

本章下面的部分,我们将分析各种具体的证券价格的决定问题。我们主要介绍股票、债券、可转换债券、优先认股权、认股权证的估价。

第二节　股票的价格决定

对普通股进行估值,主要有两种方法:一种是股利折现模型(dividend discount model),也就是通过股票内在价值与股票价格的比较,就能确定股票是否被正确估值。另一种是价格盈利比分析,通过真正的价格盈利比与市场价格盈利比的比较来判断股票是否被正确评价。

一、股利折现模型

按照证券的定价原理,将股票所能带来的未来现金流贴现,其现值即为该股票的内在价值。公式为:

$$V_0 = \sum_{t=1}^{\infty} \frac{D_t}{(1+k)^t} \tag{14.2}$$

其中,D_t 为普通股在时期 t 能为投资者带来的预期现金流。我们知道,普通股所能带来的现金流只有股利。k 为特定风险程度下的贴现率。V_0 为内在价值。

股票的净现值即为:

$$\text{NPV} = V_0 - P_0 = \sum_{t=1}^{\infty} \frac{D_t}{(1+k)^t} - P_0 \tag{14.3}$$

其中,P_0 为在 $t=0$ 时购买股票的成本。

如果 NPV>0,说明股票的内在价值大于投资成本,股票被低估,投资者应该购入这种股票。

如果 NPV<0,说明股票的内在价值小于投资成本,股票被高估,投资者不应该购入这种股票。

令：
$$NPV = 0$$

即：
$$P_0 = \sum_{t=1}^{\infty} \frac{D_t}{(1+k^*)^t} \tag{14.4}$$

使上式成立的 k^* 即为内部收益率。

投资者也可以将内部收益率 k^* 与必要收益率 k 进行比较。如果 $k^* > k$，说明股票被低估，投资者应该买入该股票。如果 $k^* < k$，说明股票被高估，投资者不应买入这种股票。

如果用上式计算股票的内在价值，我们就必须预测未来所有时期的股利支付。但这是很难的，因为普通股没有到期期限，未来时期的股利支付是不确定的。为了简单起见，我们可以对股利的预期增长率做出某些假定。由于假定的不同，可以得出不同的股价模型。

1. 零增长模型

在 t 时期，每股股利 D_t 可以看作是 $t-1$ 时期的股利与 1 加上股利增长率 g_t 的乘积，即：

$$D_t = D_{t-1}(1 + g_t) \tag{14.5}$$

如果我们假定 $g = 0$，即未来时期股利支付是固定不变的，则股票的内在价值为：

$$\begin{aligned} V_0 &= \sum_{t=1}^{\infty} \frac{D_0}{(1+k)^t} \\ &= D_0 \sum_{t=1}^{\infty} \frac{1}{(1+k)^t} \\ &= \frac{D_0}{k} \end{aligned} \tag{14.6}$$

比如，如果某股票市场价格为 80 元，未来时期公司的股利支付是固定的 10 元，该类股票的必要收益率为 10%，则该股票的内在价值为 100 元，被低估 20 元，投资者应予以购买。

如果令净现值为 0，即：

$$P_0 = \frac{D_0}{k^*} \tag{14.7}$$

由此计算出的 k^* 即为内部收益率。

在前例中，

$$k^* = \frac{10}{80} = 12.5\% > 10\%$$

也说明股价被低估了。

零增长模型的固定股利支付假定过于严格，这限制了它的应用。但零增长模型比较适合于优先股，因为优先股的股利是固定的，而且可以永远支付。

2. 不变增长模型

不变增长模型（constant growth model）假定股利不是固定不变的，但是按照一个不变的增长率 g 增长，即：

$$D_t = D_{t-1}(1+g) = D_0(1+g)^t \tag{14.8}$$

则股票的内在价值为：

$$V_0 = \sum_{t=1}^{\infty} \frac{D_0(1+g)^t}{(1+k)^t} = D_0 \sum_{t=1}^{\infty} \frac{(1+g)^t}{(1+k)^t} \tag{14.9}$$

如果 $k>g$，上式可简化为：

$$V_0 = D_0 \frac{1+g}{k-g} = \frac{D_1}{k-g} \tag{14.10}$$

如果令净现值为 0，即：

$$P_0 = \frac{D_1}{k^*-g} \tag{14.11}$$

可得：

$$k^* = \frac{D_1}{P_0} + g$$

假定某公司股票价格为 45 元，每股股利为 2 元，未来时期股利不变增长率为 6%，必要收益为 10%，则有：

$$V_0 = \frac{2(1+6\%)}{10\%-6\%} = 53（元）$$

因而，股票被低估 8 元，投资者应该购入这种股票。

或者，由于内部收益率为：

$$k^* = \frac{2(1+6\%)}{45} + 6\% \approx 10.7\%$$

大于必要收益率 10%，所以股价被低估。

如果我们令 $g=0$，不变增长模型就成为零增长模型。所以零增长模型可以看作是不变增长模型的一个特例。

3. 多元增长模型

不变增长模型的假定仍然是比较苛刻的。而且，在实际生活中，许多公司往往会先有一个高速成长期，而后增长率趋于稳定。还有一些公司先是在一定年限内不付股利。因此，我们需要引入多元增长模型（multiple growth model）。这里主要介绍二元增长模型。

如果我们放松假定，假定股利可分为两部分，在时间 T 以前，股利预期变动是无规则的，在时间 T 后，股利按照一个不变的增长率增长。这样，在时间 T 以前所有预期股利的现值为：

$$V_{T^-} = \sum_{t=1}^{T} \frac{D_t}{(1+k)^t} \tag{14.12}$$

在时间 T,该股票的内在价值为:

$$V_T = \frac{D_{T+1}}{k-g} \tag{14.13}$$

将 V_T 折现为 $t=0$ 时的现值:

$$V_T = \frac{D_{T+1}}{(k-g)(1+k)^T} \tag{14.14}$$

所以,在 $t=0$ 时,股票的全部预期未来股利的现值为:

$$V_0 = V_T + V_{T^-} = \sum_{t=1}^{T} \frac{D_t}{(1+k)^t} + \frac{D_{T+1}}{(k-g)(1+k)^T} \tag{14.15}$$

令净现值为零,即:

$$P_0 = \sum_{t=1}^{T} \frac{D_t}{(1+k^*)^t} + \frac{D_{T+1}}{(k^*-g)(1+k^8)^T} \tag{14.16}$$

k^* 即为内部收益率。

通过比较 V_0 与 P_0 或者 k 与 k^*,我们就可以判断股价是否被高估。

4. 持有期内股票内在价值的决定

在实际生活中,投资者可能并不愿意全部接受股票的未来股利,而往往是在持有一段时间后,将股票出售。这样,投资者持有股票的预期现金流即为持有期内股利收入和出售股票的价格。假定投资者持有期为 1 年,则股票的内在价值为:

$$V_0 = \frac{D_1}{1+k} + \frac{P_1}{1+k} \tag{14.17}$$

其中,D_1 为预期 $t=1$ 时的股利支付,P_1 为预期 $t=1$ 时的出售价格。

在 $t=1$ 时,股票的出售价格是由股票当时的内在价值决定的,即:

$$P_1 = \frac{D_2}{1+k} + \frac{D_3}{(1+k)^2} + \cdots \tag{14.18}$$

因为:

$$V_0 = \frac{D_1}{1+k} + \left\{ \frac{D_2}{1+k} + \frac{D_3}{(1+k)^2} + \cdots \right\} \times \frac{1}{1+k}$$

$$= \sum_{t=1}^{\infty} \frac{D_t}{(1+k)^t} \tag{14.19}$$

这表明,无论投资者的持有期有多长,股票的内在价值都要由未来无限时期的股利支付决定。因而,股票的内在价值与投资者的持有期无关。

二、价格盈利比模型

价格盈利比(price-earning ratio),又称为市盈率,可以用公式表示为:

$$市盈率 = \frac{每股股票价格}{每股股票收益} \tag{14.20}$$

在公式的三个变量中,如果我们能够确定某一股票的市盈率和每股收益,就可以估计出该股票的价格。

价格盈利比模型产生的历史早于股利折现模型。它的应用范围要广于股利折现模型。这是因为,如果股票在一段时期内没有股利支付,但每股收益是正的,我们就很难应用股利折现模型,但却可以应用价格盈利比模型。

价格盈利比模型的确定,可以借鉴前面的股利折现模型。

如果以每股收益 E_t 除以每股股利 D_t,就可以得到 t 时期的股利支付率 p_t,即:

$$p_t = \frac{D_t}{E_t} \tag{14.21}$$

因而,股利折现模型可改写为:

$$V_0 = \sum_{t=1}^{\infty} \frac{p_t E_t}{(1+k)^t} \tag{14.22}$$

如果以 g_{et} 代表 t 时期的每股收益增长率,则有:

$$E_t = E_{t-1}(1 + g_{et}) \tag{14.23}$$

股票的内在价值可以写为:

$$V_0 = \frac{p_1 E_0 (1 + g_{e1})}{1 + k} + \frac{p_2 E_0 (1 + g_{e1})(1 + g_{e2})}{(1 + k)^2}$$

$$+ \frac{p_3 E_0 (1 + g_{e1})(1 + g_{e2})(1 + g_{e3})}{(1 + k)^3} + \cdots$$

$$= E_0 \sum_{t=1}^{\infty} \frac{p_t \prod_{i=1}^{t}(1 + g_{ei})}{(1 + k)^t} \tag{14.24}$$

$$\frac{V_0}{E_0} = \sum_{t=1}^{\infty} \frac{p_t \prod_{i=1}^{t}(1 + g_{ei})}{(1 + k)^t} \tag{14.25}$$

$\frac{V_0}{E_0}$ 即为正常的价格盈利比。如果 $\frac{V_0}{E_0} > \frac{P_0}{E_0}$,说明正常的价格盈利比大于实际的价格盈利比,股票的价格被低估了。如果 $\frac{V_0}{E_0} < \frac{P_0}{E_0}$,说明正常的价格盈利比小于实际的价格盈利比,股票的价格被高估了。

前面我们推导出了价格盈利比模型。但是,很明显,这一公式过于复杂,很难应用。所以,我们还是需要做一些假定,进行比较简化的分析。

1. 零增长模型

零增长模型假定未来时期的股利支付是固定的,股利支付率为100%,这样,每股收益也就是固定的,每股收益增长率为100%,即:

$$D_0 = E_1 = D_1 = E_2 = D_2 = \cdots \tag{14.26}$$

因而价格盈利比模型可以改写为:

$$\frac{V_0}{E_0} = \sum_{t=1}^{\infty} \frac{1}{(1+k)^t} = \frac{1}{k} \tag{14.27}$$

例如,如果某公司股票市价为 96 元,必要收益率为 10%,预期固定股利支付为 8 元,则:

$$\frac{V_0}{E_0} = \frac{1}{10\%} = 10 < \frac{P_0}{E_0} = \frac{96}{8} = 12$$

说明股价被高估。

2. 不变增长模型

假定股利支付率为不变的 p,如果每股收益保持不变的增长率,我们用 g_e 表示这一增长率。这样,t 时期的每股收益可以表示为:

$$E_t = E_0(1+g_e)^t \tag{14.28}$$

真正的价格盈利比可以写为:

$$\frac{V_0}{E_0} = p\sum_{t=1}^{\infty} \frac{(1+g_e)^t}{(1+k)^t} = p \cdot \frac{1+g_e}{k-g_e} \tag{14.29}$$

另外,由于:

$$E_t = E_{t-1}(1+g_e) \tag{14.30}$$

两边同乘以不变的股利支付率 p,则有:

$$pE_t = pE_{t-1}(1+g_e) \tag{14.31}$$

即:

$$D_t = D_{t-1}(1+g_e) \tag{14.32}$$

因此,如果每股收益保持不变的增长率,股利增长率也就是不变的,而且等于每股收益增长率。

3. 多元增长模型

假定股票的每股收益变化分为两个时期,在时间 T 以前,预期增长率为 g_{e1},股利支付率为 p_1,在时间 T 后,每股收益增长率为 g_{e2},股利支付率为 p_2,这样,正常的价格盈利比为:

$$\begin{aligned}\frac{V_0}{E_0} &= \sum_{t=1}^{T} \frac{p_1(1+g_{e1})^t}{(1+k)^t} + \sum_{t=T+1}^{\infty} \frac{p_2(1+g_{e2})^t}{(1+k)^t} \\ &= \sum_{t=1}^{T} \frac{p_1(1+g_{e1})^t}{(1+k)^t} + \frac{p_2(1+g_{e1})^T}{k-g_{e2}} \cdot \frac{1+g_{e2}}{(1+k)^T}\end{aligned} \tag{14.33}$$

通过比较 $\frac{V_0}{E_0}$ 与 $\frac{P_0}{E_0}$,我们就可以确定股价是否被高估。

第三节 债券的价格决定

一、普通债券的价格决定

债券是证券的一种,应用证券的内在价值公式计算债券的内在价值时,必须注意,债

券的利息一般会每半年支付一次。所以,债券的内在价值的决定公式可以写为:

$$V_0 = \sum_{t=1}^{2n} \frac{C_t}{(1+r)^t} + \frac{F}{(1+r)^{2n}} \quad (14.34)$$

其中,V_0 为债券的内在价值,C_t 是每半年支付的利息,相应地,$2C_t$ 是年利息,F 是债券的面值,n 是到期年数,r 为每半年的贴现率,$2r$ 为年贴现率。

从上式可以看出,有三个因素会影响债券的内在价值:到期年数、息票利息和贴现率(市场收益)。

在第一节中,我们知道到期收益率指的是使得从金融工具上获得的收入的现值与其今天的价值相等时的利率水平。如果考虑到债券半年付息一次的特性,债券的到期收益率公式可以改为:

$$P_0 = \sum_{t=1}^{2n} \frac{C_t}{(1+i)^t} + \frac{F}{(1+i)^{2n}} \quad (14.35)$$

其中,P_0 为债券的市场现价,C_t 是每半年支付的利息,F 是债券的面值,n 是到期年数,i 为半年的到期收益率,$2i$ 为年到期收益率。

按照上式计算到期收益率,需要使用试错法。到期收益率有一个近似计算公式,即:

$$2i = \frac{2C_t + \frac{F-P_0}{n}}{\frac{F+P}{2}} \quad (14.36)$$

$2i$ 和 $2r$ 分别为到期收益率与市场收益率。如果 $i > r$,即到期收益率大于市场收益率,就说明债券的价格偏低,投资者应该购买这种债券。如果 $i < r$,即到期收益率小于市场收益率,就说明债券的价格被高估,投资者应该出售或卖空这种债券。

投资者还可以按净现值(NPV)进行分析。净现值即债券的内在价值与市场价格之差,即:

$$NPV = V_0 - P_0 \quad (14.37)$$

如果 NPV > 0,说明债券的内在价值大于市场价格,债券的价格被低估。
如果 NPV < 0,说明债券的内在价值小于市场价格,债券的价格被高估。
如果 NPV = 0,说明债券的内在价值等于市场价格,债券被正确估值。

在这里的分析中,我们假定市场收益率 r 是已知的。但实际上,r 的确定是很难的。r 是投资者要求的适当收益率,也称必要收益率,它一般是参照风险程度和期限相同的债券的收益率计算得出的。

二、可转换债券的价格决定

如果债券契约规定投资者有权按照一定的比例将债券转换为发行人的普通股股票,那么该债券就是可转换债券(convertible bonds)。这种转换权利实际上是一种买入期权。如果持有人的权利是将债券转换成不是发行人的另一家公司的普通股股票,那么该债券就是可交换债券(exchangeable bonds)。公司发行可转换债券的原因,往往是本公司的普通股股票被低估,所以公司先发行可转换债券。可转换债券可以被提前赎回,所以具有赎回风险(call risk)。这种债券实际上包含了两个期权,即投资者的买入看涨期权和发行公司的买入看涨期权。另外,早赎的权利也有促使投资者进行转换的作用。公司决定赎回时,一般给投资者1个月的时间,由其自己决定是实施转换还是由公司赎回。如果出现了购并行为,公司的股票不再流通,此类债券的投资者可能会蒙受一定的损失。另外,可转换债券的买入期权不一定在整个债券期限内都是可以执行的,而是有特定的转换期限。一般而言,多数的可转换债券是没有抵押的,其发行者多数是小公司,所以风险比较大。

债券可以转换成普通股的股数称为转换率(conversion ratio)。如果转换率为50,即1张债券可以转换为50股股票。可转换债券可能事先不给出转换率,只给出转换价格(conversion price),不论股票市价如何,债券都可以根据面值按照转换价格转换为普通股。由于转换价格等于可转换债券的面值除以转换率,所以,这与给出转换率的情况是一样明确的。如果一张面值为1 000元的债券可以兑50股股票,那么,转换价格即为20元。转换价格会明显高于发行时的市价,这正是公司选择发行可转换债券而不是股票的原因。转换率随着股票拆股、派息、增发、配股等情况的变化会做出调整。如果公司股票1股拆为2股,原定转换率为50,那么,新的转换率将为100。

投资者实施转换期权所能得到的普通股的市场价值,称为可转换债券的转换价值。所以,股票的市价上升,可转换债券的转换价值就会上升。投资者决定是否转换时,首先要看可转换债券的市价与转换价值的比较。仍如前例,如果投资者将债券转换为50股普通股股票,在普通股市价为15元时,转换价值为750元。以公式表示,则有:

$$CV = Ps \times CR \qquad (14.38)$$

其中,CV代表转换价值,Ps代表普通股的市价,CR代表转换率。

可转换债券的市价一般会高于不可转换债券(普通债券)的市价,也就是说,可转换债券的收益率一般低于普通债券,因为放弃转换权利应该得到补偿。所以,可转换债券的价值可以分为两部分:一部分是可转换债券作为普通债券的价值,称为纯粹价值。另一部分则是转换期权(看涨期权)的价值。用公式表示,则有①:

$$CB = P_b + CVO \qquad (14.39)$$

其中,CB代表可转换债券的价格,P_b代表纯粹价值,CVO代表看涨期权的价值。

假定一张可转换债券的市价为1 100元,而期限、票面利率、违约风险等特征均相同的普通债券的市价为800元,则对应可转换性的价值为300元。

如果转换价值低于纯粹价值,纯粹价值就是可转换债券的最低价值,因为可转换债券的市价不会跌到纯粹价值以下。如果转换价值高于纯粹价值,转换价值就是可转换债

---

① 当然,如果更全面考虑的话,由于可转换债券有可赎回特性,所以,在定价时还应考虑到发行者赎回债券的期权,即减去投资者卖空看涨期权的价值,公式应为:$CB = P_b + CVO - CLO$,其中,CLO代表卖空看涨期权的价值。

券的最低价值,因为如果可转换债券的市价跌到转换价值以下,购买可转换债券并实施转换权利就成为有利可图的。所以,可转换债券的最低价值是转换价值与纯粹价值中较大的一个。用公式表示,则有:

$$MV = Max(CV, P_b) \quad (14.40)$$

其中,MV 代表可转换债券的最低价值,CV 代表转换价值,P_b 代表纯粹价值。

可转换债券的市场价格超过其转换价值的部分,称为可转换债券的升水(premium)。用公式表示,则有:

$$\text{Premium} = \frac{CB - CV}{CV} \quad (14.41)$$

其中,CB 代表可转换债券的价格,CV 代表转换价值。

如果可转换债券的市价为 1 100 元,转换率为 50,股票市价为 20 元,则转换价值为 1 000 元,升水为 100,或 10%。

为什么可转换债券会存在升水呢? 其一,是因为投资者有可转换债券的价格会随股价上涨而上涨的预期。其二,是因为如果股价不升反跌,可转换债券的价值所受影响会较小。可转换债券有普通债券的价值(纯粹价值)作为最低价值,这形成一种保护作用。当然,对纯粹价值所提供的保护作用不能过分夸大。如果在股票价格下跌时利率处于上升时期,那么,普通债券本身的价格也会下降,所以,它能提供的保护作用极其有限。但如果利率保持稳定甚至下降,那么,普通债券的价值会保持稳定甚至上升,就能对可转换债券价格的下跌起到很好的保护作用。

在可转换债券的价值分析中,由 Brigham 提出的图解法是一种重要的方法(见图 14.1)。

如图 14.1 所示,可转换债券的发行价明显高于普通债券的发行价。在发行时,可转换债券的升水较大,发行价明显高于转换价值。如果随后普通股价格不断上升,转换价值也将随之上升。在 T 年时,转换价值上升到与普通债券价值持平。在 T 年以前,可转换债券的最低价值为普通债券价值,在 T 年后,最低价值为转换价值。从图中还可以看出,可转换债券的升水是逐渐下降的。这是因为,其一,可转换债券一般附有赎回条款。如果转换价值大于赎回价格,发行者就很可能会通过赎回迫使投资者转换。赎回风险使得升水下降。其二,随着转换价值的上升,普通债券所提供的投资保护作用将下降,这也会减少可转换债券的升水。其三,可转换债券价格的上升意味着股票价格的上升,投资者在可转换债券与股票两种资产的选择中会偏向于股票,增加对股票资产的需求,这也会导致升水的下降。

前面讨论的是股价上升的情况,如果股价下跌,那么,比起普通债券,可转换债券的投资者将处于不利的境地。因为股价下跌后,债券的价格一般不会受到影响。只有在公司濒临倒闭,违约风险上升时,普通债券的价格才会受到较大的影响。普通债券价格稳定,意味着纯粹价值稳定,但由于转换价值下降,可转换债券的价格就会下跌。

另外,可转换优先股也是一种可转换证券,它赋予投资者将优先股按照一定条件转

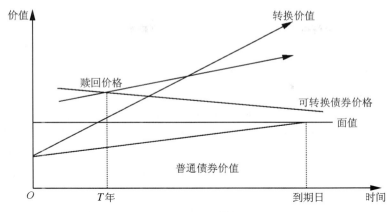

图 14.1 可转换债券的价值

化为普通股的权利。前面讨论的可转换债券的定价一般也适用于可转换优先股。

需要注意的是,可转换债券是有一定期限的。2007 年,中国三家基金公司旗下的五只基金在"上电转债"赎回前因未能及时卖出或转股,从而带来 2 200 万元的投资损失。对此,监管部门的处理办法是,该损失由所在基金公司风险准备金弥补。根据有关规定,风险准备金是在基金管理费中提取 5%,用于赔偿因基金管理公司违法违规、操作错误等给基金财产或者基金份额持有人造成的损失。

第四节 优先认股权与认股权证的价格决定

一、优先认股权的价格决定

已上市公司如果要进一步通过股权融资,可以采用一般现金发行(general cash offer)的方法,面向普通投资者再融资,也可以采取权利发行(rights offer)的方法,面向现有股东再融资。后者是以发行优先认股权(preemptive rights)的方式发行普通股。按照法律规定,现有股东有权维护其在公司的投资比例。公司在发行新股时,可以向现有股东按持股比例发行优先认股权。公司的现有股东持有优先认股权后,可以按照一定的价格,即认购价格(subscription price)购买新发行的股票。当然,认购价格会低于市场价格。这种股票发行方式也称为配股发行。

在优先权发行中,投资银行不再扮演其在传统发行方式中的角色。就是说,一般而言,投资银行并不承担承销服务。但投资银行有时会买下没有被认购的股票,这就是备用包销安排。投资银行为此而收取备用费。

下面举例说明。假定某公司股票的市价为 20 元,发行量为 3 万股,即总股本为 60 万元。如果采用优先认股权发行 1 万股新股,每 1 股现有股票可得 1 个认股权,每 3 个认股权加上认购价格可以购买 1 股新股。认购价格应低于 20 元,如 17 元。市价(20 元) - 认购价(17元)=3元,为折扣量。

认股权是一种发行方式,而发行一般不能是无限期的,所以认股权会有固定的期限。事实上,这一期限往往较短。

优先认股权一旦发行出去后,就可以在市场上流通转让。这就涉及优先认股权价值如何确定的问题。

理论上讲,除权时优先认股权的价值,应该等于认股权发行前的股票价格-认股权发行后的股票价格,即等于附权股票价格减去除权股票价格。如上例,以认股权发行股票之后,总股份变为4万股,总资本为 $60+1\times17=77$(万元),股票每股价格下降为 $77/4=19.25$(元)。由于是1股1个认股权,股票认股权价值则应为 $20-19.25=0.75$(元)。

认股权价值也可以这样计算。在除权前,如以 C 代表认股权发行前的股票价格,以 R 代表认股权价值,以 N 代表购买1股新股所需的认股权数,以 S 代表认购价格,则有:

$$C = RN + S + R$$
$$R = \frac{C-S}{N+1}$$
(14.42)

这一公式的理论意义是,如果投资者在除权前购买了1股股票,需要支付的货币数为 C,此时,他不仅获得了价格为 C 的1股股票,还获得了1个认股权。如果投资者购买了 N 个认股权,再支付1个认购价格,就可以购买1股无权的股票。所以, $C - R = RN + S$。由此,可以计算出 R 的价格。在上例中, $(20-17)/(3+1)=0.75$(元)。结果是一样的。

在股票除权以后,认股权就可以实际交易了。此时,投资者既可以选择在公开市场上直接购买股票,也可以选择先购买足够数量的认股权,然后再支付认购价格来购买股票。这两种选择的结果应该是一样的。如以 Ce 代表除权后的股票市价,则应有:

$$Ce = RN + S$$
$$R = \frac{Ce-S}{N}$$
(14.43)

假定股票市值跌至18.5元,则认股权价值为 $(18.5-17)/3=0.5$(元)。

当然,这种分析是以不存在无风险套利为假定前提的。由于交易成本等因素的存在,上式不一定成立。另外,如果股票价格跌至认购价格以下,则没有人会执行认股权。因此,优先认股权发行在一定程度上有发行失败的风险。

认股权发行前后的股价差额占初始价格的比例,被称为稀释效应。本例中,稀释效应为 $0.75/20=3.75\%$。

二、认股权证的价格决定

与面向老股东发行的优先认股权不同,认股权证(warrants)是面向普通投资者发行的。认股权证的持有者拥有在一定时期内以一定价格购买一定数量公司普通股的权利,因而,它在本质上是以普通股为标的的看涨期权。认股权证一般是与债券或优先股一起发行的,也有单独发行的独立认股权证。认股权证与可转换债券非常类似。如果把可转换债券所附带的买入期权与债券分离开来,单独出售,就形成了认股权证。与可转换债券不同,认股权证的执行,既可以用附着的债券交换,也可以用现金支付。而可转换债券只能用债券执行。与可转换债券的发行原因相同,债券或优先股发行时附有认股权证,也是为了吸引投资者。如果发生股票分拆或红利支付,认股权证的执行价格与数量也要进行调整。认股权证一般由处于成长阶段的公司发行。有些认股权证是可以赎回的,赎回特性也有迫使投资者执行期权的作用。从二级市场看,认股权证的交易场所既包括场内市场,也包括场外市场。

认股权证可以在到期前或到期日执行,所以是一种美式期权。认股权证与看涨期权并不是完全相同的。认股权证的到期时间一般比股票看涨期权的时间长得多,永久性认股权证甚至没有到期日。普通投资者可以卖出看涨期权,而只有公司本身才可以发行认股权证。[1] 随着交易的进行,期权合约的数量会不断变化,但认股权证的数量只有当投资者执行期权或权证到期时才会发生变化。看涨期权的执行并不需要公司增发新的股票,而认股权证的执行则要求公司新发行相应的股票数(或启用库存股)。因此,认股权证的执行会对公司的每股收益(EPS)产生稀释作用。这也会影响到认股权证的价值。认股权证的出售、购买和执行都不需要期权清算公司的介入。认股权证的执行会为公司带来现金流,这一点与看涨期权也有所不同。

由于与股票看涨期权存在差异,认股权证的执行本身会影响到普通股的价值,因而认股权证的定价要比看涨期权复杂。总的来看,认股权证价格的影响因素包括执行价格、距离到期日的时间、股票的市价、股票未来预期价格、可能存在的每股盈利的稀释效应等。以公式表示,则有:

$$V_w = f(EP, T, P_0, D_1, P_c) \tag{14.44}$$

其中,EP 代表执行价格,T 代表距离到期日的时间,P_0 代表股票的市价,D_1 代表可能存在的每股盈利的稀释效应,P_c 代表股票未来预期价格。

与其他期权一样,认股权证的价值也包括内在价值和时间溢价两个部分。内在价值是立即执行认股权证所能获得的价值,其公式为:

$$IV = \frac{P_0 - EP}{N} \tag{14.45}$$

其中,IV 代表内在价值,P_0 代表普通股的市价,EP 代表认股权证的执行价格,N 为购买一股普通股需要持有的认股权证数。

如果股票市价为 20 元,执行价格为 15 元,每份认股权证可以购买一股普通股,则内在价值为 5 元。

如果认股权证的市价低于其内在价值,如为 2 元,投资者就可以买入认股权证并执行,然后在市场上出售股票,获得 3 元的无风险利润。所以,认股权证的市价不可能低于

---

[1] 有些金融机构也发行看涨和看跌认股权证。在执行认股权证时,金融机构一般用现金结算。

其内在价值。

认股权证是一种期权,所以也有明显的杠杆作用。假定股票市价为40元,执行价格也为40元,认股权证的市价为5元,此时,内在价值为0。如果股票价格由40元上涨到80元,现货市场多头头寸的收益率为100%。由于认股权证的价格至少会上涨到40元,投资者的最低收益率为$(80-40-5)/5 = 700\%$。从本例可以看出,认股权证杠杆作用的大小,与时间溢价的大小有明显关系。如果时间溢价最初为20元,则投资者的最低收益率变为$(80-40-20)/20 = 100\%$。因此,时间溢价越大,杠杆作用越小;反之,时间溢价越小,杠杆作用越大。

本章重要概念

内在价值,净现值,股利折现模型,零增长模型,不变增长模型,多元增长模型,价格盈利比模型,可转换债券,转换率,优先认股权,认股权证

复习思考题

1. 如果股票的 NPV<0,投资者应该买入还是卖出这种股票?
2. 假定某公司股票现价为65元,每股股利为3元,未来时期股利不变增长率为7%,必要收益率为10%。问投资者是否应买入这种股票?
3. 如果某公司发行的可转换债券的市价为1 200元,该公司同时发行的期限、票面利率相同的普通债券市价为950元,试计算可转换期权的价值。
4. 说明可转换债券存在升水的主要原因。
5. 为什么说可转换债券包含两个期权?
6. 假定某公司股票的市价为60元,发行量为10万股。如果采用优先权发行5万股新股,每1股可得1个认购权,每2个认购权加上48元可购买1股新股。试计算认购权的价格和认购权发行后股票价格的变化。
7. 认股权证与普通期权有什么区别?

主要参考文献

1. Barth, J. R., Caprio, G., Levine, R., 2008, "Bank Regulations are Changing: But for Better or Worse?", *Comparative Economic Studies* 50(4), 537—563.
2. 〔美〕滋维·博迪、亚历克斯·凯恩、艾伦·J. 马库斯,《投资学》(第9版),机械工业出版社2012年版。
3. Clarke, G. R. G., Cull, R., Shirley, M. M., 2005, "Bank Privatization in Developing Countries: A Summary of Lessons and Findings", *Journal of Banking & Finance* 29, 1905—1930.
4. Ding, S., C. Jia, Y Li, Z. Wu, 2010, Reactivity and Passivity after Enforcement Actions: Better Late than Never, *Journal of Business Ethics* 95:337—359.
5. 〔美〕弗兰克·J. 法博齐,弗朗哥·莫迪利亚尼,《资本市场:机构与工具》(第2版),清华大学出版社1998年版。
6. 〔美〕弗兰克 J. 法博齐等,《金融市场与金融机构基础》(第4版),孔爱国等译注,机械工业出版社2011年版。
7. Mishkin, F. S., *The Economics of Money, Banking, and Financial Markets*, Harper Collins College Publishers, 2001, 1998, 1995.
8. 〔美〕杰夫·马杜拉,《金融市场和金融机构》(第10版),北京大学出版社2013年版。
9. 〔美〕安东尼·M. 桑托莫罗,《金融市场、工具与机构》,郭斌译,东北财经大学出版社2000年版。
10. Sharpe, William F., Alexander, Gordon J. and Bailey, Jeffery V., *Investments*, Prentice Hall Inc., 1995.
11. U. S. Securities and Exchange Commission, "Report on the Municipal Securities Market", July 31, 2012.
12. 曹凤岐等,《金融市场全球化下的中国金融监管体系改革》,经济科学出版社2012年版。
13. 〔美〕杰克·伯恩斯坦,《期货市场运作》,马龙龙译,清华大学出版社1997年版。
14. 〔美〕法博齐、莫迪利亚尼:《资本市场:机构与工具》(第2版),唐旭等译,经济科学出版社1998年版。
15. 黄达,《货币银行学》,中国人民大学出版社2001年版。
16. 贾春新、刘力,《首次公开发行:从理论到实证》,《管理世界》,2006年第7期。
17. 厉以宁、曹凤岐,《跨世纪的中国投资基金业》,经济科学出版社2000年版。
18. 〔美〕彼得·S. 罗斯,《货币与资本市场:全球市场中的金融机构与工具》(第6版),肖慧娟等译,机械工业出版社1999年版。
19. 〔美〕米什金,《货币金融学》(第4版),李扬等译,中国人民大学出版社1998年版。

20. 〔美〕桑德斯、科尼特,《金融市场与金融机构》(第3版)(双语教学版),人民邮电出版社2008年版。
21. 〔美〕劳埃德·B.托马斯,《货币、银行与金融市场》,马晓萍等译,机械工业出版社1999年版。
22. 王松奇、李扬、王国刚,《金融学》,中国金融出版社1997年版。
23. 〔美〕兹维·博迪、罗伯特·C.莫顿,《金融学》,伊志宏等译,中国人民大学2000年版。
24. 张亦春,《金融市场学》,高等教育出版社1999年版。
25. 《证券市场金融创新》(1—4卷),中国证监会政策研究室、深圳证券交易所内部资料,2000。
26. 《经济研究》《金融研究》《证券市场导报》《人大复印资料——投资与证券》《人大复印资料——金融与保险》等期刊各期。

第二版后记

从 1999 年起,我们在北京大学光华管理学院为本科生讲授"金融市场与金融机构"课程。2001 年起,我们又为 MBA 学生开设了相同的课程。大量的时间和心血凝结成了几十万字的讲义。2002 年 2 月,《金融市场与金融机构》一书由北京大学出版社出版后,多次印刷,受到广大读者的好评。

从第一版出版到现在,倏忽 12 年过去了。12 年间,国际金融市场风云变幻,期间还出现了 2008 年席卷全球的金融危机。作为金融市场重要参与者的金融机构,其业务模式、风险倾向也发生了巨大变化。若干大型金融机构轰然倒地,"其亡也忽焉"。金融创新与金融监管博弈的故事继续上演。

视线转回国内。中国的金融市场在这 12 年间迅速发展。两家交易所股票总市值从 2001 年年底的 43 522.20 亿元增长到 2014 年 4 月的 236 275.70 亿元,期间经历了股权分置改革、2007 年的超级牛市、IPO 发行制度千变万化等无数事件。同期,债券市场总额从 30 416.86 亿元增长到 313 700.39 亿元,非金融企业短期融资券 2005 年首发,中期票据市场从无到有,国债期货恢复交易。基金业的发展,余额宝的繁荣……诸多话题不胜枚举。银行方面,2003 年年末,中国银行业金融机构总资产只有 276 584 亿元,到 2014 年 3 月猛增到 1 557 982 亿元。四大国有银行全部改制为上市公司。

所有这些,都需要我们对教材进行大幅度的修订,以适应新的形势。在修订过程中,我们基本上维持了原有的框架,重点修订各章节的具体内容。各章之中,修订幅度较大的是第一、二、三、四、五、六、九、十、十一、十二章。其中第四章增加了两节,分别讨论 2008 年金融危机和香港金融管理局的货币发行与银行监管。修订版也尽可能地增加了金融学前沿理论的介绍,为广大读者提供分析金融市场与金融机构问题的新的工具。

北京大学出版社的贾米娜编辑,为本书的修订提供了许多支持,在此表示感谢。

书中仍会存在许多错误,敬请各位读者指正!

编 者
2014 年 5 月

教师反馈及教辅申请表

　　北京大学出版社本着"教材优先、学术为本"的出版宗旨，竭诚为广大高等院校师生服务。为更有针对性地提供服务，请您认真填写以下表格并经系主任签字盖章后寄回，我们将按照您填写的联系方式免费向您提供相应教辅资料，以及在本书内容更新后及时与您联系邮寄样书等事宜。

书名		书号	978-7-301-	作者	
您的姓名				职称职务	
校/院/系					
您所讲授的课程名称					
每学期学生人数	＿＿＿人＿＿＿年级			学时	
您准备何时用此书授课					
您的联系地址					
邮政编码			联系电话（必填）		
E-mail（必填）			QQ		
您对本书的建议：			系主任签字 盖章		

我们的联系方式：

北京大学出版社经济与管理图书事业部
北京市海淀区成府路 205 号，100871
联系人：徐冰
电　话：010-62767312 / 62757146
传　真：010-62556201
电子邮件：em_pup@126.com　　em@pup.cn
Q Q：5520 63295
新浪微博：@北京大学出版社经管图书
网　址：http://www.pup.cn